계몽된 상식

비판적 실재론의 철학

계몽된 상식

비판적 실재론의 철학

ENLIGHTENED COMMON SENSE

THE PHILOSOPHY OF CRITICAL REALISM

로이 바스카 지음
머빈 하트윅 편집
김명희·서덕희·서민규·이기홍 옮김

한울
아카데미

Enlightened Commom Sense

The philosophy of critical realism

by Roy Bhaskar
Edited with a preface by Mervyn Hartwig

* * *

"로이 바스카의 너무 짧은 삶은 인류에게 선물이었다. 그의 평생의 작업은 우리 대부분이 정당화할 수 있어야 한다고 느끼는 그렇지만 지배적인 지적 권위자들이 우리는 정당화할 수 없다고 끊임없이 말하는 모든 직관들, 즉 세계가 그리고 다른 사람들이 실재한다는, 자유가 우주의 성질에 내재하고 있다는, 진정한 인간 번영은 결코 다른 사람들의 희생을 대가로 하지 않는다는 직관들에 대한 견고한 존재론적 기반을 우리에게 제공했다. 바스카는 단순한 평범한 품위와 분별력을 위한 강력한 지적 무기를 제공하기 위해 살았다. 그의 저작 대부분은 매우 어려운 언어로 작성되었다. 하지만 이 책은 그것에, 이 책에서 얻을 것이 가장 많은 사람, 즉 세계를 더 나은 곳으로 만들려고 노력하는 사람들이 접근할 수 있게 한다."

_ 데이비드 그레이버, 인류학자, 때로는 혁명가, 영국 런던 정경대 교수

"로이 바스카는 '비판적 실재론에 단일의 큰 생각이 있다면 그것은 **존재론**이라는 생각이다'라고 썼다. 하나의 큰 생각일 수도 있지만 바스카는 그것을, 세 가지 매우 상이하고 똑같이 혁신적인 방식으로 발전시켰다. 초기의 심층 존재론으로부터, 변증법적 부정성 재검토를 거쳐, 메타실재의 형이상학에 이르기까지 바스카는 자신의 생각을 그리고 자신을 밀어붙였다. 언제나 해방이라는 북극성을 뒤따르는 이 마지막 저작은 그의 사상의 세 국면들 안의 통일성을 증명한다. 주류에 항상 기꺼이 맞서고자 하는 이 저작은 위대한 철학자를 기리는 마지막 헌사이다."

_ 앨런 노리에, 영국 워릭 대학교 교수

Enlightened Commom Sense

The philosophy of critical realism

1970년대 이래 비판적 실재론은 경제학, 철학, 과학, 종교를 포함한 광범위한 주제들을 다루며 발전해 왔고, 이제는 복잡하고 성숙한 철학이 되었다.

『계몽된 상식: 비판적 실재론의 철학』은 이러한 발전을 간결하고 이해하기 쉽게 정리하고 있다. 작고한 로이 바스카는 비판적 실재론 철학의 창시자이자 대표자였다. 이 책에서 그는 평생의 경험을 바탕으로 영향력을 증대하고 있는 국제적이고 학제적인 접근을 체계적으로 정리하고 있다.

비판적 실재론의 핵심 요소는 존재론의 옹호와 존재론에 대한 이해의 심화에 있다. 지식과 실천에서 실재론적 존재론은 불가결하다고 주장하며 바스카는 이것을 새로운 계몽된 상식의 핵심으로 생각한다.

비판적 실재론의 정의와 사회과학에서의 응용으로부터 변증법적 비판적 실재론 및 메타실재의 철학에 대한 설명에 이르기까지, 이 책은 비판적 실재론을 공부하는 사람들에게 필수적인 입문서이다.

약어

〔편집자 주〕 그림과 표 제목 바로 아래의 약어들이나 본문에서 한 번 사용된 약어는 포함하지 않았다. 비판적 실재론 철학의 여러 발전 단계TR, CN, EC, DCR, TDCR, PMR를 나타내는 약어들은 표에서만 사용되었다.

1M	비판적 실재론 범주 체계의 첫 번째 순간(비-동일성)
2E	두 번째 변곡점(과정)
3L	세 번째 수준(총체성)
4D	내 번째 차원(변형적 실천)
5A	다섯 번째 측면(성찰성)
6R	여섯 번째 영역((재)-마법화)
7A/Z	일곱 번째 구역/각성(비-이원성)
MELDARA/Z	전체로 고려한 비판적 실재론 범주 체계의 머리글자 약어
CDA	비판적 담론 분석
CN	비판적 자연주의
CP	다른 조건이 동일하다면(*ceteris paribus*)
CR	비판적 실재론
DCR	변증법적 비판적 실재론
DREI(C)	서술 - 역행추론 - 소거 - 판별(정정)
EC	설명적 비판
LF	언어적 오류
LS	적층 체계

M/M	형태발생/형태안정 접근
PMR	메타실재의 철학
RRREI(C)	분해-재서술-소급추정-소거-판별(정정)
RRRIREI(C)	분해 - 재서술 - 역행추론 - 최선의 설명에 대한 추론 - 소급추정 - 소거 - 판별(정정)
TDCR	초월적 변증법적 비판적 실재론
TINA	대안은 없다
TMSA	변형적 사회활동 모델
TR	초월적 실재론

편집자 서문

토아스Thoas:
너는 믿는가
조잡한 스키타이 사람, 저 야만인이
진리와 인간성의 목소리를
들을 것이라고,
그리스 사람 아트레우스조차 듣지 못했는데.

이피게니아Iphigenia
어느 하늘 아래 태어났든
가슴속에
생명의 원천이 맑고 거침없이 흐르는
사람이면 누구나
그 목소리를 듣는다.

_ 괴테Goethe[1]

1 J. W. von Goethe, *Iphigenia in Tauris*(1787), lines 1936-42. Thoas: Du glaubst, es höre/der rohe Skythe, der Barbar, die Stimme / der Wahrheit und der Menschlichkeit, die Atreus, /der Grieche, nicht vernahm? *Iphigenie*: Es hört sie jeder, / geboren unter jedem Himmel, dem/des Lebens Quelle durch den Busen rein/und ungehindert fließt.

이 책은 로이 바스카가 단독으로 쓴 마지막 저서다.[2] 그의 원고의 '최종 목차'에는 2013년 12월 30일이라는 날짜가 적혀 있다.[3] 그는 2014년 1월에 심부전 진단을 받았고 2014년 11월 19일에 세상을 떠났다.

바스카는 이 책에 명확히 나타나는 세 가지 위대한 업적으로 오랫동안 기억될 것으로 나는 생각한다. 첫째, 그의 작업은 칸트 이후post-Kantian 철학을 구성하는 문제들의 연결체에 대한 지금까지 도달한 가장 적절한 해결책을 제공하는 것이 거의 틀림없다. 이것은 지금 영국에 거주하고 있는 뛰어난 젊은 미국 철학자 더스틴 맥워터Dustin McWherter의 작업 가설이다.[4] 그것이 입증된다면 바스카는 니체Nietzsche, 하이데거Heidegger, 데리다Derrida 등과 같은 사람들보다 높은 순위를 차지할 것이다. 둘째, 그의 작업은 해방적 과학, 즉 인간 해방을 촉진하는 데 도움이 될 수 있는 발견들을 가능하게 하는 과학에 대해 방향을 제시하거나 기초작업을 하기 위한 강력한 메타이론을 정교화한다. 마지막으로, 그의 작업은 자본주의적 근대성 및 그것의 지적 토대들(그리고 참으로 온갖 모습의 주인-노예 유형의 사회 형태들)에 대해 지금까지 기록된 가장 철저하고

〔옮긴이 주〕 괴테의 『타우리스의 이피게니아(Iphigenie in Tauris)』는 그리스 비극 작가 에우리피데스(Euripides)의 타우리스의 이피게네이아를 재해석한 희곡이다. 여기서 토아스는 타우리스의 왕으로 관습과 법을 수호하는 역할을 하고, 제사장인 이피게니아는 인간성, 진리, 정의에 대한 신념을 상징한다. 위에 인용한 토아스와 이피게니아의 대화는 모든 사람이 진리와 인간성을 이해할 능력을 가지고 있다는 이피게니아의 믿음을 표현한다.

2 물론 미발표 원고, 연설문 등의 많은 유고(Nachlass)가 있을 수 있다.

3 원고는 '간결한 비판적 실재론: 비판적 실재론 철학의 소개(Critical Realism in a Nutshell: An Introduction to the Philosophy of Critical Realism)'라는 제목을 붙였다. 이것은 템플턴재단(John Templeton Foundation)의 지원을 받은 연구기획 '사회과학에서 인간 번영과 비판적 실재론(Human Flourishing and Critical Realism in the Social Sciences)'의 개요를 반영하는데, 이 기획은 그것의 저술에 필요한 재정 지원을 제공했다. (아래에 적은) 편집진은 이 책이 바스카 철학의 기본적 요약이기보다 총괄이라고, 즉 그것을 개관하면서 추가하고 향상한다고 판단하고 제목을 변경하기로 집합적으로 결정했다.

4 Dustin McWherter, 'Roy Bhaskar and post-Kantian philosophy,' in Ruth Porter Groff, Lena Gunnarsson, Dustin McWherter, Paul Marshall, Lee Martin, Leigh Price, Matthew L. N. Wilkinson and Nick Wilson, 'In memoriam Roy Bhaskar,' *Journal of Critical Realism* 14:2(2015), 119-36, 124-7을 볼 것.

통렬한 메타비판을 개발하고, 그것에서 벗어나 각각의 사람의 자유로운 번영이 모든 사람의 자유로운 번영의 조건인 사회들의 전 지구적인 행복실현의eudaimonian[5] 성좌로 가는 메타이론적 지도를 제공한다. 이 책의 취지와 마찬가지로 바스카 작업의 전반적인 취지는 사람들이 세상을 확고하게 더 나은 방향으로 합리적으로 변화할 수 있다는 것이다.

『계몽된 상식: 비판적 실재론의 철학』은 비판적 실재론의 전체 모습에서 엄청난 공백, 즉 바스카 철학 전체를 한 권의 책에 소개하는 해명이 없다는 공백을 훌륭하게 채운다. 앤드류 콜리어Andrew Collier의 『비판적 실재론: 로이 바스카 철학의 소개Critical Realism: An Introduction to Roy Bhaskar's Philosophy』(1994)는 훌륭하지만, 집필 당시의 시간적 제약 때문에 변증법적 비판적 실재론에 관해서는 거의, 그리고 메타실재의 철학에 관해서는 아무것도 말할 수 없었다. 『계몽된 상식』은 바스카의 철학 체계 전반에 대한 이해하기 쉽고 명료하며 일관성 있는 설명을 제공함으로써 심오함을 희생하지 않으면서도 높은 수준의 간략함과 명확함을 성취하고 있다. 바스카가 견뎌야 했던 불명예들 가운데 적어도 하나, 즉 그는 독자들을 전혀 고려하지 않는 혐오스러운 작가라는 비난은 마침내 잠들게 될 것이다. 편견 없는 독자라면 누구라도 알 수 있듯이, 이 책에서 성취한 높은 수준의 명료성과 통찰성에 도달하기 위해서는 엄청난 양의 어렵고 복잡한 논증과 분석을 최고 수준에서 수행해야 한다. 가장 어렵고 '파고

5 〔옮긴이 주〕'행복실현'은 eudaimonia — 그리스어 eu (=well) + daimon (=god/goddess, destiny, fortune, one's genius 또는 lot)에서 유래한다 — 의 번역어로 사람의 궁극적 행복이나 번영, 또는 '좋은 삶'을 의미한다. 이 개념은 특히 아리스토텔레스의 철학에서 중심적인 역할을 하는데, 아리스토텔레스에 따르면 eudaimonia는 단순한 쾌락이나 기분 좋은 상태를 넘어서, 인간의 고유한 덕을 실현하고 이성을 발휘하며, 사회적 관계 속에서 자기를 실현하는 삶을 통해 얻는 깊고 지속적인 행복의 상태이다. 오늘날 그것은 가장 일반적으로 인간의 행복과 번영을 최고의 선으로 보는 윤리 개념(eudaimonism)을 가리킨다. 비판적 실재론에서 이 개념의 사용은 근대 이전의 변증법적·영성적 전통을 활용하여, 주인-노예 유형의 관계 폐지 이후 사회구조와 개인의 상호작용을 통해 인간의 궁극적인 행복과 번영을 추구하고, 이를 통해 더 나은 사회를 구축하고자 하는 윤리와 지향을 표현한다.

들어 갈 수 없는' 바스카의 텍스트는 결코 그것의 하이데거Heidegger나 칸트Kant의 대응물만큼 어렵거나 파고들어 갈 수 없는 것이 아니며, 바스카의 모든 주요 저작들은 이 책에 나타나는 명료한 정수에 없어서는 안 될 요소이다. 이것이 비판적 실재론 그리고/또는 철학을 비교적 처음 접하는 독자들이 이 책을 쉽게 읽어 나아갈 수 있을 것이라는 이야기는 아니다. 이 책은 '사물들을 가능한 한 단순하게 만들어야 하지만 더 단순하게 만들어서는 안 된다'는 알베르트 아인슈타인Albert Einstein의 현명한 조언을 능숙하게 따르며, 태생적으로 어려운 문제들에 관해 최고 수준의 추상화에서 작동한다.

나는 바스카가 1장 2절에서 언급한 관련 사항을 강조하고자 한다. 변증법적 비판적 실재론은 기본적 비판적 실재론을 넘어서고, 메타실재의 철학은 변증법적 비판적 실재론을 넘어서지만, 이들 둘은 기본적 비판적 실재론을 전제하며, 기본적 비판적 실재론은 둘을 폭넓게 전제함으로써 세 가지는 단일한 체계를 형성한다. 내가 강조하고 싶은 점은 이것이, 자신의 연구나 실천의 방향을 정하기 위해 비판적 실재론적 메타이론을 전개하는 것이 '전체 묶음'의 수용을 동반한다는 의미를 갖는 것은 아니라는 것이다. 반대로, 나중 단계들은 이전 단계를 전제하기 때문에, 이들 단계의 어느 것(들)을 그것들의 특수성 속에서 또는 그것들의 성좌적 통일성 속에서 활용하는 작업은 전체로서 체계의 관점에서 똑같이 가치 있고 중요하다. 비판적 실재론적 연구자들이 무엇을 하든 그것은 중요하다! 물론, 해방적 철학과 과학은, 행복실현eudaimonia으로의 전환을 위해 불가결한 것이지만, 유일한 것이거나 또는 심지어 중심적인 것은 아니다. 우리가 그 기획과 함께 훨씬 더 발전하려면, 철학적·과학적 작업은, 이 책이 강조하는 것처럼, 사회적·정치적 운동들의 확산과 창의적으로 결합해야 할 것이다. 좋은 사회를 건설하기 위한 우리의 가장 큰 자원은, 괴테가 깊이 이해한 것처럼, 모든 곳에 있는 사람들, 그리고 '진실의 그리고 인류의 목소리'를 듣고 그에 따라 생활할 수 있는 그들의 자유와 창의, 사랑과 희망을 향한 무한한 능력이다.

바스카가 남긴 원고(인류에게 귀중한 선물이라고 나는 평가한다)는 7만 단어 분량이지만, 이 책은 약 9만 2천 단어 분량이다. 원고를 보면 마감일까지 매우 오랜 시간 동안 작업하면서 바스카의 기력이 6장의 마지막 부분과 7장과 8장 전체를 쓰는 동안 쇠약해졌다는 것을 알 수 있다. (적절하게 더 짧은 9장 결론의 내용은 상대적으로 양호하다. 바스카는 분명히 결론 부분을 더 중시했다.) 대부분의 원고를 보수를 받지 않고 가장 관대하게 타이핑하고 점검한 리 프라이스Leigh Price — 바스카는 원고의 대부분을 전화를 통해 그녀에게 구술했다! — 는 후반부의 장들을 그녀의 어머니가 불치의 병에 걸렸다는 전갈을 받고 급히 짐바브웨로 날아가기 며칠 전에 극심한 압박을 받아가며 작성했다고 인정한다. 바스카의 작업에 익숙한 독자에게는 주장의 전체 구조가 명확하지만, 글쓰기는 생략적이 되고, 정의들은 빈약해지는 경향이 있다. 바스카의 문헌적 유언집행자인 힐러리 웨인라이트Hilary Wainwright — 그녀는 그 역할의 수행에 합류하도록 나를 초대했다 — 의 제안에 따라 내가 루틀리지Routledge 출판사의 앨런 자비스Alan Jarvis에게 출판 추천과 함께 원고를 보냈을 때, 앨런은 며칠 만에, 원고의 편집을 조건으로 출판하겠다는 답을 보내왔다. 앨런의 호의로 루틀리지 출판사와 나는 편집의 완료를 위한 계약을 신속하게 체결했다.

그 사이에 비판적 실재론 연구중심Centre for Critical Realism을 통해, 원고를 출판하는 데 기꺼이 도움을 줄 의지와 역량이 있는 사람들로 팀을 구성했다. 매기 아처Maggie Archer는 그 모든 '원고를 정리할 것'을 제안했고(그녀는 놀라울 정도로 민첩하게 작업을 진행했다), 힐러리와 리는 접근성을 향상하기 위한 관점에서 원고를 읽어보겠다고 제안했다. 매기는 원고의 격언적인 부분들을 좀 더 정리하면서 내게 그것들에 살을 붙여 '로이를 도우라'고 촉구했다. 나는 팀과 협의하여 그렇게 하기로 결정했다. 우리의 절차는 대략 다음과 같다. 내가 전체적인 편집본을 만든 다음 매기가 정리한 원고를 통합하고, 적절하다고 생각되는 매기의 의견을 고려하여 변경했다. 그런 다음 나는 변경한 결과를 팀과 앨런 노리에Alan Norrie에게 회람했다. 앨런은 친절하게도 6장, 8장, 9장에 대해 조언하면서, 추가로 제안된 변경 사항들과 의견을 보내달라고 요청했다. 그런 다음 나는 이것들을 검토하고, 적절하다고 생각하는 것을 변경하거나, 아니면 명백히 중요한 문제에 관해 내가 동의하지 않는 경우 그것들을 팀에 되돌려 합의에 도달할 때까지 토론했다.[6]

원고에 살을 붙이면서 나는 마치 내가 바스카인 것처럼 쓰려고 노력했다. 나는 그의 저작들(그리고 그것들에 대한 내 자신의 해설들)을 대체로 인용부호를 사용하지 않고 (그렇지만 바스카의 저작에 있는 출처를 표시하면서) 직접 인용하는 것을 주저하지 않았다. 그리고 나는 위에서 언급한 장들을 집중적으로 다듬었지만, 그 장들만을 한정해서 변경한 것은 아니다. 바스카 별세(그렇지만 바스카는 그것이 멀지 않았음을 알고 있었다) 이후 출판한 자료들에 관해 내가 논평하는 소수의 경우들에는 가독성을 고려해 바스카의 원본과 내가 (**편집자 주**로) 추가한 내용을 구별했다. 책의 어떤 구절들과 주석들이 원래의 원고에 있고 어떤 것들을 내가 추가했는지 알고 싶은 학자들은 바스카 기록보관소Bhaskar archives — 런던의 UCL 교육연구소에 설치할 예정이다 — 에 있는 원본을 참조하거나, 나 또는 이 책을 출판한 편집팀의 다른 구성원에게 전자 사본을 받아서 쉽게 찾아볼 수 있을 것이다. 단어의 숫자 측면에서 내가 추가한 것 중 3분의 1 이상은 서적 해제 — 이것은 완전히 새로운 것이다 — 와 추가한 주석 및 참고문헌의 형식을 취한다. 본문에서 나의 주요 혁신은, 문장 다듬기를 제외하면, 바스카가

6 『계몽된 상식(Enlightened Common Sense)』이라는 제목은 바스카의 문헌적 유언집행자들이 선택한 것이다. 편집팀 내에서는 독자들이 '계몽된'을 주로 (1) 영성적인 또는 종교적인 의미로 또는 (2) 18세기 유럽 계몽주의의 의미로 해석할 수 있다는 우려가 있었다. 이는 우리의 의도와는 거리가 먼 것이다. '계몽된 상식'이라는 개념은 1989년에 바스카가, 새로운, 탈자본주의적 계몽을 명시적으로 구상하는 맥락에서 처음으로 (인쇄물에서) 사용했다. Roy Bhaskar, *Reclaiming Reality: A Critical Introduction to Contemporary Philosophy*(London: Routledge, 1989/2011), 1을 볼 것. 이 개념은 '초월적 실재론의 초월적 필연성'에(2장 8절을 볼 것), 즉 초월적 또는 비판적 실재론적 존재론의 확고함에, 그리고 상식적 이해들을 탈신비화하거나 계몽하는 비판 — 이것은 모든 국면의 바스카 철학의 핵심에 있는 주제이다 — 의 중요성에 주목할 것을 요청한다.

『플라톤 등Plato Etc』(1994)에 이르기까지 그의 저서들에 통합한 많은 (200개 이상의) 설명적인 그림들과 표(특히 전자)[7]를 선택하여 소개하는 것이다. 언젠가 바스카는 내게, 그림들의 도안은 대부분 글쓰기 **이후에**, 분석을 이중적으로 검토하고 그것을 그의 가장 깊숙한 곳에 새겨 넣기 위한 요약의 변증법의 일부로 나왔다고 이야기했다. 그림들이 독자에게도 마찬가지로, 그렇지만 분석을 명확히 한 이후에 그러한 목적에 도움이 되기를 기대한다.

뛰어난 작업을 한 편집팀 구성원들, 특히 해야 할 일들을 하도록 나를 격려하고, 경험 많은 눈으로 내가 처음 편집에서 놓쳤거나 내가 명확하게 하거나 다듬는 데 귀중한 도움이 된 많은 중요한 것들을 찾아낸 매기 아처에게 깊은 고마움을 전한다. 그렇지만 이 책에 나타나는 모든 결함의 책임은 내게 있다. 바스카가 즐겨 지적했듯, '서문의 역설'은, 서구 철학의 다른 여러 이른바 역설들 및 문제들과 마찬가지로, 비판적 실재론의 지형 위에서 쉽게 해결할 수 있다. 개방적이고 발전하는 세계에서 내가 다듬은 것에 담겨 있는 약점들과 실수들이 밝혀질 것이라고 확신할 수 있지만 지금으로서는 그것이 무엇이고 언제인지를 확신을 가지고 알 수는 없다. 나는 로이의 생각에 충실하기 위해 최선을 다했다.

머빈 하트윅Mervyn Hartwig

2016년 1월

---

7 이 책에 포함한 20개의 그림은 모두 바스카가 작성한 것인 반면, 10개의 표 가운데 바스카가 작성한 것은 2개 — 〈표 1.1〉과 〈표 2.1〉 — 뿐이다. 다른 두 개 — 〈표 3.1〉과 〈표 3.2〉 — 는 원본에 강력하게 암시되어 있었고 주로 이것을 기반으로 내가 편집했다. 원본 원고에서는 내가 쓴 글에서 두 개의 표 — 〈표 6.1〉과 〈표 8.1〉 — 를 인용할 것으로 표시했다. 나는 네 개 — 〈표 6.2〉, 〈표 6.3〉, 〈표 7.1〉, 〈표 7.2〉 — 를 더 포함하는 자유를 누렸는데, 바스카가 그것들을 매우 유용하다고 생각했다는 것을 알고 있었기 때문이다. 그것들은 바스카가 그 자신의 의식 속에 가지고 다니면서 그의 표현적이고 체계적이며 비판적인 변증법을 좌표로 표시하기 위해 사용한 공간적으로 펼쳐진 상응관계들을 보여준다. 위에 제시한 전체 단어의 숫자는 그림과 표는 포함하지 않는다.

감사의 말씀

이 책의 집필은 존 템플턴 재단John Templeton Foundation의 재정 지원을 받았으며, 로이 바스카의 파트너이자 간호사인 레베카 롱Rebecca Long의 사랑 어린 도움, 힐러리 웨인라이트Hilary Wainwright의 지원, 그리고 웨인라이트 가족의 감동적인 편의 제공이 없었다면 불가능했을 것이다. 출판된 책은 레베카에게 헌정한다.

또한 로이가 우리에게 남긴 원고의 대부분을 타이핑하고 점검한 리 프라이스Leigh Price의 헌신적인 자원 작업도 빼놓을 수 없다. 리가 짐바브웨로 떠난 뒤에는 레베카가 이러한 책임을 맡았다.

이 책을 출판하기 위해 매우 결단력 있게 행동한 루틀리지Routledge 출판사의 앨런 자비스Alan Jarvis와 편집 과정에서 나에게 많은 귀중한 조언을 해준 비판적 실재론자들, 힐러리 웨인라이트Hilary Wainwright, 리 프라이스Leigh Price, 앨런 노리에Alan Norrie 그리고 (누구보다도) 매기 아처Maggie Archer에게 매우 깊이 감사한다.

또한 로이와 출판사를 대신하여, 나는 다음의 저작권 자료의 복제를 허락해 준 가디언 뉴스 및 미디어 회사Guardian News and Media Limited에 감사를 전하고자 한다.

Will Hutton, "In language and action, there's a new brutalism in Westminster," *The Observer* (London), 29 June, 2013.

차례

<표·그림 차례>

Enlightened Commom Sense

The philosophy of critical realism

| Chapter 1 |

비판적 실재론 철학의 전제가정들과 기원들

철학에 대한 비판적 실재론적 접근의 몇 가지 독특한 특징들을 소개하는 것으로 시작한다(1장 1절). 그 특징들은 (i) 인간의 안녕well-being을 지향하는 과학과 실천들을 위한 철학적 **기초작업자**가 되려는 의도, (ii) **진지함**, 즉 이론과 실천의 통일에 대한 헌신, (iii) **내재적 비판**의 방법, (iv) 철학에 관한 실재론의 입장, 즉 다양한 종류의 **사회적 실천**의 일반적으로 무성찰적인 **전제가정들**을 해명하려는 목표와 **초월적 논증**(일종의 역행추론으로 이해하는)에 대한 헌신, (v) 증대된 **성찰성** 그리고/또는 **변형된 실천**의 목표, (vi) **헤르메스의 원리**hermetic principle,[1] 즉 일상생활의 맥락에서 그리고 모든 사람에게 적용 가능하고 모든 사람이 검

---

1 〔옮긴이 주〕 헤르메스의 원리는 그리스 신화에서 다재다능한 신속과 통신의 신으로 지혜와 지식, 자유와 모험을 표상하는 헤르메스로 상징되는 철학적 전통의 핵심 원리를 가리킨다. 이 원리는 옛 그리스-이집트의 문화적 영향 아래 개발된 것으로 정신성의 원리(Principle of Mentalism), 상응의 원리(Principle of Correspondence), 진동의 원리(Principle of Vibration), 양극성의 원리(Principle of Polarity), 인과의 원리(Principle of Cause and Effect)의 다섯 가지로 요약할 수 있다. 이 원리들은 철학적·신비적·영성적 이해를 돕기 위한 개념으로, 다양한 신비주의 전통에서 중요한 역할을 한다.

증 가능해야 한다는 원칙에 대한 지지, 그리고 (vii) **비판성**과 **성향적 실재론**에 대한 헌신이다.

이 서론 절에 이어서 비판적 실재론 철학의 기원들을 서술하고 이 책의 구성이 비판적 실재론의 후속 발전에 어떻게 관련되는지 설명한다(1장 2절). 이 절에서 또한 상대적으로 새로운 것인 비판적 실재론의 철학을 그렇지 않은 그 철학의 실천과 구별하고, 그 철학을 몇몇 같은 이름의 것들과 구별한다. 그런 다음 과학철학에서 존재론적 전환이 사회학과 사회이론에 미치는 영향의 일부를 간략하게 살펴보고, 3장 3절에서의 논의를 어느 정도 예상한다(1장 3절). 마지막으로, 이 책에 등장하는 주장을 주제별로 그리고 개괄적으로 살펴본다(1장 4절).

1.1 | 철학에 대한 비판적 실재론 접근의 두드러진 특징

1) 기초작업

철학적 기초작업은 가장 특징적으로 비판적 실재론 철학이 수행하는 것이다. 기초작업의 비유는 18세기 영국의 경험주의 철학자 존 로크John Locke에게서 차용했다. 그는 다음과 같이 말했다.

> 배움의 공화국에는 오늘날 과학들을 발전시키는 훌륭한 설계도를 갖고 후세의 찬사를 받을 영원한 기념물을 남길 대건축가들master-builders이 없는 것은 아닙니다. 하지만 모든 사람이 보일Robert Boyle이나 시든햄Thomas Sydenham이 되기를 희망할 수는 없습니다. 그리고 위대한 호이겐스Christiaan Huygenius(17세기 네덜란드의 수학자, 천문학자, 물리학자)와 독보적인 대가 뉴턴Isaac Newton 같은 거장들이나[2] 그 밖에 그런 반열의 사람들을 배출하는 시대에, 참다운 앎으로 가는 길의 바닥

을 조금 정리하고 길에 놓인 쓰레기를 일부 치우는 기초작업자로 고용되는 것도 충분히 요망되는 일입니다.[3]

비판적 실재론은 먼저 특히 사회과학 영역의 그렇지만 이 영역에만 한정되지 않는 과학적 지식의 길에 놓인 철학적 쓰레기를 제거함으로써 바닥을 조금 정리하고자 한다. 그리고 이런 식으로 과학을 위한 그리고 (부분적으로는 이것의 덕택이라고 할) 더 일반적으로 인간의 안녕과 번영을 지향하는 실천을 위한 기초작업자가 되고자 한다. 이러한 철학들은 대체로 과거로부터 무심코 물려받은 것이다. 그것들은 한때 진보적 역할을 했을 수도 있지만, 그렇게 하기를 오래전에 중단했다. 참으로 우리는 알베르트 아인슈타인과 함께, '지금까지의 우리의 사유 결과로 우리가 오늘날 만들어낸 세계는 우리가 그것을 만들 때 생각했던 방식으로는 해결할 수 없는 문제들을 안고 있다'고 말할 수 있다.

2) 진지함

진지함은 위대한 독일 관념론 철학자 헤겔G. W. F. Hegel의 전문 용어 에른스트Ernst를 차용한 것이다. 그것은 이론과 실천의 통일, 말하는 그대로 행동할 수 있음, 말하는 것과 행하는 것이 완전히 다르지 않음의 생각을 포함한다. 나는 현대를 포함하는 대부분의 근대 서구 철학이 명백하게 진지하지 않다고 주장할 것이다. 예를 들어, 존 로크의 후계자들 중 한 명인 데이비드 흄David Hume이, 건물에서 2층 창문보다 1층 문으로 나갈 더 좋은 이유는 없다고 우리에게

2 〔옮긴이 주〕 보일은 17세기 영국의 자연과학자, 철학자로, 근대 실험과학의 선구자이다. 시든햄은 17세기 영국의 임상 의학과 질병 분류의 선구자이다. 호이겐스는 17세기 네덜란드의 수학자, 천문학자, 물리학자이다. 뉴턴은 17세기 영국의 수학자, 물리학자, 천문학자이다.

3 John Locke, *An Essay Concerning Human Understanding*(Oxford: Oxford University Press, 1690/1975), '독자에게 보내는 편지'.

말했을 때 그는 진지하다고 할 수 없다.[4] 만약 그가 자신이 믿는다고 주장하는 것을 진정으로 믿었다면, 분명히 그는 모든 상황의 약 50%에서 2층 창문을 통해 그런 건물들을 나갔어야 했다!

비슷한 방식으로, 전 세계가 파멸하는 것보다는 자신의 손가락에 상처가 나는 것이 더 낫다고 할 더 나은 이유가 없다고 흄이 단언할 때,[5] 그렇다면 다시 그는 진지한 것이 아니다. 왜냐하면 그가 세계의 파멸을 선택했다면 그의 손가락은 분명히 세계의 일부이기 때문에 그는 손가락 또한 잃을 것이었다! 흄이 여기서 암묵적으로 실행하고 있는 것은 자신(과 철학)을, 당연히 자신과 철학(그리고 과학들과 그 밖의 인간의 앎의 방식들)을 포함하는 나머지 세계로부터 쫓아내는 것이다. 우리가 보게 되겠지만, 바로 그런 '가설화hypostasis', 탈총체화detotalisation 또는 단절에 학문적 무진지함academic unseriousness의 씨앗이 놓여 있는 경우가 많다.

비판적 실재론이 수행하고자 하는 것은 우리가 그것에 근거하여 행위 할 수 있는 진지한 철학, 그리고 더욱이 우리가 직면한 긴급한 도전들에 적합한 그리고 이상적으로는 적어도 앞으로 나아가는 길을 조명할(우리에게 새로운 무엇인가를 이야기할) 수 있는 진지한 철학을 만들어내는 것이다.

3) 내재적 비판

내재적 비판은 비판적 실재론 철학의 방법에서 핵심적 부분이다. 그것은 생각

---

4 David Hume, *Dialogues Concerning Natural Religion*(Oxford: Oxford University Press, 1779/2008)을 볼 것. 실천적 회의주의에 반대하는 최상의 주장 — 실재론이 가치론적으로 필연적이다라는 — 은 흄 자신의 펜에서 나오지만 흄은 이것을 이론에서 받아들이지 않았다. Roy Bhaskar, *Scientific Realism and Human Emancipation*(London: Routledge, 1986/2009), 32-3을 볼 것.

5 David Hume, *A Treatise of Human Nature, Vol. II*(London: J. M. Dent, 1740/1934), Book II, Section III, 128.

이나 체계에 대한 비판은 내부적이어야 한다고, 즉 비판 대상에 대해 본래적인intrinsic 무엇을 포함해야 한다고 밝힌다. 그것은 전형적으로 이론/실천 비일관성을 찾아내며, 논란이 되고 있는 입장이 그 입장의 요점, 가치 또는 내용을 훼손할 주장이나 분석을 포함한다는 것, 그러므로 그것이 스스로를 침식하거나undermine '해체한다deconstruct'는 것을 보여준다. 잠깐 성찰해 보면 참으로 이것이 논쟁에서 궁극적으로 승리할 수 있는 유일한 방법임을 알 수 있다. 단순히 우리가 믿는 것을 단언하는 것은, 그것이 어떤 식으로든 우리의 반대자가 믿는 것에 영향을 미치지 않는 한, 쓸모가 없을 것이다.

따라서 누군가가 '모든 사람은 고기를 더 많이 먹어야 한다'고 말하고 내가 그것에 동의하지 않는다면, 합리적으로 그를 설득하기 위해 내가 해야 할 일은 그의 신념이나 가치체계나 관습적 실천 안에서 고기를 더 많이 먹음으로써 훼손될 수 있는 무언가를 찾아내는 것이다.

내재적 비판의 가장 통렬한 형태는 아킬레스건 비판이다. 이것은 어떤 이론의 지지자들이 그것의 가장 강력한 것이라고 생각하는 지점에서 약점이나 맹점을 찾아낸다.

4) 전제가정들의 해명으로서 철학

비판적 실재론의 입장에서, 철학은 과학의 세계나 일상생활의 세계에서 분리된 세계에 관해 이야기하는 것이 아니다. 철학을 위한 별도의 세계와 그 밖의 것들을 위한 또 다른 세계가 있는 것은 아니다. 단지 하나의 세계가 있을 뿐이며,[6] 철학도 그 세계에 관해 이야기한다. 철학의 담론을 구별 짓는 것은 그것이 그 세계의 가장 추상적인 또는 일반적인 특징들 — 우리의 실천들에서 통상적

6 그리고 우리의 우주(universe - 단일회전체)가 다중 우주(multiverse - 다중회전체)의 일부라면 그것도 또한 하나의 세계이다.

으로 논의하지 않지만 암묵적으로 전제하는 — 에 관해 이야기한다는 점이다.

이러한 추상적 특징들은 인과성, 본체 등과 같은 철학적 범주로 표현된다. 비판적 실재론은 그러한 범주들이 세계의 실재하는 그렇지만 매우 일반적인 특징들을 가리킨다고 이해한다. 그렇다면 세계는 특정한 인과법칙뿐[7] 아니라 인과성 자체를 포함한다. 〔이것은 **범주적 실재론**이라고 부를 수 있는 입장이다(6장 4절을 볼 것).〕 그리고 이러한 고차적 또는 추상적 특징들 — 우리는 실천들에서 이것들을 대부분 당연시하거나 무성찰적으로 그러나 암묵적으로 전제한다 — 을 해명하는 것은 비판적 실재론 철학의 특징적인 과제다. 그러므로 철학이 전형적으로 수행하는 일은 우리의 활동들에서 구현하는 또는 우리의 실천들을 뒷받침하는, 대부분 '주어진 것'이지만 '암묵적'이고 매우 자주 '혼란스러운', 일반적으로 드러나지 않거나 그렇지 않으면 주제화되지 않은 가정들을 해명하는 것이다.

철학이 주로 우리 실천들의 일반적으로 무성찰적인 전제가정들을 밝히는 것이라면, 우리는 비판적 실재론 철학의 핵심 특징, 즉 임마누엘 칸트Immanuel Kant가 시작한 논증 형식인 **초월적 논증**에 대한 헌신의 중요성을 이해하기 시작할 수 있다. 초월적 논증은 우리 경험의 어떤 특징이 가능하려면 사실이 어떠해야 하는지, 더 일반적으로 어떤 (우리의 경험 속에서 개념화한 것과 같은) 사회적 실천이 가능하려면 세계가 어떠해야 하는지를 질문한다. 그 자체로 이것은 과학에서 큰 역할을 하는 종류의 논증으로, 나는 이것을 **역행추론적 논증**retroductive argument이라고 불렀다. 역행추론적 논증은 어떤 현상이 실재적이라면, 무엇이 그것을 발생하거나, 생산하거나 인과적으로 유발하거나 설명하는가를 질문한다. 그리고 역

---

7 '법칙(law)'과 '인과법칙(causal law)'이라는 용어를 타동적(인식론적) 차원의 법칙 진술 그리고 그러한 진술이 자동적(존재론적) 차원에서 지정하는 것 둘 모두를 가리키기 위해 사용한다. Roy Bhaskar, *A Realist Theory of Science*(London: Routledge, 1975/2008), Chapter 2, 'Postscript to the Second Edition'(1978), 251을 볼 것. 의도한 용도는 문맥에 따라 결정된다. 타동적 및 자동적 차원에 관해서는 1장 2절을 볼 것.

행추론은 과학에서 과학자가 그것을 사용하여 원인들 또는 (우리가 그렇게 말할 것처럼) 발생기제들 — 그것들이 실재한다면 문제의 현상을 설명할 — 을 생각해 내는 상상적 활동이다.

5) 증대된 성찰성 그리고/또는 변형된 실천

기존의 철학은 대부분의 일상적 실천들과 과학적 실천들의 전제가정들을 심각하게 잘못 기술했다. 따라서 그것은 이론/실천 괴리 또는 비일관성 그리고 수행적 모순을 포함하며, 특징적으로 내가 'TINA 타협 구성체TINA compromise formation'라고 부르는 것 — 여기서는 기본적으로 실천에서의 진실이 이론에서의 허위와의 긴장 속에서 조합되거나 유지된다 — 을 구성한다.[8] (TINA는 '대안이 없다there is no alternative'를 나타낸다. 또한 6장 4절을 볼 것.)

비판적 실재론 철학의 목표는 이제 명확히 할 수 있다. 어떤 실천이 어느 정도 적절한 — 자연과학에서는 대부분의 경우 그러하다고 우리는 인정할 수 있을 것이

8 〔옮긴이 주〕 프로이트(Freud)가 '신경증적 증상(neurotic symptom)'을 단순히 병리적인 것이 아니라, 내적 갈등의 결과로, 즉 억압된 무의식적 욕망과 이를 억누르는 방어 기제 사이의 '타협 구성체(compromise formation)'로 이해하는 것에 착목하여, 바스카는 '대안이 없다'는 표현으로 나타나는 TINA 증상(TINA syndrome)을 'TINA 타협 구성체'로 개념화한다. "대안이 없다(There Is No Alternative- TINA)"는 보수당의 마거릿 대처(Margaret Thatcher)가 영국 총리로 재임하던 1980년대에 자유시장 경제 원칙과 개인주의를 강조하고 정부 개입 최소화와 사영화(privatization) 및 공공 서비스 축소를 강경하게 추진하는 신자유주의 정책을 옹호하며 사용하던 수사이다. 바스카는 실재적인 것을 경험적인 것으로 환원하는 '비실재론자'들이 이를 공유한다고 지적한다. TINA 담론은 사회현실을 왜곡하고, 특정 권력 구조를 정당화하며, 변화를 가로막는 이데올로기적 장치로 작동하며, TINA 담론을 받아들임으로써 사람들은 현재의 사회구조들을 자연스럽고 불가피한 것으로 인정하고 대안적인 사회질서와 변화를 위한 행위의 가능성을 포기하게 된다. 'TINA 타협 구성체'는 현재의 사회적·경제적 구조와 정책이 유일하게 가능한 선택지라고 주장함으로써 대안적인 사회 모델이나 경제 시스템에 대한 추구와 논의를 억압하고 배제하면서 현실을 특정 방식으로 인식하고 행동하도록 만드는 타협 형성의 결과물을 가리킨다. 결국 바스카가 'TINA 타협 구성체' 개념을 사용하는 의도는 '대안이 있다'는 것을 보여주려는 것이다.

다 — 그러나 그럼에도 이론(즉, 실천의 전제가정들에 대한 이해, 또는 우리가 **메타이론**metatheory이라고 말할 수 있는 것)은 비참할 정도로 부족할 때, 목표는 실천에 대한 더 나은 또는 더 적절한 해명이나 이론을 제공하는 것이다. 그러나 경쟁적이고 상충하는 사회과학적 실천들의 큰 배열 중 적어도 일부의 경우에서 명백한 것처럼 그 실천 자체에 결함이 있을 때, 비판적 실재론 철학의 궁극적인 목표는 적절한 방식으로 (물론 직접 관련된 행위주체들의 더 나은 이해 및 자기-이해에 의해 매개된 것이지만) 실천을 변형하는 것이 된다. 즉, 비판적 실재론 철학의 가장 일반적인 목표는 향상된 성찰성 또는 변형된 실천(또는 둘 모두)이다.

6) 헤르메스주의의 원리

헤르메스Hermes는 우리가 권위에 근거해 무엇을 받아들일 것이 아니라, 모든 명제를 우리의 일상적 실천들에서 우리 스스로 시험해야 한다고 주장한 고대 이집트 현자의 그리스어 이름이다.[9] 이것은 비판적 실재론의 급진적 정신과 크게 일치한다. 이 책을 읽으면서 지속적으로 자신들의(보통 사람이거나 연구자이거나) 경험을 참고하고, 제시된 주장들, 이론들 및 개념들을 그 경험에 적용하려고 시도하고, 그것들이 일관성이 있는지 또는 그것에 적합한지 알아보도록 독자들에게 요청하고자 한다.

단 하나의 세계만이 있기 때문에, 비록 그 세계에 대한 매우 다양한 서술이 있더라도, 비판적 실재론 철학의 이론들과 원리들은 우리의 일상적 삶에도 적용해야 한다. 그것들을 그렇게 하지 않는다면 무엇인가 심각하게 잘못된 것이다. 이것은 우리의 이론과 설명을 전문가들의 연구 맥락뿐만 아니라 일상의

9 헤르메스주의(hermeticism)의 종교적이고 철학적인 전통의 기초적인 집성의 추정된 저자는 헤르메스 트리스메기스토스(Hermes Trismegistus)였는데, 이는 해석적 의사소통(따라서 '해석학')의 그리스 신인 헤르메스와 이집트 지혜의 신 토트(Thoth)를 혼합적으로 표현한 것일 수 있다.

삶에서도 검증해야 한다는 것을 의미한다.

7) 비판성과 성향적 실재론

소크라테스 시대 이래, 철학자들은 '검토하지 않은 삶unexamined life'을 옳게 개탄했다. 그러나 검토가 그 이름에 걸맞은 것이 되기 위해서는 또 다른 삶 그리고 또 다른 세계가 가능해야 하며, 이것은 변화가 가능해야 한다는 것, 그리고 그 가능성이 실재적이어야 한다는 것을 전제한다. 이것이 내가 **성향적 실재론** dispositional realism이라고 부르는 입장, 즉 가능성들과 아울러 그것들을 구현하는 현실적인 것들actualities이 반드시 실재해야 한다는 입장이다. 그러나 그것은 또한 행위가 실재한다는 것, 우리가 행위를 변형할 수 있다는 것, 즉 변형된 변형적 실천이 가능하다는 것 그리고 (철학적 비판을 포함한) 성찰이 더 나은 삶과 더 나은 세계로 안내하는 데에서 역할을 할 수 있다는 것을 전제한다.

이것이 그러하다면, 보편적 인간 번영universal human flourishing의 기획에 진지하게 헌신하는 비판적 실재론과 같이 기초작업을 하는 철학은 귀찮은 일 이상의 것, 존재하는 권력의 목에 붙은 니체의 등에Nietzschean gadfly[10] 이상의 것이 되기를 열망할 수 있다. 그것은 우리를 곤경에 몰아넣는 (로크의) 쓰레기의 무거운 짐을 치우는 발화 불꽃, 해방이 될 수 있다. 이것은 계몽된 상식enlightened common sense으로서[11] 그리고 산파로서, 즉 해방적 변화의 행위주체로서 철학이다.

---

10 〔옮긴이 주〕'니체의 등에'는, 소크라테스가 자신을 아테네 시민들을 깨우는 자극자로 표현하기 위해 '등에'에 비유한 것에서 차용하여, 프리드리히 니체(Friedrich Nietzsche)의 저작과 사상이 전통적이고 정형화된 가치와 믿음에 '등에처럼 귀찮게 들끓다'는 의미로 사회나 철학적 현장에서 진리를 해체하거나 논란을 일으키는 존재나 개념을 가리킨다.

11 Roy Bhaskar, *Reclaiming Reality: A Critical Introduction to Contemporary Philosophy* (London: Routledge, 1989/2011), 1을 참고할 것.

1.2 | 비판적 실재론 철학의 기원, 발전, 차이 그리고 책의 구성

이제 내가 어떻게 비판적 실재론에 도달하게 되었는지 서술한다. 나는 옥스퍼드 대학교에서 '철학, 정치 및 경제학PPE' 학사 학위를 받았으며 각각의 주제들을 어느 정도 동등하게 즐겼다. 그러나 '제3세계'의 빈곤 등과 같은 쟁점들에 관심을 가지고 있었기 때문에 경제학이 아마도 더 직접적으로 중요한 문제들을 다룰 것으로 느꼈고, 그래서 경제학을 더 공부하기로 결심했다. 그때 내가 가장 관심을 가졌던 것은 서구 선진 자본주의 나라들에서 발전된 경제 이론이 새로운 발전도상의, 즉 이른바 '저발전' 국가들의 필요와 상황에 얼마나 적합한지의 문제였다. 나의 직감은 당시의 경제 이론이 그다지 적합성이 없다는 것이었다. 왜냐하면 그 나라들은 많은 동일한 구조들에 종속되어 있지만 그럼에도 매우 상이한 그리고 급속하게 변화하는 사회들이었기 때문이다.

그래서 대학원 과정에 등록했고 **발전도상국에 대한 경제 이론의 적합성**The Relevance of Economic Theory for Developing Countries에 관한 논문 작업을 시작했다. 그러나 불가능한 주제를 선택했다는 것을 점점 더 깨닫게 되었는데, 그 까닭은 지배적인 메타이론들이 이론체계의 세계와 실재 세계 사이의 비교를 허용하지 않았기 때문이다. 현실에 대한 언급이 경제학에서 금기라는 것을 발견하고 당연히 충격을 받았고, 그래서 그것이 왜 그런지를 알아보기 위해 철학, 특히 과학철학과 사회과학철학으로 되돌아갔다. 슬프게도, 여기서 정통 교과서를 샅샅이 살폈음에도 그다지 나아지지 않았다. 확증과 반증, 설명과 예측 및 그 밖의 인식론적 활동들에 관해서는 많은 것이 있었지만, 그것들이 지시하고자 추정적으로 시도하고 있던 세계의 성질에 관해서는 아무것도 찾을 수 없었고, 이 침묵에 대해서도 아무런 설명이 없었다. 그래서 더 깊이 파고들었고 그래서 흄Hume과 칸트Kant의 철학으로 돌아갔으며, 마침내 문제의 근원을 분명히 깨달았다. 그것은 **존재론** 또는 존재에 대한 철학적 연구를 **수행하지 말라**는 그들의 금지명령에 있었다. 그래서 과학철학의 영역에서 나의 첫 번째 책, 『실재론적 과학론A Realist Theory of Science』의 기획에 착수했다. 그 책은 존재론을 옹호하는 동시에 구조, 차이 및 변화 가능성을 특징으로 하는 새로운 비非흄적non-Humean 존재론을 확립하는 이중적 목표를 가지고 있었다.

비판적 실재론의 기원들 그리고 (새로운) 존재론을 위한 이중적 논증

1970년대 과학철학의 맥락에서는 흄의 경험론이 대부분의 당대 논의의 기준선을 제공하고 있었다. 특히, 흄의 인과법칙 이론, 즉 원자론적 사건들의 항상적 결합constant conjunction of atomistic events이 법칙의 귀속을 위해 필요하고 충분하다거나(경험주의적 변형) 적어도 필요하다(신칸트주의적 변형)는 견해가 설명에 대한 표준적인 (포퍼 헴펠Popper Hempel의) 법칙-연역적deductive-nomological 모델이나 포괄법칙covering-law 모델 그리고 정통 과학철학의 거의 모든 그 밖의 이론들을 뒷받침하고 있었다.[12]

이 이론은 흄과 특히 칸트가 주창한 존재론이 불가능하다는 메타이론—이것은 오류이나—과 동행했다. 초기 비트겐슈타인Wittgenstein의 표현으로, 철학은 '네트워크가 서술하는 것을 다루는 것이 아니라 네트워크를 다루는 것'만으로 충분했다.[13] 이 메타이론은 내가 **인식적 오류**epistemic fallacy라고 부르는 것, 즉 존재론을 인식론에 입각하여 완전히 정의할 수 있다거나 인식론으로 환원할 수 있다는 것이다.[14] 이 가정은 명백히 잘못된 것이다. 왜냐하면 흄의 인과법칙 이론은 세계가 균일하고, 평평하고, 반복적이며, 분화되지 않고, 구조화되지 않고, 변하지 않는다는 것을 함축하며, 이것이 사실이 아니라는 것은 명

---

12 Bhaskar, *A Realist Theory of Science*, Chapter 2, Appendix, 'Orthodox philosophies of science and the implications of open systems,' 127-2.

13 Ludwig Wittgenstein, *Tractatus Logico-Philosophicus*, trans. Frank Ramsey and C. K. Ogden (London: Kegan Paul, 1921/1922), 6.35.

14 Bhaskar, *A Realist Theory of Science*, 37.

백하기 때문이다. 그러나 이것을 '아는' 것과 철학의 담론에서 이것을 확립하는 것은 전혀 다른 일이다. 이것에서 비판적 실재론을 시작한 작업의 이중적 과제, 즉 존재론이 가능하고 필요하다는 것을 확립하는 그리고 새로운 비흄적 존재론의 개요를 확립하는 과제를 설정했다.

두 가지 목표가 모두 필요하다는 것은 경제학에 대한 나의 초기 성찰들에서 매우 분명했다. 왜냐하면 특정 이론체계의 서술과 무관하게 실재를 지시reference할 가능성이라는 겉모습을 한 존재론에 관한 금지는 결코 존재론을 추방한 것이 아니라 단지 **암묵적인** 흄의 **존재론**을 감추고 위장했을 뿐이기 때문이었다. 이 존재론은 세계에 발현, 변화, 발전의 가능성은 말할 것도 없이 구조나 깊이, 차이, 맥락이 없다고 전제한다.

초월적 논증과 결합된 내재적 비판의 방법을 사용한다는 것은 나의 반대자들이 중요하다고 생각하는 사회적 실천의 특징을 내가 찾아내야 한다는 것을 의미했다. 그래서 모든 사람이 과학에 필수적이라는 데 동의한 실험 활동을 선택했다. 내가 제기한 질문은 실험이 가능하려면 세계가 어떠해야 하는가였다. 그리고 나의 분석은 세계가 독립적으로 실재하고 구조화되어 있으며 분화되어 있어야 한다는 것을 보여주었다. 그래서 존재론을 옹호하는 논증과 새로운 (비흄적인) 존재론을 옹호하는 논증을 동시에 제공했다.

이 이중적 논증은 비판적 실재론에 근본적인 한 쌍의 이중 구분을 생성했다. 첫째는 (i) **철학적 존재론**과 **과학적 존재론**의 구분 그리고 (ii) 과학의 **타동적 차원**과 **자동적 차원**의 구분 및 그것과 결합된 인식적 오류에 대한 또는 존재론의 인식론으로의 환원에 대한 비판이다. 과학을 독립적으로 존재하고 활동하는 (자동적) 세계에 관한 지식을 생산하는 (타동적) 사회적 과정으로 이해하는 것은 **존재론적 실재론**, **인식론적 상대주의** 및 **판단적 합리주의** — 나는 이것들을 비판적 실재론의 **성삼위일체**holy trinity[15]라고 부른다 — 를 동반하고 상호 양립 가능하

15 'holy(성)'은 (철자와 발음은 비슷하지만, 의미론적으로는 매우 상이한) 'holes(구멍: 진짜 없

게 한다. 동시에 우리가 존재론과 인식론을 구별하지 않고 **알아낸 세계**에 관해 단지 (분화되지 않은 방식으로) 이야기하는, 내가 우리의 **자연적 태도**라고 부르는 것, 즉 흄과 칸트가 단순히 반영한 관점도 분명히 드러난다. 이러한 태도는 (과학혁명 또는 논쟁의 시기들에서처럼, 현대 사회과학들에서처럼) 동일한 세계에 관한 경쟁하는 주장들이 있을 때 붕괴한다. 이 경우 우리는 독립적으로 존재하는 (자동적) 세계를, 그 세계에 관해 사회적으로 생산하고 오류 가능한 우리의 (타동적) 지식 주장과 명백히 구별해야 한다.

둘째, (i) **개방체계**와 **폐쇄체계** 사이의 그리고 (ii) **구조들**과 **사건들**, 또는 내가 **실재적인 것의 영역**과 **현실적인 것의 영역**이라고 부르는 것 사이의 실질적인 존재론적 구별이 있으며, 뒤의 구별은 **경험적 실재론**의 암묵적인 현실주의적 존재론에 대한 상응하는 비판을 동반한다. 따라서 우리는 구조들, 기제들 등등을 사건들의 유형들로(또는 실재적인 것의 영역을 현실적인 것의 영역으로), 그리고 사건들의 유형들을 우리의 경험들로(또는 현실적인 것의 영역을 **경험적인 것의 영역**으로) 환원 불가능하다는 공리를 갖게 된다(<표 1.1>을 볼 것).

과학철학에서 이러한 존재론적 전환의 직접적 함의는 이제 기록할 수 있다. 실험 활동에서 이끌어낸 초월적 논증은 응용과학과 실천과학의 맥락에서 이끌어낸 다른 논증들과 함께 철학적 존재론의 불가피성과 환원 불가능성 그리고 이 존재론의 필연적으로 층화되고 분화된 특징을 확립한다. 더욱이 이제 과학을 본질적으로 사건들 및 그 밖의 현상들에 대한 서술로부터 그것들을 생성하는 구조와 기제에 입각한 그것들에 대한 인과적 설명으로 움직이는 창의적 활동으로 보는 것이 중요해진다. 더 나아가 과학의 역사는 자연의 다층적

음)'의 동음 이의(同音異義) 말장난이다(신성함을 가리키는 holy로 결점이나 부족함을 뜻하는 holes를 함축한다). Roy Bhaskar, *Dialectic: The Pulse of Freedom*(London: Routledge, 1993/2008), 42n을 볼 것. ([옮긴이 주] 거기서 바스카는 자연적 필연성의 묵살, 인식적 오류, 존재론적 일가성을 '비실재론의 불신성한 삼위일체(the unholy trinity of irrealism)'로 선언하면서, 이 말장난은 '구멍(holes) — 공허(voids) — 구성적 부재(constitutive absences)'를 함축하는 의도적인 것이라고 말한다.)

〈표 1.1〉 실재적·현실적·경험적인 것의 영역들[16]

구분	실재적인 것의 영역	현실적인 것의 영역	경험적인 것의 영역
기제들	∨		
사건들	∨	∨	
경험들	∨	∨	∨

층화multi-tiered stratification를 드러내며, 이것은 이에 따라 과학에서 발견과 발전의 지속적으로 반복하는 변증법을 정의한다. 이것은 **이론적 설명의 DREI(C)(서술-역행추론-소거-판별(정정) 모델**DREI(C) model of theoretical explanation)로 이어진다. 여기서 과학은 현상들에 대한 **서술**description에서 그 현상들에 대한 가능한 설명적 인과 기제들의 **역행추론**retroduction, 작동하는 발생기제의 **판별**identification을 통한 경쟁하는 설명들의 **소거**elimination(이전 결과의 **정정**correction으로 이어짐, 2장 4절을 볼 것). 과학은 그런 다음 실재의 이렇게 새로 판별한 수준을 서술하는 것으로 진행하며 그다음의 발견 및 발전의 과정이 이어진다.

과학에 대한 이런 새로운 관점에 따르면, 과학은 실재의 더 깊고 더 난해한 수준들을 호기심 많은 탐구자가 지속적으로 열어 나아가는 역동적인 사회적 활동이다. 한편 새로운 존재론에서는 **층화**가 핵심 속성으로 등장한다. 즉각 세 가지 형태의 층화를 판별할 수 있다. 구조들(발생기제들 등등)과 사건들의 유형들 사이의(또는 실재적인 것의 영역과 현실적인 것의 영역 사이의) 구별은 단순한 층화를 수반한다. 과학의 역사는 다층적 층화를 드러내준다. 그리고 **발현**emergence은 특별한 형태의 층화를 보여준다(이것에 관해서는 잠시 후에 더 자세히 진술한다).

16 Bhaskar, *A Realist Theory of Science*, Table 0.1, 13.

핵심 주장을 일반화하고 발전시키기

초적용가능성의 문제

비판적 실재론의 원래 논증은, 사건들에 대한 서술에서 사건들을 생성하는 설명적 구조들에 대한 서술로의 운동을 포함하는 이러한 특징적인 역행추론적 활동 유형이 다른 과학들, 영역들 및 실천들에서도 일어날 수 있는지 여부에 대한 질문을 제기한다. 더 자세하게 말하면, 그것은 실험적 자연과학철학의 결과들을 사회과학[17] 또는 (예를 들어) 생물학에,[18] 또는 예를 들어 언어와 같은 사회과학의 새로운 영역들에(이것에 대해서는 5장 2절에서 비판적 담론 분석의 요목을 논의하면서 탐색한다) 그리고 (건축학부터 고고학까지) 다양한 인간 실천들의 맥락에 적용할 수 있는지 초적용가능성transapplicability의 문제를 제기한다.

그러나 내재적 비판의 방법은 한 맥락의 결과를 다른 맥락으로 순진하게 또는 무매개적으로 이전하는 것을 금지한다는 점을 지적하는 것이 중요하다. 초적용의 가능성을 고려할 수 있으려면 그에 앞서 항상 새로운 영역에 대한 독립적인 분석이 있어야 한다. 따라서 내가 사회(더 일반적으로 인간)과학들과 새로운 초월적 실재론적 존재론의 양립가능성을 조사하고자 방향을 돌렸을 때, 먼저 자연과학들에서의 실험 활동에 필적할 만한 내재적 무게를 가질 무엇인가를 붙잡아야 했다. 이것을 현대 사회과학철학의 고유한 **이원론**(및 이원론들)에서 발견했다. 실증주의적 자연주의와 반-자연주의적 해석학 사이에는 포괄적인 이원론이 있었고, 내가 **거시이원론들**macrodualisms이라고 부르는 구조/행위, 개인/집합(또는 전체), 의미/행위(또는 법칙) 그리고 개념성/물질성의 이원론들, 그리고 거시이원론들을 지탱하는 이유/원인, 마음/몸, 사실/가치 및

---

17 Roy Bhaskar, *The Possibility of Naturalism: A Philosophical Critique of the Contemporary Human Sciences*(London: Routledge, 1979/2015).

18 Bhaskar, *Scientific Realism and Human Emancipation*.

이론/실천의 **미시이원론들**microdualisms을 포함하는 과다한 국지적 또는 주제적 이원론들 또는 이율배반들이 있었다. 이러한 이원론들에 대한 비판적 실재론의 응답은 (특히) 3장에서 탐구한다.

원래 주장을 발전시키는 다른 길들

원래 논증은 또한 다양한 다른 방식으로 발전시킬 수 있다. 그래서 사건들에서 기제들로 나아가지 않고 특정의 사건, 현상, 또는 상황 자체의 성질로의 운동을 포함하는 구체적이고 **응용된** 발전이 있다. 다음으로 허위이거나 또는 부적합한 해명 및 그것들이 안내하는 실천들의 가능성의 조건들에 대한 탐색을 포함하는 (**메타비판적**metacritical 발전을 포함하는) **비판적** 발전이 있다. 마지막으로, 구조와 차이 이외의, 예를 들어 변화와 과정, 또는 내적 관계와 외적 관계 등등과 같은 범주들을 통합하는 **존재론의 이론적 심화**의 가능성이 있다. 내가 지금 관심을 가지고 있는 것은 바로 비판적 실재론의 존재론의 이러한 더 나아간 심화이며, 이것은 6장과 7장에서 자세히 다룰 것이다.

기초적인 논증들의 성질이 사실상 이런 심화를 함축한다는 것은 어렵지 않게 알 수 있다. 분명히, 실험과 같은 활동들은 사회적 삶을 전제로 하며, 이것은 또한 우리가 물질적으로 체현된 사회적 존재들로서 자연이 개념화하는 발현적 부분들이며, 우리를 형성하고 있는 물질적인 것들에 되돌려 행위 할 수 있다는 것을 함축한다. 여기서 **공시적으로** 우리의 발현적 힘의 보유와 그 힘의 **통시적인** (개체발생적 및 계통발생적) 형성 과정 사이의 구별은 필수적이다. 따라서 초월적 실재론적 과학철학의 명시적 존재론은 사실상 **사회**(따라서 비판적 자연주의)와 **발현** 둘 모두를, 그러므로 진보적 또는 **음엔트로피적 변화**negentropic change[19] 또는 발전의 가능성을 포함하는 **변화**와 (분화된) **통일** 둘 모두

19 〔옮긴이 주〕 엔트로피는 시스템의 무질서를 나타내는 물리학적인 개념으로 엔트로피가 증가하면 시스템의 무질서도가 증가하고, 엔트로피가 감소하면 무질서도가 감소한다. 음엔트로피적 변화(negentropic change)는 엔트로피가 감소하는, 따라서 무질서도가 감소하는 변화를

를 함축한다. 변화와 통일은 변증법적 비판적 실재론과 메타실재의 철학 각각의 내부에서 존재론 심화의 핵심 주제들이다. 달리 말하면, 존재론의 변증법적 및 메타실재적 발전은, 초월적 실재론의 프로그램에 내포된 비판적 실재론(그것의 유효성의 조건으로서 설명적 비판을 포함한)과 마찬가지로, 그리고 때때로 지적되는 것과 달리, 그것의 쓸모없는 악화가 아니다.

존재론이 비판적 실재론의 시작하는 큰 생각이라면, 비판적 실재론의 후속 발전은 존재론의 연속적인 심화들에 기초한 것이라고 가장 통찰력 있게 제시할 수 있고 그 심화들 각각의 물결 주위에서 우리는 특징적인 범주적/개념적, 인식론적, 윤리적 및 방법론적 접근들을 조직할 수 있다.

책의 지형을 개관한다

비판적 실재론을 세 국면들로 나누고 이 국면들을 더 세분화하는 것은 이제 사실상 관례가 되었다. 이 책의 구성은 이러한 구분을 따를 것이다. 따라서 비판적 실재론은 종종 단순히 '비판적 실재론'으로 부르는 **기본적**(또는 원형적 또는 1차 물결) **비판적 실재론**, **변증법적 비판적 실재론** 그리고 **메타실재의 철학**으로 구분한다. 그리고 기본적 비판적 실재론은 그 자체로 **초월적 실재론** 또는 비판적 실재론적 과학철학, **비판적 자연주의** 또는 비판적 실재론적 사회과학 철학 그리고 비판적 실재론적 윤리학의 일부를 형성하는 **설명적 비판 이론**으로 세분된다. **초월적 변증법적 비판적 실재론**은 메타실재 철학으로 이행하는 변증법적 비판적 실재론의 한 형태로 간주할 수 있다. 독자는 내가 '비판적 실재론'이라는 용어를 두 가지 구별되는 방식으로 사용한다는 것을 알아차렸을 것이다. 그것은 (1) 원형적 비판적 실재론과 (2) 나의 철학 체계 전반을 가리키는데, 어떤 의미로 사용하는지는 문맥에 따라 결정된다. 또한 이 세 국면들

가리킨다. 일반적으로 시스템이 더 정돈되거나 조직적인 상태로 진화하는 과정을 나타낸다.

을 포괄하는 관련된 **존재론의 발전을 위한 7 수준의 도식**seven-level schema for the development of ontology[20]도 언급할 가치가 있다. 여기서 우리는

> 존재함을 **비-동일성**으로, 즉 구조화되고 분화된 것으로 이해함에서
> 존재함을 **과정**으로, 즉 부재, 부정성, 변화를 포함하는 것으로 이해함으로
> 존재함을 함께함으로 또는 전체 또는 **총체성**으로, 즉 내적 관계들, 전체론적 인과성 그리고 구체적 보편성을 포함하는 것 = 특이성singularity으로 이해함으로
> 존재함을 4-평면 사회적 존재함에서의 **변형적 실천**을 통합하는 것으로 이해함으로
> 존재함을 **성찰적**이고 내향적인(그리고 용어의 특정한 의미에서 '영성적인') 것으로 이해함으로
> 존재함을 **재마법화한 것**(re-enchanted)으로, 즉 본래적으로 가치 있고 의미 있는 것으로 이해함으로
> 존재함을 **비-이원적인 것**으로, 즉 차이에 대한 근원적 동일성의 그리고 분열에 대한 통일의 우선성을 포함하는 것으로 이해함으로

나아간다. 이러한 구분 이외에, **응용된 비판적 실재론**에 대해서도 이야기하고자 하는데, 이것은 4장의 주제이다.

이 책의 주요 초점은 기본적 비판적 실재론과 그 안에서의 이론적·응용적 사회과학의 작업들에 있다. 그럼에도 **비판적 실재론의 철학**이라는 부제가 붙은 책에 걸맞게 비판적 실재론의 다른 영역들에 대해서도 논의할 것이다. 방금 지적했듯, 비판적 실재론의 일관성 있는 연결을 위해서는 이것은 어떤 경

---

20 이것은 전제가정들의 1M-7Z/A 또는 MELDARZ/A 연쇄로 알려져 있다. 이것에 대해서는 6장 1절 및 그 이후에 자세히 다룬다.

우에도 필수적이다. 따라서 2장, 3장, 5장은 과학철학, 사회과학 및 윤리학에서의 기본적 비판적 실재론의 기초들, 즉 초월적 실재론, 비판적 자연주의, 설명적 비판을 각각 다룬다. 그러나 5장은 또한 언어에 대한 비판적 실재론의 접근, 특히 비판적 담론 분석으로 알려진 이 분야에서 비판적 실재론의 영감을 받고 영향을 받은 연구 전통 — 이것은 되돌아서 설명적 비판의 프로그램과 다시 연관된다 — 을 더 자세히 살펴본다. 4장은 응용된 비판적 실재론을, 6장과 7장은 각각 변증법적 비판적 실재론과 메타실재 철학을 살펴보고, 8장은 근대성의 철학적 담론에 대한 비판(메타실재의 철학에서 처음으로 공식적으로, 그렇지만 초월적 실재론 이래의 과정에서 제창한), 그리고 변증법적 비판적 실재론에서 비판한 서구 철학적 전통에 있는 그것의 뿌리를 다룬다. 4장과 9장(그리고 어느 정도는 6장과 7장)은 4장에서의 응용된 비판적 실재론 논의와 마찬가지로 3장에서 시작한 비판적 자연주의 논의를 확장한다. 따라서 적어도 책의 절반은 명백하게 사회과학들의 지형에 관한 것이다. 그리고 그것의 모든 내용은 사회과학들을 위한 기초작업을 할 수 있는 메타이론을 정리하는 것이다.

비판적 실재론 철학을 구별 짓는다

나는 『실재론적 과학론』이 시작했다고 말할 수 있는[21] 비판적 실재론의 철학과, 많은 위대한 과학, 그리고 아마도 대부분의 자연과학을 (보통은 무의식적으로) 특징짓는 비판적 실재론의 실천을 상당히 날카롭게 구별한다. 또한 그것을 동일한 이름을 지닌 다양한 다른 철학들과도 구별한다.

---

21 통상적인 견해에 따르면, 옥스퍼드 대학교에서 나의 지도교수인 롬 하레(Rom Harré)가 초월적 또는 과학적 실재론의 공동 창시자이다. 비록 1970년대 초에는 아마도 하레의 과학철학이 초월적 실재론의 가장 선진적인 선구였다고 하더라도 나는 2장 7절에서 지적한 이유 때문에, 하레를 그것의 공동 창시자로 생각하지 않는다. 또한 Roy Bhaskar and Mervyn Hartwig, *The Formation of Critical Realism: A Personal Perspective*(London: Routledge, 2010), 31, 35-7, 47-9, 70, 216 n4도 볼 것.

'비판적 실재론'이라는 용어는 비판적 자연주의의 '비판'과 초월적 실재론의 '실재론'을 결합하여 생겨났다. 당시에 그 용어를 거부하는 것은 지나치게 거만한 짓일 것이라고 판단했다. 칸트는 결국 '비판적'을 '초월적'의 동의어로 사용했으며, 비판적 실재론은 그것이 부적절한 믿음들, 실천들 그리고 참으로 (설명적 비판에서) 구조들의 변형을 지향한다는 점에서 또한 비판적이다. 그것의 실재론으로서의 자격은 자명했다.

그러나 그 이름을 받아들였을 때 나는 이러한 명칭을 선택했거나 부여받은 다른 철학들의 다양성을 알지 못했다.[22] 그것들 가운데 가장 두드러진 것은 1920년대 로이 우드 셀라스Roy Wood Sellars와 그의 동료 사상가들의 과학철학(이른바 '미국 비판적 실재론American critical realism')과 영국의 이안 바버Ian Barbour, 존 폴킹혼John Polkinghorne, 아서 피콕Arthur Peacocke을 포함하는 철학자-신학자 학파의 '신학적 비판적 실재론theological critical realism'을 포함한다. 그러나 '비판적 실재론'은 게오르기 루카치György Lukács의 미학, 자크 마리탱Jacques Maritain의 토마스주의Thomism, 모리츠 슐릭Moritz Schlick의 실증주의 등과 같은 다양한 철학을 특징짓는 데에도 사용되었다. 미국 비판적 실재론과 신학적 비판적 실재론(물론 또한 토마스주의)은 겹치는 부분이 있지만, 이들 중 어느 것도 자동적인 그리고 초사실적으로 활동적인 구조들과 발생기제들의 존재론은 갖고 있지 않다. 그렇지만 알리스테어 맥그래스Alistair McGrath는 나의 철학적 비판적 실재론의 존재론을 신학적 비판적 실재론에 도입하기 시작했다.[23]

또 다른 제한이 필요하다. 비록 대부분의 비판적 실재론자들이 초월적 실재론과 비판적 자연주의의 대부분을 받아들일 것이라고 하더라도, 변증법적

---

22 Brad Shipway, *A Critical Realist Perspective of Education*(London: Routledge 2011), Chapter 1 and Mervyn Hartwig, 'Critical realism' in M. Hartwig(ed.), *Dictionary of Critical Realism* (London: Routledge, 2007), 97-8.

23 Alistair McGrath, *A Scientific Theology: Volume 1, Nature; Volume 2, Reality; Volume 3, Theory*(London and New York: T&T Clark 2001, 2002, 2003 respectively); 특히 Vol.2.를 볼 것. 또한 Andrew Wright의 저작도 볼 것.

비판적 실재론과 메타실재의 철학(또는 기본적 비판적 실재론 내에서는 설명적 비판)에 관해서는 동일한 만장일치가 없다. 그것의 일부 측면들에 대해서는 뜨거운 논쟁이 있어왔다. 그러나 많은 비판적 실재론자들이 변증법적 및 메타실재적 발전들을 탐구하지 않거나 (그들의 연구에서) 사용하지 않기로 선택했지만, 이제 적어도 그것들의 잠재적 가치에 대해서는 광범한 인식과 관심이 존재한다. 더욱이, 비판적 실재론에 따르면, 객체를 어떻게 연구할 것인지를 결정하는 것은 결국 (연구 과정의 현재 상태와 함께) 객체의 성질이라는 점을 마음에 새겨야 한다. 그러므로 어떤 주어진 경우에 비판적 실재론의 확장된 도구모음의 어느 부분을 활용할 것인지는 이 공리에 입각한 각각의 연구자의 결정에 달려 있다.

마지막으로, 비판적 실재론을 지식의 정정할 수 없는 기초가 있다는 관념을 고수하는 신실증주의의 일종이라고 지적하는 무지하고 어쩌면 고의적인 오해와 구별하는 것이 중요할 것이다. 이것보다 더 진실에서 벗어날 수 있는 것은 없다. 이 해석은 타동적 차원을 완전히 무시하며, 지식이 환원 불가능하게 사회적인 그리고 변화하는 생산물이라는 사실과 실재에 대한 우리의 접근이 항상 연구 과정에 의해 매개된다는 사실을 간과함으로써, 그리고 모든 형태의 기초주의와 모든 정정불가능성 주장에 대한 비판적 실재론 내에서의 지속적인 비판도 간과함으로써 그리고 (적어도 이론적) 비판적 실재론의 발전을 지속적인 자기비판(또는 메타비판)의 과정으로 보는 것이 가장 적절하다는 사실을 간과함으로써 사실상 **존재적 오류**ontic fallacy를 범하는 것이다. 존재적 오류, 즉 세계가 우리의 지식을 결정한다는 오류는 **인식적 오류**epistemic fallacy의 숨겨진 사회적 의미다. 후자는 세계를 우리의 지식으로 환원하는 반면, 존재적 오류는 우리가 산출하는 지식을 세계로 환원한다. 그것은 우리의 지식을 존재론화하고 그러므로 자연화하거나 **영구화하며**, 사회적 현상 유지를 영속적이고 불가피한 것으로 보이게 만든다. 그것들은 지식의 정정불가능한 기초들이라는 관념을 생성하는 데에서 상호보완적인 역할을 하기 때문에, 나는 때때로 이 두 가지 오류를 한 가지로, 즉 **인식적-존재적 오류**epistemic-ontic fallacy로 지칭한다. 그것의 더 심층적인 파급 효과들은 특히 8장에서 탐구할 것이다.

1.3 | 존재론의 옹호가 사회이론에 대해 갖는 중요성

비판적 실재론적 사회과학철학은 현대적인 사회과학철학과 사회이론의 이원론들에 대한 내재적 비판 및 해결에 의해 확립된다. 그 결과는 **비판적 자연주의**다. 이것은 실증주의적 과잉-자연주의와 해석학적 반-자연주의 사이의 **중용**via media을 택하여 나아간다. 그리고 이것은 '비판적 자연주의'로서 '비판적 해석학'이라고, 동등하게 양쪽의 이원성들의 초월인 중간 길이라고 부를 수 있다.

구조와 행위 사이의 이율배반은 **변형적 사회활동 모델**transformational model of social activity: TMSA에 의해 해결한다. 이것에 따르면 사회는 그리고 일반적으로 사회적 형태들은 인간 행위보다 먼저 존재per-existing하지만 인간 행위가 재생산하거나 변형하는 것으로 인식한다.[24] 이 변형 모델은 『자연주의의 가능성The Possibility of Naturalism』과 같은 해(1979)에 출판한 앤서니 기든스Anthony Giddens의 구조화 이론theory of structuration과 일견 유사한 듯 보인다.[25] 그러나 마거릿 아처는 (『실재론적 사회이론Realist Social Theory』[26]과 그 밖의 글에서) 변형 모델에서는 시간과 시제가 본래적인 것이지만 구조화 이론에서는 그렇지 않다고 지적했다. 따라서 변형적 사회활동 모델에 따르면, 구조는 항상 모든 회차round의 인간 행위보다 먼저 존재하며, 과거의 존재의 무거운 무게는 자원론을 배제한

---

24 Bhaskar, *The Possibility of Naturalism*, Chapter 2.

25 Anthony Giddens, *Central Problems of Social Theory*(London: MacMillan, 1979).

26 Margaret S. Archer, *Realist Social Theory: The Morphogenetic Approach*(Cambridge: Cambridge University Press, 1995).

다. 변형적 사회활동 모델은 그것을 **4-평면 사회적 존재**four-planar social being의 맥락에 위치시킴으로써 더욱 심화할 수 있다.[27] 이 개념에 따르면 모든 사회적 사건은 다음의 4차원들, 즉 자연과의 물질적 교류들, 사람들 사이의 사회적 상호작용들, 사회구조 자체, 그리고 체화된 인격성embodied personality의 층화 각각에 따라 발생한다.

개인주의와 집합주의 사이의 이율배반은 사회과학의 주제를, 패러다임적으로 행위가 아니라 행위를 지배하고 조건을 부과하고 제한하는 지속적인 관계들(과 그것들의 변형)로 이해함으로써 해결한다. 사회과학의 주제에 대한 이러한 관계적 모델relational model은 또한 그 주제가 다음의 **7규모의 수준들**seven levels of scale 중 하나에서 발생하는 것으로 개념화하는 것을 통해 발전된다. 무의식적인 것이나 동기의 작용에 의해 선형화하는 **아-개인적**sub-individual 수준, 장 폴 사르트르Jean-Paul Sartre 등과 같은 소설가들과 실존주의자들이 전형적으로 불러내는 **개인적**individual 수준, 일상생활방법론들 및 해럴드 가핑클Harold Garfinkel과 어빙 고프만Erving Goffman의 문하생들이 전형적으로 연구하는 소규모 사회적 상호작용의 **미시적 수준**micro-level, 예를 들어 칼 마르크스Karl Marx, 에밀 뒤르켐Emile Durkheim 그리고 막스 베버Max Weber가 실행한 것과 같은 고전 사회학의 분석 분야인 **중간적 수준**meso-level, 현대 노르웨이 등과 같이 전체적인 사회들의 속성들을 살펴보는 **거시적 수준**macro-level, 중세 기독교의 발전 등과 같은 전체적인 지리역사적 범위들과 궤적들을 살펴보는 **거대 수준**mega-level, 그리고 지구적global 또는 **행성적**planetary 또는 **우주적**cosmic 전체를 주제로 삼는 수준이 그것이다.

의미와 법칙 사이의 이율배반 관련하여 비판적 실재론은 사회적 삶의 개념성에 대한 해석학적 명제를 수용한다. 그러나 비판적 실재론은 사회적 삶이 개념-의존적인 것이기는 하지만 개념성이 그것의 전부는 아니라고 주장한다.

---

27 Bhaskar, *Scientific Realism and Human Emancipation*, 130과 *Dialectic*, 160을 볼 것.

따라서 그것은 개념적 차원과 아울러 물질적인 차원도 갖는다. 전쟁은 단순히 특정 개념들을 올바른 방식으로 사용하는 (해석학적) 문제가 아니다. 그것은 피비린내 나는 (실제로 일어나는) 싸움이기도 하다. 노숙인은 단순히 개념상의 문제일 뿐 아니라 실제로 어떤 사람의 머리 위에 지붕이 없는 문제이기도 하다. 해석학이 사회과학의 출발점을 정의하지만, 개념화들은 수정 가능한 것이며 비판의 대상이다. 이것은 비판적 실재론의 설명적 비판 이론에서 다루는 주제이다.

위의 세 문단은 비판적 실재론이 사회과학철학의 주요 거시이원론들을 어떻게 해결하는지를 간략하게 보여준다. 미시이원론들의 해결 시도는 3장으로 미루겠다.

이러한 비판적 자연주의 개념에 따르면, 사회과학과 자연과학 사이에는 중요한 차이들이 있다. 가장 중요한 **인식론적 차이**는 사회현상들의 지각불가능성unperceivability — 그러므로 사회현상들은 그것들의 결과에 의해 탐지해야 한다 — 자연적으로 발생하는 폐쇄체계들의 부재와 폐쇄체계들의 실험적 확립의 불가능성, 그리고 사회적 삶에서 맥락의 중요성에서 비롯한다. 가장 중요한 **존재론적 차이들**은 사회구조들과 형태들의 행위의존성, 개념의존성 그리고 특징적으로 더 거대한 공간-시간 특수성,[28] 그리고 사회과학의 그것의 주제에 대한 내부성 — 이것은 사회과학과 그것이 다루는 주제 사이의 **관계적 차이**를 정의한다 — 에서 비롯한다. 그러나 바로 이러한 차이들 덕분에 사회과학이 가능하다고 비판적 실재론은 주장한다. 사회과학과 자연과학은 둘 모두 동일한 의미에서 과학일 수 있지만 동일한 방식으로 과학인 것은 아니다.

이제 우리는 사회과학의 메타이론들의 주요 결함들을 확인할 수 있다. **경험주의**의 주장과 반대로, 경험적 규칙성은 인과법칙에 필요하지도 충분하지도 않다. **신칸트주의**의 주장과 반대로, 구조는 인간 정신이나 사회 공동체가 경

28 그러므로 따라서 행위주체-의존성과 가변성.

험적 다양성에 부과하는 것일 뿐만 아니라 존재 자체의 특징이다. **해석학**의 주장과 반대로, 개념성이 중요하고 해석학이 사회과학의 출발점을 정의하더라도, 사회 형태들이 의존하는 개념성이 사회 형태들의 전부는 아니며, 개념화는 수정 가능한 것이며 비판의 대상이다. **강한 사회구성주의**는 타동적 차원에서 신칸트주의를 포함하거나 자동적 차원에서 일종의 해석학을 포함하는 것으로 볼 수 있다. 그러나 이를테면 우리가 질병을 연구하기 위해서 질병을 언어적으로 정의해야 한다는 사실이, 우리의 정의가 질병을 구성한다거나 질병이 우리의 정의와 별개로 존재하지 않는다는 이야기가 되는 것은 아니다. 마찬가지로, 사회적 실재에 대한 사회적 행위주체들의 이해가 그 실재의 본래적인 부분일 수 있다고 하더라도, (a)그 실재는 또한 행위주체들의 이해로 환원 불가능한 물질적 차원을 갖고 있으며 (b)사회적 실재에 대한 우리의 이해는 거짓일 수도 있고 부적절할 수도 있다.

비판 이론의 경우, 그것을 안내하는 신칸트주의 약점의 영향을 받는다. 그러므로 명시적인 존재론의 부재는 (위르겐 하버마스Jürgen Habermas의 지식구성적 이해관심 이론에서와 같이) 실제로는 존재론적 매개인 것을 인식론적 구분으로 만든다는 것을 의미한다. 비판적 실재론에 따르면, 이유들의 인과성은 해석학의 메타-언어로 서술하는 것이 본래적으로, 물리적-행위 담론으로 서술하는 것과 정확히 동일한 실재의 부분이라는 것을 의미한다. 참으로, 인간의 행위는 전형적으로 물리적 세계에서 의도성의 표현이라는 형태를 취한다.

더욱이, 비판 이론은 사회과학의 이미 존재하는 대부분의 메타이론들과 마찬가지로 사실적 담론이 (5장 1절에서 주장하는 것처럼) 가치들을 허용할 수 있고 참으로 허용해야 한다는 점을 알지 못한다. 믿음을 비판하는 것은 **바로 그 사실에 의해**ipso facto 그 믿음이 안내하는 행위들을 비판하는 것이며, 만약 우리가 문제의 믿음이 왜 그리고 어떻게 발생하고 지속하는지를 설명할 수 있다면, 그것은 **다른 사정이 동일하다면**ceteris paribus 그 믿음을 설명하는 바로 그것을, 그것이 무엇이든, 또한 비판하는 것이다.[29] 이것은 가치들이 설명적으로 강력

한 사회이론의 전제가정이나 조건이기보다 함의나 귀결이라는 사실에서 비롯한다.[30]

1.4 | 앞으로 나올 주장을 미리 제시한다

2장은 과학철학의 영역에 위치하며 초월적 실재론에 대한 간단한 해설을 제공하는 것으로 시작한다. 이 장은 근래의 그리고 현대 과학철학에서의 긴장들을 서술한 후, 비판적 실재론을 시작하는 이중의 논증, **존재론의 재옹호**, 또는 인식론이나 지식에 대한 연구와 구별되는 그리고 그것으로 환원 불가능한 존재에 대한 **명시적** 연구의 옹호 그리고 경험주의 및 과학에 대한 정통적 해명들의 평면적이고 미분화된 **암묵적** 존재론에 반대하는 것으로서 구조, 분화 및 변화를 전면에 내놓는 **새로운 존재론의 발전**을 위한 이중의 논증을 상술한다. 실험 활동에 대한 초월적 분석을 통해 인간 활동에 대해 독립적인 실재의 수준이 존재함을 확인하고 그러므로 존재론이 가능하다는 것과 그 실재가 독립적으로 존재하고 구조화되고 분화되어 있다는 것을 입증한다.

이제 **타동적 차원**과 **자동적 차원** 사이의 구별을 소개하고 설명하며, **인식적 오류**에 대한 비판을 진행하고 **자연적 태도**에 있는 그것의 토대를 드러낸다. 존재론적 실재론, 인식론적 상대주의, 판단적 합리주의의 양립가능성을 포함하는 비판적 실재론의 **성삼위일체**를 전개한다. **개방체계**와 **폐쇄체계**, 그리고 **실재적인 것의 영역**, **현실적인 것의 영역**, **경험적인 것의 영역** 사이의 구별을 개관하고, 흄의 인과법칙 이론에 대한 비판의 기초 그리고 그 이론에 의존하는 정통 과학철학의 교의들이 **현실주의**actualism(실재적인 것의 현실적인 것으로의 환원)

---

29 Bhaskar, *Scientific Realism and Human Emancipation*, Chapter 2.5-2.7.

30 Craig Reeves, *The Idea of Critique*(London: Routledge, 근간)도 볼 것.

를 포함하며, 실재의 모든 영역을 **경험적 실재론**이 전제하는 하나의 (경험적) 영역으로 붕괴시키는 것을 포함한다는 것을 제시한다.

실재의 **층화**의 세 가지 의미들을 구별하고 **발현**에 대한 세 가지 기준을 논의한다. 본질적으로 사건들의 유형에 대한 서술에서 그 유형들을 설명하는 구조의 판별로 운동하는 **사회적 과정으로서의 과학**이라는 초월적 실재론적 전망을 개관한다. 그리고 서술, 역행추론, 소거, 판별 및 정정을 포함하는 과학적 발견의 논리 또는 **과학적 발견의 변증법**을 제시한다. 이런 방식으로 2장은 과학에 대한 비판적 실재론적 해명에서 기본이 되는 기본적인 존재론과 인식론을 명확히 한다. 이것의 몇 가지 함의들을 탐구하고 경험주의적·신칸트주의적 및 초관념론적 과학철학들의 약점을 입증하고, 그것들이 만들어내는 (귀납의 문제 등과 같은) 난제들aporias에 대한 해결을 개략적으로 살펴본다. (난제는 끝없이 해결 불가능한 불확정성이나 수수께끼이다.)

3장은 과학에 대한 이러한 해명을 사회 세계에 옮겨 적용할 수 있는 가능성transapplicability을 고려한다. 이미 지적했듯이, 내재적 비판의 방법은 자연과학 방법의 단순한 이식에 의존하는 것을 거부한다. 그 대신 나음과 같은 일종의 협공 작전pincer movement을 전개한다. 첫째, 사회이론 및 인간과학들의 이원론들 또는 이분법들 그리고 이율배반들에 대한 내재적 비판을 통해 **자연주의의 가능성**을 발전시킨다. 이러한 이원론들은 가장 두드러지게, 구조와 행위, 전체론과 개인주의, 의미와 법칙 사이의 이원론(거시이원론)이며, 이것들은 또한 마음과 몸, 이유와 원인, 사실과 가치, 이론과 실천 사이의 이원론(미시이원론)에 의존한다. 그다음 우리는 자연적 질서로부터 인격체로서 인간 존재들의 발현을 보여줄 수 있고, 유사하게, 인간 존재들로부터 사회 세계의 발현도 보여줄 수 있다. **의도적 인과성** 개념 — 이것에 따르면 이유도 원인일 수 있다 — 과 **신체의 공시 발현적 힘으로서 마음** 개념을 발전시키고, **사회구조**를 인간 행위의 조건이자 (통상적으로 의도하지 않은) 결과로 간주한다.

이미 지적했듯, 구조와 행위의 이율배반의 해결은 변형적 사회활동 모델(형태발생적 접근morphogenetic approach은 이것의 한 가지 발전이다)에 있음을 제시한다. 그다음 이것은 **4-평면 사회적 존재** 개념에서 발전되고 일반화된다. 여기서는 모든 사회적 활동 그리고 모든 사회적 존재가 자연과의 물질적 교류, 사람들 사이의 사회적 상호작용, 사회구조 자체, 체화된 인격성의 층화 각각에서 동시에 발생한다고 간주한다.[31]

개인주의와 전체론 사이의 이분법은 첫 번째로 사회적 실재에 대한 관계적 개념에서 해결되고, 두 번째로 아-개인적인 것부터 행성적 및 우주적인 것에 이르기까지의 행위와 구조의 7수준들을 포함하는 규모의 질서의 위계 발전에서 해결된다. 마지막으로, 의미와 법칙 사이의 대립, 반자연주의적 해석학과 과잉자연주의적 실증주의 사이의 대립은 사회적 삶이 개념성에 의존하지만 개념성이 그것의 전부는 아니라는 그리고 사회적인 것은 물질적인 것이면서 개념적인 것이라는 관점에서 해결된다. 이 관점에서 해석학은 사회과학의 출발점이지만, 개념화들은 정정가능하며 원칙적으로 연구 과정 ― 질적 고려와 양적 고려 둘 모두가 자리를 발견할 수 있는 ― 에서 인과적 설명의 대상이 된다.

3장은 **사회과학과 자연과학 사이의 차이**에 대한 고려로 이동한다. 인식론적·존재론적·관계적 차이가 나타난다. 가장 중요한 인식론적 차이들은 사회과학에서는 실험적으로 폐쇄체계를 확립하는 것의 불가능성(이것은 설명과 예측 사이에 필연적인 비대칭성이 있다는 것을 의미한다), 그리고 사회구조들의 상대적 지각불가능성에 있다. 가장 중요한 존재론적 차이들은 사회구조들의 활동의존성과 개념의존성이다. 이것은 개념적으로 기초적인 사회과학에서 준quasi-초월적 논증 양식을 가능하게 만든다. 가장 중요한 관계적 차이는 사회과학이 그 자신의 주제의 일부라는 사실이며, 이것은 5장에서 논의하는 사실에서 가치로의 전환을 예고한다. 그다음으로, 사회적 기제들의 작동의 맥락의

---

31 Roy Bhaskar, *The Philosophy of MetaReality: Creativity, Love and Freedom*(London: Routledge, 2002/2012), lxvi, 269~270, 301.

존성이 갖는 함의와 이중의 해석학을 포함하는 것으로서 사회과학의 특성을 추적한다. 마지막으로, 사회현상들의 복잡성 및 더 큰 공간-시간 의존성의 결과들을 탐구한다. 이 장은 또한 2장에서 확립한 경험주의와 신칸트주의 (그리고 과학에 대한 초관념론적 이론들)에 대한 비판을 해석학적·사회구성주의적 (그리고 후기구조주의적) 사회과학철학으로 확장한다.

4장에서 우리의 관심은 **구체적인 것의 논리**the logic of the concrete로 옮겨간다. 사회현상들은 (대부분의 자연현상들과 마찬가지로) 복잡성과 발현을 특징으로 하는 개방체계에서만 발생한다. 구체적인 개방체계 현상들(사건, 상황)에 대한 설명은 그것들의 구성 부분들에 대한 분해, 재서술, 소급추정,[32] 소거, 판별 그리고 그것들에 관한 주장의 정정을 포함하는 것으로 나타난다. 그렇지만 원인, 기제 및 이론의 이런 특징적인 다수성이 그 자체로 다학문성multidisciplinarity으로의 전환을 허용하는 것은 아니다. 그것을 위해 우리는 또한 수준들의 발현, 즉 응용적이거나 구체적인 설명에서 언급하는 기제들의 일부가 존재론적으로 구별되고 더 기본적인 수준들로 환원 불가능하다는 것을 필요로 한다. 이것이 우리에게 다학문성을 제공한다. 그러나 그것은 아직 학제성interdisciplinarity은 아니다. 학제성을 위해서는 구별되는 수준들 사이에서의 비부가적 관계들non-additive relations 또는 결과들의 발현을 필요로 한다. 기제들 자체의 발현이 융합성intradisciplinarity을 낳는다. 존재론에서 인식론으로 전환하면서 초학제성transdisciplinarity과 분과횡단적 이해cross-disciplinary understanding의 개념들을 소개한다. 분과횡단적 이해는 개방체계적 현상들 — 기후변화, 상품에 대한 수요 증가 또는 자동차 충돌 등과 같은 — 에 대한 통일된 또는 통합된 정책 개입이나 대응을

32 소급추정(retrodiction) 또는 사후추정(postdiction)은 '예를 들어 의사가 환자의 증상으로부터 관련된 발생기제 중 하나가 독감 바이러스라고 추론하는 경우와 같이, 역행적인 설명 구조를 통해 결과에서 원인으로의 또는 체계의 나중 상태에서 이전 상태로의 추론'이다. Stathis Psillos, 'Inference,' in *Dictionary of Critical Realism*, (ed.), M. Hartwig(London: Routledge, 2007), 256-7, 257.

안내해야 하는 효과적인 인식적 통합을 위해 필수적이다.

그다음 **적층 체계**laminated system라는 중요한 개념을 소개한다. 네 종류의 적층 체계를 논의한다. 그것들은 (i) 장애의 사례에서 그 개념을 처음 소개할 때 제시한 상이한 (발현적) 존재론적 수준,[33] (ii) 사회적 존재의 4-평면과 같은 사회적 삶의 상이한 차원들, (iii) 3장에서 소개한 7계층 모델seven-tier model과 같은 상이한 규모의 수준들, 그리고 (iv) 의회 개회식이나 뉴델리 거리 풍경에서와 같은 상이한 (발현적) 공간-시간성들[34]로 구성된다. '적층'이라는 개념은 응용된 또는 구체적인 학제적 탐구에서 사용하는 다양한 수준의 환원 불가능성 및 필연성을 뒷받침하기 위해 고안한 것이다. 환원주의 및 그것을 뒷받침하는 현실주의의 해로운 결과들은 이제 다양한 영역에서 예증하고 있다. 전문 분야 간 협력 및 **학제적 연구의 성삼위일체**holy trinity of interdisciplinary research가 빠르게 이어진다. 그것은 메타이론적 통일성, 방법론적 특수성 그리고 실질적인 이론적 다원주의 및 관용을 포함한다. 응용된 비판적 실재론의 연구 과정은 그 자체로 **이중적으로 특수한 것**, 즉 관련된 과학의 연구 순환에서의 그것의 위치에 대해, 그리고 탐구 중인 주제의 성질에 대해 특수한 것으로 생각할 수 있다. 이 장은 비판적 실재론이 전형적인 연구기획 역량을 강화하고 촉진할 수 있는 방식을 서술하고 또한 이 방식이 그것의 탐구에서 비판적 실재론이 제공하는 자원을 어떻게 활용할 수 있는지 보여주는 것으로 마친다.

5장은 담론의 비판성이 어떻게 모든 사실적 담론의 평가적 함의에 대한 기본 논증을 확립하는지를 개관한다. 이것은 비판적 실재론적 **설명적 비판 이론**theory of explanatory critique에서 더 발전하는데, 이것에 따르면 우리는 믿음들에 대한 부정적 평가에서 그 믿음에 기반한 행위들에 대한 부정적인 평가로, 그로

---

33 Roy Bhaskar and Berth Danermark, 'Metatheory, interdisciplinarity and disability research: a critical realist perspective,' *Scandinavian Journal of Disability Research* 8:4(2006), 278-97.

34 Bhaskar, *Dialectic*, 55.

부터 그 믿음들의 원인들에 대한 부정적 평가로 그리고 그 믿음의 제거를 합리적으로 겨냥한 행위에 대한 긍정적 평가들로 이행할 수 있다. 인지적인 설명적 비판의 이 모델은 비非인지적이고 비非의사소통적인 해악들을 포괄할 수 있도록, 그리고 심층적인 해방적 실천 내부에 자리 잡을 수 있도록 일반화할 수 있다. 그것의 핵심에는 인간 존재의 존재론이 자리하고 있으며, 이 존재론에서는 우리의 욕망, 필요 및 충족되지 않은 잠재력이 다른 사람들에 대한 이해와 행위에 의존하며, 자유와 연대가 상호의존적인 것이다. 이 존재론은 이 책을 통해 더욱 발전될 것이다.

이제 객관성의 다양한 의미를 구별하고, 사회과학의 고유한 비판성이 객관성과 조화하거나 조화하지 않는 방식들을 탐구한다. 그런 다음 사회적 삶의 성찰성의 결과들 추적한다. 이제 **구체적 유토피아주의**concrete utopianism라는 중요한 관념을 소개하고 설명한다. 그것이 모든 윤리적 사유에서 없어서는 안 될 구성 요소를 형성하는 방식을 상술하고, 그것이 심화한 그리고 풍성한 민주주의와 공동체 사회적 삶의 구조들 안에서 진보적으로 급진화할 수 있는 계기를 제공하는 방식을 발전시킨다. 이데올로기의 성질 및 이데올로기 비판을 검토한다. 그리고 내재적 비판, 누락적 비판, 설명적 비판을 통해 진보적으로 움직이는 것으로서 비판적 실재론적 비판의 특징적인 유형을 입증한다. 마지막으로 초월적 실재론과 비판적 자연주의를 '비판적 실재론'으로 축약한 것에 대한 정당화를 제시하고, 아울러 비판적 실재론의 철학적 담론의 특성과 역할 및 성질에 대한 더 깊은 성찰을 제시한다.

그런 다음 5장은 **언어 현상**을 더 깊이 고려하는 것으로 이어진다. 오늘날 인식적 오류가 취하는 가장 특징적인 형태는 사회적 삶의 존재와 물질성 둘 모두에 대한 부인denegation[35]을 포함하는 **언어적 오류**linguistic fallacy의 형태이다.

---

35 이 용어를 '이론에서의 부정, 실천에서의 긍정'이라는 특수한 변증법적 의미로 사용한다[Roy Bhaskar, *Plato Etc.: The Problems of Philosophy and their Resolution*(London: Routledge 1994/2010), 242]. 부인은 진지하지 않음(unseriousness)의 역, 또는 '이론에서의 긍정, 실천에

기호학의 삼각형(기표, 기의, 지시 대상)에서 기호학의 기초 그리고 그것과 해석학의 관계를 탐구한다. **지시 대상**의 중요성 그리고 **지시 대상의 분리**referential detachment 활동의 중요성을 강조한다. 후기구조주의는 소쉬르Saussure를 따라 지시 대상을 제거하는 반면, 영미의 언어학은 전형적으로 기의를 제거한다.

그런 다음 이 장에서는 사회적 삶의 핵심적 조건으로서 언어의, 즉 인과적으로 조건을 부과하고 인과적으로 효력 있는 것으로서 그리고 사회적 실재의 언어를 넘어서는extra-linguistic 특징들 — 권력관계 및 자원의 분배와 같이 모두가 사회과학적 분석의 불가결한 도구로서 비판적 담론 분석에 기초를 제공하는 — 에 대한 진단적 단서로서 언어의 성질을 탐구한다. 비판적 담론 분석은 설명적 비판의 실천과 관련되며, 평가적으로 중요한 설명적 비판의 두 가지 사례를 어느 정도 자세히 논의한다. 이것은 비판적 담론 분석이 사회적 삶의 비판성과 성찰성을 향상하는 방식들에 대한 논의로 이어진다.

이 책을 처음 읽을 때 6~8장은 원칙적으로 건너뛸 수 있다. 이 장들은 이 책의 앞부분에서 개관한 기본적 비판적 실재론과 구별되는 변증법적 비판적 실재론 및 메타실재의 철학의 주제들을 전개한다. 그러나 기본적 비판적 실재론이 (우리가 본 바와 같이) 이미 그것들을 함축하고 있는 한, 그리고 그것들이 9장의 논증 및 주제와 관련이 있는 한, 이러한 이론체들에 대한 진술들을 통합하는 것이 중요하다. 더욱이, 변증법적 비판적 실재론과 메타실재의 철학은 비판적 실재론의 일부이며 그러므로 『계몽된 상식: 비판적 실재론의 철학』은 완성을 위해 그것들에 관해 이야기해야 한다.

6장과 7장은 비판적 실재론의 존재론의 이론적 심화를 통한 그것의 발전에 관심을 갖는다. 이 존재론은 발전의 7수준 또는 단계들[36]을 포함하는 것으로

서의 부정'이다. 둘 다 이론/실천 모순 또는 불일치의 한 형태이다.

36 **단계**(Stadion; 복수형 stadia)는 (i) 길이 단위 및 (ii) 일반적으로 관중을 위한 좌석의 계단이 있는 달리기 경기장을 가리키는 고전 그리스어다. 나는 이것을 **순간**(moment; 헤겔로부터 차용), **기**(期: a stage; 과정에서의), **수준**(level), **국면**(phase) 등과 동의어로 사용한다.

볼 수 있으며, 각 수준은 자기-초월self-transcendence의 과정에서 그것의 선행 수준에서의 부재들을 해결한다. (1M 또는 '첫 번째 순간'으로 알려진) 첫 번째는 **동일하지 않은**non-identical(분화된) 것으로서 그리고 층화된 것으로서 존재 자체를 확립한다. 이것은 기본적 비판적 실재론의 수준이다. 두 번째 수준(2E 또는 '두 번째 변곡점')은 **과정**으로서의 존재의 개념을 포함한다. 세 번째(3L 또는 '세 번째 수준')는 함께 존재 또는 **전체**로서 존재의 개념이다. 그리고 네 번째(4D 또는 '네 번째 차원')는 **변형적 실천** 또는 행위를 통합하는 것으로서 존재의 개념이다. 이것들은 변증법적 비판적 실재론의 이른바 MELD 체계의 기초를 형성한다. 다섯 번째 수준(5A 또는 '다섯 번째 측면')은 **성찰성**과 내향성을 통합하는 것으로서 존재의 개념을 포함하고, 여섯 번째(6R 또는 '여섯 번째 영역')는 **재-마법화된**re-enchanted 것으로서 (즉, 그 자체로 본래적으로 가치 있고 의미 있는 것으로서) 존재의 개념을 포함하고, 일곱 번째(7Z/A 또는 '일곱 번째 구역 또는 각성')는 **비-이원적인**non-dual 것으로서 또는 차이에 대한 기저적인 동일성의 그리고 분열에 대한 통일성의 우선성을 통합하는 것으로서 존재의 개념을 포함한다. 이들 마지막 세 수준은 메타실재의 철학에서 재택하고 이론화한다. 7수준 모두 전체로서 고려하는 비판적 실재론의 이른바 MELDARZ 또는 MELDARA[37] 체계를 구성한다.

6장은 **부재**에 대한 분석 그리고 파르메니데스Parmenides 시대(기원전 515~460년경) 이래 서구 철학 전통의 특징인 **존재론적 일가성**ontological monovalence에 대한 비판으로 시작한다. 존재론적 일가성은 존재가 순전히 긍정적positive이라는 견해이다. 이에 대해 부재 또는 부정적인 것은 존재에 필연적일 뿐만 아니라, 적절하게 이해한 변화는 부재를 전제로 한다는 것을 밝힌다. 더욱이 부재라는

---

37 〔편집자 주〕 물론 이러한 도식의 전개가 바스카에게만 독특한 것은 아니다. 예를 들어 알랭 바디우(Alain Badiou)의 철학의 네 진리 절차 — 과학, 예술, 사랑, 정치 — 는 MELD의 계기와 상응하는데, 그렇지만 인류중심적 기록(anthropic register)에서 그러하다. 상이한 수준에 부여한 이름에 대한 설명과 정당화는 다음 6장, 주 2에 표시한 출처들을 볼 것.

핵심 범주는 변증법의 난해한 문제에 대한 단서를 제공한다. 왜냐하면 이것은 더 큰 완전성, 포용성, 일관성을 향한 움직임에서 실재적 부재들(누락, 불완전성)에 대한 정정에 달려 있다고 볼 수 있기 때문이다. 부재는 의도적 행위에 대한 완전한 이해를 위해서도 필수적이다. 왜냐하면 행위는 부재나 결핍을 부재화하는 것이기 때문이다. 이것은 자유를 일반적으로 제약 그리고 원하지 않고 필요하지 않은 결정의 원천들의 부재에 달려 있는 것으로 인식하는 **자유의 가치론**axiology of freedom을 생성한다. 더하여 부재는 중요한 것으로 **모순** — 이것은 인식론적일 뿐 아니라 존재론적인 것이라고 주장한다 — 의 관념을 포함하는 변화에 대한 이해를 위해 필수적인 일련의 범주들의 뿌리 개념인 것으로 나타난다. 또한 변증법적 비판적 실재론의 이러한 단계 아래서 공간, 시간, 시제, 과정, **리듬**(또는 시간의 흐름에 따른, 공간화하는 인과적 과정)은, 그리고 **과거의 현전**도 이론화된다.

그런 다음 우리는 존재함의 관념 자체, 그리고 비동일성 또는 차이로서 그리고 구조화된 것으로 존재함이라는 개념을 포함하는 첫 번째 범주 수준의 몇 가지 추가적인 함의들을 기록하기 위해 되돌아가 추적한다. 이것들은 발현에 대한 우리의 이해의 심화, 존재론의 불가피성과 전면적 포괄성의 귀결의 추적 그리고 **성향적·범주적** 및 **도덕적 실재론**의 성질에 대한 탐구를 포함한다. 지시 대상 및 지시 대상 분리의 이론을 더욱 발전시키고, 진실에 대한 4요소적 분석 — 이것은 진리론적 및 존재론적 진리의 가능성의 위치를 정한다 — 을 제시한다. **TINA 구성체**TINA formations의 성질 그리고 변형과 탈피 둘 모두를 포함하는 것으로서 해방적 담론의 특징적인 논리를 제시한다.

요소들 사이의 내적 관계라는 개념을 중심으로 모여 있는 세 번째 수준의 범주들은 우리를 일반적으로 **전체론적 인과성**, **구체적 보편성**, **성좌성**constellationality, **성찰성**, **소외** 및 **총체성**의 개념화, 그리고 **도덕적 실재론**과 **윤리적 자연주의**의 특징적인 조합으로 데려간다. 네 번째 수준의 범주들은 변형적 실천을 통합하는 것으로서 존재(함)라는 개념을 중심으로 선회하는데 4-평면 사회적 존재의 구조들 내에 위치한다. 그리고 행복실현eudaimonistic 사회 또는 좋은 사회를 향한 **경향적 합리적 지리역사적 방향성**을 포함하는 자유의 변증법을 제시한다. **자유**에 대한 그리고 자유의 **연대**와의 상호의존성에 대한 일련의 이해들이 발전하면서 우리는 단순한 행위주체적 자유로부터, (~하지 않을) 소극적 자유와 (~할) 적극적 자유의 개념들을 통해, 해방과 자율성을 거쳐, 안녕과 인간 번영의 관념들로 그리고 거기서 보편적인 인간 번영의 이념으로 나아간다.

7장은 성찰성과 내면성의 다섯 번째 수준에 대한 (그리고 **초월적 변증법적 비판적 실재론**을 통한 메타실재의 철학으로의 전환에 대한) 간략한 논의로 시작한다. 그런 다음 재-마법화의 여섯 번째 수준을 논의하고, **메타실재의 철학**을 소개한다. 메타실재의 주요 주제는 **차이에 대한 동일성의** 그리고 **분열에 대한 통일성의 우선성**이다. 헤겔의 '생사를 건 투쟁der Kampf auf Leben und Tod'의 운명에 대한 간략한 비공식적 소개와 토론 후, 메타실재의 철학에서의 동일성과 통일성의 의미들이 우리의 통상적인 원자론적 및 추상적 개념들과 매우 다른 것임을 제시한다. 이것에 이어, 메타실재MetaReality에 대한 기초적인 정당화를 제시한다. 동일성이 사회적 삶에 필수적인 세 가지 의미, 즉 **기초**(기저 상태 — 그것 없이는 다른 상태들은 존재할 수 없는 상태)로서, **구성의** 또는 재생산과 변형의 **양식**(비-이원성)으로서 그리고 **심층적 내면성**(미세 구조)으로서의 의미들을 구별한다. 비-이원성의 4유형들, 즉 초월적 자아, 의식에서의 초월적 동일화, 초월적 행위 그리고 초월적 전체론(또는 팀워크)을 구별한다. 그리고 동일화의 3기제들, 즉 **상호성, 초월적 동일화** 그리고 **공-현전**co-presence을 기술한다.

(절대적인) 기저 상태, (상대적인) 체화된 인격성 그리고 환상적 에고illusory ego로 구성되는 **자아**self에 대한 3항 분석을 제시하고, 변증법적 비판적 실재론에서 전개한 자유의 가치론을 더욱 확장한다. 사회적 삶의 타율적 특징들과 그것들의 비-이원적 기반들 사이의 **가치론적 비대칭성**에 대한 논의는 통상적으로 언급하지 않는 **사회적 삶의 영성적 하부구조**에 대한 탐구로 이어진다. 여기에서는 상호성, 연대, 신뢰의 원칙들이 지배하며, 이성이 비도구적이고, 무조

건적 사랑과 자발적 창의성이 넘쳐난다. 이 수준이 다른 더 가시적인 것들, 즉 모든 상업적 거래, 모든 억압이나 착취의 관계(힘1 또는 변형적 능력과 구별되는 힘2 또는 힘 — 지배를 특징으로 하는)와 같은 것들을 뒷받침한다고 주장한다. 마지막으로, **보편적 연대**와 **가치적 합리성**의 공리들에 대한 근거를 제공하며, 그것들을 사회적 삶에서의 갈등 해결과 집합적 의사 결정 둘 모두에서 어떻게 사용할 수 있는지를 보여준다.

8장은 근대성에 대한 철학적 담론의 5국면들을 통한 발전, 즉 **고전적 근대성 담론**, **고도 근대주의**, **근대화 이론**, **탈근대주의**, **부르주아적 승리주의**를 개관한다. 이들 각 단계들의 시작은 혁명적인 순간, 즉 1640~1660/1789, 1848/1917, 1945~1549; 1968, 그리고 1989에 의해 구분된다.[38] 고전적 근대성 담론의 근본적 특징은 원자론적 개인주의와 추상적 보편성에 의해 정의되지만, 사고(그리고 일반적으로 감정과 의식)를 몸에 대립시키는 데카르트의 **생각하는 자아**cogito[39]에서 이미 제시하고 있다. 그것은 다른 인간들과 사회에 대해 '나'를, 자연 세계와 다른 종들에 대해 인류를, 그리고 과거와 미래에 대해 현재를 대립시킨다. 그것은 원자화된 개인들이 서로 분리되어 있고, 단지 애착이나 혐오, 욕망 그리고/또는 두려움에 의해서만 서로에 대해 그리고 유사한 점 모양의 객체들에 대해 흄적Humean 방식으로 관계 맺는 홉스적Hobbesian 세계의 상황으로 불가피하게 이어진다. 이것과는 완전히 대조적으로, 일부 남부 아프리카 사람들의 **우분투**Ubuntu가 있다. 이것은 '당신이 있기 때문에 (또는 일

---

38 Roy Bhaskar, *Reflections on MetaReality: Transcendence, Emancipation and Everyday Life* (London: Routledge, 2002/2012), Chapter 4을 볼 것.

39 〔편집자 주〕 더글라스 포포라(Douglas Porpora)는 데카르트적 **코기토**(Cartesian cogito)를 제해야 한다는 주장을 '신화'로 간주하지만, 우리가 일관된 자아로서 인간의 개념을 유지하기 위해 데카르트적 코기토를 받아들여야 하는 것은 아니다. Douglas V. Porpora, *Reconstructing Sociology: A Critical Realist Approach*(Cambridge: Cambridge University Press, 2016), 23을 볼 것. 이 훌륭한 책에는 내가 동의하는 내용이 많이 있다. 데카르트적 코기토에 대한 바스카의 비판에 대해서는 아래 7장 6절과 8장 1절도 볼 것.

부 변형에서는 '우리가 있기 때문에') 내가 있다'를 의미한다.

그런 다음 이 장은 원자론적 소유적 개인주의atomistic possessive individualism 및 물상화된 추상적 보편성의 문제틀problematic이[40] 어떻게 과학 및 사회과학에 대한, 우리가 비판해 오고 있는, 특징적인 이론들을 탄생시켰는지를 제시한다. 그런 다음 세 가지 심층적인 범주 오류들에 자리한 그것의 기본적인 토대를 탐구한다. **인식적 오류**, **존재론적 일가성**, **시원적** 압출primal squeeze이 그것들로, 그것들은 내가 몰(沒)층화하는 존재론들의 플라톤적-아리스토텔레스적 단층선Platonic/Aristotelian fault-line 특징이라고 부르는 것 위에서의 현실주의적 붕괴를 수반한다. 서구 철학적 전통에 대한 포괄적인 설명적 비판의 기초를 이렇게 확립한다.

9장에서는 사회과학에 필요한 존재론의 추가적인 특징들을 전개한다. 3장에서 우리는 사람person과 행위주체agent를 개념적으로 구별했다. 이제 우리는 더 나아가 체화된 인격성으로서 사람person과 자아self를 구별한다. 6장과 7장의 분석들에 따라 우리는 **자유와 연대의 변증법**을 더욱 발전시켜 4-평면 사회적 존재에서 보편적 발전의 지향을 특징으로 하는 좋은 사회의 일부 윤곽을 그려볼 수 있다. 이 장에서는 현재의 다양한 (생태적·경제적 및 도덕적) 지구적 위기 또는 **위기 체계**crisis system의 맥락에서 보편적 발전을 향해 나아가기 위해 무엇을 해야 할 것인지를 고려하며, 역량과 정당성에 대한 우려를 똑같이 제기한다.

이것은 변증법적 비판적 실재론의 윤리적 최고점인 **자유를 향한 욕망의 변**

---

40 나는 '문제틀(problematic: 명사)'을, 그것 안에서만 의미 있는 질문을 묻거나 문제를 제기할 수 있는 철학, 철학적 전통, 이론 등으로 구성된 구조화된 장(structured field)의 의미로 사용한다. 그것은 전형적으로 일부 질문과 문제를 걸러서 제거하거나 차단한다. 그것은 '패러다임(paradigm)'과 겹치지만, 특히 걸러냄에 대한 관심을 환기한다. '문제-장(problem-field)' 또는 '이론 문제-장 해결 묶음(theory problem-field solution set)'은 체계적으로 오도하고 차단하는 특수하게 이데올로기적인 문제틀 또는 '대안은 없다' 절충 구성체이다(특히 6장 4절을 볼 것). 나는 때때로 용어들을 교환가능한 것으로 TINA 타협 구성체를 사용한다.

증법의 요약으로, 그리고 메타실재의 철학에서의 **보편적 인간 번영과 자기-실현**의 기획에 의존하고 그 기획을 지향하는 것으로서 행복실현 사회의 이념으로의 그것의 급진화로 이어진다.

이 장에서는 사회이론 및 철학 이론에서의 현대적 흐름의 일부, 특히 대륙철학의 새로운 사변적 실재론자들과 분석적 과학철학의 분석적 인과적 힘 또는 성향적 실재론자들을 비판적으로 살펴본다. 나는 계획하고 있는 책들에서 사회이론에서의 행위자 연결망 이론, 합리적 경제 행위자 이론, 유전적 환원주의 및 '증거 기반' 경험주의의 지지자들을 검토할 것이며, 더 철학적인 영역에서의 니체Nietzsche와 하이데거Heidegger의 현대적 유산, 현대의 비판 이론, 새로운 신-아리스토텔레스주의자들Neo-Aristotelians, 새로운 신-플라톤주의자들Neo-Platonists 그리고 새로운 우파적 탈구조주의 헤겔주의자들poststructuralist Hegelians을 살펴볼 것이다.

그런 다음 책의 주요 주제들을 요약하고 비판적 실재론의 장점들을 간략하게 개관한다. 여기에는 그것의 존재론적 포괄성, 인식론적 일관성과 포용성 그리고 방법론적 비옥성이 포함된다. 또한 파멸적인 내재적 및 아킬레스건 비판에 대한 대안적 이론들의 취약성, 암묵적이고 덜 이론화된 비판적 실재론에 암암리에 의존하는 TINA 구성체에 대한 그 이론들의 민감성 및 의존성, 그리고 경쟁하는 메타이론들의 주장에 의해 균열된 인식적 상황에서 비판적 실재론에 대한 명시적인 **사전의**ex ante 방법론적 입장 표명의 필요가 포함된다. 이것에 이어 우리는 **비판적 실재론적 포용**을 서술하면서, 비非실재론자들이 그들의 암묵적인 비판적 실재론을 인식하고 그것을 즐기는 것(!)을 배울 수 있는 기제들을 개관한다.

비판적 실재론에 관한 몇 가지 공통적인 오해들을 논박한 후, 이 책은 비판적 실재론이 여전히 취약하게 남아 있는 점들을 비판적으로 그리고 자기성찰적으로 살펴보고, 인류와 과학이 직면하고 있는 도전들에 대응하는 기초작업을 위해 오늘날 비판적 실재론이 발전시켜야 하는 방식들을 고찰한다.

| **Chapter 2** |

초월적 실재론과 과학철학

2.1 | 이중의 논증: 존재론의 옹호 그리고 새로운 존재론의 옹호

우리가 통상적인 방식으로 세계에 관해 이야기할 때 우리는 비판적 실재론 특히 그것의 과학철학에 관건적일 수 있는 구별을 하지 않는다. 따라서 당신에게 런던이 뉴욕에서 얼마나 멀리 떨어져 있는지 묻고 당신이 약 3500마일이라고 답했을 때, 그것이 당신의 지식에 관한 진술인지 아니면 세계에 관한 진술인지를 묻는다면, 아마도 당신은 당연히 당황할 수도 있다. 왜냐하면 당신의 진술은 둘 **중** 하나에 관한 것이 아니라 둘 **모두**, 즉 **알려진 세계**에 관한 것이었기 때문이다. 참으로, 사물들의 통상적인 과정에서, 내가 **자연적 태도**[1]라고 부르는 것에서, 우리는 지식과 존재, 우리가 알고 있는 것과 세계에 존재하

1 Roy Bhaskar, 'Theorising ontology,' in *Contributions to Social Ontology*, (eds.), Clive Lawson, John Latsis and Nuno Martins(London: Routledge, 2007), 192~202, 193~194, *The Possibility of Naturalism*, 151도 참고할 것. 나의 자연적 태도 개념은 알프레드 슈츠(Alfred Schutz)의 현상학에서 차용했지만, 슈츠의 비실재론적 입장을 배제한 것이다.

는 것을 명확히 나누거나 구별하지 않는다. 따라서 그것들을 구별할 필요를 느끼기는 쉽지 않을 것이다. 그렇지만 그것들은 동일한 것이 아니다. 반대로, 지식과 그것이 무엇에 대한 또는 관한 지식인지는 원칙적으로 항상 구별된다. 더욱이, 우리의 지식에 관해 의문이 있거나 지식에 대해 경쟁하는 주장들이 있을 때에는 언제나 우리는 지식과 존재를, 따라서 **인식론**, 즉 지식에 대한 철학적 연구와 **존재론**, 즉 존재에 대한 철학적 연구를 구별해야 할 것이다.

내가 철학적인 비판적 실재론(또는 아마도 더 나은 표현으로, 비판적 실재론의 철학)을 소개한 저술인 『실재론적 과학론』에 관한 작업을 시작했을 때, 존재론은 거의 금기였다. 참으로, 내가 **인식적 오류**라고 부르는, 존재에 관한 진술은 항상 지식에 관한 진술에 입각하여 분석하거나 지식에 관한 진술로 환원할 수 있다는 가정이 있었다.[2] 그것은 철학은 단지 '(언어의) 연결망이 서술하는 것을 다루는 것이 아니라 단지 연결망을 다루는 것'으로 충분하다는 가정이었다.[3] 이러한 잘못된 가정의 문제점은 세계에 대한 지식 주장(인식)이 알려진 세계의 성질(존재)에 관한 가정들을 구현하지 않을 수 없다는 것이다. 그래서 인식적 오류는 단지 **암묵적 존재론**의 생성을 감추거나 덮을 뿐일 것이다. 그러므로 (과학의) 법칙을 단지 원자적 사건들이나 사태들의 항상적 결합이라고 주장하는 흄의 인과법칙 이론을 우리가 고수한다면, 이것은 세계가 구조화되지 않고, 분화되지 않고, 변하지 않는다고, 즉 평면적이고, 획일적이며, 반복적이라고 전제하는 것이다. 왜냐하면 그렇게 구성된 세계만이 흄의 인과법칙들의 적용가능성과 일치하기 때문이다,

대부분의 주류(비-비판적 실재론) 인식론의 암묵적 존재론은 이 특징적 말투 shibboleth, 즉 인과법칙들 그리고 과학적 지식의 그 밖의 대상들은 단지 경험적 규칙성들이거나 아니면 적어도 그것들에 의존한다는 생각에 의해 계속 지배되

---

2 Bhaskar, *A Realist Theory of Science*, 36을 볼 것.

3 Wittgenstein, *Tractatus*, 6.35.

고 있다. 이 가정은 어떤 사건을 설명하는 것은, 변함없는 경험적 규칙성들로 간주되는 보편적인 포괄 법칙으로부터 그것을 연역하는 것이라고 주장하는 친숙한 법칙-연역적 또는 포퍼-헴펠Popper-Hempel 설명 이론을 뒷받침한다. 그렇지만 이 가정은 또한 예측(그리고 이것의 설명과의 대칭성)에 관한 동종의 이론, 그리고 확증, 반증, 이론 생산 및 과학 발전 등에 관한 이론들도 뒷받침한다.[4]

그러나 법칙-연역적 설명 이론은 분명히 잘못된 것이다. 우리는 실험적으로 또는 다른 방식으로 폐쇄한 조건들에서만 특정한 결과를 얻을 수 있다. 그러한 맥락 밖에서는 변함없는 경험적 규칙성은 발생하지 않는다. 그러나 그 안에서 규칙성의 중요성은 전적으로, 그것이 상이한 존재론적 수준에 있는 어떤 (자연적 구조나 기제의 작동과 같은) 객체, 즉 그 맥락 밖에서도 계속 지배하는 어떤 객체에 대해 접근할 수 있게 한다는 사실에 있다. 실험 활동에서 우리는 인과법칙을 만들어내는 것이 아니라 오히려 그러한 법칙들에 대한 경험적 근거를 만들어낸다. 즉, 우리는 그 법칙을 현실성으로 실현할 수 있고 경험적으로 시험할 수 있는 조건들을 만들어낸다.

흄의 인과법칙 이론은 실재의 세 수준들, 즉 내가 **실재적**인 것, **현실적**인 것, **경험적**인 것의 **영역들**로 부르는 수준들이 하나로 붕괴한다(<표 1.1>을 볼 것). 그리고 모든 체계가 폐쇄되어 있다고 상정한다(즉, **개방**체계들을 **폐쇄**체계들로 붕괴한다). 실재적인 것이 현실적인 것으로 붕괴하는 것을 나는 **현실주의**actualism라고 부른다.[5] 그것은 개방체계의 폐쇄체계로의 붕괴를 전제하며, 현실적인 것의 경험적인 것으로의 부가적인 붕괴와 결합하면 **경험적 실재론**empirical realism을 결과한다.[6] 현실주의와 경험적 실재론 둘 모두 **주체-객체 동일성 이론**의 형태들이다.[7]

4 Bhaskar, *A Realist Theory of Science*, Appendix to Chapter 2, 127-42을 볼 것.

5 Bhaskar, *A Realist Theory of Science*, 64를 볼 것

6 Bhaskar, *A Realist Theory of Science*, 56을 볼 것.

7 Bhaskar, *Plato Etc.*, 31.

우리는 이제 비판적 실재론적 과학철학이나 초월적 실재론의 기본 구성을 보여줄 수 있는 지점에 거의 도달했다. 그러나 그것을 할 수 있기에 앞서 우리는 비판적 실재론이 (과학적) 지식에 대한 이론의 전통적인 지형에 접근하는 방식을 고려할 필요가 있다. 비판적 실재론은 과학의 두 측면 또는 차원 — 둘 모두 필수적이고 환원 불가능하다 — 의 구별을 도입함으로써 그렇게 한다.

따라서 비판적 실재론은 과학을 이해하는 데 필수적인 두 가지 차원의 구별에 입각하여 인식론과 존재론 사이의 전통적인 구별을 재구성한다. 첫 번째 차원은 과학이 선행하는 사회적 생산물들에 의지하고 있는 하나의 사회적 과정이라는 판단에 근거하거나 또는 과학이 사회적 과정인 방식을 가리킨다. 과학의 이러한 측면을 나는 과학의 **타동적 차원**transitive dimension이라고 부른다. 두 번째 차원은 과학이 사회적 과정이기는 하지만 그 과정에 대해 독립적으로 존재하고 운동하는 객체들을 연구한다는 판단에 근거하거나 또는 과학이 객체들을 연구하는 방식을 가리킨다. 과학의 이러한 측면을 나는 과학의 **자동적 차원**intransitive dimension이라고 부른다(이 개념은 3장 2절에서 더 다듬는다).

이것은 우리에게 과학에 대한 초월적 실재론적 설명의 기본 구조를 제공한다. 목표는 인식적 오류를 요약하면서 흄과 칸트의 규제들에 맞서 존재론을 다시 옹호하는 것이다. 동시에 흄의 인과법칙 이론과 포괄-법칙 설명 모델이 요약하고 있는 현실주의에 대항하여 구조, 차이 및 변화의 실재성을 인정하는 새로운 비非흄적 존재론을 확립하는 것이다.[8]

이러한 반反칸트주의적 목표를 달성하기 위해 초월적 실재론은 칸트적 수단을 사용하고 특히 **초월적 논증**을 사용한다. 초월적 논증은 이러저러한 인간 활동이 가능하려면 세계가 어떠해야 하는지를 묻는다. 내재적 비판의 전략에 충실하다는 것은 분석하는 특정의 인간 활동 — 그러한 논증의 소minor전제를 형성

8 초월적 실재론에서 나의 존재론 복원에 대한 근래의 탁월한 설명으로는 Dustin McWherter, *The Problem of Critical Ontology: Bhaskar Contra Kant*(London: Palgrave Macmillan, 2013)를 볼 것.

하는—이 우리의 상대가 선택한 활동이어야 한다는 것을 의미한다. 과학에 대한 주류 설명들이 모두 동의하는 것 중 하나는 경험, 특히 과학의 실험 조건에서의 경험의 중요성이다. 실험 활동에 대해 내가 이미 진행한 논증은, 실험의 중요성이 우리의 활동에 대해 독립적으로 존재하고 작동하는 인과법칙과 같은 지식의 대상들에 접근할 수 있게 해주는 그것의 능력에 있다는 것을 보여준다. 따라서 우리는 즉시 다음을 제시한다.

(i) 인식론과 구별되는 존재론을 옹호하는 논증, 그리고
(ii) 사건들의 유형들과 구별되는 인과법칙을 옹호하는, 따라서 새로운 비-흄적 존재론을 옹호하는 논증

초월적 실재론은 과학으로부터의, 예를 들어 응용 활동으로부터의 (특히 도구주의자들과 실용주의자들을 염두에 두고), 과학적 변화로부터의 그리고 통약불가능성으로부터의 다른 초월적 또는 유사한 논증을 사용한다. 그러나 우리가 볼 것처럼, 그것은 또한 언어 사용이나 우리의 물질적 객체들의 세계에서의 다른 물질적 객체들과 우리의 상호작용 등과 같은 훨씬 더 단조롭고 일상적인 활동들로부터의 초월적 유형의 논증도 채용한다. 그러나 지금은 (i)와 (ii)의 몇 가지 더 즉각적인 함의들을 살펴보겠다.

2.2 | 존재론을 옹호하는 논증의 함의

(i)의 의미를 추구하면서, 우리는 인식적 오류에 대한 비판 및 존재론의 필연성과 환원 불가능성, 과학을 그것에 대해 (전체적으로 또는 적어도 부분적으로) 독립적으로 존재하고 작동하는 세계를 연구하는 사회적 과정으로, 즉 자동적 차원과 타동적 차원의 구분에 입각해 이해할 필요, 그리고 존재론적 실재론과

인식론적 상대주의의 상호 수반 및 양립가능성의 주제들을 만나게 된다. 우리는, 우리의 지식이 사회적으로 생산되고 변화가능하다는 것, 그러나 우리의 지식이, 우리에 대해 그리고 우리의 지식에 대해 실존적으로 완전히 독립적이며 인과적으로는 상대적으로 또는 절대적으로 독립적인 사물들과 구조들에 대한 (또는 관한) 것이라는 점을 무리 없이 인정할 수 있다.

이 점은 (우리가 보았듯) 존재론적 실재론, 인식론적 상대주의, 판단적 합리주의에 대한 인정으로 구성되는 비판적 실재론의 성삼위일체에서 더욱 발전된다. 인식론적 상대주의와 판단적 합리주의의 결합은, 우리의 지식이 오류가능하고 확고한 기초가 없으며 항상 특정의 사회적 및 언어적으로 매개된 서술 아래에서의 지식이지만 그럼에도 경쟁하고 있는 다른 서술(믿음 또는 이론)보다 그 지식을 선호하는 합리적 근거들이 있을 수 있다고 주장할 수 있게 한다. 이런 방식으로, 비판적 실재론은 실증주의적 근대주의들의 실재론적 직관을, 그것들의 기초주의에 굴복하지 않은 채 유지할 수 있다. 다른 한편으로 탈근대주의적 구성주의와 함께 우리의 모든 믿음의 사회적 상대성을, 그것들의 판단적 비합리주의에 의지하지 않은 채, 인정한다.

19세기 말 이래, 인식적 오류는 종종 **언어적 오류**의 형태를 취해왔다. 존재하는 것에 관한 진술들을 언어로 환원하거나 언어로 분석할 수 있다는 생각이 그것이다.[9] 일반적으로 인식적 오류는 근대 및 현대 철학 사상의 깊은 인류중심성을 나타낸다.[10] 참으로, 우리는 그것을 더 일반적인 오류, 즉 존재하는 것(그리고 존재하는 것들)의 조건들과 이해관심을 인간 존재의 그것들로 환원하거나 오로지 그것들에 입각해서 분석하는 **인류중심적 오류**anthropic fallacy의 한 사례로 생각할 수 있다. 6장에서 볼 것처럼, 인류중심적 오류는 그것과

9 Bhaskar, *The Possibility of Naturalism*, 155-6을 참고할 것.

10 MinGyu Seo, 'Bhaskar's philosophy as anti-anthropism: a comparative study of Eastern and Western thought,' *Journal of Critical Realism*, 7:1(2008), 5-28, 10-12.

상호적인 존재적 오류와 함께 **인류주의실재론**anthroporealism이나 **주체-객체 동일성 이론**의 특징적인 형태를 구성하는데, 이 이론은 보완적인 **초험적 실재론** transcendent realism을 필요로 한다.

인식적 오류는, 그것을 어떤 형태로 실행하거나 간에, 자동적 차원을 타동적 차원으로 붕괴한다. 이런 식으로 그것은 과학의 근본 원리rationale를 전복하는 것으로 볼 수 있다. 적어도 실재론적 관점에서 이해한다면 과학은 **존재론적 탐구**이다. 참으로 우리는 이제 실재론적 과학이 **자연적 태도의 중지**, 즉 알려진 세계에 입각한 우리의 통상적인 그렇지만 융합적인 사유방식 — 이것은 또한, 적어도 토머스 쿤Thomas Kuhn이 옳다면, 그가 '정상과학'이라고 부르는 우리의 사유방식이기도 하다[11] — 의 중지를 포함한다는 것을 인식할 수 있다.

그렇다면 초월적 논증으로 산출한 선험적 존재론에 관해 우리는 무엇을 말해야 하는가? 특히, 우리는 그러한 **철학적 존재론**을, 환원 불가능하게 경험적인 후험적 과학적 (존재론적) 탐구의 결과로서 또는 그 맥락에서 생산한 실질적인 **과학적 존재론**과 어떻게 구별할 수 있는가? 실험 활동 등과 같은 특수한 인식론적 전제로부터 초월적 논증을 사용해 형성한 철학적 존재론은 우리에게 단지 세계의 일반적 형태(실험 활동이 가능하려면 세계는 어떠해야 하는가)에 관해서만, 예를 들어 세계는 자동적이고 구조화되고 분화되어 있어야 한다고만 말할 것이다. 그것의 자세한 내용, 즉 그것이 어떻게 구조화되고 분화되는지는 후험적인, 환원 불가능하게 경험적인 과학의 실질적인 탐구가 제공해야 한다.

이것을 보는 또 다른 방법은 초월적 철학을 단지 가장 추상적이고 가장 높은 등급이나 범주적 서술들만을 제공하는 것으로, 그리고 경험적으로 안내받는 실질적 과학이 그것들의 자세한 내용을 제공하는 것으로 보는 것이다.

---

11 Thomas Kuhn, *The Structure of Scientific Revolutions*(Chicago: University of Chicago Press, 1962/1970).

물론, 우리가 철학을 과학이 탐구하는 세계와 동일한 세계에 관해, 즉 실체 hypostasis나 이원적dual 세계가 아니라 하나의 세계에 관해 말하는 것으로 이해해야 한다면, 우리는 이와 같은 약간의 구별을 해야 한다.

칸트주의자, 또는 항상 존재론을 일종의 인식론과 묶기를 원하는 사람은 우리의 초월적 논증이 항상 특정의 인식론을 포함한다고 그리고 우리는 우리가 사물들을 아는 방식에서 벗어나서 사물들 자체에 관해 말할 수는 없다고 반대할 수도 있다. 그러나 우리가 세계를 아는 방식이나 우리의 특정한 인지적 주장의 근거에서 벗어나서 세계에 대해 말할 수 없다면, 우리는 그 어떤 것에 관해서도 결코 말할 수 없을 것이다. 왜냐하면 우리가 세계에 관해, 그것을 뒷받침하는 맥락 속에 넣지 않고서는, 주장할 수 없다면 우리는 결코 국지적·부문적·개별적 또는 특정적 지식을 결코 갖지 못할 것이기 때문이다. 왜냐하면 우리가 어떤 것에 관한 결론을, 그것을 증명하거나 확인하는 방식에서 분리하여 확인할 수 없다면 결국 우리가 가질 수 있는 유일한 지식은 전체적인, 참으로 아마도 모든 것 그리고 참으로 모든 것의 과정을 포함할 것이기 때문이다. 우리가 특정 사물들에 대한 또는 어떤 분리된 주제에 대한 지식을 가지려면, 우리는 어떤 인식론적 탐구의 (존재론적) 결론을 인식적 탐구 자체로부터 **분리**할 수 있어야 한다(그리고 일상적으로 분리한다).

과학사회학에서도 유사한 오류를 자주 범하는데, 자연적 존재론에 관해 말할 수 없다고 주장할 때 그러하다. 왜냐하면 과학자들은 항상 사회적 맥락 속에서 작업하고 있으며 그 맥락이 없다면 존재론은 적어도 틀림없이 상이했을 것이기 때문이다. 물론 이것은 주장이 무엇에 관한 것인지, 즉 그 주장의 **지시 대상**을, 모든 조건 — 이것이 없다면 그 주장은 상이했을 것이다 — 과 혼동하는 것이다. 그리고 **결론들의 분리** 없이는, 우리는 아무런 과학, 논증 또는 탐구(이것은 탐구 결과의 **지시 대상의 분리**에 의존한다)도 하지 못할 것이다.[12]

12 Roy Bhaskar, 'Theorising ontology,' in *Contributions to Social Ontology*, (eds.), Clive

물론 인식론적 전제들 및 조건들로부터 존재론적 분리가 정확히 언제, 그리고 얼마나 멀리 이루어져야 하는지에 관해 균형이 잡힌 조정을 찾아야 한다. 따라서 존재론에 반대하는 칸트의 탄핵은 부분적으로는 존재론적 성찰이 인식론적 고려와 너무 단절되지 않아야 한다는 경고로, 아울러 스콜라적 형이상학에 반대하고 물리학과 화학이라는 실험에 기초한 새로운 과학들을 옹호하는 베이컨과 데카르트의 논쟁을 계속하는 것으로 이해할 수 있다. 그러나 원칙적으로 우리가 비판적 실재론의 초월적이고 비판적인 기초작업적 철학적 존재론을 고전적 합리주의의 독단적인 형이상학적이고 대체로 선험적인 존재론과 구별할 수 있다고 생각한다.

요약하면, 이것은

(i) 비판적 실재론이 철학과 과학의, 형식과 내용의 차이를 존중하며, 자세한 내용은 경험적 근거를 가진 과학이 공급한다고 인정하고
(ii) 분리를 단지 상대적으로 자율적인 것으로 간주하고, 철학이 최종적 심급에서 과학의 발견들과 일관되어야 한다고 본다

는 이야기가 된다.

2.3 | 새로운 존재론을 옹호하는 논증의 함의

여기서 큰 범주 오류는 현실주의다. 이것은 실재적인 것의 영역을 현실적인 것의 영역으로 환원하는 (또는 현실적인 것의 영역에 입각하여 완전하게 정의하는) 오류다. 흄의 인과법칙 이론은 이것을 가장 극명하게 표현한다. 그리고 흄의

Lawson, John Latsis and Nuno Martins(London: Routledge, 2007), 192-202, 193-4을 볼 것.

인과법칙 이론은, 또 일반적으로 현실주의는 (우리가 본 것처럼) 필연적으로 폐쇄체계를 전제한다.

흄의 인과법칙 이론과 포괄-법칙 설명 모델은 평면적이고, 미분화되고, 반복적인 존재론을 함축한다. 이와 대조적으로, 비판적 실재론의 존재론은 구조화되고, 분화되고 (타동적/자동적 차원의 구별 덕분에) 변화에 민감하다. 여기에는 두 가지 주요한 또는 핵심적인 구별이 있다.

(i) **실재적인 것-현실적인 것**의 구별, 세계의 (수직적) **층화**의 지표, 그리고
(ii) **개방체계-폐쇄체계**의 구별, 실재의 (수평적) **분화**의 지표

실재적인 것의 영역과 현실적인 것의 영역 사이의 구별은 사건들로부터 분리된 발생기제들의, 또는 힘(그리고 일반적으로 성향)의 실현이나 현실화에서 분리된 그것들의 **독립적 존재**뿐 아니라 사건들의 특정한 유형이나 연쇄sequences 또는 관련된 성향의 우발적 현실화에서 분리된 그것들의 **초사실적 행사**에 대한 인식을 포함한다. 달리 말하면, 실재적인 것-현실적인 것의 구별이 포함하고 있는 것은, **성향적 실재론**의 **3층**(힘, 행사, 표현 또는 현실화)**의 역동적·초사실적 형태** — 그것의 단순한 2층(힘, 행사=현실화)의 형태가 아니라 — 를 포함한다.[13] 이것은 초월적 실재론을 현재 유행하는 다른 성향적 실재론들과 구별 짓는다(9장 1절을 볼 것).

개방체계의 전체적인 중요성은, 단일 유형(또는 수준)의 기제에 입각해서는 발생하는 현상이나 사건을 더 이상 설명할 수 없다는 사실에서 나온다. 반면, 현실주의는 매우 빠르게 환원주의적이고 단일-학문적인 접근들을 생성하는 경향이 있으며 이 접근들은 매우 자주 물리학주의로, 또는 물리학주의적 방향

13 예를 들어, Roy Bhaskar, 'On the ontological status of ideas,' *Journal for the Theory of Social Behaviour* 27: 2/3(1997) 139-47, 140을 볼 것.

으로 기우는, 즉 세계의 생물학적·심리적·사회적 특징들을 세계의 물리적 특징들(에 있는 유형들)에 지나지 않는 것으로 간주하는 경향이 있다.[14] **개방체계들에서는 필연적으로 한 유형(또는 수준)의 기제 이상의 것들이 관여한다**. (이것의 몇 가지 결과는 4장에서 살펴볼 것이다.)

이미 지적했듯, 현실주의 특히 흄의 인과법칙 이론 및 법칙연역적 설명 모델deductive-nomological model of explanation 형태의 현실주의는 연역주의 및 주류 과학철학의 핵심을 구성한다. 그러나 인식론적으로(암묵적인 존재론적이 아니라) 고려하면, 이것은 또한 **귀납적 회의주의**inductive scepticism를 생성한다. 왜냐하면 법칙이나 그 밖의 어떤 보편적 진술에 대해 우리가 가지고 있는 것이 그것의 사례들뿐이라면, 분명히 우리는 그것을 검증할 수 없기 때문이다. 그 까닭은 아무리 많은 긍정적 사례가 나타나더라도 부정적 사례가 드러날 수 있다고 항상 생각할 수 있기 때문이다.

실재의 3 수준을 하나로 붕괴하는 경험적 실재론의 존재론은 즉시 **귀납의 문제**를 유발한다. 왜냐하면 자연법칙에 대한 증거를 그것의 사례들에 제한한다면, 우리는 (유럽 사람들이 남미와 호주에서 검은 백조를 발견했을 때처럼) 반대사례가 나타나지 않을 것이라고 결코 확신할 수 없기 때문이다. 귀납의 고전적 문제에는 무수한 변형들이 있다. 오늘 밤 자정까지 검사한 모든 에메랄드가 녹색이었다고 하더라도, 오늘 밤 자정 이후에도 그것들이 계속해서 파란색이 아닌 녹색일 것이라는 가정을 무엇으로 정당화할 수 있는가? 라는 질문이 있다. 이는 '모든 에메랄드는 녹색이다'에 대한 증거가 마찬가지로 '모든 에메랄드는 오늘 밤 자정까지 녹색이고 그 이후에는 파란색이다', 즉 '모든 에메랄드는 녹파란색이다'에 대한 증거이기 때문이다. 이 변형이 넬슨 굿맨Nelson Goodman의 '귀납법의 새로운 수수께끼'다.[15] 그리고 우리는 사건들의 필연적 연

---

14 Daniel Stoljar, 'Physicalism,' *The Stanford Encyclopedia of Philosophy* (Spring 2015 Edition), Edward N. Zalta(ed.), archives/spr2015/entries/physicalism/에서 2016. 2. 24 검색.

쇄와 우연적 연쇄를 어떻게 구별할 수 있는지의 문제가 있다. 스웨덴의 바나나 수입과 영국의 출생률 사이에 완벽한 상관관계가 있다고 할 때 그것은 왜 필연적인 연관이 아닌가? 가정법적 조건들의 문제도 있다. 내가 현관문을 나가 빗속으로 걸어 들어가면 나는 비에 젖을 것이라는 나의 가정을 무엇이 정당화하는가? 그리고 헴펠의 역설이 있다. 검은 까마귀를 발견하는 것이 모든 까마귀가 검다는 명제를 확증하는 데 빨간 청어나 하얀 신발을 발견하는 것보다 더 나을 이유가 없다. 이것들은 논리적으로 동등한 대우들logically equivalent contrapositives, 즉 까마귀가 아닌 비非검은색 물건들이다.[16]

이러한 문제들은 모두 경험적 실재론적 또는 현실주의적 근거로는 해결불가능하다. 이것들에 대한 비판적 실재론의 해결은 무엇인가? 에메랄드들이 녹색광을 차별적으로 발산하는 실질적인 이유는 그것들의 분자 구조에 있다. 그러나 이 이유는 그것들이 녹색빛을 띤다고 서술하는 수준보다 **더 심층적인** 구조의 수준에 위치한다. 이러한 이유로 에메랄드들은 반드시 녹색일 수밖에 없다. 즉, 그러한 구조를 갖고 있지 않은 것은 어느 것이든 에메랄드가 아니며, 그 구조를 갖고 있는 것은 모두 녹색으로 나타날 수밖에 없거나 나타나는 경향이 있다. 더욱이, 귀납의 문제에 대한 경험적 실재론자나 현실주의자의 대응의 터무니없음, 즉 그것을 확증하는 불가능한 기획에서, 돈키호테Don Quixote처럼, 또 다른 실증적 사례들을 찾아내고자 하는 터무니없음은, 과학자들의 실제 활동, 즉 일단 두 속성들이 연관될 수도 있다는 증거가 있으면 더 많은 확증하는 사례들을 확인하느라 시간을 허비하지 않고 즉각 (다음 절에서 서술하는 논리를 따라) 문제의 연관이 왜 발생하는지를 발견하려는 과정으로 이동한다는 사실이 증명한다.

---

15 Nelson Goodman, *Fact, Fiction, and Forecast*(Harvard: Harvard University Press, 1955).

16 Carl G. Hempel, *Aspects of Scientific Explanation and Other Philosophical Essays*(The Free Press: New York, 1965), Chapter 1을 볼 것.

귀납의 문제는 무수히 다양한 개방체계적 동형체나 이원체를 가지고 있으며,[17] **초월적 추정의 문제**problem of transdiction 또는 **초월적 추정 복합체**의 문제problem of transdictive complex로 일반화할 수 있다.[18] 그 문제는 문제를 해명하는 부재absence, 즉 **존재론적 층화** 개념의 실종을 교정함으로써 합리적으로 해결할 수 있다. 이것이 그 문제에 대한 이론적 또는 형식적 해결이다. 그것의 실천적 해결은 실제 과학자들이 일단 실질적인 연결이 있지 않은지를 의심할 근거들이 생기면 그 연관을 확증하는 사례들을 끝없이 찾는 것이 아니라, **x**가 있으면 또한 반드시 **y**가 있게 (x → y) 만드는 (또는 그런 경향이 있게 만드는) 기제를 해명하면서 항상 **왜**why를 설명하고자 움직인다는 사실을 확인하는 것에서 나온다. (이것은 아래에서 논의할 과학적 발견 및 발전의 DREI(C) 모델에서 **자연적 필연성**의 로크Locke적 및 라이프니츠Leibniz 수준에 자리한다.)

귀납의 문제에 대한 포퍼류의 '반증주의적' 응답도, 존재론적 층화 개념(그것의 내재적 대용물은 임레 라카토시Imre Lakatos의 '견고한 핵심hard core' 또는 이론의 기본 가정들이 제공했다)을 결여한 것으로, 똑같이 논란거리다.[19] 첫째, 경험적으로 해석하면, (개방체계들이 지배적이라는 점을 고려할 때) 반증되지 않은 법칙적 진술은 거의 없기 때문이다. 일반적으로 진술은 경험적이거나 보편적일 수 있지만 둘 모두일 수는 없다. 둘째, 논박 사례는 반복가능하고 일반적으로 보편화할 수 있어야 하기 때문이다. 이것은 다시 귀납의 원래 문제 그리고 자연의 일정성uniformity 가정에 대한 존재하지 않는 보증을 제기한다.[20] 그리고 셋째, 추정적으로 반증하는 사례에 대한 실제 대응은 변함없이 진술이나 이론의 전면적인 기각이 아니라 (포퍼류 진영 내부에서 라카토시가 잘 인식했듯) 그것에 대한 수정이기 때문이다.

---

17 Bhaskar, *A Realist Theory of Science*, Chapter 3.5-3.6과 *Dialectic*, Chapter 4.2를 볼 것.

18 Bhaskar, *Plato Etc.*, 29-31을 볼 것.

19 Bhaskar, *A Realist Theory of Science*, 86-7, 160-63.

20 Bhaskar, *A Realist Theory of Science*, 217-8을 볼 것.

〈표 2.1〉 사건들의 항상적 결합의 지위[21]

구분	법칙에 대해 필요하다	법칙에 대해 충분하다
고전 경험론	○	○
초월적 관념론	○	×
초월적 실재론	×	×

흄 시대 이래, 특히 칸트 시대 이래 많은 사람들이 인과법칙, 설명 등에 대한 연역주의적 기준에 분명히 뭔가 잘못된 것이 있다고, 즉, 사건들의 항상적 결합은 설명의 기준으로 **충분**하지 않다고 느꼈다. 그러나 비판적 실재론은 흄의 기준의 충분성 결여를 강조할 뿐 아니라 그 기준의 **필요성**조차 인정하지 않는다(〈표 2.1〉을 볼 것). 왜냐하면 우리는 규칙성이 없는 개방체계들에 살면서 자연법칙, 즉 발생기제의 작동을 확실히 인식하고 있기 때문이다. 이것은 또한, 자연적 영역에서나 사회적 영역에서나, 조사해 보면 개방체계들에서 연역주의적 기준을 충족하는 유익하고 사소하지 않고 반증되지 않은 법칙적 진술들이나 설명들을 찾는 것이 매우 어렵기 때문이기도 하다. 더욱이, 실천에서 연역주의는 인식적으로 재앙적인 환원주의적 및 상호작용주의적 퇴행을 일으킨다.

2.4 | 초월적 실재론의 결과를 추적한다

과학에 대한 새로운 시각

초월적 실재론에서는 세계를 층화되고 분화된 것으로 파악하며, 이에 상응하

---

21 Bhaskar, *A Realist Theory of Science*, Table 3.1, 164.

여 우리는 과학을, 본질적으로 '왜'를 설명하고 알려진 현상의 현재 알려지지 않은 원인들을 찾고자 하는 그리고 항상 드러난 현상들에서 그것들을 발생시키는 기제들로 운동하는 탐구적 활동으로 보는 강력한 새로운 시각을 갖게 된다. 간단히, 과학을 다시 경이로운 것으로 보게 된다. 과학은 우리가 이전에 알지 못했던 세계에 관해, 알려진 현상들의 현재 알려지지 않은 원인들에 관해, 즉 세계에서 우리가 알고 있는 것들이 왜 (그리고 어떻게) 작동하는지에 관해 우리에게 말해준다. 과학은 우리의 일상적 지식과 일상적 경험에 대한 (불가피하게, 개방체계들에서는, 점점 더 복잡해지는) 재서술들을 생산하기보다는 우리의 지식과 경험을 확장하는 흥미롭고 창의적인 발견의 과정이다.

과학적 발견과 발전의 DREI(C) 모델

과학적 발견과 발전의 단순한 모델은 사건들에서 그것들을 발생하는 구조들로의 운동으로 본질적으로 구성된다고 하는 이런 존재론과 과학관에서 나온다(〈그림 2.1〉 참조).

내가 DREI(C) 도식schema이라고 부르는 것은 특징적인 **과학적 발견의 논리**를 정의한다. 첫 번째 단계인 서술description: D은 사건들이나 현상들의 일부 유형에 대한 서술로 구성된다. 다음 단계는 역행추론retroduction: R을 포함한다. 이것은 존재한다면 문제의 현상이나 유형을 설명할 수 있는 가능한 기제들을 상상하는 것으로 이루어진다. 실천에서는 분명히 상상할 수 있는 기제들의 수가 많고 어쩌면 무한할 수도 있기 때문에 이 과정에서 다음 단계는 이 사례에 적용되지 않는 기제들의 소거elimination: E일 것이다. 그런 다음 작동하고 있는 인과적으로 효력이 있는 발생기제나 구조의 판별identification: I로 구성되는 가장 흥미로운 단계가 이어진다. 마지막 단계 정정correction: C은 이러한 판별에 비추어 이전의 발견들에 대한 반복적 정정iterative correction을 나타낸다.

과학이 문제의 현상이나 유형을 만들어내는 구조나 발생기제의 판별을 위

〈그림 2.1〉 이론적인 과학적 설명의 DREI(C) 모델[22]

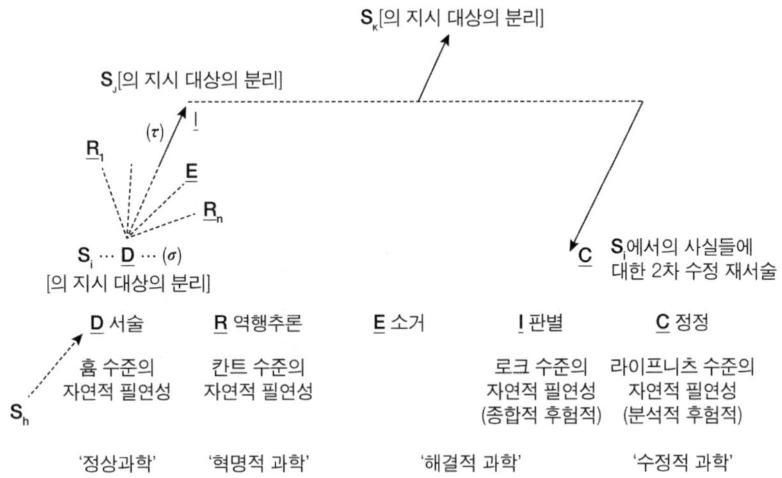

주: S= 구조(실재적 이유); (σ)= 변칙의 기간(τ)= 혁명의 기간.

해 이 순환을 움직일 때, 과학은 ('귀납의 문제' 문제-장의 난제적 시나리오에서처럼) 그것의 서술들을 끝없이 확증 — 또는 반증 — 하고자 진행하는 것이 아니다. 만약 그것들이 실재한다면 실재의 새롭게 확인한 수준의 현상들을 설명할 타당한 기제들을 상상하는 것으로 역행추론적으로 시작하는 발견의 새로운 순환으로 즉시 움직인다.

이 모델을 사용하면 또한 **자연적 필연성**에 대한 경쟁하는 해명들을 조화시킬 수 있다. 이 모델에서, 과학은 **자연적 필연성의 흄, 칸트, 로크, 라이프니츠 수준들**을 연속적으로 움직인다. D에서, 우리는 서술한 사건들 사이의 단순한 흄적 필연성, 인과적 연관은 아닌 상관관계를 갖는다. R에서, 우리는 필연성이 과학적 상상력의 산물인 칸트 수준을 갖는다. I에서, 우리는 사건 발생에

22 Bhaskar, *Plato Etc.*, 25, Figure 2.2.

책임 있는 발생기제나 구조를 경험적으로 판별할 수 있는 로크 수준을 갖는다. 이것은 (처음에는 경험적으로 판별한) 기제나 구조가 이제 문제의 사물 종류를 정의하는 것으로 간주되는 C에서의 라이프니츠 수준으로 이어진다. 이 수준에서, 자유 전자의 보유가 금속이 전기를 전도한다는 사실을 설명해 준다는 점을 발견하면, 자유 전자의 보유를 금속이라는 것이 무엇인지를 정의하는 특성으로, 따라서 전기를 전도하지 않는 것은 결코 금속일 수 없다고 간주하게 된다.

층화의 세 가지 의미

실재의 층화는 초월적 실재론적 해명의 강력한 특징이다. 편의상, 우리는 층화의 세 가지 의미를 구분할 수 있다. 첫째, 과학적 설명에 관련된, 어떤 현상들의 구조적 또는 발생적 원인을 설정하는 데 관련된 층화가 있다. 층화의 이러한 첫 번째 의미는 그렇다면 **구조들과 사건들** 사이, 또는 실재적인 것의 영역과 현실적인 것의 영역 사이의 구별에 의존한다. 두 번째 의미는 이 구별의 반복적인 재적용을 포함하고, 세 번째 의미는 두 번째 의미의 특수한 사례를 포함한다.

두 번째 의미는 과학의 발전에서 드러난 실재의 **다층적 층화**로 구성된다. 탁자나 의자, 분자와 같은 물질적 객체들의 명백한 특성들은 원자번호 및 원자가 이론으로 설명할 수 있는 실재의 더 심층적 수준에 의존하여 설명할 수 있다. 그것은 또한 전자와 원자 구조 이론에 의해 설명할 수 있고, 이것 자체는 양자 장, 끈 이론 또는 아원자 구조에 대한 그 밖의 경쟁하는 이론에 입각하여 훨씬 더 심층적인 수준의 실재에 의해 설명할 수 있다.[23]

층화의 세 번째 의미는 **발현**으로 구성되는 다층적 층화의 특수한 사례에 의

23 Bhaskar, *A Realist Theory of Science*, 169을 볼 것.

해 정의된다.

발현

우리는 여기서 당연히 단지 **인식적** 발현뿐 아니라 **존재론적** 발현에 관해 이야기하고 있다. 존재론적 발현을 잘 다루기 위해서는 공시적 발현과 통시적 발현을 구별하고 앞의 것에 초점을 맞추는 것이 중요하다. 즉, 발현적 수준이 일단 구성되면, 실재의 발현적 또는 더 상위의 수준과 더 하위의 수준 사이의 관계를 살펴보는 것이 중요하다. 발현에 대해서는 존재론적으로 그리고 공시적으로 고려한 세 가지 기준이 있다.

(i) 상위 수준 또는 발현적 수준의 하위 수준에의 일방향적 의존. 그러므로 우리는 (우리가 아는 한) 몸 없이 마음을 가질 수는 없지만 그 역은 성립하지 않는다는 의미에서 마음은 몸에 일방향적으로 의존한다.

(ii) 더 상위의 속성이나 힘의 더 하위 수준의 그것들로의 분류학적 및 인과적 환원 불가능성. 즉, 우리는 더 상위 수준의 특징과 현상을 더 하위 수준의 개념만을 사용하여 설명할 수 없다.

(iii) 더 상위의 힘의 더 하위의 영역으로의 인과적 환원 불가능성. 이것은 하향식 인과관계top-down causation이다.[24]

세 번째 기준은 특히 주목할 만하다. 일단 상위 수준이 구성되면 하위 수준에서의 그것의 인과적 효력을 고려하는 것 외에는 다른 대안이 없다. 이것은 물론 우리 시대의 인류중심적 (인간 활동이 유발한) 기후변화와 관련된 종류의 인과성이지만, 그것은 또한 모든 의도적 행위에도 일반적으로 관련되며, 농업

24 Bhaskar, *Scientific Realism and Human Emancipation*, 113을 볼 것.

과 공업에서 그것의 결과들은 문명 발전과 사회적 삶에 중대한 것으로 입증되었다.

이 세 가지 기준에 추가할 수 있는 네 번째 조건이 있다, 그것은 낮은 수준이 높은 수준을 그 자체 안에 잠재적 가능성 또는 접혀 있는enfolded 가능성으로 포함하고 있다는 의미이다.[25] 이는 개체발생학적으로, 어린이의 수학 지식이 그의 첫 발화들에 잠재하거나 접혀 있다거나, 계통발생학적으로 인간 언어의 가능성이 고등 영장류의 유전자들 안에 접혀 있다는 의미이다.

2.5 | 실재적인 것의 영역과 현실적인 것의 영역 사이의 분리에 관한 주석

여기서 우리는 탐구자에게 친숙한 두 가지 유형의 상황에 관심을 두고 있다.

(i) 기제가 지속적으로 효력을 미치지만 규칙성은 없는 경우, 그리고
(ii) 규칙성들은 있지만 연결 기제는 없는 경우

(i) 유형의 상황에서, 우리가 연결 기제를 빠뜨리고 볼 수도 있는 두 가지 친숙한 종류의 경우들이 있다.

(ia) **사례 연구**: 특정 사례에서 그 기제가 활성화되는 (그리고 참으로 이 특정 유형을 다른 사례들에도 일반화할 수 있는) 경우, 그렇지만 규칙성들이 없는 경우 — 예를 들어, 이 특정 종류의 국지적 맥락에서는 그 기제

25 Roy Bhaskar, 'Critical realism in resonance with Nordic ecophilosophy,' in *Ecophilosophy in a World of Crisis*, (eds.), Roy Bhaskar, Karl Georg Høyer and Petter Næss(London: Routledge 2012), 9-24, 12를 볼 것.

를 자극 그리고/또는 정지하는 조건을 충족하지만, 그 맥락 외부에서는 일반적으로 충족하지 않는 경우, 그리고

(ib) **상쇄작용하는 기제들**(지속하는 기제들 그리고 초사실적으로 효력 있는 경향들): 발생기제의 작동이나 경향의 발동을 자극하고 정지하는 조건들을 공간-시간의 지역을 넘어 일반적으로 충족하는 경우 — 예를 들어, 인간이 유발한 기후변화에 관련된 조건들(화석 연료 연소와 같은) — 그렇지만 상쇄하는 기제들과 상황들의 (종종 변화무쌍한) 흐름 때문에 규칙성들로 현실화하지 않거나 경험적으로 나타나지 않는 경우

(ii) 유형의 상황에서, 우리는 다시 두 가지 친숙한 종류의 경우들을 볼 수 있다. 그렇지만 여기서는 실재적인 연결을 빠뜨리기보다는 잘못 상정한 연결을 투사한다.

(iia) **부당한 일반화** 또는 추정한 기제가 전혀 존재하지 않거나 어쨌든 실제화하지 않는 곳에서 법칙적 또는 연결 기제의 추론

(iib) **경험적 규칙성들을 사용하여**, 기제가 없거나 현실화되지 않는 곳에서 **반대 사실들**, 가정법적 조건절 등**을 정당화**.

그렇지만 그 밖에 자주 발생하는 다음과 같은 유형의 상황이 있다.

(iii) **잘못된 구체성**의 형태: 규칙성들과 연결이 있는 그렇지만 그 연결이 다른 더 심층적인 또는 매개하는 기제들의 결과인 경우. 그리고

(iv) **반실증적 상쇄기제들**: 상관관계(규칙성)의 부재를 연결 부재의 근거로 잘못 간주하는 경우 — 왜냐하면 어떤 기제가 존재하더라도 다른 기제들과 조건들의 작동이 그 기제의 작동(따라서 연결)을 감추거나 덮거나 방해하기 때문이다.

2.6 | 초월적 실재론을 옹호하는 논증을 심화한다

초월적 실재론을 옹호하는 논증은 2장 4절에서 살펴본 것처럼 실험 이외의 과학적 활동 그리고 과학적 발견의 국면이나 논리에 대한 검토를 통해 발전시킬 수 있다. 그렇지만 여기서 관심을 가질 일상생활로부터의 논증에 의해서도 또한 심화할 수 있다.

우리는 불완전하게 서술된 행위주체들의 세계에 살고 있으며[26] 어디에서나 우리의 실천은 초사실적으로 효력이 있는 기제들의 독립적인 존재와 활동을 전제한다.[27] 따라서 커피 한잔을 만드는 것과 같은 가장 일상적인 활동의 납득 가능성의 조건을 생각해 보겠다. 우리는 커피와 주전자 둘 모두가 독립적으로 존재한다고, 물, 커피, 주전자와 컵의 성질이 변하지 않을 것이라고, 컵이 깨지더라도 그것에는 이유가 있다고, 그리고 설탕은 커피에 계속해서 녹을 것이라고 전제한다. 어디서나 우리는 사물들의 독립적인 존재(즉, **존재적 자동성**)와 지속하는 속성 또는 인과적 힘(즉, **초사실적 효력**)을 가정한다. 우리의 물질적 실천들은 이것들을 전제한다.

더욱이, 언어 사용은 **지시 대상의 분리** 활동, 즉 지시 대상을 골라내는 행위로부터 지시 대상과 자기 자신 둘 모두의 비-인류중심적 분리 활동을 전제한다. 여기서는 언어 사용의 납득 가능성과 의미의 가능성이 최소한 **기호학의 삼각형**(〈그림 2.2〉를 볼 것) — 기표(예: 단어), 기의(개념 또는 의미) 및 지시 대상(사물 또는 객체)으로 구성되는 — 을 전제한다는 가정을 가지고 작업한다.[28] 그러나 지시 대상 분리의 필요에 대한 이러한 주장이 사물들의 독립적인 존재뿐 아니라 사물들의 초사실적 활동(그러므로 사물들의 종류의 인과적 속성들)도 동반한다

26 Bhaskar, *A Realist Theory of Science*, 105을 볼 것.

27 Bhaskar, *Dialectic*, 230을 볼 것.

28 Bhaskar, *Dialectic*, 223과 *Plato Etcc*, 52를 볼 것.

〈그림 2.2〉 기호학의 삼각형[29]

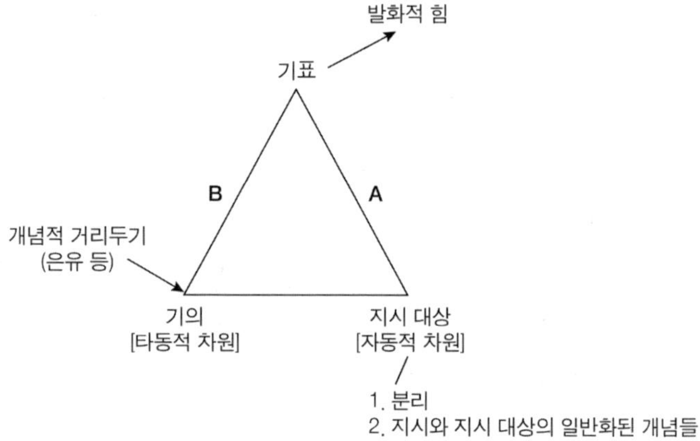

는 것을 인식하는 것이 중요하다.

물질적 실천들과 언어 사용 둘 모두의 납득 가능성에 대한, 또는 참으로 가능성에 대한 고려는 그것들이 발생하는 세계가 변함없는 경험적 규칙성들로 구성된 폐쇄체계가 아니라는 것, 그럼에도 존재적으로 자동적이고 초사실적으로 효력 있는 사물들이 실재의 더 심층적인 수준에서 (다중적으로) 결정한다(생성한다)는 것을 전제한다. 달리 말하면, 일상생활의 세계는 과학적 활동의 대상들의 세계와 거의 마찬가지로 초월적 실재론의 존재론을 전제한다. 참으로 이것은 우리의 **자아 감각**의 필수 조건이라고 주장할 수 있다. 왜냐하면 우리는 객관적으로 우리 자신들이 아닌, 그러므로 주관적으로 우리 자신으로부터 분리해야 하는 객체들을 골라내고 서술하고 조정하는 것을 점점 더 배우기 때문이다. 이것에 관해서는 2장 8절에서 더 논의한다.

29 Bhaskar, *Plato Etc.*, 25, Figure 2.2.

2.7 | 현실주의의 난제들

현실주의를 뒷받침하는 것은 **규칙성 결정론**regularity determinism의 가정이다. 이것은 모든 사건 y에 대해, 사건 x 또는 일련의 사건들 $x_1 \ldots x_n$이 어떤 일련의 설명들 아래에서 규칙적으로 결합하는 그런 x 또는 $x_1 \ldots x_n$이 있다는 명제이다. 즉, 모든 사건에 대해 '이것이 있으면 언제든지 저것이 있다($x_1 \cdots x_n$이면 언제나 y이다)'는 간단한 공식을 적용하는 그런 흄의 인과법칙들이 있다는 것이다. 규칙성 결정론은 **편재성 결정론**ubiquity determinism과 구별해야 하는데, 이것은 단순히 모든 사건에는 실재적 원인들이 있다고 또는 차이들에 대한 설명이 있다고 주장한다. 편재성 결정론은 과학이 수용할 수 있고 틀림없이 전제하는 것이다.[30]

물론 규칙성 결정론은 폐쇄체계들을 가정한다. 다른 곳에서 나는 폐쇄체계들의 매우 제한적인 조건들을 제시했다.[31] 그 조건들은, 체계들이 고립되어 있거나 아니면 외생적 조건들이 변하지 않을 것, 체계들 내부의 개체들이 원자적이거나 아니면 내재적 조건들이 변하지 않을 것, 체계의 조직 (또는 구성) 원칙이 가산성additivity이거나 아니면 모든 비非가산성 원칙의 항구성일 것이다. 이러한 조건들을 충족하지 못하면 악명 높은 '상호작용주의적'이고 '환원주의적인' 퇴행이 실천에서 발생한다.[32] 원자성과 가산성의 요건들은 내가 **고전적 행위 패러다임**classical paradigm of action이라고 부르는 것, 더 일반적으로 고전적 미립자적/기계적 세계관classical corpuscularian/mechanical worldview을 강력하게 내비친다. 이것은 다음과 같이 요약할 수 있다.[33]

30 Bhaskar, *A Realist Theory of Science*, 69-70.

31 Bhaskar, *A Realist Theory of Science*, 76을 볼 것.

32 Bhaskar, *A Realist Theory of Science*, 77을 볼 것.

33 Bhaskar, *A Realist Theory of Science*, 78 f.

(i) 인과관계의 외재성

(ii) 내적 구조와 복잡성의 부재

(iii) 선先구성체pre-formation의 부재와 물질적 연속성의 부재

(iv) 물질의 수동성과 결과의 직접성

(v) 기초적 실체들의 원자성, 그리고

(vi) 자연에서의 변형의 주관성과 외양적 다양성의 주관성(즉, 형이상학적으로, 질적 다양성과 변화는 로크의 '이차적 특성secondary qualities'—객체 자체에 본래적으로 존재하는 것이 아니라 관찰자와의 상호작용에 의해 발생하는—과 '명목적 본질nominal essences'이지, '일차적 특성primary qualities'—객체 자체에 본래적으로 존재하는—과 '실재적 본질들real essences이 아니다).

환원주의는 물리학자들과 그 밖의 많은 자연과학자 사이에 널리 퍼진 관점인 **물리학주의**를 강력하게 촉진한다. **물리학주의**는 발현을 부인하고 질적 변화와 다양성을 환상으로 간주하며 그러므로 의도적 행위를 (물리학주의 자체의 관점에서) 불가능한 것으로 만든다. 비판적 실재론의 관점에서 이것은 자기-준거적 역설이며[34] 환원주의에 대한 옹호를 무효화한다. 왜냐하면 그 자체의 관점에서 보면, 의도적 행위가 자연 세계에 아무런 실질적 영향을 미칠 수 없고 따라서 다른 사람들의 생각과 의견에도 아무런 영향을 미칠 수 없기 때문이다. 존재론적으로, 이러한 라플라스적Laplacean 종류의 규칙성 결정론은 뉴턴 역학이 성취한 천체의 폐쇄에서 나오는 것으로 널리 받아들여졌다. 그리고 그 결과로서, 인식론적으로 과학은 **연산식에 따라** 진행된다proceeding algorithmically는 견해가 널리 퍼졌다. 실험적으로 폐쇄체계들을 만드는 데에서 그리고 과학적 이론들을 상상력 있게 역행추론하는 데에서 인간의 주체적 행위의 역할은 무

---

34 발현 등의 부인은 의도적 행위가 실재한다는 것, 즉 물리학주의가 확언하는 것과 달리 환상이 아니라는 것을 전제한다.

시되었다. 인간을 기계론적으로 결정된 존재로 간주하는 이런 암묵적 견해에 대한 반발이 곧 등장할 수밖에 없었고, 그것이 낭만주의의 형태로 도래했을 때, 전형적으로 인간 세계는 (자연)과학이 연구하는 자연 세계와 완전히 구별되고 분리되는 것으로 주장되었다. 이것은 주체적 행위에 대해 여전히 인간이, 자연 세계의 과정에 관여하고 영향을 미칠 수 있는 변형적 힘을 부여받은 존재가 아니라는 견해를 함축했다.

인식론적으로, 물론, 흄의 인과법칙 이론은 (그 자체의 관점에서) 극복 불가능한 **귀납의 문제**를, 그리고 참으로 내가 **초월적 추정 복합체**라고 부르는 것의 전체적인 문제-장을 만들어냈다.[35] 그 문제는 우리가 기존 자료들로부터 귀납할 수도 없고 연역할 수도 없는 **새로운** 개념들의 도입을 포함하는, 외양적 규칙성에 대한 **비**非**연산적** 응답을 허용하는 경우에만 해결할 수 있다. 비판적 실재론의 관점에서, 이러한 새로운 개념들은 실재의 더 심층적이거나 더 완전한 수준에 위치한 새롭게 발견한 (그러나 창출한 것은 아닌) 기제를 가리킨다. 이것을 이해함으로써, 귀납의 문제와 포괄법칙 모델이 가정하는 세계의 모습이 **왜** 그러한지(또는 그러하지 않은지)를 설명할 수 있다.

귀납과 연역은 **지식의 아치 전통**arch of knowledge tradition의 '상향' 및 '하향' 기둥 부분들 또는 곡선 부분들을 형성하며, 그것의 기초 원칙들은 아리스토텔레스가 제시했다. 그 아치의 중앙석keystone은 일반 법칙 또는 원칙으로 구성되어 있다고 추정된다.[36] 그러나 귀납은 관련된 사례들을 연결하는 발생기제가 **존재하고** 우리가 폐쇄체계를 확립한 경우에만 타당하다. 그리고 **연역 가능성**은 우리가 그 발생기제에 대한 **지식**을, 즉 문제의 사건들이 연결되어 있다는 **사**

35 Bhaskar, *Plato Etc.*, 29을 볼 것.

36 David Oldroyd, *The Arch of Knowledge: An Introductory Study of the History of the Philosophy and Methodology of Science*(London: Methuen, 1986)을 볼 것.
〔옮긴이 주〕'지식의 아치'는 관찰에서 일반적 원리까지의 귀납 분석과 이런 원리에서 다시 관찰 가능한 것으로의 연역 종합의 이중 경로를 통해 지식을 산출하며, 그것을 아치(arch) 형상에 비유할 수 있다는 고대의 관념을 가리킨다.

실이 아니라 그 사건들이 **왜** 연결되어 있는지의 이유에 대한 지식을 가졌을 경우에만, 다시 말하면, 우리가 가추적 재서술이나 소급추정, 소거 및 판별의 과정을 통해 실재에 대한 새로운, 더 심층적이거나 더 완전한 해명으로 움직일 때에만 가능하다. 지식의 아치 전통의 기둥들은 일반법칙이라는 중앙석에서 만날 수 없었다. 중앙석은 실재에서는 결여되었다. 중앙석을 제공하기 위해서는 이론에서의 회의론자(상향 기둥을 참고할 것)는 실천에서의 독단론자(하향 기둥을 참고할 것)여야 했다.[37] 그러나 우리가 일단 자연적 필연성에 대한 지식을 갖게 되면 우리에게 귀납은 더 이상 필요하지 않다. 그리고 우리가 그러한 지식으로부터 연역할 수 있는 것은 사물의 **자연적 종류의 경향**으로, 이것은 결코 수많은 사례나 경험적 규칙성들을 귀납적으로 일반화한 것이 아니다. 전체적인 지식의 아치 전통은 현실주의를 전제로 한다.[38] 그것에 대해서는 8장과 9장에서 더 논의할 것이다.

2.8 | 초월적 실재론의 내재적 맥락과 초월적 필연성

초월적 실재론은 1970년대 초·중반 당시의 과학철학의 두 흐름의 결합과 심화에 의해 형성되었다. 첫 번째는 칼 포퍼Karl Popper, 토머스 쿤, 임레 라카토시, 폴 파이어아벤트Paul Feyerabend의 작업이 대표하는 반-일원론 흐름anti-monist current이었다. 이 흐름은 과학적 변화에 대한 일관성 있는 서술에 핵심적인 것으로서 자동적 차원과 타동적 차원을 구별할 필요성을 낳았다.[39] 이를 구별하

37 Bhaskar, *Plato Etc.*, 41.

38 Bhaskar, *Plato Etc.*, 17-23, 35-6, 41.

39 Roy Bhaskar, 'Feyerabend and Bachelard: two philosophies of science,' *New Left Review*, 94(1975), 31-55; Bhaskar, *Reclaiming Reality: A Critical Introduction to Contemporary Philosophy*(London: Routledge, 1989/2011), Chapter 3, 26-48에 재수록.

지 못함으로써 반일원론적 흐름은 곧 어느 정도 스스로 인정하는 비일관성에 빠지게 되었다. 예를 들어, '패러다임의 변화와 함께 세계가 변화하는 것은 아니지만 그 이후에 과학자는 상이한 세계에서 작업하는 것이다'와 같은 문장들을 이해하는 것을 배워야 한다고 말하는 쿤의 『과학혁명의 구조The Structure of Scientific Revolutions』의 유명한 문장을 살펴보겠다.[40] 불행하게도 쿤 자신은 그런 문장들을 이해하지 못한다. 그러나 일단 우리가 과학의 자동적 차원과 타동적 차원 둘 모두의 필요성과 그것들의 서로에 대한 환원 불가능성을 인지하면, 우리는 이 난해한 문장을 '패러다임의 변화와 함께 〔자동적·존재론적·자연적〕 세계가 변화하는 것은 아니지만, 그 이후에 과학자는 상이한 〔타동적·인식론적·이론적〕 세계에서 작업하는 것이다'라고 무리 없이 바꿔 쓸 수 있다.

노우드 핸슨Norwood Hanson, 스티븐 툴민Stephen Toulmin, 메리 헤세Mary Hesse, 롬하레의 작업과 관련된 두 번째 반-연역주의 흐름anti-deductivist current은 과학적 지식이 층화된다는 것을 보여주었다. 그러나 그 흐름은 존재론의 개념을 결여했기 때문에 세계의 실재적 심층성을 유지하는 데 큰 어려움이 있었으며, 따라서 과학에 관련된 층화는 항상 어느 정도 자의적인 것으로 나타났고 이를 합리적으로 정당화하지 못했다. 참으로 이것은 이 전통의 '모델 이론'의 난제이다. 이 이론은 과학이 경험적 규칙성들이나 사건들의 항상적 결합들 이상의 무엇인가를 필요로 한다는 것을 인식하면서도 이러한 추가 또는 '잉여 요소'를 세계가 아니라 과학적 정신이나 과학적 공동체에 둔다. 그러한 신칸트주의 또는 초월적 관념론은 경험주의에 대한 진보이지만, 존재론적 층화가 없기 때문에 여전히 귀납의 문제 난제들에서 벗어나지 못한다. 더욱이 그것은 지식에 대해 상정한 특정의 잉여 요소를 정당화하는 데에서 어려움에 직면한다. 이 문제는 칸트적 근원에 있다. 무슨 근거가 있어서, 범주들이 실재의 모든 영역에 그리고 우리의 세계관이나 믿음체계의 모든 어떤 발전에 대해 타당하거나

40 Kuhn, *The Structure of Scientific Revolutions*, 121.

적용 가능하다고 가정하는가? 어쨌든, 우리는 이해의 범주들이 실재적이라고 가정하지 않고서 어떻게 그 범주들의 종합하는 힘에 대해 말할 수 있는가?

1970년대 초 롬 하레의 과학철학은[41] 초월적 실재론의 아마도 가장 진보한 선조라고 할 수 있지만, 초월적 실재론에 필수적인 세 가지 요소들을 결여하고 있다. 첫째, 법칙이나 과학적 설명에 대한 해명에서 사건들의 항상적 결합이나 불변적인 경험적 규칙성만으로는 부족하다고 지적하는 신칸트주의 비판을 보완할 수 있는 필연성 개념의 결여에 대한 생각이 없다. 또한 이것의 귀결로, 사물들이 인과적 힘을 보유한다는 생각, 그리고 그 힘의 행사는 초사실적으로 이루어진다는 생각도 없다. 둘째, 그것은 존재론의 명시적인 주제화, 그리고 인식론과 구별되는 존재론의 주제화를 결여하고 있다. 셋째, 그것은 철학적 논증의 메타이론이나 원칙적 방법들을 결여하고 있다. 또한 초월적 논증이나 내재적 비판을 이론화하거나 체계적으로 사용하지 않는다. 달리 말하면, 하레는 존재론적 현실주의에 대한, 인식적 오류에 대한 그리고 비非초월적 철학에 대한 비판을 결여하고 있다.

초월적 실재론의 초월적 필연성

초월적 실재론은 **범주적 실재론**, 즉 **철학의 원리들은 그것들이 참이라면 세계에 대해서도 참이다**라는 가정을 포함한다(자세한 논의는 6장 4절을 볼 것). 예를 들어 인과성은 세계를 이해하기 위해 고안한 것일 뿐 아니라 오히려 세계 자체의 고유한 특징을 이해하기 위해 고안한 것이다. 따라서 초월적 실재론이 정교화하는 원리들은 그 자체로 과학을 위한 **가치론적 필연성**, 즉 과학의 실천에서 충족해야 하는 원리들을 구성할 것이다.[42] 오늘날, (한쪽의) 실험적으로 구성한

41 Rom Harré, *The Principles of Scientific Thinking*(London: Macmillan, 1972).

42 가치론적 필연성 개념에 대해서는 Bhaskar, *Dialectic*, 특히 118-19를 볼 것.

폐쇄체계들과 (다른 한쪽의) 실험실에서 얻은 지식을 적용할 것으로 상정하는 개방체계들을 암묵적으로 구별하지 않고 작업할 수 있는 물리학자나 화학자는 없을 것이다. 그 자체로, 이 구별은 주류 과학철학은 인허하지 않지만 과학자들의 실천을 안내할 것이다. 그러므로 과학적 지식을 적용하기 위해서는 물리학자나 공학자는 그 지식이 **실천에서** 초사실적으로 효력을 갖는다고 가정해야 할 것이다. 이것이 바로 **초월적 실재론은 작업하고 있는 모든 과학자의 실천에 필수적인 부분이다**라는 진술의 의미이며, 내가 TINA 타협 형태라고 부르는 것 — 여기서 TINA는 '대안은 없다'를 나타낸다 — 의 핵심 측면을 그들의 실천에 부여하는 의미이다(6장 4절을 볼 것).

실천에서의 진실이 이론에서의 허위와 긴장 상태에 있다고 주장하는 TINA 타협 형태는 당연히 즉각 내재적 비판에 부딪힐 것이다. 그러나 인식론과 존재론 사이의 구별의 가치론적 필연성을 고려함으로써 우리는 모든 과학철학과 모든 지속적인 과학적 실천이 실천에서 실재론, 그리고 참으로 이러저러한 종류의 초월적 실재론을 포함하거나 수반할 수밖에 없다는 것을 알 수 있다. 초월적 실재론은 또한 그것이 의도적 행위주체들이 (그 어떤 특정의 실천들을 만들어내든지 간에) 세계에서 그들 자신의 길을 탐색할 수 있는 능력의 필요조건이라는 더 일반적인 의미에서도, 즉 마음의 모든 흐름을 밑받침하는 **편재하는 실천적 전제가정**이라는 의미에서도 가치론적으로 필연적이다.[43] 그러므로 모든 인간 사회는 언제나 세계에 대한 원시-과학적 설명을 이미 보유하고 있으며, 모든 진지한 과학이나 철학은 언제나 이 설명을 더 적절한 설명으로 변형하고자, 즉 상식을 탈신비화하고 계몽하고자 필연적으로 시도하고 있다.[44] 그러므로 이 실재론이 얼마나 멀리 발전했는지(예를 들어, 인과법칙들이나 보편성들을 포함할 수 있도록 발전했는지 여부) 그리고 그것이 어떤 형태(경험적 실재론, 개념

43 Bhaskar, *Scientific Realism and Human Emancipation*, 246; 또한 32-3도 볼 것.

44 Bhaskar, *The Possibility of Naturalism*, 48 f.

적 실재론 등)로 나타나는지가 적절한 질문들이 될 것이다. 물론 이것은 실천에서 채택한 일부 입장에 대한 내재적 비판에 그것을 명시적으로 비판하는 방식을 제공한다. 그러나 같은 이유로, 우리가 (자신을) 단지 그저 실재론자라고 판별할 뿐만 아니라, 제시하고 있는 입장이 어떤 종류의 실재론 — 예를 들어 우리의 경우 경험적 실재론 및 그 밖의 형태의 **인류주의실재론**(개념적·제도적·자원론적 실재론 등등)과 구별되는 것으로 초월적 또는 비판적 실재론 — 에 헌신하는 것인지를 밝히는 것이 중요해진다.[45]

실재론의 현대적 부활

근래, 분석적 전통의 형이상학과 과학철학에서 그리고 '대륙철학' 전통의 이른바 사변적 실재론자들 진영에서 존재론에 대한 관심 그리고 그것과 나란히 실재론에 대한 관심의 부활이 있어왔다.[46] 동시에 분석적 과학철학 내부에서는 흄적 및 현실주의적 사유로부터 벗어나 인과적 주장의 기초를 구조나 사물의 인과적 힘의 존재에서 찾는 움직임이 있어왔다.[47] 그러나 이런 전통들의 성향적 실재론은 3층적 및 동적 종류가 아니라 주로 2층적 및 정적 종류의 것이었다(앞의 2장 3절을 볼 것). 즉, 그것은 인과적 힘들의 존재를 그것들의 행사 여부와 무관하게 유지했지만, 체계들 — 그 안에서 인과적 힘들이 나타나는 — 의 폐쇄 여부와 무관한, 즉 관련된 경향의 현실화와 무관한 그것들의 초사실적 행사의 개념은 유지하지 못했다. 더욱이, 사변적 실재론자들의 실재론은 사물들의 인과적 힘의 작동이 아니라 그 사물들의 존재에 주로 관심을 가졌다. 그것은 (또

45 Bhaskar, *Scientific Realism and Human Emancipation*, 7-10.

46 Alison Assiter, 'Speculative and critical realism,' *Journal of Critical Realism* 12:3(2013), 283-300.

47 Ruth Groff, 'Introduction to the special issue on causal powers,' *Journal of Critical Realism* 8:3(2009): 267-76. 그리고 *Ontology Revisited: Metaphysics in Social and Political Philosophy* (London: Routledge 2013).

한) 인과성에 관한 그러므로 사물들의 활동에 관한 실재론이 아니라 사물들에 관한 실재론이다.

2.9 | 비판적 실재론 안에서 존재론의 추가 발전

비판적 실재론이 존재론의 옹호 그리고 (경험적 실재론의 낡은 암묵적 존재론과 구별되는) 새로운 존재론의 옹호로 시작한다면, 존재론에 대한 비판적 실재론의 관심이 거기서 끝나지 않는다는 점을 파악하는 것이 중요하다. 왜냐하면 존재론 옹호의 중요한 귀결들이 **존재론의** (i) **불가피성**과 (ii) **전면포괄성**이기 때문이다. 우리가 세계에 대한 어떤 해명을 전제하지 않고서 세계에서의 지식이나 언어나 활동에 대해 말할 수 있는 길은 없다. 따라서 존재론은 비판적 실재론의 추가 발전에서 불가피하게 확장되고 발전될 것이다. 그러나 존재론은 단지 불가피할 뿐만 아니라 또한 모든 것을 포괄한다. 잠시 생각해 보면, 존재론은 또한 인식론을 포함해야 한다는 것, 즉 세계는 그 세계에 관한 우리의 믿음들을 포함해야 한다는 것을 알 수 있다(변증법적 비판적 실재론이 특히 **성좌적 포괄**이나 확장overreaching의 개념을 사용하여 특정하게 이론화할 관계 — 6장 5절을 볼 것). 더욱이 존재론은 믿음들뿐 아니라 특별히 **허위의 믿음**과 환상 그리고 참으로 온갖 종류의 오류들을 포함할 것이다. 왜냐하면 인과적 영향을 미치는 것은 어느 것이든 실재하는 것으로 인정해야 하기 때문이다.

비판적 실재론 내부에서의 모든 발전이 **존재론의 확대와 발전**을 포함할 것이지만, 비판적 실재론 내에서 **철학적 범주들** 또는 개념들을 정교화하는 특수한 체계적인 이론적 **발전**을 위한 길도 열려 있다. 변증법적 비판적 실재론과 메타실재의 철학에서는 존재함 자체에 대한 그리고 비동일성, 구조, 차이로서의 존재함에 대한 비판적 실재론적 이해가 두 가지 방식으로 발전한다. 첫째, 존재함을 과정으로, 내적으로 관계된 것으로, 변형적 행위, 내향성, 재마법화 및 비이원성을 통합하는 것으로 주제화하는 범주적 수준들을 정교화하는 것에 의해 발전한다(전제가정의 1M-7Z/A 또는 MELDARZ/A 위계, 이것에 대해서는 6장 1절 및 그 이후에 상술한다). 둘째, 비동일성 형태의 범주들에 대한, 차이와 구조 종류 — 즉, 첫째 수준 1M에서의 — 의 범주들에 대한 더 심층적인 성찰을 도입하는 것에 의해 발전한다. 여기서는 비동일성, 차이, 구조에 대한 간단한 정교화, 그리고 그것과 더불어 초월적 실재론에서의 변화의 추상적 가능성을 **성향적 실재론**, 즉 가능성과 힘에 관한 실재론, 그리고 **범주적 실재론**, 즉 철학의 준거들에 관한 실재론, 진실에 관한 실재론 그리고 특히 **진리론적 실재론**, 그리고 **지시**, **타협 구성체** 및 오류, 그리고 **해방적 담론의 논리**를 포함할 수 있도록 거대하게 구축한다.

2.10 | 비실재론적 대안들과 인류중심성에 대한 비판

비실재론이라는 용어는 초월적 실재론이 아닌 모든 철학을 의미한다.[48] 이 절은 이 책 전체에서, 특히 6장과 8장에서 전개한 비실재론 비판의 서막이다.

고전적 경험주의

귀납의 문제 유형의 철학적 문제들은 **변환 추론**transduction(폐쇄체계로부터 개방체계로의 추론)의 문제와 **초월적 추정 복합체**[초월적 추정transdiction(관찰한 것에서 관찰하지 않은 것으로의 추론)]의 문제들로 더욱 일반화할 수 있다.[49] 그러한 문제들은 경험주의적 가정 위에서는 해결 불가능하며, 또한 해결 불가능하다고 인

48 Bhaskar, *Scientific Realism and Human Emancipation*, 9.

49 Bhaskar, *Plato Etc.*, 30-1을 볼 것

정한다. 이것은, 엄밀히 말하면 고전적 경험주의는 지식의 첫 번째 단계, 즉 흄 수준의 자연적 필연성에조차 도달할 수 있는 방법이 없다는 것을 의미한다. 그렇지만, 경험적 일반화의 존재를 가정하더라도, 사건들이 다수의 기제들의 결합에 의해 발생하고, 특정의 경향이 경우에 따라 붕괴할 수밖에 없는 개방체계들에서는 그것의 존속을 보장할 수 있는 방법이 없다. 이 두 논증 노선은 고전적 경험주의를 완전히 손상하고 있다.

신칸트주의

이 입장은 고전적 경험주의의 존재론(흄의 인과법칙 이론에 기초한)을 받아들이지만 그것에 과학적 정신이나 과학적 공동체의 성질에서 파생하는 잉여 요소를 추가한다. 그렇지만 잉여 요소가 사례들을 넘어 그리고 사례들 이상의 어떤 귀납적 보증을 제공하는 것으로 간주한다고 하더라도 그것의 성질과 특정한 내용은 정당화를 필요로 한다. 인식론적 층화는 과학적 작업에 대한 우리의 이해를 향상할 수도 있지만, 적어도 판단적 합리성의 측면에서는 존재론적으로나 인식론적으로 우리에게 더 나은 결과를 남기지 않는다. 그것을 위해서는 존재론적 층화 그리고 2장 4절에서 개관한 발견의 변증법 또는 발견의 논리가 필요하다.

초관념론

초관념론으로 우리의 이론들이 변화할 때 그 이론들이 탐구하는 세계도 그 이론들과 함께 변화한다는 견해를 의미한다.[50] 예를 들어 쿤이나 파이어아벤트의 초관념론은, 대다수의 과학사회학 및 지식사회학에서의 (그리고 참으로 일반

---

50 Bhaskar, *Scientific Realism and Human Emancipation*, 79-92를 볼 것

적으로 사회과학들에서의) 강한 사회구성주의와 함께, 모두 자동적 차원의 붕괴, 즉 독립적으로 존재하고 초사실적으로 효력을 행사하는 (과학적 담론의) 지시 대상들의 붕괴에 기초하고 있다. 그 자체로 초관념론과 강한 사회구성주의는 우리의 지식에 대한 비판이나 우리의 지식에서의 변화를 일관되게 설명할 수 없다. 그것들은 그것들의 일관성을 위해 상대적으로 변화하지 않는 객체들을 전제로 한다. 그러므로 그것들은 판단적 상대주의에 굴복한다. 대조적으로, 존재론적 실재론 내에 자리 잡은 비판적 실재론의 인식적 상대주의는 내가 비판적 실재론의 성삼위일체라고 부르는 것에서의 판단적 합리주의의 가능성과 일관된다.

비-인류중심성

칸트의 이른바 코페르니쿠스적 혁명은 이제 사실상 인류를 알려진 세계의 중심에 인류중심적으로 놓는 반反코페르니쿠스 혁명으로 볼 수 있다(자세한 것은 8장 3절을 볼 것). 이것을 바로잡기 위해서는 포괄적인 객관성 내부에 위치하는 것으로서, 알려진 세계에서의 주관성과 객관성의 통일이라는 개념이 필요하다. 이것은 또한 **메타성찰적으로 총체화하는 상황**metareflexively totalising situation이라는 개념에 입각해 이론화할 수 있다(<그림 2.3>을 볼 것).[51] 물론 우리는 우리의 세계가 인간보다 오래전부터 존재했다는 것, 그리고 그 세계가 또는 우주—결국 존재하는 것—가 우리 종, 즉 인류보다 오래 살아남을 것을 알고 있다. 예를 들어, 골프공의 움직임을 지배하는 자연법칙은, 우리가 빛의 속도나 알코올의 비중을 바꿀 수 없는 것처럼, 우리의 활동들에 대해 완전히 독립적으로 존재하고 작동한다는 것을 알고 있다. 여기서 존재론적 분리에 기초하는

51 Roy Bhaskar, *Dialectic*, 150, 272을 볼 것. 주체와 객체의 통일은 진리의 변증법에서의 진리의 '표현적-지시 대상적 이중성'의 관념에 입각해 개념화할 수도 있을 것이다(같은 책, 217 f. 및 아래의 6장 4절을 볼 것).

〈그림 2.3〉 우리의 메타-성찰적으로 총체화하는 상황[52]

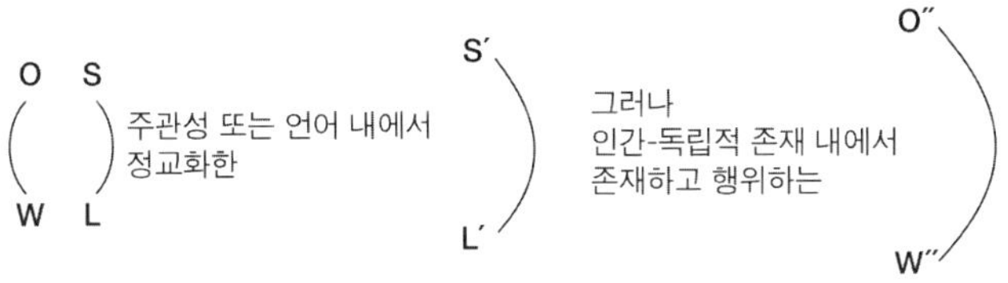

주: O= 객관성, S= 주관성, W= 세계, L= 언어.

비판적 실재론의 관점은 **계몽된** 상식과 일치하는 유일한 관점이다.

그렇지만 그것은 과학, 특히 자연과학을, 우리가 그것이 없었을 때 알 수 있었던 것보다 자연 세계에 관해 훨씬 더 많은 것을 이야기해 주는 (제한적인) 성공 사례로 볼 수 있는 관점이기도 하다. 이것은 과학을 난해하고 하찮은 것으로 보이게 하는 주류 및 그 밖의 비실재론적 전통에서의 풍자들과 대조된다.

비판적 실재론은 참으로 새로운 철학이지만, 2장 8절에서 주장한 것처럼, 새로운 실천은 아니다. 진정한 과학은, 그것이 위대한 것이든 평범한 것이던, 혁명적인 것이든 정상적인 것이든, 항상 비판적 실재론적이었다.

---

52 Bhaskar, *Plato Etc.*, 15, Figure 1.4.

Enlightened Commom Sense

The philosophy of critical realism

| Chapter 3 |

비판적 자연주의와 사회과학철학

3.1 | 방법론적 예비

2장의 논증은 다양한 방식으로 발전, 확장 그리고/또는 일반화할 수 있다. 특히, 우리는 과학 내에서, 사건들 또는 더 일반적으로 현상들로부터 그것들을 설명하는 발생기제, 설명적 구조 또는 (일반적으로[1]) 원인으로의 기본적 움직임이 실험적인 자연과학들 이외의 분야들에서 어느 정도까지 이루어질 수 있는지 물을 수 있다. 우리는 이런 움직임이, 예컨대 사회적 장에서(이것은 이 장에서 다시 살펴보는 나의 두 번째 저서 『자연주의의 가능성』에서 설정한 과제다) 또는 생물학적 영역에서(이것은 나의 세 번째 저서 『과학적 실재론과 인간 해방Scientific Realism and Human Emancipation』에서 탐구하기 시작했다) 또는 언어 등과 같은 전체적인 영역(이 책의 5장에서 탐구한다)에서 일어나는지 또는 일어날 수 있는지를 질문할 수 있다. 대안적으로, 2장에서 지적했듯 우리는 (변증법적 비판적 실재론과 메타실재

1 즉, 종류나 부류로 생각하는.

의 철학에서 수행한 것처럼) 새로 확립한 존재론의 철학적 과학을 이론적으로 발전시키고 확장하고자 할 수 있다. 또는 2장에서 비판한 과학에 대한 해명이 가능한 조건들에 대한 메타비판적 질문을 추구할 수 있다.[2] 또는 우리는 사건으로부터 구조로의 움직임보다 사건 자체의 구성, 구조 또는 형성에 더 관심을 갖고 그것을 어떻게 설명해야 하는지에 주력하는 구체적 전환concrete turn을 취할 수 있다(이것은 응용된 비판적 실재론이라는 주제 아래 다음 장에서 논의할 것이다). 그러므로 물론 우리는 특정 주제 영역에서 또는 개별 탐구 주제에 관해(예를 들어, 교육 등과 같은 분야나 영역에서 또는 그 안에서의 말하자면 오늘날 영국의 중등학교에서의 평가 관행의 성질 등과 같은 개별 주제에 관해) 비판적 실재론자들이 추구하는 수많은 부문별 비판, 재구성, 분석 및 참여에 맞추어 더 특수한 초점을 채택하기로 결정할 수도 있다.

이 장에서 우리는 2장에서 개관한 과학에 대한 일반적 해명을 사회적인 것의 영역에, 그리고 어느 정도는 심리과학, 즉 인간과학에 적용할 수 있는지에 관심을 갖는다. 그러나 이미 살펴보았듯, 내재적 비판 방법을 받아들이고 있기 때문에 우리는 실험적 자연과학철학의 결과를 다른 영역으로 단순히 이전하여 적용할 수 없다는 것을 알고 있다. 그것은 그 과학의 주제들이 실제로 어느 정도까지 비교 가능한지의 문제를 제기할 것이다. 오히려 사회과학의 주제에 대한 독립적인 분석이 필요하다.

오늘날 사회과학철학, 사회이론, 그리고 참으로 사회과학의 실천의 두드러진 특징은, 이 문제를 처음 고려했던 1970년대와 마찬가지로, **이원론들의 만연**이다. 따라서 사회과학의 이원론들을 내재적 출발점으로 삼는 것이 편리할 것이다. 그것들은 전통적으로 **거시이원론과 미시이원론**으로 나눌 수 있을 것이다. 〈표 3.1〉은 그것들을, 그것들에 대한 비판적 자연주의적 해결책과 함께 보여준다. 주요 거시이원론은 구조와 행위, 사회와 개인의 이원론, 그리고

---

2 예를 들어 Bhaskar, *Scientific Realism and Human Emancipation*, Chapter 3을 볼 것.

〈표 3.1〉 비실재론 사회사상에서 이원론들과 비판적 자연주의에서 그것들의 해결

이원론	비판적 자연주의적 해결
포괄적인 거시이원론	
자연주의/반자연주의(실증주의/해석학)	제한된 비판적 자연주의
다른 거시이원론	
사회/개인(집합주의 또는 전체론/개인주의)	관계주의, 발현주의
구조/행위주체(물상화/자원론)	변형적 사회활동 모델
물질성/개념성	물질적으로 체현된 그리고 개념화하는 행위주체적 인간 및 사회적 존재의 개념화
미시이원론	
몸/마음(거시적으로, 자연/사회)	마음에 관한 공시 발현적 힘 물질론적 이론
이유/원인	이유는 원인일 수 있다
사실/가치 및 이론/실천	설명적 비판, 윤리적 자연주의

인간의 일들을 우리의 개념성이나 또는 그것과 연관된 (언어나 주관성 같은) 특징을 준거로 설명하고자 하는 사람들과, 인간의 일들을 우리 행동을 준거로 또는 어느 정도는 우리 존재의 물질적으로 체현된 객체나 사물과 연관된 속성을 준거로 설명하고자 하는 사람들 사이의 이원론이다. 주요한 미시이원론들은 마음과 몸 사이의, 이유와 원인 사이의, 사실과 가치 사이의 그리고 어느 정도는 이론과 실천 사이의 이원론이다.[3]

거시이원론은 정확하게 미시이원론에 의지하고 있지만, 미시이원론의 타당성의 많은 부분은 거시이원론에서 파생한다. 거시이원론은 전체로서 영역의 아마도 **포괄적 이원론**, 즉 실증주의를 지배적 형태로 하는 자연주의와 해석

3 두 묶음의 이원론을 '거시'와 '미시'로 구별하는 것이 완전히 만족스러운 것은 아니다. 그 까닭은 부분적으로는 크기나 규모에 대한 오도적인 연상을 일으키기 때문이지만, 주요하게는 각각에 대한 해결책이 다른 쪽의 것을 필요로 하기 때문이다(그리고 각각은 다른 쪽의 영역에 등장한다). 거시이원론은 사회학적 이원론으로, 그리고 미시이원론은 심리학적 이원론으로 부를 수 있다.

학을 지배적 형태로 하는 반-자연주의 사이의 이원론에 수렴한다. 이러한 포괄적 이원론은 사회적 (또는 더 일반적으로 인간의) 일들을 자연과학에서 자연을 연구하는 것과 동일한 종류의 방식으로 연구할 수 있다고 주장하는 **자연주의자들**과, 인간의 일들은 근본적으로 상이한 방식으로 연구해야 한다고 믿는 **반-자연주의자들** 사이의 이원론이다.

비판적 실재론은 자연주의와 반자연주의 사이의 **중용**via media을 채택하지만, 당연히 (자연)과학에 대한 근본적으로 상이한 해명 그리고 그것이 전제하는 근본적으로 상이한 존재론 또는 세계에 대한 해명을 기초로 그렇게 한다. 나는 이것을 중도적 **비판적 자연주의**라고 부르지만, **비판적 해석학**이라고 부르더라도 충분히 타당하다. 이러한 거시이원론과 미시이원론에 대한 비판적 자연주의의 응답은

(i) 전형적으로 대립하는 항들에 대한 해명을 비판하고,
(ii) 우리가 그것들의 대립을 초월할 수 있게 하고,
(iii) 따라서 이원론을 해결하고, 더하여
(iv) 이전 이원론의 양쪽 항 모두를, 그렇지만 이제 근본적으로 변형된 기반 위에서, 공정하게 평가할 수 있는 그런 방식으로

그렇게 할 것이다.

3.2 | 초월적 실재론, 사회과학철학과 자연주의의 문제

자연주의의 문제, 즉 사회적·심리학적 연구들의 과학성의 문제는 인간과학의 영역에서 흄의 인과법칙 이론, 포퍼-헴펠의 설명 모델 그리고 과학에 대한 연역적 해명의 전체 구조의 적합성을 둘러싼 논쟁과 분리할 수 없게 연결되어

왔다. 그러나 우리가 이미 살펴보았듯, 자연과학의 영역에서 연역주의의 적합성은 (최소한으로 말하더라도) 심각하게 유보해야 한다. 참으로, 과학의 구조에 대한 연역주의적 이론은 비판적 실재론 이전에 이미(몇 사람만을 언급하면, 마이클 스크리븐Michael Scriven,[4] 메리 헤세, 롬 하레 등에 의해) 인과성과 법칙에 대한 흄의 기준의, 설명에 대한 헴펠의 기준의 그리고 이와 연관된 것으로 하나의 과학을 더 기본적인 다른 과학으로 환원하는 네이글Nagel의 기준의[5] **충분성 결여**를 이유로 폭격을 받았다. 초월적 실재론은 그러한 기준의 **필요성 결여**를 추가로 통합하여 이 비판을 일반화했다(<표 2.1>을 볼 것). 따라서 실증주의는 법칙의 필연성이나 보편성, 특히 (개방체계와 폐쇄체계에서 똑같이) 초사실성을 유지할 수 없는 것으로 보인다. 그리고

(i) 인식론으로 환원 불가능한,
(ii) 실재적인 것의 영역과 현실적인 것의 영역과 경험적인 것의 영역을 서로 동일화하지 않는, 그리고
(iii) (발현을 허용하면서) 층화되고 분화된

존재론을 위한 길이 명확해진다. 즉, 초월적 실재론은 **자동성**, **초사실성** 및 **층화**의 개념들로 요약할 수 있는 세 종류의 존재론적 구분, 거리 및 깊이의 필요성을 확립한다.

물론, 연역주의의 핵심은 포퍼-헴펠의 설명 이론인데, 그것에 따르면 설명

---

4 이 공격은 마이클 스크리븐이 1950년대 후반과 1960년대 초반에, 'Truisms as the grounds for historical explanation,' in *Theories of History: Readings from Classical and Contemporary Sources*, (ed.), Patrick Gardiner(New York: Free Press, 1959), 443-75와 'Explanations, predictions and laws,' *Minnesota Studies in the Philosophy of Science* 2(1962), 170-230을 포함한 획기적인 일련의 논문들에서 시작했다.

5 Ernest Nagel, *The Structure of Science: Problems in the Logic of Scientific Explanation* (London: Harcourt, Brace and World, 1961), Chapter 11을 볼 것.

은 개별 사건들을 보편법칙(경험적 규칙성들로 해석된) 아래에 연역적으로 포섭하는 것에 의해 진행된다. 그러나 연역적 포섭은 전형적으로 문제를 설명하는 것이 아니라 단지 (예를 들어, '왜 **x**는 f인가?'에서 '왜 모든 **x**들은 f인가?'로) 일반화하는 것일 뿐이라고 그것의 비판자들은 지적했다. 진정한 설명을 위해 필요한 것은 피설명항이 이미 포함하고 있지 않은, 타당한 발생기제들을 묘사하는 모델들 등과 같은 **새로운 개념들**의 도입이다. 이것은 1850년대에 윌리엄 휴얼William Whewell이 존 스튜어트 밀John Stuart Mill에 반대해, 그리고 1910년대에 노먼 캠벨Norman Campbell이 밀의 후기 후계자들에 반대해 주장했다.[6] 그러나 비판적 실재론은 일부 조건 아래에서는 이러한 개념이나 모델이 새롭게 판별한 실재의 더 심층적인, 또는 포착하기 더 힘든 또는 더 난해한 수준을 서술할 수 있다고 인정함으로써 캠벨의 신칸트주의와 결별한다. 관찰한 현상들에 대한 타당한 설명으로 처음에는 상상적으로 상정한 이론적 실체들과 과정들을, 감각 확장 장비나 현상의 효과를 감지할 수 있는 도구의 고안을 통해 실재하는 것으로 확인할 수도 있게 되었다. 감지 도구의 경우 우리는 (존재의) **인과적** 기준을 적용하여 실재성을 부여한다. 어떤 실체가 존재하는지 여부는 더 이상 지각할 수 있는지 여부가 아니라 이제 근본적으로 그 실체가 무엇을 하는지 (할 수 있는지) 여부에 따라 판단한다. 이 모든 것은 **수직적** 또는 **이론적 실재론**을 강력하게 시사한다. 2장 4절에서 보았듯, 과학은 이제 드러난 현상에서, 창의적인 모델 구성과 실험화 또는 그 밖의 경험적 통제 방법들을 통해 그 현상을 일으킨 (실재의 더 심층적이고 질적으로 상이한 수준에 있는) 발생적 원인들의 판별로 나아가는 (그리고 그 원인은 다시 설명해야 하는 새로운 현상이 되는) 연속적이거나 반복적인 과정으로 볼 수 있다. 따라서 자연의 층화는 자연적 필연성에 대한 점점 더 심층적인 지식을 후험적으로, 즉 환원 불가능하게 경험적인 과정

---

6 William Whewell, *Of Induction, With Especial Reference to Mr. J. Stuart Mill's System of Logic*(London: John W. Parker, 1849)와 N. R. Campbell, *Foundations of Science: The Philosophy of Theory and Experiment*(New York: Dover, 1919)을 볼 것.

의 결과로서 밝혀내는 특정한 역동적인 논리를 과학적 발견에 부과한다.

그러나 발생기제나 법칙의 작동의 (그것들의 범위 안에서의) **보편성**을 유지하기 위해서는 추가로 **수평적** 또는 **초사실적 실재론**이 필요하다고 초월적 실재론은 주장한다. 따라서 우리가 살펴보았듯, 과학이 실험적 조건 아래서 또는 유사하게 폐쇄적인 조건 아래서 찾아내는 법칙들이 실험 외부에서도 (초-실험적으로) 계속 유효하다는 것이 실험화의 납득 가능성의 조건이다. 그러나 그 법칙들은 경험적 규칙성들로서 유효한 것이 아니라 초사실적으로 유효한 것이다. 이것은 실천적이고 응용적인 설명적·탐색적·진단적 과학 작업들에 이론적 근거나 기초를 제공한다. 참으로, 실험의 전체 요점은 현실적으로 그리고 심지어 경험적으로는 더욱 나타나지 않는, 그러므로 현실적으로 또는 경험적으로는 보편적이지 않은, 바로 그 때문에 실험이 필요한 보편적인 법칙을 (그것의 범위 안에서) 찾아내는 것이다. 수직적 실재론과 수평적 실재론의 조합은 법칙들을 그리고 일반적으로 자연의 작동을 기저의 발생기제의 힘으로서, 또는 더 정확하게는 **경향**[7]으로서 **성향적으로** 분석해야 한다는 것을 의미한다. 이러한 기제들은 한편으로 행사되지 않은 채 보유될 수도 있고, 현실화하지 않은 채 행사될 수도 있으며, 인간이 감지하거나 인지하지 못한 채 현실화할 수도 있다. 다른 한편으로, 그 기제들은 진행 중인 환원 불가능하게 경험적이고 개방적인 과학 발전 과정에서 발견될 것이다.

그러므로 과학에서 실험 가능성의 조건으로부터의 초월적 논증은 즉각 존재론(존재함의 이론)의 인식론으로의 환원 불가능성 그리고 새로운 비경험주의적인 그러나 비합리론적인, 비현실주의적인 층화되고 분화된 존재론, 즉 사건들뿐 아니라 구조들의 존재(층화)를, 그리고 폐쇄체계뿐 아니라 개방체계(분화)를 특징으로 하는 존재론을 확립한다.

---

7 Bhaskar, *A Realist Theory of Science*, Chapter 3, Appendix, 'Natural tendencies and causal powers'을 볼 것.

2장에서 살펴보았듯 그러므로 초월적 실재론에는 세 가지 새로운 종류의 존재론적 거리와 깊이가 있다. 이제 그것들을 더 자세히 설명할 것이다.

(i) 자동성

서구의 철학적 전통은 **무엇이 존재하는가**의 문제를 **우리가 무엇을 알 수 있는가**의 문제로 잘못 그리고 인류중심주의적으로 환원해 왔다. 이것이 **경험 세계**와 같은 개념들에서 대표적으로 드러나는 **인식적 오류**다. 과학은 사회적 생산물이지만, 과학이 찾아내는 기제들은 그것들을 발견하기에 앞서 그리고 발견과 무관하게 작동한다. 이것이 **존재적 자동성**existential intransitivity이다.[8] 나는 존재적 자동성과, 사회적 영역(그것의 물질적 하부구조를 포함한)에서 다양한 정도로 획득하는 **인과적 상호의존성**causal interdependence을 구별한다. 존재적 자동성은 자연 세계와 마찬가지로 사회 세계에서도 많이 통용되며, 비판적 자연주의의 통합 원리를 구성한다. 공간-시간 내의 모든 것은 존재적으로 자동적이거나 또는 결정되어 있으며 그것이 존재하게 되는 순간을 확인한다. 왜냐하면 이제 그것이 발생한다는 것을 그리고 발생하는 이유를 변경할 수 있는 것은 없기 때문이다. 그러므로 믿음 및 개념과 그것들의 대상 사이에는, 심지어 그것들의 대상 자체가 믿음이거나 개념인 경우에도, 항상 존재론적 구별이 있다. 존재적 자동성은 **인과적 자동성**causal intransitivity과 구별된다. 인과적 자동성에는 인간이 변경할 수 없는 것들 — 예를 들어 빛의 속도 — 에 속하는 **절대적인 것**과, (물론 과거에 관한 것이 아니라 오로지 현재 속의 미래에만 해당하지만) 인간이 다양한 정도의 어려움을 겪으며 변경할 수 있는 것들 — 예를 들어 해빙되는 툰드라나 사회구조 — 에 속하는 **상대적인 것**의 두 가지 종류가 있다. 존재적으로 자동적인 대부분의 사회현상들은 인과적으로는 (기본적인 자연법칙들과 달리) 단

8 Bhaskar, *The Possibility of Naturalism*, 47.

지 상대적으로만 자동적이다. 그러나 가장 중요한 구별은 자동적 차원과 타동적 차원 그 자체, 즉 존재론과 인식론 사이에 있다. 그것들을 구별하지 못하면 무엇보다도 과학의 오류 가능한 사회적 생산물들을 물상화하게 된다. 물론 존재함은 지식, 경험 또는 그 밖의 인간의 속성이나 생산물을 포함하지만 그것들로 환원할 수는 없다. 실재하는 것의 영역은 경험적인 것의 영역과 구별되며 이것보다 더 크다.

(ii) 초사실성

자연법칙은 그 안에서 그것이 발생하는 체계들의 폐쇄 여부와 무관하게 작동한다. 그리고 실재하는 것의 영역은 현실적인 것의 영역(따라서 경험적인 것의 영역)과 구별되며 이것보다 더 크다. 이것을 제대로 인식하지 못하면 실재를 붕괴하고 균질화하는 **현실주의**의 오류를 낳게 된다. 개방체계의 편재성 그리고 실험화나 그와 유사한 절차의 필요성을 일단 인식하면 법칙을 (그것의 범위 안에서) 초사실적인 것으로, 보편적인 것으로 그렇지만 현실적인 것도 아니고 경험적인 것도 아닌 것으로 분석해야 한다. 사건들의 항상적 결합은 발견하는 것이 아니라 (인위적으로) 생산하는 것이다. 발생기제들과 법칙들은 그것들을 판별하는 조건(폐쇄체계들)과 그것들에 대한 경험적 판별 둘 모두에 대해 독립적으로 작동한다. 이론적 설명은 법칙을 해명해 주는 구조들에 입각하여 법칙을 설명한다. 반면 법칙들이 개방체계에서 공동-생산하는 현상에 대한 실천적 설명에서는 구조를 초사실적으로 적용한다.

(iii) 층화

자연에는 층화가 있으며, 그것을 반영하여 과학에 그리고 (a)단일 과학이나 주제 안에 그리고 (b)그것들의 관련된 계열 안에 층화가 있다.

(a) 자연의 층화, 그리고 자연적 필연성을 경험적으로 발견하게 되는, 즉 후험적으로 판별하는 과학 발전의 DREI(C) 논리를 인식함으로써, 우리는 많은 철학적 문제 — 가장 두드러진 것으로 악명 높은 귀납의 문제 — 를 해결할 수 있다. 이런 문제(참으로 문제-장)의 가능성의 분석되지 않은 또는 암묵적인 조건은 이제 현실주의라고 볼 수 있을 것이며 그 자체는 폐쇄체계들의 편재성을 전제한다. 따라서 물에 열을 가하면 왜 물이 얼지 않고 끓는지에 대해 물의 분자 또는 원자 구성에 위치한 실재적 이유가 있다면, 그것은 그렇게 할 **수밖에 없다**.

(b) 자연적 기제들의 실재하는 다양성이 그것들을 연구하는 과학들의 실재적 다수성의 기반이다. 한 종류의 기제를 다른 종류의 기제에 입각해 설명하거나 근거로 삼을 수 있다고 하더라도 반드시 그 기제로 환원하거나 그 기제에 입각해 모두 설명해 버릴 수는 없다. 특히 한 종류의 기제를 다른 종류의 기제의 근거로 삼는 것은 기제의 발현과 양립한다. 존재론적 발현을 고려할 때, 자연의 과정은 이제 더 기본적인 층위만 작동했다면 있었을 것과는 다르다. 따라서 — 실재성의 인과적 기준을 적용하면 — 더 높은 층위의 구조가 실재하며 그것은 그 자체로 과학적으로 탐구할 가치가 있다.

여기서 우리는 사회과학의 영역, 즉 윌리엄 오드웨이트William Outhwaite가 '법칙-설명 정통law-explanation orthodoxy'이라고 부른 것이[9] 전혀 타당하지 않은 영역으로 적절히 옮겨간다. 우리가 지적했듯, 인간과학의 철학은 우리가 인식하고 있는 그것의 역사 대부분 동안 이분법들과 이원론들의 지배를 받아왔는데, 비판적 실재론은 그것들을 극복하고자 한다(<표 3.1>을 볼 것). 거듭 말하면, 주

9 William Outhwaite, *New Philosophies of Social Science: Realism, Hermeneutics and Critical Theory*(London: Palgrave Macmillan, 1987)을 볼 것.

요한 것들은 다음과 같다.

(i) 지배하는 이분법 또는 분열은 **과잉-자연주의적 실증주의**와 **반-자연주의적 해석학** 사이에 있는데, 이것은 **제한된 비판적 자연주의**의 생성으로 해결한다.

(ii) 그다음으로 **개인주의**와 **집합주의**(또는 전체론) 사이의 분열이 있는데, 비판적 자연주의는 사회를 **관계적인 것으로** 그리고 **발현적인 것**으로 봄으로써 이것을 해결한다.

(iii) 연결된 분열 — 이 분열 위에 구조와 행위에 관한 논쟁이 겹쳐진다 — 은 베버의 전통과 연관된 **자원론**과 뒤르켐의 전통과 연관된 **물상화** 사이에 있다.[10] 이것을 비판적 자연주의는 **변형적 사회활동 모델**로 극복한다.

(iv) 그다음으로 의미와 법칙, 언어와 행동 또는 **개념성**과 **물질성** 사이의 분열이 있는데, 비판적 자연주의는 이것을 **물질적으로 체현된 그리고 개념화하는 행위주체적 인간과 사회적 존재**라는 개념화로 극복한다.

(v) 그다음, **이유**와 **원인** 사이의 이분법이 실증주의/해석학 논쟁을 가속화하는데, 비판적 자연주의는 일단 흄의 인과성 개념을 기각하고 비판적 실재론의 인과성 개념에 따라 이유가 어떻게 **독자적인**sui generis 원인일 수 있는지를 보여줌으로써 이를 해결한다.

---

10 내가 '자원론'이라는 용어를 사용할 때, 그것은 다음과 같은 견해를 포괄한다. (i) 이론은 실천에서 다소간 직접적인 효력을 갖는다는, 즉 **이론주의** 또는 그것의 반대, (ii) **프래그머티즘**: 사람들의 집합적 결정은 객관적인 지리-역사적 경향과 장애를 무시하거나 쉽게 뒤집을 수 있다. 또는 (iii) **강한 사회구성주의**와 해석학주의: 사람들은 사회적인 것 또는 그들의 삶의 형식 — 이것들은 단지 그들의 신념과 인식의 표현이다 — 을 만들거나 창조한다. 또는 (iv) **초관념론** 또는 자원론적 초관념론(경험주의 전통 내에서의 (iii)의 대응론): 사람들은 자신의 이론에 따라 (자연 세계와 그것의 법칙들을 포함한) 세계를 변화시킨다. '물상화'는 인간의 힘, 사회적 관계 그리고 생산물, 또는 인간 자신을, 사람들의 통제에서 독립되고 그들의 삶을 지배하는 것처럼 보이는 (비사회적·고정적, 자연화된) 사물로 변형하는 과정이다.

(vi) 이러한 이분법들의 다수를 뒷받침하는 것은 **마음**과 **몸** 사이(또는 더 거시적으로 사회와 자연 사이)의 이원론이며, 비판적 자연주의는 마음을 그것의 **공시 발현적 힘 물질론**에서 물질의 발현적 힘으로 봄으로써 극복하고자 한다.

(vii) 마지막으로 **사실**과 **가치** 사이의 이분법이 있는데, 사실로부터 가치를 추론하는 정당한 방법은 없다는 취지의 '흄의 법칙Hume's Law'은 이것을 가장 날카롭게 표현한다. 비판적 자연주의는 **설명적 비판** 이론에서 이것을 논박한다. 이것에 대한 논의는 5장 1절로 미룬다.

『자연주의의 가능성』(Bhaskar, 1979)은 주로 이런 문제들 중 첫 번째 것, 즉 사회와 인간 현상들을 일반적으로 자연과 동일한 방식으로, 즉 '과학적으로' 연구할 수 있는지 여부의 문제를 겨냥했다. 그것은 이원론적으로 대립하는 두 가지 주요 입장에 반대했다.

(1) 사회와 인간 현상들을 (자연)과학적으로 연구할 수 있다고 주장하는 다소간 제한되지 않은 자연주의 — 통상적으로 이것은 사회과학의 철학과 실천을 지배하는 **실증주의**의 형태를 취했다. 이것의 직접적인 철학적 선조들은 흄, 밀, 마흐Mach 및 비엔나 학단Vienna Circle의 저작에 있으며, 과학에 대한 정통적 개념의 중심 뼈대를 제공했고, 그것을 사회 세계 연구에 이식했다.

(2) 사회적 영역의 주제에 대한 구별적 개념, 즉 그것이 선先해석적이고 개념적이거나 언어적인 특성을 가졌다는 생각에 기초한 반反자연주의, **해석학**, 실증주의에 대한 공식적인 반대 — 해석학의 철학적 계보는 딜타이Dilthey, 지멜Simmel, 리케르트Rickert, 베버Weber에서 유래했는데, 그들은 헤겔적 및 칸트적 이분법들을 융합하여 자연이라는 현상 세계phenomenal world와 인간 자유의 지성 세계intelligible world 사이의 대

조를 만들고, 이것을 인과적 설명과 해석적 이해, 법칙정립적인 것과 개체서술적인 것, 반복 가능한 것과 독특한 것, 물리학의 영역과 역사학의 영역 사이의 이분법의 근거로 삼았다.

실증주의는 뒤르켐 사회학적 전통과 행태주의, 구조주의, 기능주의에서 그것의 표현을 발견했고, 해석학은 베버 전통의 측면들과 현상학적, 일상생활방법론적 및 해석적 연구들에서 그렇게 했다. 두 번째 진영 안에서 베버와 하버마스처럼 실증주의적 원리들과 해석학적 원리들을 종합하거나 결합하고자 한 사람들과 한스 가다머Hans Gadamer나 피터 윈치Peter Winch와 같이 인간 영역에서 모든 형태의 실증주의를 부정한 사람들을 구별하는 것이 중요하다.

실증주의적 관점과 해석학적 관점, 즉 표준적인 기본선의 자연주의적 입장과 반-자연주의적 입장은 둘 모두 자연과학에 대해 본질적으로 실증주의적인 설명을 공유한다. 내가 주장했듯, 그 설명이 **허위**라면, 세 번째 입장이 나올 가능성이 생긴다.

(3) 과학에 대한 초월적 실재론적 해명에 기초하고, 따라서 그 자체로 사회적 영역의 특수성과 발현적 속성들을 필연적으로 존중하는(참으로 그것들에 근거한) 제한적인, **비판적**이고 비환원주의적인 **자연주의** — 더욱이, 자연과학에 대한 실증주의적 해명이 허위라면, 사회과학 분야의 실증주의자들은 왜 실증주의가 인간 영역에 독특하게 그리고 (가장 타당하지 않게) 적용할 수 있는지에 관해 특별한 주장을 펼쳐야 한다. 그리고 해석학자들 쪽에서는 자신들의 대조를 재평가해야 한다. 따라서 윈치의 매우 영향력 있는 『사회과학이라는 이상The Idea of a Social Science』(1958)에서[11] 그의 두 가지 주요 주장은 모두 실증주의적

11 Peter Winch, *The Idea of a Social Science and its Relation to Philosophy*(London: Routledge

존재론에 기생하는 것이다. 첫 번째 주장은 자연과학은 사건들 사이의 항상적 결합에 관심을 갖는 반면 사회과학은 그것들의 주제에서의 이해 가능한 연관에 관심을 갖는다는 것이다.[12] 그러나 사건들의 항상적 결합은 자연과학적 이해나 사회과학적 이해 어느 것에 대해서도 필요하지 않고 충분하지도 않다. 그리고 두 과학 모두 그것들의 주제에서의 이해 가능한 연관의 발견에 관심을 갖는다. 두 번째 주장은 사회적 사물은, 순전히 물리적인 존재와 달리, 즉 사회적 사물로서 행위주체들이 그것들에 대해 보유하는 개념에서 분리된 존재를 갖지 않는다는 것이다. 그러나 개념적인 것과 경험적인 것의 결합이 실재하는 것을 모두 포괄하는 것은 아니다. 자연과학에서, 사유를 제외하고는, 존재한다는 것은 단순히 인지되는 것이 아니다. 그것은 또한 더 일반적으로, 인간이 그것을 감지하는지 또는 인지하는지 여부와 관계없이, 인과적 결과를 갖는 것이다. 비판적 실재론은 개념성이 특징적으로 사회적이라는 점을, 그것이 사회적 삶의 전부라고 상정하지 않으면서, 인정할 수 있다.

이것에 관해 자세히 살펴보겠다. 사회 세계는 실증주의적 규범에 부합하는 법칙과 설명이 전혀 없다는 것을 특징으로 한다. 이것에 대응해, 실증주의자들은 사회 세계가 자연 세계보다 훨씬 더 복잡하다거나(상호작용주의), 사회 세계를 지배하는 법칙은 예를 들어 신경생리학적 수준 등과 같은 어떤 더 기본적인 수준에서만 식별할 수 있다고(환원주의) 변론한다. 그러나 사회과학이 인간 세계에서 사건들의 항상적 결합들을 찾을 것으로 기대한다는 점에서 실증주의자들은 잘못되었다. 왜냐하면 항상적 결합은 자연 영역에서도 거의 나타나

---

and Kegan Paul, 1958).

12 Winch, *The Idea of a Social Science*, 114-15을 볼 것.

지 않기 때문이다. 반면, 그러한 결합이 없으므로 인간과학은 자연과학과 근본적으로 다르다는 결론을 내린다는 점에서 해석학자들은 잘못되었다. 인간세계에서 인위적으로 폐쇄체계를 구축할 수는 없다. 그러나 이것이 우리가 특정 맥락에서 작동하는 발생기제를 식별할 수 없다거나 그 기제들에 대한 이론적 일반화를 구성할 수 없다는 것을 의미하는 것은 아니다. 또는 이론 선택이나 발전에 대한 기준이 없다거나 이론에 대한 경험적 통제가 없다는 것을 의미하는 것도 아니다. 오히려, 폐쇄체계들이 없다는 것은 이론 선택과 발전의 기준이 예측적인 것이 아니라 설명적인 것이라는 것, 그리고 이론에 대한 경험적 통제가 사건들이 구조들의 존재를 표시하거나 드러내는 정도에 의존할 것이라는 이야기가 된다.[13] 더욱이, 사회적 삶이 선先해석적이라는 사실은 사회과학에 이미 만들어진ready-made 출발점을 제공한다. 그렇긴 하지만, 이런 자료(이런 해석)를 사회과학의 주제를 모두 포괄하는 것으로, 또는 수정할 수 없는 것으로, 또는 그 사안에 대해 비인과적인 것으로, 즉 인과적으로 생산되지 않은 것이거나 인과적으로 효력이 없는 것으로 취급할 근거는 없다. 따라서 흄의 인과성 개념을 거부하고 발현을 인정하면 우리는 이유를 원인으로 볼 수 있다. 그렇지만 그런 원인은 예를 들어 합리화이거나 허위일 수도 있다.

비판적 자연주의에 대한 긍정적 주장은 사회적 및 심리적 지식의 대상에 대한 독립적인 분석이 과학에 대한 초월적 실재론의 견해와 어느 정도 일치하는지에 달려 있다. 바로 이 분석을 통해 다음 두 절에서 논의하는 이원론들에 대한 해결책을 산출하고자 한다.

---

13 이것은 자주 언급되는 병리적인 것의 우선성을 설명하는 데 도움이 된다. 뒤르켐, 프로이트(Freud) 그리고 나의 책 *The Possibility of Naturalism*, 48을 볼 것. 더 일반적으로, 이상하고 기이하며 극단적인, 겉보기에 '기적적인' 사건들은 구조의 존재, 한계 및 가능성(양성적인 것이든 악성적인 것이든)을 드러낼 수도 있다.

3.3 | 거시이원론의 초월과 사회이론 비판

여기서 즉시 관심을 가질 세 가지 거시이원론은 이미 언급했듯 구조와 행위, 사회와 개인, 그리고 개념성과 행동 사이의 이원론이다.

『자연주의의 가능성』에서는 앞의 두 이원론을 함께 다뤘다(예를 들어, 마거릿 아처도 그녀의 책 『실재론적 사회이론Realist Social Theory』(1995)에서 그렇게 했다). 그러나 둘을 구별하는 것이 통상적으로 더 낫다. 이것을 고려하면, 어느 한쪽의 이원론으로 시작하는 강력한 사례들을 제시할 수도 있을 것이다. 그렇지만 여기서는 구조/행위 이원론으로 시작할 것이다.

구조/행위

여기서 비판적 자연주의의 관점은 변형적 사회활동 모델TMSA의 그것이다(<그림 3.1>을 볼 것).

변형적 사회활동의 성질

인간 행위의 특징적으로 준準목적론적인 또는 목표-지향적인 특성은 본질적으로 아리스토텔레스적인 창의적 또는 생산적(**창작적**poïetic) 행위주체 모델을 시사하며, 그것은 **이미 주어진 질료**에 대한 작업을 포함하고, 적어도 그 질료들 일부/하나를 언술 행위나 의자나 혼례 등과 같은 생산물이나 결과로 변형한다.

사회구조들은 이미 주어진 것들에 속한다. 우리 사회는(자원론의 주장과 달리), 항상 우리에게 우리가 창조하지 않은 것으로 주어져 있으며 우리는 그것들 속으로 '던져지거나' 참으로 '내던져진다'.[14] 그러나 그것들은 (물상화의 주장

---

14 '던져짐(thrownness)'은 인간을 자신의 역사적·문화적·사회적·정신적 배경 속에서 '던져진' 존

〈그림 3.1〉 변형적 사회활동 모델[15]

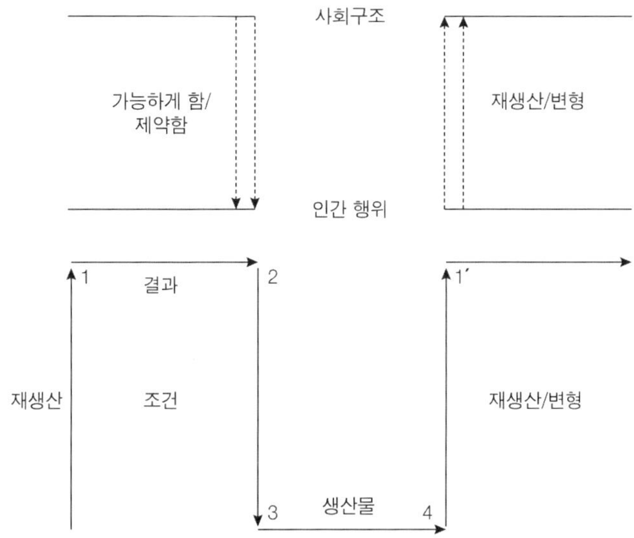

참고: 1.1′ = 의도하지 않은 결과들
2 = 인식하지 못한 조건들〔실천들의 속성들〕
3 = 무의식적 동기화
4 = 암묵적 숙련〔행위주체들의 속성들〕

주: 두 번째 그림은 첫 번째 그림의 시간적 및 그 밖의 함의들의 일부를 보여준다.

과 달리) 우리의 지속적인 활동 없이는 존재하지 않을 것이다. 그러므로 사회형태는 (i) 인간의 행위에 선先존재한다. 사회형태는 (ii) 그것들(형태들)이 가능

재라고 보는 하이데거(Heidegger)의 용어로, 나는 그것을 차용하여, TMSA에 의해 확립한 사실, 즉 철학, 과학 및 인간의 삶이 일반적으로 이미 존재하고 있는 진행 중인 사회적 사안이라는 사실에 주의를 환기하기 위해 '전달 던져짐(vehicular thrownness)' 개념으로 확장한다. 이 개념은 우리가 (이미 존재하고 있는, 이미 개념화된) 세계에, 우리의 존재함과 이해함의 공간-시간성 또는 과정성과 아울러 물질적으로 체현된 존재로서 도착함을 강조한다(따라서 '전달': 우리는 마치 이미 움직이고 있는 차량 속으로 내던져지듯 삶 속으로 내던져진다). Bhaskar, *Dialectic*, 76, 90을 볼 것.

하게 하거나 제약하는 행위주체들의 활동 속에서 그들에 의해 전개된다. 따라서 사회형태들은 이런 전개에 힘입어 (iii)그 활동에 의해 재생산되거나 다소간 변형된다.

따라서 인간들은 그들 자신의 실질적인 활동 속에서 어떤 것들을 수행해야/만들어야 할 (그들의 일차적 실천 또는 활동)뿐 아니라, 예를 들어 결혼할 뿐 아니라, 또한 그들의 수행함/만듦의 조건들을 수행하거나 다시 만들고(그들의 이차적 활동) 재생산(또는 다소간 변형)해야 한다. 예를 들어 결혼 제도를 재생산한다. 이것은 대부분 의도하지 않은 그리고 참으로 무의식적일 수도 있는 만듦이다.

이것이 바로 TMSA이다. 그것은 마거릿 아처의 형태발생/형태안정morphogenetic/morphostatic: M/M 모델과 밀접한 유사성을 가지고 있다.[16] 사실상, M/M 모델은 구조적 변형이나 재생산의 과정 또는 순환에서 세 개의 분명히 연속적인 국면들, 즉 구조적 조건 부과, 사회문화적 상호작용, 그리고 구조적 정교화를 사용하여 TMSA의 존재론을 다듬은 것으로 볼 수 있다.[17] 그렇지만 TMSA는 변화가 요소들 사이의 상호작용으로부터 나온다는 가정에 의존하지 않는다. 그것에 관해서라면, 변화는 내생적으로 또는 '내부의 행위'에 의해 그리고 요소들 안에서 또는 사이에서의 불완전성이나 모순들의 결과로서 발생할 수 있다. 그럼에도 이것들은 활동-의존적이다.

시간은 TMSA와 M/M 모델 둘 모두에서 중요한 역할을 한다. 구조는 그것을 변형하는 행위보다 항상 먼저 존재하며, 그것을 변형하는 행위보다 항상 나중에 온다. 그러나 구조와 행위 사이의 관계를, 아처의 저작에서처럼 '분석

---

15 Bhaskar, *Scientific Realism and Human Emancipation*, Figure 2.6과 Figure 2.7, 126. *The Possibility of Naturalism*, 36; *Reclaiming Reality*, 94도 볼 것.

16 Archer, *Realist Social Theory*, 특히 Chapter 5, 'Realism and morphogenesis,' *Critical Realism: Essential Readings*, (eds.), Margaret S. Archer, Roy Bhaskar, Andrew Collier, Tony Lawson and Alan Norrie(London: Routledge, 1998) Chapter 14(356-82)로 재수록.

17 Archer, 'Realism and morphogenesis,' 375; *Realist Social Theory*, 15, 154-8.

적 이원론'으로 보기보다는 '분석적 이원성'의 관계로 판별하고자 한다.[18]

시간과 시간적 차이의 중요한 역할을 정교화할 때, 사회구조가 인간들의 현재 활동(및 개념화)뿐 아니라 그들의 과거 활동(및 개념화)에도 의존한다는 점에 유의하는 것이 중요하다.[19]

TMSA와 M/M 모델이 공유하는 두 번째 중요한 특징은 그것들이 사회구조와 인간 행위의 비동일성, 즉 그것들이 **근본적으로 상이한 종류의 사물들**을 구성한다는 점을 강조하는 것이다. 이것이 구조와 행위를 융합하지 않는 것이 왜 중요한지에 대한 두 번째 이유이다.

TMSA 대 구조/행위 융합

구조나 행위의 사율성과 효력, 또는 그것들 사이의 차이와 연관을 삭제하는 데 기여하는 세 가지 부적절하고 융합적인 고정관념들을 구별하는 것이 유익하다. 베버주의적 및 공리주의적 고정관념들의 (구조를 행위로 환원하는) **상향 융합**에서는 구조가 사실상 행위의 즉각적인 생산물이고, 뒤르켐주의적 및 사회구성주의적 고정관념의 (행위를 구조로 환원하는) **하향 융합**에서는 행위가 실질적으로 구조에 의해 선先결정된다. 반면, (행위와 구조를 통합하는) **중앙 융합**에서는 행위와 구조가 상호구성적이며, 동일한 과정의 상이한 계기이거나 또는 근본적으로 동일한 것의 상이한 측면이거나 근본적으로 동일한 것에 관한 상이한 관점이다. 이들 고정관념은 조금 뒤에 다시 살펴볼 것이다.[20]

---

18 〔편집자 주〕 바스카의 철학 체계에서 '이원성'은 실재적인 내적 구별이 있는 총체성 또는 통일성을 의미하는 반면, '이원론'은 분열과 분리를 의미한다. 아처의 '분석적 이원론'은 철학적이거나 존재론적인 이원론이 아니다〔Margaret S. Archer, 'Introduction: other conceptions of generative mechanisms and ours,' *Generative Mechanisms Transforming the Social Order*, (ed.), M. S. Archer(Dordrecht: Springer, 2015), 1~26, 10n12〕. 그러나 그것은 사람들과 사회 사이의 연결뿐 아니라 실재적인 구별도 인정하며 그러므로 존재론적 관점에서 고려하면 바스카이 용어로 이원성인 것을 분석하는 데 사용된다.

19 Bhaskar, *Dialectic*, 158-60.

20 Bhaskar, *The Possibility of Naturalism*, 31 ff. '융합(conflation)'은 이 영역에서 마거릿 아처의

여기서는 **중앙 융합론**에 대해 잠시 살펴보는 것이 가치가 있겠다. 피터 버거Peter Berger와 토마스 루크만Thomas Luckmann의 모델은 사회와 사람들에 대한 부적절한 동일화를 보여주는데, 그것에서는 사회를 인간들의 객체화 또는 외부화로 이해하고 인간들에 대해서는 의식 속에서의 사회의 내부화 또는 재전유로 간주한다.[21] 그러나 중앙 융합론의 가장 영향력 있는 형태는 앤서니 기든스의 '구조화' 이론으로, 이것에 따르면 구조는 지적 능력을 가진 행위자들의 숙련된 성취로서만 존재한다. 이것은 우리가 잠이 들 때에는 사회구조가 포장되거나 해체되고, 아침에 우리가 완전히 새로운 구조를 만들어낼 수 있다는 그림을 조장한다. 이런 생각은 매력적이기는 하지만, 자원론의 문제 그리고 과거의 엄청난 무게를 무시하는 문제를 갖고 있다. 변화는 항상 작용적 인과성efficient causality과 아울러 질료적 인과성material causality을 포함하며, 주어진 것을 조금씩 깎아내고, 오래된 것에 대해 작업하는, **변형**이라고 적절하게 부를 수 있는 것이다.

이 장의 뒷부분에서 우리는 개인적인 것에 대한 사회적인 것의 역사적 지배라고 서술할 수 있는 것에서, 특히 사회적인 것이 가능하게 하는 것이기보다 제약하는 것으로 나타나는 막대한 대다수 인간들 — 이들에게는 인간 번영의 조건은 말할 것도 없이 특정한 성취가 아니라 단순한 생존이 삶의 목표이다 — 의 경험 형태에서, 존재론적 비대칭성이 그리고 사람들과 행위주체들 사이의 구별이 매개하는 인성적인 것과 사회적인 것 사이의 근본적 차이가 어떻게 더욱 강화되는지 살펴볼 것이다.

전문용어이다. Margaret S. Archer, *Culture and Agency: The Place of Culture in Social Theory* (Cambridge: Cambridge University Press, 1988), 25-97을 볼 것.

21 Peter L. Berger and Thomas Luckmann, *The Social Construction of Reality: A Treatise in the Sociology of Knowledge*(Harmondsworth: Penguin, 1966/1991). 그들의 모델은 Bhaskar, *The Possibility of Naturalism*, 33에서 비판하고 있다.

TMSA의 추가 정교화

TMSA는 **4-평면 사회적 존재**의 개념에서 더욱 정교화할 수 있다(<그림 3.2>를 볼 것). 이것은 모든 사회적 활동과 모든 사회적 존재함이

(a) 자연과의 물질적 교류
(b) 사람들 사이의 사회적 상호작용
(c) 사회구조, 그리고
(d) 체화된 인격성의 층화[22]

의 4차원에서 동시에 발생한다는 생각이다. 이것에 관해 더 자세한 것은 아래에서 논의한다.

첫 번째 큰 이원론, 즉 구조와 행위의 이원론과 관련하여, 우리는 세 가지 형태의 융합을 판별했다. 모델 I은 베버의 그리고 공리주의의 고정관념적인 상향 융합이고, 모델 II는 뒤르켐의 그리고 사회구성주의의 고정관념적인 하향 융합이다. 이 둘 모두 구조나 행위가 비활성적이며 종속 변수라고 주장하는 환원론적이고 부수현상론적인 것이다. 모델 III의 중앙 융합은 버거와 루크만의 '부적절한 동일화' 모델과 기든스의 구조화 이론이 예시한다. 이 변종은 양쪽 항이 상호구성적이라고 주장하는 몰-환원론적인 것이다. 따라서 우리는 구조의 이중성 개념, 즉 구조가 행위의 동시적인 매개체이자 결과라는 생각을 갖게 된다. 그러나 이것은, 물론 구조가 현재 활동의 매개체이지만 과거 활동의 결과라는 점을 무시하고 있다.

마찬가지로, 실천을 생산적이면서 동시에 재생산적이거나 변형적인 것으로 간주하는 구조화 이론에서는 (사회적 행위의) 1차적인 생산물과 2차적인 생산 조건의 재생산 사이의 차이를 무시하고, 재생산(또는 변형), 즉 사회적 정교

22 Bhaskar, *Scientific Realism and Human Emancipation*, 130과 *Dialectic*, 160을 볼 것.

<그림 3.2> 4-평면 사회적 존재[23]

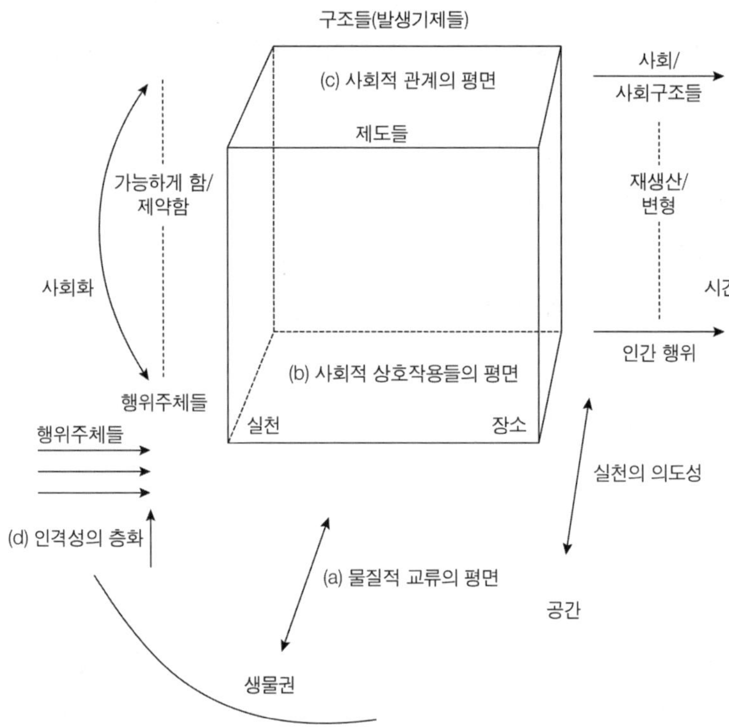

화가 사회적 행위/상호작용과 선先존재하는 주어진 구조의 공동 생산물이며, 두 항을 포함하는 방향량vector이라는 요점을 간과한다. 게다가 그 때문에 (1차적인) 생산과 (2차적인) 재생산이 시간의 구별되는 순간이나 국면을 가리킨다는 요점도 간과한다. 아처가 이 접근의 두 가지 기본 원리라고 부르는 것을 반복해서 언급할 가치가 있다.[24]

---

23 Bhaskar, *Scientific Realism and Human Emancipation*, 130, Figure 2.10. 4-평면은 내가 또한 사회적 입방체(social cube)라고 부르는 것을 구성한다. 이것은 양쪽 끝이 '개방되어' 있기(시간-공간적 확장 흐름 또는 리듬) 때문에 (4 측면이 아니라) 6 측면을 가지고 있다(4장 1절을

(i) 구조는 그것을 변형하는 행위보다 필연적으로 앞선다. 그리고

(ii) 구조는 그것을 변형한 행위보다 필연적으로 뒤늦는다(또는 존속한다).

마지막으로 다음과 같은 막대한 차이를 염두에 둘 가치가 있다. 기든스의 경우 '구조는 행위주체들이 자신들의 일상 활동에서 수행하는 것에 관해 갖고 있는 지식에 대해 독립된 존재를 갖지 않는다'.[25] 반면 비판적 실재론의 경우 사회는 '그런 상대적으로 독립적인 〔존재적으로 자동적인〕 그리고 지속적인 구조들의 결합된 집합체articulated ensemble'이다.[26]

그렇지만 여기에는 중요한 비대칭이 있다. 어느 시점에서든 사회는 개인에게 이미 주어진 것이며, 개인은 그것을 결코 창조하는 것이 아니라 단지 재생산하거나 변형할 뿐이다. 사회 세계는 항상 이미 구조화되어 있다. 이것은 행위주체가 항상 자신이 생산하지 않은 구조적 제약과 가능성의 세계에서 행위하고 있다는 것을 의미한다. 그러므로 사회구조들은 의도를 가진 인간 행위의 항상 존재하는 조건이며 지속적으로 재생산하는 결과이다. 사람들이 핵가족을 재생산하기 위해 결혼하거나 자본주의 경제를 유지하기 위해 일하는 것은 아니다. 그럼에도 사회 세계는 그들 활동의 필요조건이면서 의도하지 않은 결과(그리고 냉혹한 결과)이다.

사회/개인

두 번째 이원론은 사회와 개인 사이의 이원론이다. 역사적으로 이 이원론은

볼 것). 또한 Bhaskar, *Dialectic*, 160도 볼 것.

24 Archer, 'Realism and morphogenesis,' 375.

25 Anthony Giddens, *The Constitution of Society: Outline of a Theory of Structuration* (Cambridge: Polity, 1984), 26.

26 Bhaskar, *The Possibility of Naturalism*, 78.

방법론적 개인주의자와 **방법론적 전체론자** 또는 **집합주의자** 사이의 충돌 형태를 취해왔다. 불행하게도 전체론 진영은 사회적인 것에 대한 단호한 개념, 즉 통상적으로 사회적인 것을 군중이나 청중 등과 같은 다수의 개인들과 동일시하는 개념에 의해 통상적으로 정보를 얻지 못했다. 그러한 실체들의 행동을 그것을 구성하는 개인의 행동으로 환원할 수 있는지 여부에 대한 논쟁은 끝이 났다. 비판적 자연주의는 이것이 사회적인 것에 대한 매우 부적절한 개념이라고 지적한다. 왜냐하면 사회적인 것은 일차적으로 개인들이나 개인의 집단들 그 자체 또는 그들의 행동과 관련된 것이 아니기 때문이다. 참으로 사회적인 것은 우선 행동 자체와는 전혀 관련이 없다. 그 대신, 그것은 (예를 들어) 가족 안에서 남편과 아내, 부모와 자녀 사이의, 또는 채무자와 채권자, 또는 소유자나 관리자와 노동자, 정치인과 그들의 유권자 사이의 관계 등과 같은 개인들 및 집단들 사이의 어느 정도는 지속적인 **관계**와 관련된다.[27]

이런 **사회과학의 주제에 대한 관계적 개념**은 억압 및 착취의 관계와 아울러 배제 등과 같은 그 밖의 지배나 예속의 형태들을 주제화하는 데 매우 적합하다. 나는 이러한 억압의 관계를 **주인-노예 유형 관계** 또는 **힘$_2$ 관계**라고 부른다. 힘power의 흔히 혼동하는 두 가지 의미를 명확히 구별하는 것이 여기서 중요하다. 나는 변형 능력이라는 의미에서의 힘을 힘$_1$이라고 부르고, 지배나 억압이라는 의미에서의 힘을 힘$_2$라고 부른다. 분명히, 힘$_2$ 관계로부터의 해방은 일반적으로 피억압자들의 변형 역량 또는 힘$_1$의 증대에 달려 있을 것이다. 똑같이 분명히, 힘$_1$은 통상적으로 힘$_2$ 관계에 대한 지식에, 즉 힘$_2$를 해명하는 설명적 구조와 기제에 대한 지식에 부분적으로 의존하거나 참으로 부분적으로 이 지식으로 구성될 것이다. 모든 주인-노예 유형 관계들로부터 해방의 목표는 노예인 사람들의 해방일 뿐만 아니라 (또는 첫째로 노예인 사람들의 해방이지만) 주인-노예 관계 자체의 전복, 즉 사회적 존재 (b)평면에서의 변형뿐 아니라 사회

27 Bhaskar, *The Possibility of Naturalism*, 27-32을 참고할 것.

적 존재 (c)평면에서의 변형이다. 이 주제들은 6장에서 더 논의할 것이다.

이러한 사회과학의 관계적 개념은 관심 대상인 주요한 사회구조를 관계적으로 정의하는 TMSA의 사회구조 개념과 잘 부합한다. 관계들은 대체로, 항상 그런 것은 아니지만, 내가 **위치-실천 체계**position-practice system라고 부르는 것[28] — 이것은 위치들을 채우는 개인들 및 개인들의 집합들 사이의 관계를 정의한다 — 에서의 구조와 행위 사이의 접촉점들 사이에 있는 것으로 이해할 수 있다.

그러나 관계적 개념화는 사회 세계에서 관계적으로 정의할 수 없는 실체들과 속성들에 대한 연구를 금지하는 것으로 보일 수 있다는 점에서 그 자체로 지나치게 제한적일 수 있다. 그래서 이어서 사회과학의 개념화에 입각하여 이것을 상이한 **규모의 수준**에서 작동하는 것으로 더욱 다듬었다.[29] 이 개념화에 기초하여, 우리는 사회적 설명이 관심을 가질 행위와 구조의 구별되는 다양한 수준을 정의할 수 있다. 그것들은 (예시적으로 제시한) 다음의 7 수준들을 포함한다.

(i) 프로이트의 무의식 그리고 우리가 일상적으로 귀속하는 행위의 동기 및 이유의 수준을 포함하는 **아亞개인적**, 심리적 수준

(ii) 전형적으로 소설가들이 채택하지만 또한 개인주의자뿐 아니라 (사르트르Sartre 같은) 일부에서도 사회과학에서 가장 중요하다고 주장하는 **개인적** 또는 전기적 수준

(iii) 예를 들어, 대화에서 순서 정하기나 도로에서 서로 부딪치는 것을 피하는 방법 등과 같은 사안에 관심을 가진 일상생활방법론자들이 연구하는 **미시-수준**

---

28 Bhaskar, *The Possibility of Naturalism*, 40-1.

29 Roy Bhaskar, 'Contexts of interdisciplinarity: interdisciplinarity and climate change,' *Interdisciplinarity and Climate Change*, (eds.), Roy Bhaskar, Cheryl Frank, Karl Georg Høyer, Petter Næss and Jenneth Parker(London: Routledge, 2010), 1-34, 9-10을 볼 것.

(iv) (원래의 관계적 모델에서와 같이) 자본가와 노동자 또는 정치인과 시민 등과 같은 기능적 역할 사이의 관계에 관심을 가질 수 있는 **중간-수준**

(v) 노르웨이 경제 등과 같은 사회 전체 부문의 기능작용에 대한 이해를 지향하는 **거시-수준**

(vi) 봉건주의나 현대 이슬람 근본주의 등과 같은 전체 전통이나 구성체의 궤적에 대한 추적과 분석에 관련된 **거대-수준** 그리고

(vii) 예를 들어 이매뉴얼 월러스틴Immanuel Wallerstein의 세계체계이론에서처럼, 행성(또는 우주) 전체에 관심을 갖는 **행성적**(또는 **우주론적**) 수준. 이 수준은 또한 인류나 행성 등의 전체 **지리-역사**를[30] 포괄하도록 확장할 수도 있다.

개념성과 행동

비판적 실재론은 사회적 삶이 대부분 개념화되어 있다는, 게다가 이것이 통상적으로 모든 사회연구의 출발점이 될 것이라는 사실의 방법론적 중요성에 관해 해석학과 궤를 같이한다. 왜냐하면 사회연구는 적어도 자신들의 활동으로 어떤 사회제도, 실천 또는 사회구조를 유지하는 행위주체들이 그 활동에서 자신들이 무엇을 수행하고 있다고 생각하는지, 그리고 왜 자신들이 그것을 수행하고 있(다고 생각하)는지를 찾아내야 하기 때문이다. 그러나 비판적 실재론은 개념성이 그 문제를 모두 포괄하는 것으로 간주하지 않는다. 이것은 우리가 단순히 개념화(언어를 사용)하는 존재가 아니라 물질적으로 체현된 존재이기

30 지리-역사 개념(concept of geo-history) — 나는 이 개념을 1970년대 후반부터 사용해 왔다 — 은 공간과 시간, 다름(alterity)과 변화는 존재론적으로 환원 불가능하다는 점을 강조한다. 어떤 탐구에서든, 어느 한쪽을 더 중요하다고 미리 가정하지 않아야 한다. 이 용어는 특별히 인간의 지리-역사나 우주 형성의 전체 과정을 가리킬 수도 있다.

때문이다. 따라서 예를 들어 전쟁에 관해 이야기할 때 우리는 전쟁이라는 개념의 사용 기준을 충족했다고 말하고 있을 뿐 아니라 피비린내 나는 싸움에 관해서도 이야기하고 있는 것이다. 비판적 실재론은 사회적 활동을 **개념의존적이지만 개념이 전부**concept-exhausted는 아닌 것으로, 즉 개념성에 의존하지만 그 개념성에 의해 고갈되지는 않는 것으로 이해한다. 따라서 우리는 (인간에게) **집**이라는 명확한 개념을 그리고 그 개념의 사용에 대한 명확한 기준을 갖고 있지 않다면 어떤 상황을 집 없음(노숙인)의 상황으로 특징지을 수 없을 것이다. 그러나 노숙인은 단순히 그 개념에 대한 기준을 충족하는 상태일 뿐 아니라, 또한 중요한 것으로 그 사람의 머리 위에 지붕이 없는 **체현된 경험**을 갖는다. 마찬가지로, 전쟁이 피비린내 나는 싸움을 포함하고 노숙인이 밤에 이슬에 젖는 것처럼, 굶주림은 극심한 고통을 포함한다. 순전히 해석학적인 설명은 이것들을 빠뜨린다. 더욱이, 우리가 가지고 있는 특정의 개념화들은 **수정 가능**하며 **비판**의 대상이다. 그리고 개념화되지 않은 사회적인 것의 차원이 있을 수 있다. 되풀이하면, 이것을 말할 가능성은 우리가 사회적 실재의 개념화를 비판하면서 그것의 물질적 측면을 계속 언급할 수 있다는 사실에 달려 있다. 마지막으로, 우리는 개념화하는 존재이면서 아울러 물질적으로 체현된 존재일 뿐 아니라 개념화되는 존재이기 때문에, 인간과학은 질적 연구와 아울러 양적 연구도 사용할 수 있어야 한다. 즉, 우리의 개념적 활동을 해석하고 기록할 뿐 아니라 우리의 물질적 특징을 측정하고 계량할 수 있어야, 사실상 '혼합 방법' 연구를 사용할 수 있어야 한다.

그러므로 비판적 자연주의자들은 사회적 활동을 물질적이며 동시에 개념적인 것으로 본다. 우리의 자연적 및 실천적 활동의 대부분이 사회적으로 그리고 언어적으로 매개된다고 하더라도 우리는 사회질서와 아울러 자연적 질서 및 실천적 질서 속에 여전히 물질적으로 체현되어 있고 물질적으로 참여한다(다음 절을 볼 것). 참으로, 5장 2절에서 살펴보겠지만, 사회 세계의 이런 두 (물질적/체현적 및 개념적/담론적) 측면은 언어에 대한 비판적 실재론적/비판적 담론 분석에서 이음새 없이 통합된다. 이 분석에서는 언어적인 것을 초언어적 실재에 의해 인과적으로 조건이 부과되고, 동시에 그 실재에 인과적으로 효력을 미치는 것으로 본다.

20세기에 언어에 점점 더 중요성을 부여하면서 언어의 중요성을 과장하는 철학적으로 중요한 적어도 두 가지 방식, 즉 두 형태의 언어적 오류linguistic fallacy가 나타났다. 첫 번째는 **모든 실재**를 언어로 환원하거나 언어로 분석하는 것으로 인식적 오류와 자동적 차원의 붕괴를 포함한다. 이것은 기본적으로 인식론적 명제이다. 이 실수는 언어학적 열쇠에 신칸트주의를 적용하는 후기 구조주의 철학자들이 저질렀다. 다음으로 **사회적 실재**를 언어로 환원하거나 언어로 분석하는 오류가 있다. 이것은 특히 사회적 실재의 성질에 관한 기본적으로 존재론적 명제로, 사회적 삶의 물질적 측면의 붕괴, 즉 4-평면 사회적 존재의 (a) 평면과 (d) 평면의 탈물질화를 포함하는 사회적 실재의 탈신체화disembodiment of social reality를 수반한다. 이것이 해석학의 특징적인 오류이다. 사회구성주의자들은 종종 두 가지 실수를 모두 저지른다.

언어가 (자연적 삶과 달리) 사회적 삶의 '내면'이나 '내부'를 구성한다는 점을 고려하면, 해석학을 사회 연구의 출발점으로 간주하는 것은 이해할 수 있다. 더 나아가 주관성이 바로 이런 내부의 구성 요소라는 점을 고려하면, 사회적 삶을 일반적으로, 적어도 부분적으로는, 주체-주체 상호작용들과 관계들에 존재하는 것으로 또는 이것들에 의해 구성된다고 보는 것은 자연스러울 것이다. 그렇다면 사회과학은 주체-주체 관계(비록 항상 객관적 맥락에서 발생하더라도)의 특성을 함께 갖게 될 것이다. 그래서 우리는 **이중의 해석학**double hermeneutic이라는 주제를 갖게 된다. **공감**은 물론 당연히 해석학의 기초이며, 우리의 **의식에서의 초월적 동일화** 능력은 공감의 기초이다. 이것은 7장에서 논의할 것이다. 그러나 **기호작용**semiosis 또는 의미 형성이 모든 해석학을 뒷받침한다는 것, 그리고 모든 기호학은 기호학적 삼각형에서의 지시 대상의 환원 불가능성 및 우리의 언어적 (개념화) 실천에서 대상 분리 활동의 환원 불가능성, 그리고 기호의 물질성과 체현 형태 둘 모두에 물질적 기초를 가지고 있다는 것을 기억하는 것이 중요하다.[31]

비판적 자연주의를 위한 사례

나는 비판적 자연주의에 대한 긍정적 사례가 사회적 지식 및 심리학적 지식의 대상에 대한 독립적 분석이 초월적 실재론적 과학론과 부합하는 정도에 달려 있다고 주장했다.

발현에 대한, 특히 공시 존재론적 발현에 대한 헌신은 TMSA와 M/M의 특징이다. 둘 모두에서, 사회 세계는 인과적으로 그리고 분류학적으로 자연 세계의 환원 불가능한 부분이며, 그러므로

(i) 사람들과 인성적인 것들은 일방향적으로 실존적으로 그리고 발현적으로 생물학적인 것에 의존한다. 그리고
(ii) 사회들과 사회적인 것들은 일방향적으로 실존적으로 그리고 발현적으로 인성적인 것들에 의존한다.

이제 자연주의의 한계(또는 조건), 즉 자연구조들과 사회구조들 사이의 차이의 문제와 그것들에 적합한 과학의 형태를 다시 검토하고자 한다(<표 3.2> 참조).[32]

이제 실재성의 판단에서 인과적 기준을 적용할 때 (I) 자연주의에 대한 **존재론적** (자동적) 한계(또는 조건으)로 간주할 수 있는 사회체계의 발현적 특징을

31 Tobin Nellhaus, 'Signs, social ontology, and critical realism,' *Journal for the Theory of Social Behaviour* 28:1(1998), 1-24을 참고할 것.

32 Bhaskar, *The Possibility of Naturalism*, 44-53과 *Scientific Realism and Human Emancipation*, 112, 130-4를 볼 것.

〈표 3.2〉 자연구조들과 사회구조들의 차이와 그것에 적합한 과학의 형태

유형	차이	주의
I. 존재론적 (자동적)	자연구들과 달리 사회구조들은	
	(1) 활동 의존적	사회구조들은 현재와 과거 사람들의 활동에 대해 독립적으로 존재하지 않는다.
	(2) 개념의존적-사회과학의 해석학적 출발점을 동반한다.	사람들의 활동들(의도적 행위들)은 믿음의 안내를 받는다.
	(3) 상대적으로 공간-시간 특수적이고 일시적(가변적이며 변화적)	나머지 자연적 질서에도 지리-역사성이 있지만, 발현적인 사회적 영역에서는 그것이 공간적으로 더 국지화되고 더 빨리 일어난다.
	(4) 사회관계 의존적	모든 사회구조는 그것의 존재와 정체성을 위해서는 다른 사회관계들의 구조들에 의존한다.
II. 관계적 (타동적/자동적)	사회과학은 자연과학과는 다른 방식으로 그것 자체의 주제에 내부적이며, 인과적으로 그 주제에 영향을 미칠 수 있다.	사회과학은 그것의 탐구 영역의 일부로, 존재적으로 자동적이지만(t_1) 그것에 의해 인과적으로 영향을 받을 수 있다(t_2). 대조적으로 근본적인 자연법칙은 존재적으로 그리고 인과적으로 자동적이다.
III. 인식론적 (타동적)	사회과학 이론에 대한 결정적인 예측적 시험은 이용 불가능하다	사회체계들은 근본적으로 개방적이며, 실험적 폐쇄는 불가능하다. 이론은 전적으로 그것들의 설명력에 입각해서 평가해야 한다.
IV. 비판적	자연적 객체들과 달리 사회적 객체들은 그것들 자체에 관한 믿음을 포함한다. 인간 행위주체는 인지하지 못한 조건, 의도하지 않은 결과, 암묵적 숙련 그리고 무의식적 동기를 가질 수 있다.	의식과 사회 형태를 허위나 부적절하다고 지적하는 따라서 사실/가치 및 이론/실천 이분법들을 붕괴하는 설명적 비판의 가능성을 확립한다.

더 주의 깊게 진술할 필요가 있다. 사회의 (1) 활동 의존성과 (2) 개념 의존성은 사회구조가 사람들의 현재 또는 과거 활동과 개념화에 의존하는 것으로 분석해야 함을 의미한다. 물론 사회구조의 효과는 인간 행위를 통해서만 작동한다는 것은 여전히 참이다.[33] (3) 사회구조들의 더 큰 공간-시간 특수성은

33 행위주체의 본래적인 힘의 행사인 그들의 활동과 그들의 구조적 위치나 역할에서 파생하는 활동 및 힘을 구별하는 것이 중요하다.

여전히 인간 행위의 영향을 받고 있지 않지만 이것은 단지 상대적인 차이일 뿐이다. 그보다 작은 그러나 중요한 존재론적 차이는 (4)사회관계 의존성이다. 모든 사회구조는 그것의 존재와 정체성을 다른 사회관계들의 구조들에 의존한다.

사회과학과 그것이 다루는 주제 사이의 인과적 상호의존성은 (II)**관계적**(타동적/자동적) 차이를 특징짓는데, 이것은 사회과학이 그것이 다루는 주제의 일부라는 사실에서 비롯한다. 이것은 사회과학자는 자연과학자와 다른 방식으로 성찰적이어야 한다는 것을 의미한다. 사회체계들이 본래적으로 개방적이라는 조건 — 가장 중요한 (III)**인식론적** 차이(타동적 차원에서의) — 은 관건적이거나 결정적인 시험 상황의 원칙적인 부재를 설명한다. 이것은 이론에 대한 합리적 평가를 위해 전적으로 (예측적이 아니라) 설명적 기준에 의존할 것을 요구한다. (네 번째, (IV)**비판적** 차이는 5장에서 논의할 것이다.)

그렇지만 이러한 차이에 따라(아마도 바로 이것 덕분에) 비판적 실재론이 특정하는 이론적 설명과 응용된 설명 둘 모두의 특징적인 양식이 자연적 영역에서와 마찬가지로 사회적 영역에서도 어느 정도는 가능하다고 할 수 있다. 따라서 2장 4절에서 보았듯, 이론적 설명은 중요한 특징의 서술(D), 가능한 원인으로 역행추론(R), 대안들의 소거(E), 작동하는 발생기제나 인과구조의 판별(I)을 통해 진행하고, 판별한 발생기제나 인과구조는 다시 설명을 요구하는 새로운 현상이 되며, 이것에 비추어 이전의 이론적 이해를 정정(C)한다(DREI(C)). 응용된 설명은 복잡한 사건(등)을 그것의 구성 요소로 분해Resolution하고, 이들 구성 요소를 이론적으로 재서술Redescription하고, 구성 요소들의 가능한 선행 요인을 소급추정Retrodiction하고, 대안적 원인을 소거Elimination하고, 인과적으로 효력이 있는 구성 요소를 판별Identification한 후 이전의 결과를 정정Correction하는 것으로 진행한다(RRREI(C), 자세한 것은 4장 1절을 볼 것).

비판적 자연주의의 설명에 따르면, 그러므로 사회과학은 자연과학과 정확히 동일한 의미에서 과학일 수 있지만, 그것의 대상이 상이한 (그리고 특수한)

만큼 상이한 방식으로 그러하다. 사회과학이 어떤 선先개념화된 사회적 실천에서 해석학적 출발점을 찾기 때문에 철학의 특징인 초월적 및 변증법적 방법과 더 밀접한 유사성을 갖지만, 비판적 자연주의에 대한 경시는 이런 논증 형식이 모든 과학에서 발견할 수 있는 더 넓은 역행추론적 논증 유genus의 단지 하위 종species이라는 사실을 성찰함으로써 사라진다.

그러므로 해석학적 관점과 달리 비판적 자연주의는 행위자 자신의 설명을, 정정 가능하고 동시에 행위자 자신이 인식하지 못한 조건, 의도하지 않은 결과, 암묵적 숙련 및 무의식적 동기의 존재에 의해 제한될 수 있는 것으로 생각한다. 그러나 실증주의적 관점과 반대로, 행위자의 설명이 사회적 탐구를 위한 불가결한 출발점을 형성한다고 생각한다. TMSA는 사회적 삶이 반복순환적이고 비목적론적 특성을 갖는다는 것을 함축하는데, 이는 행위주체가 그들의 실질적인 활동에서 그들이 활용하는 (그리고 제약을 받는) 바로 그 구조들은 재생산하고 변형하기 때문이다. 그것은 또한, 우리가 보았듯, 사회사상의 공리주의적 (그리고 베버적) 전통과 뒤르켐적 전통 각각의 특징인 방법론적 개인주의 및 집합주의와 대조적으로 사회과학의 주제에 대한 관계적 개념을 나타낸다.

이것과 관련하여, '이념형ideal type'에 관한 논쟁이 있다. 비판적 실재론자들의 경우, 추상화의 근거는 자연과 사회의 실재적 층화 (및 존재론적 깊이)에 자리하고 있다. 따라서 이념형은 미분화된 경험적 실재에 대한 주관적 분류가 아니라, 인간 역사의 구체적 현상을 온갖 복잡하고 다중적인 결정관계 속에서 설명하는 발생기제들과 인과구조들을 (예를 들어, 선先과학적 또는 원시-과학적 방식으로 이미 이해한 사회적 삶의 형태에 대한 실재적 정의에[34] 입각하여) 정확하게 파

34 실재적 정의(real definition)는 어떤 사물의 본래적 구조나 성질을 포착한다. 예를 들어 '원자번호 79번 원소'는 '금'의 실재적 정의이다. 2장의 과학적 발견과 발전의 DREI(C) 모델에 대한 논의를 볼 것. 따라서 우리는 이념형에 대해 실재형(real types)을 파악하려는 시도라고 말할 수 있다.

악하려는 시도이다.

3.4 | 미시이원론의 초월: 의도적 인과성과 인간 행위성의 형성

비판적 자연주의는 행위주체가 자신의 행위 수행에 대해 제시하는 이유를 적절하게 인과적 설명에 인용할 수 있다고 생각한다. 이 견해를 정당화하기 위해, 즉 나의 의도적 인과성 이론을 표현하기 위해 이 절에서는 (i) 관련된 미시이원론들에 대한 이전의 작업들에서 제시한 해결책을 다시 요약하고, (ii) 의도적 인과성 개념이 열어 놓은 (심리과학들의 현장을 특징짓는) 영역에 대한 연구를 자연과학의 연구와 관계 속에 배치하는 데 주로 관심을 가질 것이다.

주관성

사회적 맥락 속에서 행위에 주관적 요소가 기여하지 않는다면 동일한 사회적 상황에 대한 인간의 반응에 차이가 없어야 한다. 차이가 있다는 사실은, 여기서 흄의 인과법칙이나 경험적 규칙성을 설정하는 것이 터무니없다는 점을 명확히 보여줄 뿐 아니라, 주관적인 요소가 **있다**는 것을 분명히 나타낸다. 그리고 바로 의도적 행위, 즉 이유가 있어 수행하는 행위가, 사회적 과정에 대한, 즉 사회구조들의 재생산이나 변형에 대한 (그리고 매우 일반적으로 자연적 및 실천적 질서에 대한) 인간 행위주체의 기여의 현장을 특징짓는다.

사회질서의 발현

사회(그리고 더 일반적으로 인간) 과학들의 대상은 자연과학의 대상과 어떻게 관련되어 있는가? 그것들은 **분류학적으로** 그리고 **인과적으로 환원 불가능**하지만 물질의 **의존적**이고 **공변적인** 양식으로 간주할 수 있다.

(i) **의존**: 인간과학의 대상은 존재적으로 자연과학의 대상에 일방향적으로 의존한다.

(ii) **공변**: 인간과학의 대상의 자연적 기초에서의 근본적 변화는 이 대상에서의 근본적인 변화를 일으킬 것이다.

(iii) **분류적 환원 불가능성**: 자연과학은 **현재**의 비非인간적 서술 아래에서 인간세계를 설명할 수 없다.

(iv) **인과적 환원 불가능성**: 일부의 **물리적** 상태, 즉 의도적 행위가 결과하는 상태를 설명하기 위해서는 물리 이론이 지목하지 **않는** 속성에 대한 언급이 필요하다.[35]

이런 **공시 발현적 힘 물질론**은 통시적 설명적 환원, 즉 시간의 흐름 속에서 발현적 힘의 형성에 대한 자연적-역사적 설명과 일관된다는 점, 그러므로 그것은 선先형성주의적이거나 창조주의적인 것이 아니라는 점, 말하자면 그것은 형이상적으로 다원주의적이라는 점을 주의해야 한다. 오직 발현적 힘 물질론만이 인간 현상에 대한 비물리학적(심리학적·사회학적) 설명에 대한 실재론적 해석과 일치한다는 점, 그리고 그러한 설명에 대한 실재론적 해석은 인간 세계에는 순전한 자연법칙으로는 특징지을 수 없는 다양한 묶음의 조건에 입각해 해명할 수 있는 속성이 나타난다는 것을 보일 수 있는 경우에만 정당화된다는 점을 인식하는 것이 중요하다. 존재론적으로 말하면, 우리는 환원주의적 물리학주의와 발현적 힘 물질론 사이의 엄격한 선택에 직면해 있다. 물론, 설명적 실재론을 여전히, 향후의 물리주의적 환원이 이루어질 때까지의 임시방편이라고 정당화할 수도 있을 것이다. 그러나 사회이론과 심리이론을 '우회적

---

35 Bhaskar, *Scientific Realism and Human Emancipation*, 113을 볼 것.

〈그림 3.3〉 자연적 질서, 실천적 질서, 사회적 질서[36]

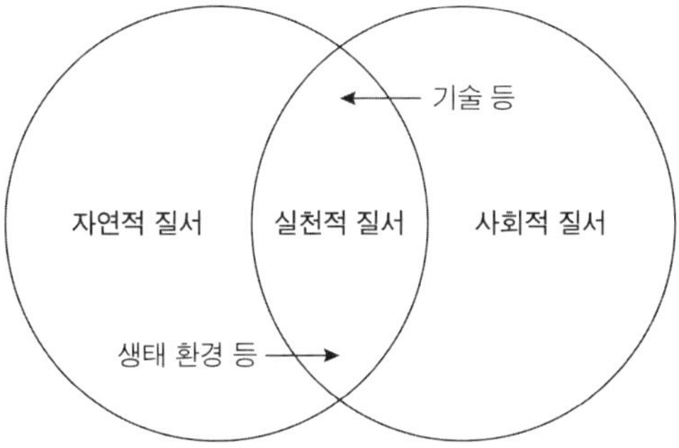

인 것elliptical'으로 보는 이런 해석은, 존재론적으로 고차적 현상이 적절한 고차적 서술 아래에서 매우 미결정적인 것으로 나타나고, 인식론적으로는 고차적 이론의 선택이 모두 자의적인 것으로 보이는 극심한 곤경에 처한다.

모든 인간 현상이 자연적 표현을 갖지만, 분명히 일부의 (예를 들어, 의료적) 실천은 다른 (예를 들어 문학적) 실천보다 자연에 더 중심적으로 관련된다. 그렇지만 가장 기본적인 생물학적 기능조차도 근본적으로 사회적으로 그리고 언어적으로 매개될 수 있다.[37] **자연적 질서**와 **사회적 질서**의 인과적 교차가 **실천적 질서**를 정의한다면, 모든 인간 행위가 이러한 접촉면interface 위에서 발생한다는 것 또한 분명하다(〈그림 3.3〉을 볼 것). 그러므로 우리가 이 세 가지 질서를 구별하고자 하면, 그 질서와 우리의 **상이한 관여**에 입각해서, 즉 관련된 행위주체와 실천의 **의도성**에 입각해서 구별해야 한다. 따라서 실천적 질서의 경

36 Bhaskar, *Plato Etc.*, 74, Figure 4.2.

37 먹는 것 등과 같은 생물학적 기능과 필요의 역사적으로 발전되고 사회화된 성질에 관한 마르크스의 설명을 참고할 것. '굶주림은 굶주림이지만, 나이프와 포크를 사용해 먹는 익힌 고기로 채우는 굶주림과 손과 손톱과 이를 사용해 날고기를 삼키는 굶주림은 다르다.' Karl Marx, *Grundrisse*(Harmondsworth: Penguin 1973), 42.

우 우리는 바로, 예를 들어 기술 — 여기서는 인과관계가 주로 사회적 질서에서 자연적 질서로 나아간다 — 에서, 또는 사회생물학이나 지리학 — 여기서는 주로 자연적 질서에서 사회적 질서로 나아간다 — 에서, 자연적 질서와 사회적 질서의 교차에 관심을 갖는다. 그러므로 자연적 질서에 대한 우리의 관여는 우리 물질적 신체 및 그것의 자연적 환경과 관련된 실천의 형태를 취할 것이다. 반면 사회적 질서에 대한 우리의 관여는 사회적 결과를 생산하고자 설계한 또는 사회적 결과를 지향한 실천에 입각해 이루어질 것이다.

따라서 우리는 구체적인 인간 현상에 대한 세 가지 유형의 설명, 즉 자연적 원인들에 입각한 것, **사회적 원인들**에 입각한 것, 또는 사회적 원인들과 **자연적 원인들**의 조합, 즉 **혼합 원인들**에 입각한 것으로 구분할 수 있다.[38]

비판적 자연주의적 개념화에 따르면, 사회적 객체들은 자연에 의한 지속적인 조건 부과와 제약의 지배를 받는 자연적 객체들의 발현적 힘과 성향이다. 사회의 발현은 인간 행위(또는 인간 존재)의 발생에서 사회적 형태의 인과적 환원 불가능성에서 드러난다. 그리고 마음의 발현은 의도적 행위의 결과인 물리적 세계의 상태에 대한 설명에서 (인간의) 믿음의 인과적 환원 불가능성에서 드러난다. 그러나 자연적 원인의 알려진 결과는 통상적으로 문화적 생산물(예를 들어 인공물)로서 매개되며 그러므로 우리는 순전히 자연적인 결정관계가 아니라 혼합된 결정관계를 다루고 있다.

이유와 원인

인간과학은 행위주체의 행동의 이유에 관심이 있다는, 그리고 이런 이유를 원인으로 분석할 수는 없다는 주장은 자주 해석학적 입장을 뒷받침하는 데 사용된다. 왜냐하면, 이유는 그것이 설명하는 행동으로부터 논리적으로 독립

38 Bhaskar, *Scientific Realism and Human Emancipation*, 116을 볼 것.

되어 있지 않다고, 그리고 이유는 원인과는 상이한 언어 수준에서 작동하거나-Waismann- 상이한 언어 게임에 속한다고-Wittgenstein- 지적되기 때문이다. 그러나 자연적 사건도 그것의 원인에 입각해 똑같이 (이유 설명의 형태로) 재서술할 수 있다(예를 들어, 타버린 구운 빵이라는 서술에서 '타버린'은 원인이 아니라 이유를 가리킨다). 더욱이, 이런 일련의 신체 움직임, 소리 또는 표시가 아니라 저런 일련의 그것을 만들어내는 데 이유가 인과적으로 효력을 미치지 않았다면, 어떻게 이런 이유 설명보다 저런 이유 설명을 선호할 근거가 있을 수 있는지 알기 어려우며, 참으로, 궁극적으로 이유 설명을 제공하는 전체 실천은 근거가 없는 것으로 나타날 수밖에 없다.[39]

마음과 몸

사람들의 발현적 힘에 대해 살펴보고자 할 때, 인간 형성의 진화적 또는 역사적 과정에 대한 질문은 옆으로 미루고, 먼저 그 힘을 공시적으로 살펴보는 것이 명확한 이해에 도움이 된다. 자세하게, 우리가 살펴보았듯, 비판적 실재론이 옹호하는 **공시 발현적 힘 물질론**은 통시적 설명적 환원의 가능성과 모순되지 않는다.[40]

마음의 상태가 뇌와 같은 중앙 신경체계의 상태나 과정과 동일하다고 주장하는 중앙 상태 물질론 등과 같은 환원주의적 물질론의 강령은 (마음-몸 관계의 측면에서) 엄청난 문제에 직면한다. 첫째, 심리적 상태 분석의 문제가 있다. 만약 그것이 심리적 상태를 실재하는 것으로 간주한다면, 환원주의자는 또한 신경생리학적 상태가 그것을 완전히 결정한다고 가정해야 한다. 그런 경우 그 상태는 인간의 삶에서 아무런 실재적인 발생적 역할도 하지 않는 순전히 부수

39 Bhaskar, *The Possibility of Naturalism*, Chapter 3, 'Agency,' 80-120을 볼 것.

40 Bhaskar, *The Possibility of Naturalism*, 98.

현상으로 보일 것이다. 둘째, 인과성의 문제가 있다. 환원주의자는 더 낮은 수준의 신경생리학적 상태가 우리의 행동을 완전히 지배한다고 가정해야 하기 때문이다. 따라서 내가 창문을 닫기 위해 의자에서 일어난다면, 환원주의자는 방을 가로질러 창문을 닫는 내 움직임이, 내게 그렇게 하고자 하는 의식적인 의도가 없었더라도, 그렇게 일어났을 것이라고 가정해야 한다. 이것은 명백히 터무니없는 것으로 보인다. 그러나 훨씬 더 심각한 문제가 눈앞에 있다.

내가 친구 몇 명과 같이 식사를 하면서 한 친구에게 후추를 건네 달라고 요청했다고 가정해 보자. 우리는 내가 그 친구에게 요청하지 않았더라도 그 친구가 후추통을 건네줬을 것이라고 가정해야 한다. 왜냐하면, 나의 요청은 완전히 **나의** 신경생리학적 상태에 의해 결정되고, 그 친구의 반응도 마찬가지로 **그녀의** 신경생리학적 상태에 의해 완전히 결정되기 때문이다. 그러나 분명히 우리 각자의 신경생리학적 상태 사이에서는 아무런 상호작용도 없었다. 우리는 라이프니츠의 단자들의 예정 조화 이론Leibniz's theory of a pre-established harmony of monads이 포함하고 있는 것과 같은 어떤 보편적인 동시성의 유령을 가지고 있다. 우리는 이런 터무니없는 가설을 무시하고, 마음이 몸에 인과적으로 영향을 미친다는 것, 그리고 몸이 세계에 영향을 미친다는 것을 인정해야 할 것이다. 특히 우리는, 나는 나의 요청을 포함하여 내가 수행하는 행위들의 인과적 행위주체이며, 그 친구도 마찬가지로 그녀가 수행한 반응의 인과적 행위주체라는 점을 인정해야 할 것이다. 이제 우리는 환원주의적 물질론의 강령들이 사실상, 몸을 가진 사람들이 행동하는 사회적 맥락과 자연적 환경으로부터의 추상화를 내포하고 있다는 것을 알 수 있다. 그렇게 되면 우리는 사실상 **단일 신체**의 신경생리학이 폐쇄체계를 구성한다는 생각을 갖게 된다. 왜냐하면 그 강령은 사회적 상호작용의 사례나 (비가 내리기 시작해서 내가 우산을 펼칠 때 관련되는 것과 같은) 자연 환경에 대한 인간의 반응을 다룰 수 없기 때문이다. 비가 내리지 않았다면 내가 우산을 펼칠 일은 거의 없었을 것이다. 내 요청이 없었다면 내 친구가 후추통을 건네주는 행위를 수행할 가능성은 거의 없었을 것이다. 그리고 내가 저녁 식사 자리에 있지 않았다면 또는 큰 상점에 있었다면 그런 요청을 하지는 않았을 것이다.

이 논증은 무엇보다도 다른 마음들과 환경적 우연성들을 가진 세계, 즉 4-평면 사회 세계가 우리에게 이런 유형의 행위가 아니라 저런 유형의 행위를 수행하는 이유를 제공할 수 있다는 것을 분명히 보여준다. 그리고 수행한 육체적 행위와 그 행위에 따른 결과에 대해 바로 그것에 작동한 이유들이 인과적으로 책임이 있다는 분명히 보여준다.

그러나 우리가 행위를 수행하는 이유가 외부에서만 우리에게 오는 것은 아니다. 확실히 우리는 행위 하는 이유를 우리 자신에게 제공할 수 있다. 그러나 이유가 더 안정적이고 오래 지속되는 종류의 것일 수도 있다. 따라서 우리가 유지하고 있는 믿음이나 성향도 행위 하는 이유들에 포함된다. 따라서 내가 예컨대 노동당 지지자라면 나는 선거에서 그 정당에 투표할 이유를 갖는다.[41]

이제 더 일반적으로 행위의 형성을 살펴보겠다.

행위의 형성과 (주체적) 행위의 형성[42]

철학자들은 특징적으로 의도적 인간 행위를 **믿음**과 **욕망**에 기반하는 것으로, 전형적으로 믿음이 욕망을 안내하는 것으로, 그러므로 이것들이 함께 **욕구**를 특징적으로 형성하고 욕구는 행위의 의도한 결과를 정의하는 것으로, 즉 그 행위를 수행하는 우리의 의도성이, **다른 조건이 동일하다면**, 그 행위를 수행하게 만드는 것으로 간주해 왔다. 행위의 직접적이고 수행적인 구성 요소에 대한 더 일반적인 설명은 모든 행위에 포함된 다섯 종류의 구성 요소 또는 기초

41 Bhaskar, *The Possibility of Naturalism*, 89-93을 볼 것.

42 〔옮긴이 주〕 원문은 'The formation of action and of agency'이다. action과 agnecy 둘 모두 행위를 뜻하는데, agency는 주체의 의지에 따른 자율적이고 자기결정적인 행위라는 함축을 갖는 점에서 (주체적) 행위로 번역한다.

를 판별할 것이다. 우리는 이것을 **정동적·표현적·수행적** 구성 요소와 함께, 전통적 모델에서부터 친숙한 **인지적·의지적** 구성 요소로 열거할 수 있을 것이다. 그런 다음 우리는 다시 가치를 선별하고, **능력**, **재능**(자원에 대한 접근), 그리고 **기회**를 행위의 수행적 기초의 하위 구성 요소로 구별할 수 있을 것이다. 일반적으로 행위에는 각각의 구성 요소가 필요하며, 각각의 구성 요소는 학습되고, 형성되고, 개발된다. <그림 3.4>에 표시한 것처럼, 이들 구성 요소가 함께 행위의 주관적 원천의 기반matrix을 형성한다.[43]

TMSA에서, 사회구조는 행위의 조건을 형성하지만, 이런 조건화는 항상 행위주체가 따라야 할 행위 과정에 대한 **성찰적 숙고**의 현실성이나 가능성에 의해 매개된다. 물론 이런 성찰적 숙고는 행위주체의 가치에 의해, 특히 그 사람의 능력이나 소질 그리고 고려하고 있는 행위 과정의 (성공의 가능성을 포함한) 실행 가능성과 관련한 그 사람의 **궁극적 관심**과 헌신이라고 부르는 것에 의해 영향을 받을 것이다.[44] 내가 **상황**(에 대한 그녀 자신의 견해)**을 메타-성찰적으로 총체화하기**라고 특징지어 온 것[45] — 그녀 자신의 기회, 역할, 헌신을 그녀 자신의 서사와 삶의 총체성 맥락 속에서 판별하고 평가하기 — 을 행위주체가 채택하는 것은 원칙적으로 항상 가능하다. 그러한 성찰적 숙고는 마거릿 아처가 주장하듯, 참으로 **내적 대화**의 형태를 취할 수도 있다.[46] 그렇지만 현실적 결정은 <그림 3.5>에서 보는 것처럼 의식적 요소와 아울러 무의식적 요소의 결과일 수도 있다.

행위들은 원칙적으로 근거와 정당성을 필요로 하며, 그러므로 어떤 행위에

---

43 더 자세한 서술과 맥락화는 <그림 3.4>와 <그림 3.5>의 출처인 *Dialectic*을 볼 것.

44 Andrew Collier, *Being and Worth*(London: Routledge, 1999)와 Margaret S. Archer, *Structure, Agency and the Internal Conversation*(Cambridge: Cambridge University Press, 2003)을 볼 것. 궁극적 관심이라는 개념은 폴 틸리히(Paul Tillich)의 실존주의적 신학에서 나왔다.

45 2장 10절 <그림 2.3>과 Bhaskar, *Dialectic*, 148-9을 볼 것.

46 Margaret S. Archer, *Being Human: The Problem of Agency*(Cambridge: Cambridge University Press, 2000)와 *Structure, Agency and the Internal Conversation*을 볼 것.

〈그림 3.4〉 행위의 구성 요소들[47]

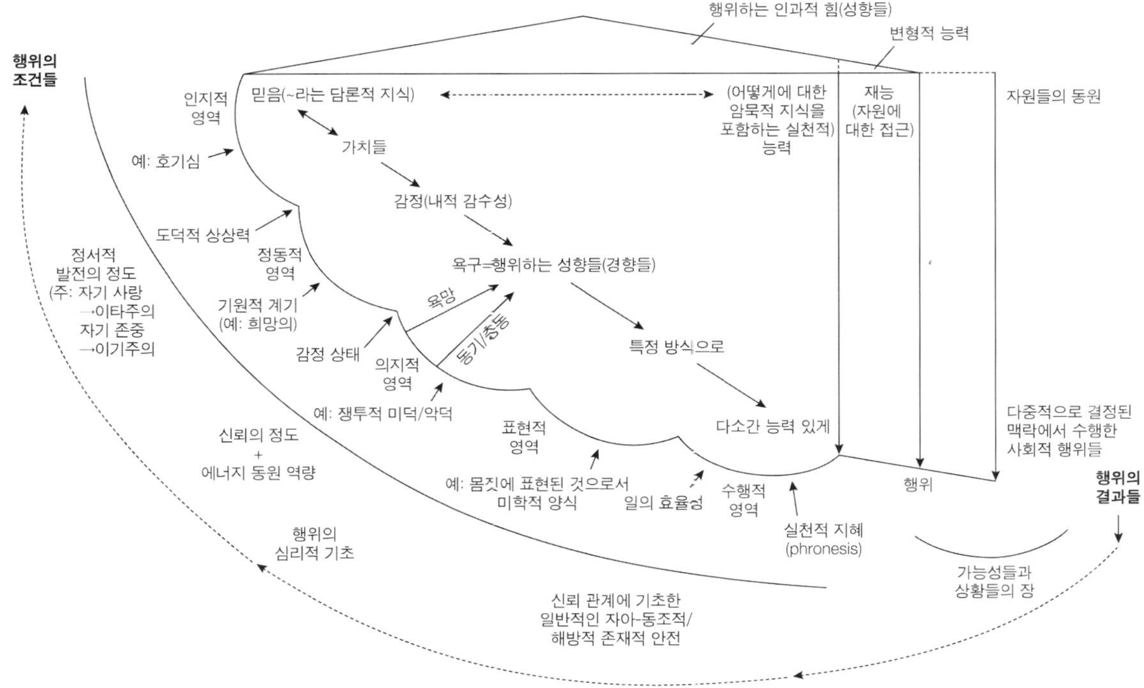

〈그림 3.5〉 (주체적) 행위의 층화: 개인의 삶에서의 계기[48]

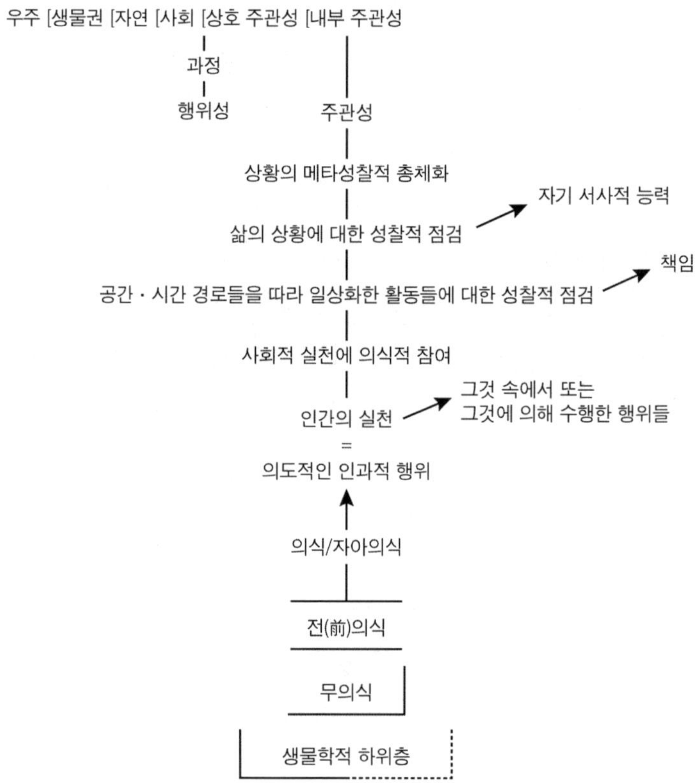

대한 **책임성**accountability은 중요한 고려 사항일 것이다. 일반적으로 행위주체는 자신의 (주체적) 행위를 적어도 원칙적으로는, 정확히 동일한 상황에 있는 다른 행위주체에게 그 행위를 기꺼이 추천할 수 있는 그런 **보편화 가능한** 방식으로 근거를 가져야 할 것이다. (이것의 중요성은 5장과 그 이후에 드러날 것이다.)

행위 형성을 위한 대략적인 공식은 다음과 같이 제시할 수 있다.

사회구조적 조건 부과 + 상황 + 성찰적 숙고 + (능력/역량 + 실행 가능성에

서의) 가치 = 행위의 적절한 과정의 결정

역량 접근

많은 (비실재론적) 사회과학은 행위나 행동에 상대적으로 원자론적으로 초점을 맞추며 관련된 행위주체의 삶의 기획과 가능성에서 추상화해 왔다. 이것에서 예외는 아마르티아 센Amartya Sen과 마사 누스바움Martha Nussbaum의 역량 접근capability approach이다.[49] 이 접근에 따르면 우리는 다음에 초점을 맞춰야 한다.

(i) 행위주체들이 가치 있다고 평가하는 존재와 실행 — 이것을 그들은 행위수체의 **기능작용**이라고 부른다.

(ii) 기능작용을 성취할 수 있는 행위주체의 기회나 실질적인 자유 — 이것을 그들은 행위주체의 **역량**이라고 부른다. 그와 함께

(iii) 자신들의 역량을 성취로 전환하는 데에서 사람들 사이의 차이를 해명하는, 가능하게 하거나 제약하는 개인적·사회적·환경적 **전환 요인**

우리는 비판적 실재론으로 이 접근을 증강하면서, 행위주체의 (행위나 행위 과정에 대한) 이유를 특정의 행위 과정을 촉발하는 인과기제로 간주할 수 있을 것이다. 그러한 행위 과정은 4-평면 사회적 존재의 맥락에서, 가능하게 하고 제약하는 전환 요인(대항-경향을 포함한)의 작동의 지배를 받는 하나의 경향으로 간주할 수 있을 것이다. 그 결과는 가치 있다고 평가하는 기능작용을 성취할 수 있는 행위주체 쪽의 확대되거나 제약된 역량일 것이다. 그런 가치 있다고

47 Bhaskar, *Dialectic*, 166, Figure 2.29.

48 Bhaskar, *Dialectic*, 166, Figure 2.30.

49 Martha Nussbaum, *Creating Capabilities*(Harvard: Harvard University Press, 2011)을 볼 것.

평가하는 기능작용은 일련의 **원하는 역량**의 **발전**을 포함할 것이다.

우리는 자신을 위해 또는 사회 전반을 위해 일련의 원하는 역량을 선택할 수 있을 것이다. 그러한 일련의 역량들의 발전은, 가치 있다고 평가되는 기능작용, 그 역량들이 수반하는 연대의 형식, 역량들의 보편화 가능성, 장려되는 공감과 공-현전의 정도 그리고 원칙적으로 독특한 정체성, 자아 감각 및 다르마dharma, 法(천직과 소명)를 지닌 특수한 구체적으로 특이화된singularised 행위주체를 위한 안녕과 인간 번영의 목표에 대한, 그것들의 잠재적 기여를 위한 소극적 및 적극적인 자유 또는 기회의 균형을 포함할 것이다.

(주체적) 행위

사람persons과 **행위주체**agents를 구별하는 것이 유용하다. 사람으로서 우리는 어릴 때부터 지속적인 **자아 감각**을 갖고 있으며, 이것은 어느 시점에 이르러 우리의 **개인적 정체성**의 개념으로 성숙한다. 이것은 특히 우리의 궁극적인 관심들과 관련하여, 실재의 세 가지 질서들에서의 다양한 실천들에 대한 우리의 참여를 조정하고, 선별하며, 정리하는 과정을 포함할 것이다. 우리의 개인적 정체성은 부분적으로 우리의 사회적 위치 설정에 의존할 것이며, 이것은 출생 시기의 그리고 그 이후의 자원, 기회(역량 또는 잠재적으로 원하는 기능작용을 포함한) 및 혜택의 사회적 분배에 대한 우리의 관계에 입각해 객관적으로 확립될 수 있다. 자기의식을 가진 (주격) '나I'는 실질적으로 (목적격) '나me'와 대면하는데, (목적격) '나'는 원칙적으로 이런 측면에서 동일한 삶의 기회를 공유하는 행위주체들의 집합체들과의 관계 속에서 정의된다. 이것은 마거릿 아처가 우리의 **일차적 행위**primary agency라고 부르는 것을 정의한다.[50] 그렇지만 (주격) '나'는

---

50 Archer, *Being Human*, 261 ff. 위 문장 전체는 이 책에서의 특히 3, 7, 8, 9장에서의 아처의 주장에 빚지고 있다.

또한 사회의 자원 및 기회의 분배에 대한 변형을 지향하는 집합적 기획을 형성할 수 있는 능력도 가지고 있다. 그러한 집합적 기획은 우리의 **결합적 행위**corporate agency를 예증하면서 '우리we'를 정의한다. 우리의 **사회적 정체성**은 우리의 다양한 사회적 역할 — 각각의 사회적 역할은 우리 자신에 대한 우리의 개념화나 개인적 정체성과의 관계 속에서 어떤 **사회적 행위자**actor를 정의한다 — 의 조정, 선별, 정리에 의존할 것이다. 왜냐하면 바로 우리가 사람으로서 우리의 다양한 사회적 역할에 구체적 특이성이나 일관성을 부여하기 때문이다.

사람, 행위주체, 행위자 사이의 이러한 구별은, 물론 우리의 개인적 정체성과 사회적 정체성 사이의 구별이 그러하듯, 단지 분석적인 것이다. 통상적으로 우리는, 사람들이 실행하는 것을 그들이 참여하고 있는 그리고/또는 변형하고 있는 다양한 사회적 역할에 입각해서 설명해야 할 것이지만, 당연히 구체적 상황에서 행위 하는 것은 오직 사람뿐이다. 따라서 사회적 과정에서 재생산되거나 변형되는 것은, 사회구조뿐 아니라 행위주체, 또는 더 정확하게 말하면 행위주체의 형태가 된다. 즉, **이중의 형태발생**double morphogenesis이 진행된다.[51]

3.5 | 비판적 자연주의와 인성주의

이원론들을 초월하는 요점은 무엇보다도 지금까지 이원론적으로 대립했던 항들 사이의 특수한 연결과 관계를 확립할 수 있다는 것이다. 그러므로 이 절에서 이미 언급한 사회구조와 사람 사이의 (이미 지적한) 비동일성 및 근본적 차이에서 비롯하는 둘 사이의 존재론적 비대칭성의 몇 가지 함의를 탐구하고자

51 Margaret S. Archer, 'How agency is transformed in the course of social transformation: Don't forget the double morphogenesis,' *Generative Mechanisms Transforming the Social Order*, (ed.), M. S. Archer (Dordrecht: Springer, 2015), 135-58.

한다.

여기서 기본적인 지향 관념은, 적어도 크리스천 스미스Christian Smith[52]가 발전시킨 형태의, 특히 개인주의와 환원주의의 오염에서 벗어난, 비판적 실재론과 인성주의personalism가 공존할 수 있을 뿐 아니라 행복하게 그리고 생산적으로 결합할 수 있다는 것이다. 왜냐하면, 우리가 '인간 존재들human beings'이라고 부르는 자의식적인 사회적 동물이 무엇이며 무엇을 할 수 있는지는 어떤 형태의 사회적 삶이 가능한지에 대한 경계 조건을 제공하고, 절대적 제한을 부과하기 때문이다(물론 인간의 특성과 능력은 변화할 수 있더라도). 참으로, 적어도 인간과학 안에서 그리고 인간과학을 위해 정교화한 것으로서 **비판적 실재론**은 이런 식으로 **또한 인성주의이거나 인성주의를 수반해야 한다**.

여기서 나의 주장은 우리 사회에서 그리고 참으로 대부분의 인류 역사에서 **사회적인 것이 인성적인 것을**, 무엇보다도 우리의 인간적 존재함과 힘을 지배하는 행위주체로서 우리의 능력을 **지배하는 경향이 있어 왔다**는 것이다. 이런 지배의 기제들은 사회적 형태의 필연적인 선先존재와 초월적 필연성, 사회와 인간 규제의 나머지 부분들로부터 심층적으로 구축된 부문들의 분리 그리고 물상화와 **구조적 죄악** 또는 화석화한 주인-노예 유형의 사회관계들의 현전을 포함한다. 이러한 비대칭성과 이러한 지배는 또한 한 가지 독특한 역동성, 즉 **자유를 향한 충동**, 그리고 내가 보기에 인간 곤경에 중심적인 어려운 문제, 즉 그런 자유를 비논쟁적인 것으로 그리고 일반화된 또는 **보편적인 인간 번영**에 기여하는 것으로 만들기 위해 필수적인 연대와 상호성을 어떻게 견인할 것인지의 문제에 대한 상대적인 무시로 이어졌다.

이 주장을 일련의 단계들에 따라 전개할 것이다.

---

52 Christian Smith, *What Is a Person? Rethinking Humanity, Social Life, and the Moral Good from the Person Up*(Chicago: University of Chicago Press, 2010)과 *To Flourish or Destruct: A Personalist Theory of Human Goods, Motivations, Failure, and Evil*(Chicago: University of Chicago Press, 2015)을 볼 것.

(i) 사회와 사람 사이의 존재론적 비대칭성

3장 3절에서 인성적인 것과 사회적인 것 사이에, 인성적인 것이 실존적으로, 또는 발현적으로 생물학적인 것에 의존하는 것과 똑같이 사회적인 것은 존재적으로 인성적인 것에 의존하는데, 사회적인 것이 인성적인 것에 실존적으로가 아니라 오히려 단지 맥락적으로만 그리고 발달적으로만 의존하는 그러한 점에서 존재론적 비대칭성이 있다고 주장했다. 이런 실존적 의존성은 발현의 기준 (i), 즉 더 상위의 속성과 층위의 더 하위의 속성과 층위에 대한 상향의 일방향적인 실존적 의존성을 반영하는 반면, 맥락적 및 발달적 의존성은 기준 (iv), 즉 더 상위의 속성과 층위의 더 하위의 속성과 층위로의 인과적 비환원성 또는 하향식이거나 하향적인 인과작용을 반영한다(2장 4절을 볼 것). 이것은 사람들의 주도적인 개체발생적 발현과 사회의 반응적 발현 사이의 유용한 대비와 동행한다. 인성적인 것과 사회적인 것 사이의 존재론적 비대칭성은 TMSA에서 직접 나온다. 그러므로 비판적 실재론이 인성주의를 수반한다고 말할 수 있다는 의미는 사회 세계에서 유일한 작용인efficient cause은 인간의 (주체적) 행위라는 것이다.[53] 사회 세계에서 일어나는 모든 일은 인간의 (주체적) 행위, 즉 인간들의 행위들에 의해 발생한다. 또는 달리 표현하면, **인간들은 지리-역사에서 유일하게 운동하는 힘이다**. 바로 이런 의미에서 비판적 실재론은 인성주의를 함축한다.

---

53 '작용인'의 개념은 아리스토텔레스에게서 유래한다. 아리스토텔레스적 용어에서, 인간 활동은 또한 목적인(성취하려는 목적), 질료인(활동이 재생산하거나 변형하는 것), 형상인(예를 들어 사회구조의 가능하게 하고 제약하는 힘)도 갖는다. 예를 들어 Bhaskar, *Scientific Realism and Human Emancipation*, 54-5을 볼 것.

(ii) 사람과 행위주체

이런 존재론적 비대칭성은 사람과 행위주체를 구별함으로써 더욱 뚜렷하게 드러날 수 있다. 이 구별은 분석적인 것이지만, 우리가 어떤 사물의 움직임을, 그것의 성질 그리고 그것이 처해 있는 조건을 준거로 설명하는 것처럼, 어떤 사물과 그것의 상황 사이의 실재적인 존재론적 구별을 반영한다. 그러므로 우리는 상이한 사회적 질서 속에 있는 동일한 사람을 상상할 수 있다. 또한 우리는 자연적 질서와 실천적 질서에 대한 우리의 참여가 문화 횡단적 비교의 기초를 제공하고, 예를 들면 갈등 해결이나 집합적 의사결정에서 우리의 **축 합리성**axial rationality[54]의 실행을 위한 공통의 맥락을 제공할 수 있도록 자연적 질서, 실천적 질서, 그리고 사회적 질서를 분석적으로 구별할 수 있다.[55]

TMSA에 따르면, 사회와 사람은 근본적으로 상이한 종류의 속성을 지니며 근본적으로 상이한 종류의 사물을 구성한다. 그러므로 우리는 사회에는 의도성을 귀속할 수 없다. 그러나 우리는 사회가 모든 의도적 행위에 초월적으로 필수적이라고 확실히 주장할 수 있다(비록 자연적 질서 및 실천적 질서에 대한 참여에는 그렇지 않을 수 있더라도). 이미 주장했듯, 사회 형태의 또 다른 중요한 특징은 그것들의 선先존재이다.

54 〔옮긴이 주〕'축 합리성(axial rationality)'은, 인류가 기원전 800년부터 기원전 200년 사이의 시기에 여러 문들에서 중요한 문화적 변화와 사상적 혁신이 동시다발적으로 발생하여 철학적·종교적 사상의 형성적 전통의 '축(axis 또는 pivot)'을 형성했다고 지적하며 야스퍼스(Karl Jaspers)가 제안한 '축의 시대(Axial Period 또는 Axial Age 독일어는 Achsenzeit)' 개념과 관련된 것으로, 더 비판적이고 자각적으로 사고하며, 보편적 가치를 추구하고, 사회적 변화를 추구하는 인간 이성의 전환과 발전을 가리킨다.

55 아래의 5장 3절, Bhaskar, 'Theorising ontology,' 200-3 그리고 Bhaskar with Hartwig, *The Formation of Critical Realism*, 80-1을 볼 것.

(iii) 사회의 선(先)존재와 과거의 현전

사회를 특징짓는 것은 바로 그것이 인간의 (주체적) 행위에 대해 선先존재한다는 점이다. 사회는 **저기에** 있으면서 그 속으로 우리가 던져지는, 그리고 우리가 행위 하는 데에서 사용해야 하는 수단과 매체를 제공해 주는 어떤 것이다. 사회는 우리가 행위 하기 위해서는 (오류 가능하게) 고려해야 하는 것이며, 우리가 행위 하면서, 즉 우리의 활동에서 재생산하거나 변형하는 어떤 것이다. 구조와 행위 사이의 차이는 우리가 구축한 환경, 헌법, 제도, 문제-장, 실천, 언어 및 관념 속의 **과거의 현전**presence of the past이라는 주제에 의해 더욱 강조할 수 있다(4장 1절, <그림 4.2>를 볼 것).[56] 행위와 관련하여 사회형태의 선존재 및 과거의 현전에 대한 인식은 자원론에 대한 중요한 평형추와 교정을 형성한다.

(iv) 구조의 이탈과 인간적 힘의 소외

현대의 사회 현실에서 우리는 사회적 활동의 전체 부문과 영역이 인간의 통제나 감독으로부터 근본적 이탈radical disembedding을 진행하고 있음을 깨닫는다. 그러므로 2007~2008년의 지구적 금융위기에 대한 분석은 화폐가 실물 경제에서, 그리고 실물 경제가 사회적 통제나 규제에서 탈구된 막대한 정도를, 즉 경제가 차례차례 그것의 사회적 전제로부터 분절된 정도를 드러낸다.[57] 이것은 또한 하버마스의 용어로 사회적 생활세계로부터 경제체계의 이탈이라고 서술할 수 있다.

---

56 Bhaskar, *Dialectic*, 55, 139 ff도 볼 것.

57 Hans Despain, 'Karl Polanyi's metacritique of the liberal creed: reading Polanyi's social theory in terms of dialectical critical realism,' *Journal of Critical Realism* 10:3(2011): 277-302을 참고할 것.

참으로, 우리가 4-평면 사회적 존재라는 개념을 사용하여 모든 사회적 사건이 (a)자연과의 물질적 교류 (b)사람들 사이의 사회적 상호작용 (c)사회구조 자체 그리고 (d)체화된 인격성의 층화의 네 가지 평면 각각에서 동시에 발생하는 것으로 생각한다면, 우리는 이 평면들 각각에서의 **인간 존재와 힘의** 근본적 **소외** — 각 평면에서 (다중의) 위기들을 유발하는 — 를 추적할 수 있다. ('소외'는 어떤 존재의 성질이나 정체성에 본질적이고 본래적인 것으로부터 분리되거나 파열되거나 이격된estranged 상태이다.[58])

따라서 우리는 (a)**생태학적** 위기 (b)자원과 기회의 분배에서 심한 그리고 점점 증대하는 불평등이 야기하는 사회정의의 위기, 폭력, 테러 및 전쟁의 친숙한 위기 그리고 정치적 정당성과 민주주의의 위기를 포함한 **윤리적** 또는 도덕적 위기 (c)**경제적** 및 재정적 위기, 그리고 (d)정체성의 위기와 **중심성**의 위기[59] 그리고 중독과 무관심의 위기를 포함한 **실존적** 위기에 직면하고 있다. 물론 이러한 위기들은 서로 독립적인 것이 아니며, 참으로 연결되어 실질적으로 **위기 체계**를 형성하고 있다(9장 2절을 볼 것).[60]

인간 존재와 힘의 소외는 적어도 자본주의와 근대성의 여명기의 **발생적 분리**로 거슬러 올라갈 수 있으며,[61] 참으로 훨씬 이른 축의 시대 균열Axial Age rifts

---

58 Bhaskar, *Dialectic*, 114.

59 '중심성(centricity)'은 민족주의, 유럽주의, 오리엔탈리즘(이것들은 자종족중심주의라는 우산 아래에 들어간다)을 포함한 에고-종족-인류-중심성(또는 -중심주의)의 모든 차원, 즉 그들 자신이 그들의/세계 또는 우주의 중심에 있다고 취급하는 모든 인간 개인이나 집단의 사고방식을 가리킨다. 중심성의 위기는 궁극적으로 소속함의 위기이다. 중심성의 다양한 형태는 7장에서 간략하게 논의한다.

60 Petter Næss and Leigh Price(eds.), *Crisis System: A Critical Realist and Environmental Critique of Economics and the Economy*(London: Routledge, 2017)을 볼 것.
〔편집자 주〕 바스카도 별세하지 않았다면 이 책의 편집자들 및 필자들 중 한 사람이었을 것이다.

61 이런 발생적 분리(generative separation)는 직접생산자들의 노동, 그들의 생산물, 그들의 생산 수단 및 재료, 그들의 생산이 이루어지는 사회적 관계의 연계 및 서로로부터의, 그리고 궁극적으로는 그들 자신으로부터의 직접 생산자들의 소외를 포함했다. 8장 1절과 Bhaskar,

로 거슬러 올라갈 수도 있지만,[62] 오늘날 그것은 잠재적으로 재앙적인 형태로 나타난다.

(iii)과 (iv)는 함께, 사회적인 것에 대한 인성적인 것의 우선성, 자율성 및 인과적 효력에 제한을 가한다.

(v) 가능하게 함을 압도하는 제약함과 연관된 것으로서 사회적인 것

참으로, 대부분의 사람들은, 인류 역사의 대부분 동안, 사회적인 것을 인간의 욕망과 가능성을 (실현) 가능하게 하는 것이 아니라 주로 제약하는 것의 원천으로 생각해 왔다. 가능하게 함에 대한 제약함의 성좌적 압도, 과거의 현전이 가진 거대한 무게, 구조적 이탈 및 구조적 쇠약(또는 퇴적된, 제도화된 주인-노예 유형의 억압 관계)을 인지하지 못하는 것은, 관념론적으로 사회적인 것보다 인성적인 것을 우선화하고, 개인주의 및 빗나간 자원론으로 되돌아 빠져들어 가는 것이다.

마찬가지로, 역목적성counterfinality[63] 그리고 좌절된 의도성의 육중한 역할을

Plato Etc., 240 및 여기저기를 볼 것.

62 축의 시대는 지구 행성의 여러 지역에서, 이후의 지리-역사 과정에서 중추적 역할을 한 다면적인 문화혁명을 상대적으로 독립적으로 목격한 대략 기원전 800-200년의 역사 시대나 또는 이 혁명의 공통된 특징에 주목하는 그리고 무제한적인 역사적 적용 범위를 가진 문명적 범주로 볼 수 있다. 이러한 공통의 특징은 역사성과 인간 통합 및 연대의 발견, 그리고 성찰성과 행위주체성(agentiality)의 강화를 포함한다고 널리 주장된다. 그렇지만 이러한 중대한 진보는 그 속에서 그것들이 발생한 주인-노예 유형의 사회적 맥락과 공명했다. 그러한 사회들은 '그 사회들이 스스로 생성하는 정당성에 대한 요구를 구조적으로 충족시킬 수 없다'(Jürgen Habermas, *Communication and the Evolution of Society*(Boston: Beacon Press, 1976/1979), 163). 주인-노예 유형 사회들의 등장이 연대순으로 더 이른 반면, 축 혁명은 전(前) 주인-노예 유형 사회 이전의 사회적 맥락에서는 상상할 수 없었으며, 사회적 지배의 기제들의 증가와 조직적인 항의의 탄생 둘 모두를, 그러므로 정당성의 위기를 목격하고 있었던 사회에서 발생했다. Robert N. Bellah, *Religion in Human Evolution: From the Paleolithic to the Axial Age* (Belknap Press: Cambridge, MA, 2011), 573-6을 볼 것. 축 합리성과 보편적 연대에 대한 메타실재적 원리는 4장과 7장에서 논의한다.

파악하지 못하는 것은 인류 역사에서 결핍(그리고 메타 수준에서 제약)의 부재화가 수행하는, 즉 욕망, 필요 및 성취하지 못한 잠재력을 충족하고 그것들의 충족에 대한 제약들을 없애려는 충동이 수행하는 거대한 역할에 대한 상응하는 무시를 조장할 수 있다.

이것은 모든 인간적 동기부여가 동등한 것은 아니라는 이야기가 된다. 충족해야 할 첫 번째 사항이자 다른 모든 것의 전제 조건은 살아 있는 것이다.

(vi) 기본적 동기부여의 층화

따라서 기본적 동기부여나 궁극적인 관심이 모두 동등한 것은 아니다. 오히려 생존은 다른 것들을 위한 전제 조건이며, 대부분의 인류가 그것의 역사 대부분을 바로 이것에 바쳐왔다. 어떤 안녕 또는 번영이 가능한지는 대체로, 그 사람이 삶의 복권에서 어떤 조각들의 소극적 및 적극적 자유를 얻었는지 그리고/또는 자리 잡게 했는지에 의존할 것이다. 그렇지만 우리는 일단 생존이 보장되면 인간의 삶의 목적은 번영하는 것이거나 번영하는 것이어야 한다고 확실히 주장할 수 있다(6장 7절을 볼 것). 보편적인 인간의 번영이 의심할 여지 없이 목적이라면, 인류를 그곳으로 데려갈 기제는 무엇인지에 관한 질문이 제기된다. 우리를 좋은 사회, 즉 행복실현 사회로 데려갈 논리나 동력은 무엇인가?

(vii) 자유를 향한 충동

자유롭고자, 스스로 결정하고자, 그리고 우리의 자유에 대한 제약들을 없애고

---

63 **목적성**(finality)은 목적인(final cause)이 되는 것의 관계 또는 품질이다. **역목적성**(counterfinality) — 사르트르에게서 차용했다 — 은 세계를 합리적으로 변화하고자 시도하고 있는 행위주체들의 의도적 행위의 목적성(목표)을 방해하거나 부정하는 누적된 의도하지 않은 결과(과거의 현전)를 가리킨다.

자 하는 욕구는 기본적 기제를 구성하며 한 사람의 삶과 그녀의 공동체 둘 모두에 적용할 수 있다고 나는 주장했다.[64] 자유를 향한 충동은 당연히 그에 상응하는 **연대**(자신의 일부로서 타인들의 공-현전에 대한 인식과 사랑)를 필요로 하며, **자기-실현** 그리고 궁극적으로 **모두의** 자유로운 번영을 향한 충동을 수반한다. 이 충동은 자유롭고자 하는 우리의 욕구를, 마찬가지로 자유롭고자 하는 타인의 욕구에 대한 우리의 의존과 (**변증법적 보편화 가능성**의 논리를 통해) 연결한다. 그래서 우리의 인간적 곤경은 타인에 대한 우리의 의존을, 타인에게 보편적인 자유로운 번영 속에서 그들 자신의 목표들을 성취할 수 있게 하는 방식으로 우리가 견인하는 것을 포함한다고 볼 수 있다.

(viii) 번영과 삶의 목표

물론 자신이 할 수 있는 최선을 다해 자신의 번영이 아니라 오히려 타인의 그리고 궁극적으로는 모두의 번영을 위해 또는 향해 일할 것을 선택하는 사람도 있을 것이다. 그러므로 치료하는 것(그래서 의사가 되는 것) 또는 영양을 공급하는 것(그래서 요리사가 되는 것)을 삶의 목표로 삼는 사람도 있을 것이며, 이것은 그들의 특정한 천직, 소명 또는 다르마, 즉 여기서 그들이 특별히 해야 하는 일에 대한 감각이 될 것이다.[65] 한 사람의 다르마를 이해하는 것은 당연히 그 사람을 그들의 고유성이나 그들의 **구체적 특이성** = 구체적 보편성 속에서 이해하는 것을 포함한다(4장 3절과 6장 5절을 볼 것).[66]

---

64 특히 Bhaskar, *Dialectic*, 282-4를 볼 것. 이 논증은 6장에서 계속한다.

65 Bhaskar with Hartwig, *The Formation of Critical Realism*, Chapter 1과 *passim*을 참고할 것.

66 Bhaskar, *Dialectic*, 129-31도 볼 것.

(ix) 층화와 비대칭의 역할

존재론적 층화 그리고 층위들 내에서의 비대칭성은 진행의 **방향성**을 결정하는 데 중요한 역할을 할 수 있다. 따라서 우리의 기본적인 행위주체적 자유, 즉 다르게 수행할 수 있는 우리의 능력은 인간의 도덕적 목표 또는 보편적인 인간 번영의 목표/목적을 궁극적으로 뒷받침한다(6장 7절을 볼 것). 메타실재의 철학에서는 영성적 하부구조가 일상 세계를 뒷받침하는 것으로 판별한다. 따라서 상업적 거래는 신뢰를 전제로 하고, 황금률에 가까운 호혜성의 형식들을 전제로 한다고 볼 수 있다.

참으로, 많은 사회적 이원체들이나 대립물들의 사례에서 관련된 항들은 유사하고 깊은 비대칭성을 드러낸다고 주장할 수 있을 것이다. 그러므로 전쟁은 어느 정도의 평화(어떤 평화적인 활동)를 전제하는데, 왜냐하면 전쟁은 평화가 전쟁을 전제하지 않는 방식으로 가능할 것이기 때문이다. 틀림없이, 증오는 사랑을 전제로 하며, 확실히 일터의 도구적 세계는 가정의 돌봄과 무조건성 그리고 그의 공동-노동자들과 동료들의 암묵적인 연대와 올바른 행위 둘 모두를 전제로 한다. 이것이 **가치론과 해방의 비대칭성**이다(9장 2절을 볼 것).

(x) 내밀한 사회학의 연구 프로그램?

메타실재의 철학의 관점에서 볼 때, 사회적인 것에 의한 인성적인 것의 지배는 이제 내가 **부분-실재**demi-reality라고 부르는 것에 의한 통상의 세계(즉, 이원성의 세계)의 지배라고 더 정확하게 볼 수 있다. 부분-실재는 일반화된 주인-노예-유형의 또는 억압적 관계 그리고 사회적 존재의 4-평면 모두에서의 소외로 구성된다. 그렇지만 메타실재의 흥미로운 관점에서는, 우리의 타율적인 추구와 억압은 실제로, 창의성과 사랑 등과 같은 우리의 기저-상태 능력 그리고 초월성이나 비-이원성의 상태나 계기에 의해 뒷받침되고 그것들에 전적으로

의존한다. 참으로 주류 사회과학에서는 이 능력과 상태를 대체로 인정하지 않았다. 이런 성찰은 사회과학을 위한 새로운 연구 프로그램, 즉 **내밀한 사회학** esoteric sociology, 경제학, 인류학 등의 연구 프로그램을 열어 놓는다.

선과 악은 동등한 것이 아니며, 논리적 동가물도 아니다. 악은 선의 바로 그 가능성 자체를 훼손하기 때문이다(또는 그다지 좋은 것이 아니다, 즉 나쁜 것이다). 그리고 순전한 악 또는 선이 없는 악은 유지 가능한, 지속 가능한 상태가 아니다. 그러한 비대칭성은 인류 역사에 취약한 그렇지만 명확한 **경향적인 합리적 방향성**을 부여할 수 있다. 이것은 6장에서 논의할 것이다.

3.6 | (주체적) 행위와 현실주의

2장에서 주류 철학이 일상적 삶의 세계와 과학이 서술하고 이해하는 세계 둘 모두에 대해 부적절하게 설명한다고 주장했다. 그것에 관련한 기본적인 문제는 법칙-지배가 무엇을 의미하는지에 대한 주류 철학의 현실주의적 이해에 있다. 물리학도 신경생리학도 저녁 식사 식탁(또는 연구 모임)에서 일어나는 일, 즉 대화의 흐름, 칼, 포크, 접시, 조미료의 정확한 움직임을 서술하지는 않는다. 저녁 식사 식탁이나 연구 모임에서 일어나는 일들 중에 물리학이나 신경생리학의 법칙에 모순되는 것은 없으며, 발생하거나 수행하는 (또는 말하는) 모든 것은, 장기 경기에서 규칙이 실행을 제약하고 정의하지만 결정하지는 않는 것과 똑같이, 그 법칙들과 일치한다(참으로 그 법칙들을 활용한다).[67]

따라서 발현에 의해 가능하게 된 하향적 인과관계는 이러한 더 하위 수준을 지배하는 법칙을 위반하는 것을 포함하지 않는다. 그 대신, 우리는 하향적

---

67 Bhaskar, *A Realist Theory of Science*, Chapter 2.5와 *The Possibility of Naturalism*, 104-5를 참고할 것.

인과관계를 더 하위 수준의 법칙의 작동에 대한 초기적 및 경계적 조건들에 영향을 미치는 더 상위의 수준으로 생각할 수 있다.[68] 인간의 행위(즉, 우리의 인과적 힘의 실행)와 그것의 신경생리학적 기초 또는 가능성의 조건 사이의 관계를 **단일의** (암묵적으로 폐쇄적이고 독특한) **인과적 연계**causal nexus 내에서의 상이한 사건들 사이의 일대일의 관계에 있는 것으로 간주하는 것은 매우 오도적인 것이다. 인간의 행위는 개방체계에서 일어나며, 이 체계는 현실주의적, 흄적 인과법칙이나 사건 규칙성에 의해 지배되거나 서술되지 않는다.

이런 실수는 어떻게 발생하는가? 우리는 단일한 사람을, 일을 실행하는 (암묵적으로 폐쇄적이고 독특한) 단일한 신체로 생각한다. 그 속에서 행위 하는 사회적 맥락으로부터 우리가 추상화하는 이런 개인주의는 환원주의의 암묵적 조건으로 나타난다. 둘 모두, 8장에서 보여줄 것처럼, 근대성에 대한 철학적 담론에 기본적인 것이다.

특히 인간의 행위는 사회구조들, 기제들 및 (당연히 다른 사람의 행위의 과정, 자연환경, 기후 상태 등을 포함한) 상황들에 의해 영향을 받고 공동-결정된다. 출근할 때 내가 우산을 펴는 것을, 물론 내 생리적 상태가 그렇게 할 수 있도록 허용해야 하지만, 내 생리적 상태가 결정하는 것은 아니다. 비판적 실재론적 인성주의는 과학적 법칙에 대한 비-흄적, 비-현실주의적 그리고 비-결정론적 이해에 헌신할 수밖에 없다.

개인주의는 근대성에 대한 철학적 담론에 깊이 자리 잡고 있는데, **원자론적 에고중심성**과 **추상적 보편성**을 축으로 삼고 있다. 그 담론의 데카르트적 출발점은 근본적으로 오류이다. '나는 생각한다 그러므로 나는 존재한다'는 구호는 존재보다 사유에, 존재론보다 인식론에(인식적 오류), 몸보다 마음(감정과 영혼)에, 당신, 우리, 사회 및 그 밖의 종보다 '나'에게 특권을 부여한다. 참으로 **우분투** 또는 '당신이 (또는 아마도 우리가) 존재하기 때문에 내가 존재한다'로 시작

68 Bhaskar, *Dialectic*, 53을 참고할 것.

〈그림 3.6〉 경험적 실재론의 3 원천[69]

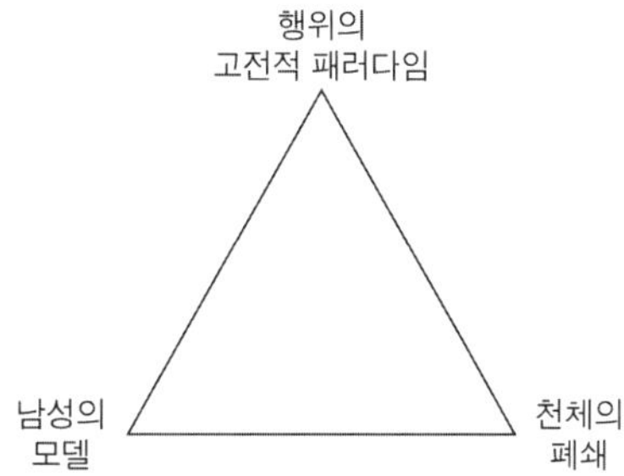

하는 아프리카 인민의 출발점을 채택하는 것이 더 나을 것이다.

사회학적 개인주의가 인식적 오류에 뿌리를 두고 있다면, 환원주의는 현실주의의 유산이다. 이것은 항상 단일 학문분과적 또는 일차원적인 접근의 경향을 보인다. 개인주의를 직접 안내하는 것은 독특한 (암묵적으로 남성 젠더화된) 인간 존재의 모델이다. 나는 이것이 경험적 실재론의 세 원천 또는 유추—함께 상호보완적인 삼각형을 형성하는—의 하나라고 제시했다(〈그림 3.6〉). 다른 두 원천은 **행위의 고전적 패러다임**과 뉴턴 역학이 확립한 **천체의 폐쇄**다. 바로 이 둘이 추상적 보편주의를, 그렇기 때문에 주류 접근의 현실주의 및 환원주의를 생성한다면, (암묵적으로 젠더화된, 원자론적으로 자기중심적이며, 유아론적으로 소유욕 강한, **남성**man으로서) 기저의 인간 존재**의 모델**은 여기서 암묵적으로 작동하는 개인주의를 설명한다.

69 Bhaskar, *A Realist Theory of Science*, 〈도표 3.8〉, 198.

Enlightened Commom Sense

The philosophy of critical realism

| Chapter 4 |

응용된 비판적 실재론과 학제성

4.1 | 일반적인 응용된 비판적 실재론

비판적 실재론이 진지함의 기준(1장에서 상술한)을 충족하고자 한다면, 응용이 가능해야 한다. 나아가 좋은 과학의 기초작업자로서 그리고 때로는 산파로서 비판적 실재론의 핵심과 가치는, 그 자체의 자기-이해에 따른 비판적 실재론의 응용에 있다. 응용된 또는 실천적 비판적 실재론 — 말하자면 행위에서의 비판적 실재론 — 은 비판적 실재론의 영혼 또는 심장의 박동이라 말해도 과언이 아니다.

응용된 비판적 실재론의 이중적 특수성

응용된 비판적 실재론의 연구 과정에는 방법의 이중적인 특수성이 있다. 첫째, **주제**와 관련하여(자동적 또는 존재론적 차원에서), 대상이 말을 할 수 없는 한 인터뷰를 하는 것은 의미가 없을 것이다. 그리고 둘째, **전체 연구 과정 또는 주**

기에서 특정 활동의 **위치**와 관련하여(타동적 또는 인식론적/사회적 차원에서), 일반화가 귀납적으로 잘 입증된다면 확증 사례를 더 추가하는 것은 의미가 없다. 그 대신 가능한 설명 기제에 대한 역행추론이 필요할 것이다.

비판적 실재론이 단지 지식(그리고 참으로 인식론 또는 지식에 대한 철학적 연구)뿐만 아니라 허위의 믿음과 환상조차도, 적어도 그것이 인과적으로 효력을 가질 경우, 실재하는 것으로 그러므로 존재론의 일부로 인정하는 점에서, **존재론적으로 최대한 포괄적**일 것을 지향하듯이, 그것은 또한 비실재론적 경쟁자들보다 더 일반적이고 **포괄적인 인식론**을 제공한다고 주장한다. 따라서 누군가가 과학적 탐구의 단계를 실재의 한 층에 대한 지식에서 다음 층에 대한 지식으로의 연구 과정의 운동으로 정의한다면, 그는 고전적 경험주의나 칸트주의 또는 포퍼Karl Popper의 반증주의가 (예를 들어) 각각 어떻게 과학적 탐구의 특정 국면으로부터 그들의 타당성을 도출하는지 쉽게 간파할 수 있다. 그에 반해 비판적 실재론은 전체 연구 주기에 대한 설명을 제공하고자 시도하며(예컨대, 2장에서 소개된 자연과학적 발견의 DREI(C) 모델에서). 따라서 더 완전하고, 더 원숙하며, 더 포괄적인 인식론을 제공한다.

구체적인 것의 논리: 사회 영역에 응용된 비판적 실재론의 초월적 속성

비판적 실재론 연구는 연구 과정에서 **존재론의 우선성**primacy of ontology을 특징으로 하는 반면, 실증주의나 사회구성주의와 같은 비실재론적 진영의 경우, 인식론을 우선시한다.

따라서 경험적 연구에서 비판적 실재론자들의 관심은 전형적으로 **탐색적**이다.[1] 참으로, 그들의 관심은 특징적으로 특수한specific 시간과 장소에서 작동하

---

1 Stephen Ackroyd and Jan Ch. Karlsson, 'Critical realism, research techniques, and research designs,' in *Studying Organisations Using Critical Realism: A Practical Guide*, (eds.), Paul K. Edwards, Joe O'Mahoney and Steve Vincent(Oxford: Oxford University Press, 2014), Chapter

는 구조, 구역, 그리고 (일반적으로) **원인**, 그리고 특정한 배열과 그것들의 결합 및 접합을 판별하고, 발견하고, 밝혀내는 (그리고 좀 더 개입되고 참여적인 연구 안에서 한계를 시험하고 실제로 드러내는) 것이다. 반면 실증주의자와 구성주의자, 그리고 그 밖의 비실재론적 주류의 관심은 전형적으로 **명제**, 이론 등을 입증/반증하고 정당화하는 것이다.

나아가 비판적 실재론은 주로 **설명**에 관심이 있고 부차적으로만 예측에 관심을 둔다.[2] 게다가 비판적 실재론에서 우리의 주된 초점은 규칙성 또는 **사건**의 유형이 아닌 **구조**와 **기제**에 있다. 그것은 현실적인 것 또는 경험적인 것의 영역이 아니라 비-현실적non-actual 실재를 포함하는 실재적인 것의 영역에 있다. 더욱이 우리가 연구하고자 하는 거의 모든 것이 상관관계 없이 인과성이 나타나고 인과성 없이 상관관계가 나타나는 개방체계에서 발생한다는 사실로 인해 실재적인 것과 현실적인 것의 영역들 사이에 불일치가 존재한다. 이로부터 비판적 실재론의 경우 과학적으로 의미 있는 일반성은 세계의 표면에 있는 것이 아니라 세계로부터 떨어져 또는 멀리 있거나, 특징적으로 물러나 있다는 점이 도출된다. 그것은 경험적이거나 현실적인 것이 아니라 초사실적인transfactual 것이다. 비판적 실재론은 경험적 일반화보다는 이론적 일반화 또는 초사실적인 일반화에 관심을 가진다.

따라서 비판적 실재론은 구별되는 탐구 논리를 가진 특정한 연구 설계를 필요로 할 것이다. 이러한 논리들은 귀납이나 연역을 중심적으로 포함하지 않는다(둘 모두 계속, 예를 들어 과학적 발견 과정의 흄적 계기와 라이프니츠의 계기에 자리를 갖고 있을 것이지만 (앞의 <그림 2.1>)), 그 대신 **가추**와 **역행추론**이 전면에 등장한다. 가추는 관련된 상태, 조건 또는 발생happening을 설명하는 데 도움이

2, 21-45를 참고할 것.

2 Bhaskar, A Realist Theory of Science, appendix to Chapter 2를 볼 것. 하지만 예측의 중요성과 관련해 Petter Næss, 'Predictions, regressions and critical realism,' *Journal of Critical Realism* 3:1(2004): 133-64를 보는 것도 중요하다.

되는 인과기제 또는 인과과정의 관점에서 통상 (비판적 실재론 연구에서) 재서술 또는 재맥락화를 포함한다(예컨대, 어떤 죽음을 살인으로 다시 재서술하는 것과 같이). 역행추론은 만약 그것이 실재한다면, 문제의 현상을 설명할 기제의 모델을 상상하는 것을 포함한다(실제로 이 둘은 종종 서로 겹치는데, 그것들 사이에는 단지 상대적인 차이만 있을 뿐이다).

역행추론은 2장 4절에 소개된 이론적(자연과학적) 탐구의 DREI(C) 모델의 중심에 있는 특징이다. 나는 이 모델을 응용과학 연구[3]의 RRREI(C) 모델(가추적 재서술과 소급추정 모두를 포함하는)과 구별했으며, 원인들의 분리된 다양성이 아니라 결합된 다중성으로 특징지었다.

DREI(C) 도식에서, D는 사건 또는 현상의 일부 유형에 대한 **서술**description을 의미하고, R은 분리된 대안들의 다수성과 연관해(즉, a **또는** b **또는** c 등) 가능한 설명적 기제 또는 구조에 대한 **소급추정**retrodiction을 의미하며, E는 경쟁하는 대안의 **소거**elimination를 의미하며, I는 인과적으로 효력 있는 발생기제나 구조의 **판별**identification을 의미하며, C는 이러한 판별에 비추어 이전 발견findings에 대한 반복적 **정정**correction을 의미한다. RRREI(C) 도식에서, 첫 번째 R은 원인(즉, a**와** b**와** c 등)의 결합된 다중성과 관련된 복잡한 사건 또는 현상을 그것의 구성 요소로 **분해**resolution하는 것을 의미한다. 두 번째 R은 설명적으로 유의미한 방식으로 이러한 구성 요소들을 가추적 **재서술**redescription 또는 재맥락화recontextualisation하는 것을 의미한다. 세 번째 R은 이러한 구성 원인들을 이전에 존재했던 사건이나 상황으로 **소급추정**retrodiction하는 것이다. E는 대안적으로 경쟁하는 설명적 선행요인의 **소거**elimination를 의미하며, 그리고 I는 인과적으로 효력이 있는 선행요인(또는 선행하는 복합체)의 **판별**identification을 의미한다. C는 이것의(비록 잠정적이지만) 완료된 설명 또는 분석에 비추어 이전 발견들의 되풀이되는 **정정**correction을 의미한다.

---

3 예를 들어 Bhaskar, *Dialectic*, 133을 볼 것.

하지만 이러한 일반적인 특징 외에도 응용된 비판적 실재론은 사회 영역에서 중요한 차별화된 특징들을 지니고 있다. 3장에서는 실험적 자연과학과 사회과학 사이의 차이점에 대해 논의했다. 이것들이 인식론적·존재론적·관계론적, 그리고 비판적 차이라는 네 가지 주요 유형으로 구분된다는 것을 기억할 것이다. 여기서 이 네 유형의 차이에 관한 응용된 비판적 실재론의 가장 중요한 함의만을 논의할 것이다.

매우 중요한 **인식론적 차이**는 사회현상이 개방체계에서만 발생한다는 것이다. 이 **개방체계**에서는 사건들이 다양한 기제들, 아마 근본적으로 상이한 종류의 기제들에 의해 결정된다. 말하자면, 그러한 개방체계는 **복잡성**과 **발현** 모두를 특징으로 한다(<그림 4.1> 참조).

이것은 기제가 어떻게 작동하는가를 그 맥락과 분리해서 특정하는 것이 일반적으로 불가능할 것이라는 의미다.

따라서 우리는 이론적 자연과학에서처럼 기제들을 설명적 또는 기저적 구조와 다시 연관시켜야 할 뿐 아니라 맥락 또는 작동 분야와도 연관시켜야만 한다. 이것은 사회 영역에서는 원칙적으로 우리가 항상 맥락-기제 쌍context-mechanism couple, 즉 C+M을 사고할 필요가 있으며, 따라서 맥락context, 기제mechanism, 산출물outcome의 3중주(CMO) 또는 맥락context, 기제mechanism, 구조structure 및 산출물outcome로 구성된 좀 더 완전한 4중주(CMSO)를 사고할 필요가 있다는 것을 의미한다. 이제 인간과학 분야에서 RRREI(C) 도식의 적용과 관련된 한 가지 문제는 우리가 소급추정한 선행 상태에 대해 곧바로, 또는 적어도 문제없이 그리고 논쟁 없이 적용할 수 있는 구조들 및 기제들에 관한 독립적으로 검증된 이론적 지식을 갖고 있지 않다는 점이다. 그리고 그 이유 중 하나는 사회세계에서 기제가 무엇인지를 알더라도, 그것이 관련된 특수한 맥락에서 어떻게 작동할지는 알지 못하는(또는 조사 전에는 확신할 수 없는) 경우가 매우 흔하기 때문이다. 이로부터 발견과 응용은 종종 함께 진행되어야 하며, 분석적으로만 구별될 수 있다는 점이 도출된다. 따라서 우리는 연구에서 우연적인 **발견과**

〈그림 4.1〉 개방체계들에서 사건의 결정[4]

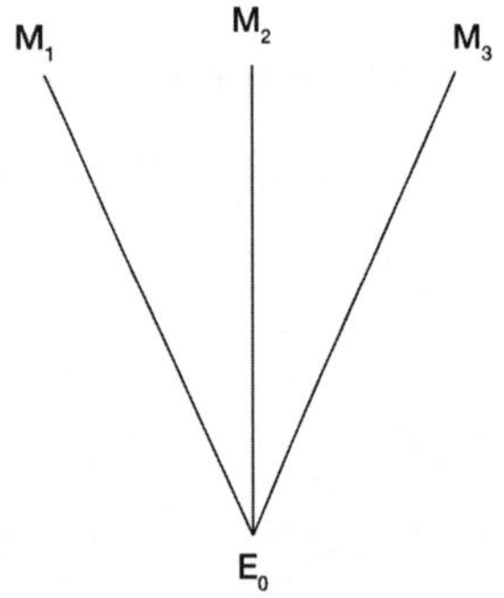

사례 I
개방체계에서 사건들의 결정

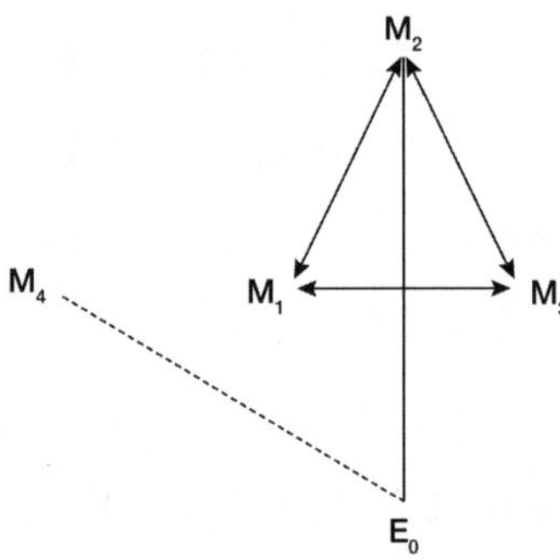

사례 II
개방체계에서 체계 내 사건들의 결정

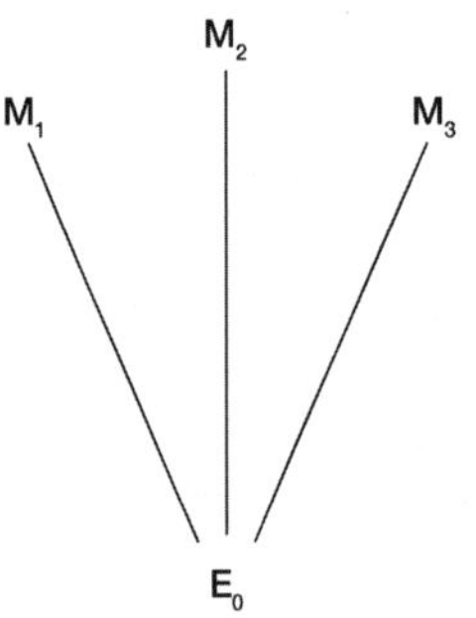

사례 III
사건들의 다중결정

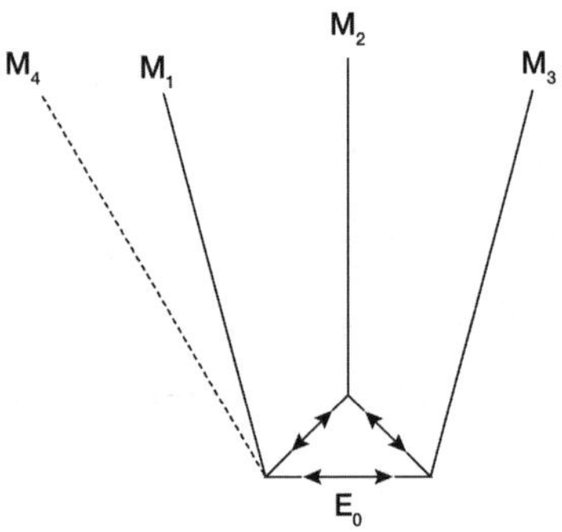

사례 IV
개방체계 안에서의 연쇄로서 사건들의 다중결정

주: 사례 II의 경우 기제, 그리고 사례 IV의 경우 그것들의 효과가 수정되었다. 둘 다 동시에 얻을 수 있다.

응용의 이중성(**및 동시성**)이라는 정리theorem와 함께 (다시 우연적인) **역행추론 및 소급추정 계기들의 동시발생**이라는 정리를 갖게 된다. 이는 개방체계적 세계에서 비판적 실재론의 모든 응용이 잠재적으로 창의적인 발견의 과정이라는 (또는 적어도 쉽게 창의적인 발견의 과정이 된다는) 것을 뜻한다.

좀 더 형식적으로는, 역행추론 계기와 소급추정 계기를 시간적으로 분리함으로써, 두 도식의 속성들을 적용하는 **통합된 일반 모델**을 개발하는 것이 가능하다. 그러면 우리는 다음과 같은 더 복잡한 발전 유형을 갖게 된다.

분해, **가추적 재서술**, **역행추론**(RRR)
최선의 설명에 대한 **추론** — 가장 그럴듯한 메커니즘 또는 복합체(I)
소급추정, **소거**, 선행요인들의 **판별** 및 **정정**(REI(C)).

이것이 탐색적 조사의 RRRIREI(C)[5] 모델이 될 것이다

가장 중요한 **존재론적 차이**는 자연구조들과 대비되는 사회구조들의 활동의존성 및 개념의존성이며, 이 점은 사회과학들이 그것들의 주제에 내부적이라는, 즉 그들 자신이 탐구 분야의 일부라는 관계적 차이와 함께 받아들일 수 있다.

존재론적으로, 사회 세계는 발현적이고, 개념의존적 및 활동의존적이며, 가치에 침윤되어 있고, 정치적으로 논쟁적인 자연 세계의 일부다. 그 안에서, 사회구조들은 인간 활동에 앞서 존재하고, 인간 활동들을 가능하게 하거나 제한하며, 그 활동들은 결과적으로 (이유들의 의도적 인과성을 통해) 물질세계에 인과적으로 영향을 미친다. 우리가 **개념적** 존재일 뿐 아니라 **물질적** 존재라는 사실은 사회적 삶이 개념의존적이기는 하지만 결코 그것의 개념성에 의해 소진되지 않으며, 사회적 삶에 대한 우리의 개념화는 (무엇보다도) 담론적으로 도덕화된 억압 관계(힘$_2$ 관계 또는 주인-노예 유형의 관계)에 대한 실천적 및 해석학적 투쟁들 맥락에서 항상 잠재적으로 설명적 비판을 포함한 비판의 대상이 된다

---

4 Bhaskar, *Scientific Realism and Human Emancipation*, 110, Diagram 2.2.

5 Berth Danermark, Mats Ekstrom, Liselotte Jakobsen and Jan Ch. Karlsson, *Explaining Society: Critical Realism in the Social Sciences*(London: Routledge 2002), 109-11과 George Steinmetz, 'Critical realism and historical sociology,' *Comparative Studies in Society and History* 40:1(1998): 170-86를 참고할 것.

는 것을 의미한다.

마지막으로, **비판적 차이**가 있다. 사회과학에서 해석학의 필연성이 그리고 해석학의 조건적으로 비판적인 특성이 바로, 사회과학의 주제에 대한 내부성과 함께 설명적 비판의 모델을 생성한다. 마찬가지로, 관계적으로 정의된 사회 세계의 가치 침윤적이고 정치적으로 논쟁적인 성질은, 사회 연구에 대한 탐색적 개념화가 행위 지향적 연구 모델과 변형적 모델로 변형된다는 것을 의미하며, 이 모델에서는 세계를 '학습'하고 '변화'시키는, 내가 해방적 가치론에서 '심층 투쟁depth struggle'[6]이라고 불렀던 두 계기가 존재한다(5장과 6장 참조).

그렇다면 우리는 똑같이 그리고 환원 불가능하게 물질적으로 구현된 자연의 일부이며, 발현적으로 개념화되고, 성찰적이며, 자기-의식적인 존재들이다. 사회적 삶이 적어도 부분적으로 개념화되고 성찰적으로 접근할 수 있는 내부를 갖고 있다는 사실은 질적 연구의 풍부하고 두꺼운 서술을 가능하게 한다. 하지만 이러한 해석학적 특징 가운데 많은 것은 양적 연구에 적합한 사회적 삶의 광범위하고 물질적으로 체현된 특징들과 복잡하게 얽혀 있는 것으로 볼 수 있다. 사회연구는 내면적인 것과 외면적인 것, 내부적인 것과 외부적인 것, 내포적이고 외연적인 것 사이를 끊임없이 오가며 진행된다.

반(反)환원주의 및 적층 체계(LS)

현실주의와 단일 인과성의 가능성의 조건은 폐쇄체계다. 하지만 인위적으로 창출된 자연과학의 실험실 그리고 자연적으로 발생하는 극소수의 폐쇄적 맥락을 벗어나면 우리는 항상 — 아마 근본적으로 상이한 종류의 — 다양한 기제들에 의한 현상들의 결정이 규칙인 개방체계에 직면한다. 환원주의를 현실화하려

6 Bhaskar, *Scientific Realism and Human Emancipation*, Chapter 2.5-2.7. 이 페이지들에서의 '심층 투쟁'의 개념은 명시적이기보다는 강력하게 암묵적인데, 이 개념은 '심층 탐구(depth enquiry)' 또는 '심층 연구(depth investigation)'가 사회 변형에 대해 갖는 함의를 탐색한다.

는 주류의 영향을 받은 사상의, 즉 실재를 평평하게 하거나 일차원화하는, 탈-층화하거나 비-차별화하려는 현실주의의 끊임없는 경향을 경계하기 위해 버스 다네마르크Berth Danermark와 나는[7] 우리 동료 앤드류 콜리어의 **적층 체계** laminated system[8] 개념을 차용했다. 콜리어의 개념은 특정된 수준들에 있는 기제들의 환원 불가능성을 드러내 보여주기 위한 것이었다. 2006년에 우리의 논문이 발표된 이후, 다양한 적층 체계 개념이 유통되었다.

우리의 첫 번째 또는 원래 종류의 적층 체계는 다수의 존재론적 수준들로 구성된 것이었다. 7개 수준, 즉 물리적·생물학적·심리적·심리-사회적·사회-경제적·사회문화적 및 규범적 수준으로 구분했는데, 이는 특정 문제 — 이 경우 장애 유형 — 의 이해를 위해 마련되었다. 이 모델은 건강 목적을 위한 세계보건기구의 인간 개념, 생물-심리-사회적 혼합 모델 개념과 유사하며, 따라서 비판적 자연주의와 유사하다. 여기서 심리학은 항상 그리고 냉혹하게 한편으로는 사회학에 의해, 그리고 다른 한편으로는 생물학에 의해 경계 지어지고 조건 지어지는 것으로 간주된다.[9] 고든 브라운Gordon Brown은 교육에서 (물리적, 생물학적, 심리학적, [우리는 아마 사회-경제적 수준을 추가해야 할 것이다] 사회문화적, 그리고 교육과정 또는 규범적 수준을 상정하면서) 유사한 종류의 적층 체계 개념을 사용했다.[10] 그리고 다른 이들은 생태학, 사회복지 및 기타 분야를 위해 유사한 종류의 적층 체계를 개발했다.

---

7 Bhaskar and Danermark, 'Metatheory, interdisciplinarity and disability research.'

8 Andrew Collier, *Scientific Realism and Socialist Thought*(Hemel Hempstead: Harvester Wheatsheaf, 1989), 98 f.

9 Bhaskar, *The Possibility of Naturalism*, Chapter 3 and *Scientific Realism and Human Emancipation*, 115 ff.

10 Gordon Brown, 'The ontological turn in education,' *Journal of Critical Realism* 8:1(2009): 5-34를 볼 것.

LS1. 환원 불가능한 존재론적 수준

이러한 유형의 적층 체계 LS1은, **사례-특수적 방식으로**, 환원 불가능한 존재론적 수준(해당 사례의 경우)으로 구성된다.

하지만 논문에서 우리는 이미 두 가지 다른 유형의 적층 체계에 대해 언급했다.

LS2. 4-평면 사회적 존재

『과학적 실재론과 인간해방』[11]에서 처음 소개된 이 모델(<그림 3.2> 참조)은 변형적 사회활동 모델을 정교화한 것이며 사회적 삶과 모든 사회적 사건을 원칙적으로 사회적 존재의 네 가지 평면 각각에서 동시에 발생하는 것으로 본다. 이것은 다음과 같이 구성된다.

(a) 자연과의 물질적 교류
(b) 사람들 사이의 사회적 상호작용
(c) 사회구조 **자체**, 그리고
(d) 체화된 인격성의 층화.

이 모델은 첫 번째 유형의 적층 체계처럼, 연구자나 분석가가 간과하는 경향이 있는 존재의 평면들의 환원 불가능성을 강조한다. 4-평면 모델의 한 가지 명백한 즉각적 장점은 사회이론가들이 간과하기 쉬운 사회적 존재의 생태학적 차원을 정확히 지적한다는 점이다.

LS3. 7-단계(scalar) 사회적 존재

이것은 규모scale의 수준에 기초한 적층 체계다. 이들 범위는

---

11 Bhaskar, *Scientific Realism and Human Emancipation*, 130.

(i) 동기들 및 심층 심리학의 아亞개인적 수준

(ii) 개인 인격성personality의 전기의 개인적 수준

(iii) 소규모 상호작용의 미시적 수준

(iv) 계속되는 관행 및 제도와 관련하여 정의된 기능적 역할 및 구조적 위치의 중간 수준

(v) 영국 경제나 현대 노르웨이와 같은 대규모 전체의 속성과 관련된 거시적 수준

(vi) 중세 기독교 또는 봉건주의와 같은 오랜 지리-역사적 범위나 시공간의 범위를 차지하는 거대 수준

(vii) 지구 또는 행성 전체, 또는 심지어는

(vii*) 세계 지리-역사의 전체 행성적 수준(물론 그 자체는 우주의 지리-역사에 포함되어 있다).

그러한 적층 체계를 상술하면서, 철저한 분류법을 제안하는 것이 의도는 아니었다. 분명 파이는 다른 방식으로 조각낼 수 있고, 예컨대 지역적으로 다양한 특정 분류법을 삽입하여 조각낼 수 있다. 하지만 상술했던 7-단계 모델의 한 가지 장점은 그것을 사용함으로써 연구의 분석적 초점과는 다르지만, 우리가 실천적으로 필요불가결한 인과관계의 수준으로부터 부당하게 추상화할 가능성이 줄어든다는 것이다.[12]

하지만 2006년 논문이 발표된 후, 또 다른 종류의 적층 체계가 빠르게 눈에 들어왔다. 변증법에 관한 나의 책에서, 발현적인 공간-시간성spatio-temporalities을 살펴보면서 〈그림 4.2〉에서 예시했듯 공간과 시간 또는 보다 일반적으로 **리듬**rhythmics이 교차하거나 중첩되는 실재를 주장했다.[13] 이것은 공-현전하는 공

12 남아프리카에서 여성 억압의 적층 체계를 살펴보는 이 세 번째 유형의 적층 체계의 사례에 관해서는 Leigh Price, 'Critical realism versus mainstream interdisciplinarity,' *Journal of Critical Realism* 13:1(2014), 52-76를 볼 것.

〈그림 4.2〉 교차 및 중복되는 공간과 시간[15]

교차 공간: 노숙자들이 잠자는 포장도로, 소파베드, 테이블/책상들
교차 시간: 총리 공보관이 (광고 회사의 조언을 받아) 쓴 여왕의 상원 개회 연설
중복 공간: 같은 현장 내의 거주지들, 사무실들, 공장들
중복 시간: 헌법적 절차
정치적 권력
경제적 과정
'패션'
1690 1790 1890 2010

간, 시간, 공시간성 또는 리듬(시공간화된 인과과정으로 이해된)에 의해 구성된 네 번째 유형의 적층 체계의 가능성을 제기했는데, 이는 오래된 미술 작품의 캔버스에서 발견되는 **밑그림의 흔적**pentimento이나 여러 겹의 덧그림들이나 색칠들처럼 매우 많은 응축된 지리 역사적 층을 형성한다.[14] 그래서 다음이 있다.

LS4. 공존하는 발현적 공간-시간성(리듬), 또는 덧씌워진(pentimented) 사회적 존재

그러나 적층 체계라는 개념을 원칙적으로 어떤 현상에 대한 비환원주의적 설명에서 환원 불가능하고 필수적인 그러나 인과적으로는 가변적인 요소를 배제하지 않는 것이 중요한 모든 경우에 사용할 수 있다는 것이 이제 분명해졌다. 따라서 각 요소가 환원 불가능하며 일련의 전체에 필수적인 그런 집합의 구성 요소들을 포함하도록 우리는 그 개념을 확장할 수 있다. 예를 들어, 식단

13 Bhaskar, *Dialectic*, Chapter 2.2 and *passim*를 볼 것.

14 정신건강 실무와 관련하여 이 아이디어를 발전시킨 사례로 Rich Moth, 'How do practitioners in community health teams conceptualise mental distress? - the pentimento model as a laminated system,' unpublished discussion paper를 볼 것.

15 Bhaskar, *Dialectic*, 55, Figure 2.2.

의 요소들, 교육과정의 구성 요소들, 좋은 교육이나 병원이나 정부의 측면들 등과 같이 각각의 구성 요소가 환원 불가능하고 필수적인 경우 우리는 다수의 상이한 구성 요소들을 명시할 수 있다.[16] 따라서 추가적인 수준은 다음과 같다.

LS5. 복합적 전체에서 환원 불가능하고 필수적인 구성 요소

지금까지 학제적 연구를 위한 발견법으로 적층 체계를 주로 제시했지만,[17] 적층 체계는 단일 학문분과의 서술들 아래 작동하는 구별되는 기제들이 알려진 경우에도 유용할 수 있다. 즉, 보다 일반적으로 복잡성과 발현 또는 질적인 새로움 모두의 사례를 다룰 때, 그리고/또는 주류의 영향을 받은 사고의 본질적인 경향이 현실주의로 향하는 것을 경계해야 할 때, 그리고 상호작용론과 환원주의의 환상적이고 운명적인 결합을 경계할 필요가 있을 때조차 유용할 수 있다.

4.2 | 학제적 연구

10여 년 전 스웨덴 장애연구소Swedish Institute for Disability Research의 초빙교수로서 동료 버스 다네마르크와 학제성이라는 주제에 관한 연구를 시작했을 때, 우리는 학제성에 대한 기존 문헌에 대한 지난한 검토에 착수했다. 우리는 존재론적 논의, 즉 분과적 연구와 구별되는 것으로서 학제적 연구의 자원으로 필요한, 세계에 무엇이 존재하는가에 대한 어떠한 논의도 거의 완전히 없는 것에

16 이러한 종류의 적층체계의 사례로 Matthew L. N. Wilkinson, 'Towards an ontology of educational success: Muslim young people in humanities education,' in his *A Fresh Look at Islam in a Multi-Faith World: A Philosophy of Success through Education*(London: Routledge, 2015), Chapter 6, 117-50을 볼 것.

17 Bhaskar, 'Contexts of interdisciplinarity' and Roy Bhaskar, Berth Danermark and Leigh Price, (eds.), *Interdisciplinarity and Well-Being*(London: Routledge, in press)의 사례를 볼 것.

충격을 받았다. 물론 이러한 부재는 1970년대 중반 존재론에 대한 비판적 실재론의 재옹호가 있기 전까지의, 적어도 과학철학에서의 존재론적 논의의 일반적인 부재와 비슷하다. 또한 이 같은 맥락에서 인식론적 질문과 존재론적 질문의 어떠한 차별화도 없었다. 반대로, 학제성에 대한 비판적 실재론 접근은 존재론적 질문이 인식론적 질문과 구별될 수 있으며, 과학적 연구에서 (그리고 일반적으로 전문가 간 협력을 위해) 학제성을 위한 인식론적 근거만이 아닌 존재론적 근거가 존재한다는 것을 전제할 것이다.

실제로 학제성에 대한 비판적 실재론적 접근은 두 가지 주요한 이유로 구별될 것이다. 첫째, 학제성을 위해 인식론적 고려만이 아니라 존재론적 고려와 근거에 초점을 맞춘다는 것이다. 이것은 존재론에 대한 비판적 실재론적 재옹호와 존재론적 관심사 및 인식론적 관심사의 차별화, 전자를 후자로 환원하는 것을 인식적 오류로 비판하는 것으로 이어진다.

둘째, 그것은 비-흄적인, 차별화되고 층화된, 비-현실주의적이고 비-환원주의적인 세계관을 전면에 내세운다. 이 위에서, 겉으로 드러난 현상에서 근원적인 발생기제와 구조로의 운동은 일반적으로 과학적 발견과 과학적 작업의 핵심에 놓여 있다. 실제로, 과학에서 **분과성**disciplinarity의 근거를 제공하는 것은 바로 이러한 움직임이다.

학제성을 위한 논쟁은 분과성을 위한 논쟁의 기초 또는 토대 위에 세워지지만, 일련의 부가적인 톱니바퀴 또는 단계를 아우른다. 이것들은 존재론적 고려와 인식론적 고려를 차별화함으로써 가장 효과적으로 설명될 수 있다. 따라서 이 두 가지 시각을 차례로 사용하여 학제성 논의의 기틀을 마련할 것이다.

학제성의 존재론

1. 다중 기제성(Multi-mechanismicity)

학제성의 존재론적 사례는 소수의 실험적으로(그리고 심지어 자연적으로 발생하는 경우는 더 적은) 폐쇄된 맥락을 제외하고는 다양한 원인들, 기제들, 그리고 잠재적으로 이론들이 늘 사건이나 구체적인 현상의 설명에 관여한다는 고려에서 시작한다. 이것은 모든 과학의 주제의 **복잡성**의 지표다.[18]

2. 다중 기제성에서 다학문성으로

그러나 다중 기제성에서 다학문성으로 나아가기 위해서, 우리는 복잡성에 대한 고려에 더하여 **발현**에 대한 고려를 추가해야 한다. 우리는 2장에서 논의한 세 가지 형태의 **층화**를 다시 살펴봄으로써 이 주제를 다룰 수 있다.

(i) 나타난manifest 현상에서 근원적인 기제 또는 구조로의 이동에 내재한 층화

(ii) 예를 들어, 책상이나 걸상같이 고체의 물질적 객체가 분자들로 구성되어 있으며, 이 분자들은 다시 원자들의 하위 입자들로 구성되어 있다는 사실과 같은 과학의 어느 한 분야의 발전에서 드러난 이러한 층화의 다층적 성질

(iii) 발현: 간단히 말해, 실재의 발현적 수준이란 (2장 4절과 3장 4절에서 살

18 〔옮긴이 주〕 비판적 실재론은 반분과적(antidisciplinary)적이지 않으며, 여러 생명과학 및 자연과학을 제외하고는 심리학, 사회학, 역사학, 철학 등 일부 전통적인 사회과학의 상대적 자율성을 옹호한다. 이는 연구 대상의 상대적 자율성을 사회 영역 내의 발현적 수준으로 설정함으로써 이루어지지만, 분과학문적 경계는 닫혀 있지 않고 열려 있다. 이러한 관점에서 다학문적 연구(Multidisciplinary research)는 한 가지 이상의 분과학문을 활용하여 분과학문적 정체성에 도전하지 않으면서 분과적 경계를 초월하는 대상을 연구한다(예: 도시). 교차 학문분과적 작업(Crossdisciplinary work)은 하나의 분과학문이나 그것의 대상을 또 다른 분과학문의 관점에서 조명한다(예: 철학자가 음악 이론을 비판하는 경우). 학제적 연구(Interdisciplinary research)는 여러 분과학문의 통합에 기반해 하나의 연구 클러스터를 구성하며, 이는 새로운 이해의 틀을 제공하거나 제공할 것을 목적으로 한다(예: 인지 과학). 초분과성(Transdisciplinarity)은 분과적 경계를 넘어서는 더 높은 수준의 지적 틀의 통합을 의미하며, 이는 한 분과학문에서 다른 분과학문으로 이동할 수 있는 연구 모델을 제공한다. 여기서도 분과학문은 여전히 구별되는데, 분과학문 없이는 학제적·교차적·다학문적 또는 초분과성을 추구할 수 없기 때문이다.

펴본 바와 같이) 다음과 같다.

(a) 더 기본적인 것에 일방적으로 의존하는, 그리고

(b) 그것과 함께 변화하는, 그러나

(c) 분류학적으로 더 기본적인 것으로 환원 불가능한, 그리고 추가적으로

(d) 인과적으로 더 기본적인 것의 영역으로 환원할 수 없는 것.

이러한 발현이 수반된다면, 개방체계의 특징적인 다중 기제성은 다학문적 방식, 즉 다양한 분과학문에 의해(또는 다양한 분과학문의 관점에서) 연구되어야 할 것이다.

3. 다학문성에서 학제성으로

만일 어떤 **발현적 수준**에 더하여, 질적으로 새로운 또는 **발현된 결과**가 작동 중인 인과적 연쇄에 관련된다면, 이제 필요한 지식은 더 이상 관련된 다양한 학문분과들의 지식을 추가하여 더하는 것으로 생성될 수 없고, 종합적인 통합, 또는 진정한 학제성을 요청한다.

4. 융합성

다음으로, **기제들**이 그 자체로 발현적인 것이라면, 우리는 **융합성**Intradisciplinarity이라고 부를 만한 사례를 갖는다.

5. 반(反)환원주의, 적층 체계 그리고 방법론적 특수성의 공리

학제성에 대한 일반적 문헌을 검토한 후, 기존 장애 연구 문헌에 대한 비판을 진행했고, 이를 통해 1960년대 중반 이래 세 가지 형태의 환원주의가 연속하여 지배해 왔음을 확인했다. 첫째는 모든 것을 신경생리학적 고려 사항들이나 그와 관련된 고려 사항들로 환원하는 이른바 **의료 모델** 또는 **임상 모델**의 신봉

자들이 옹호하는 환원주의였다. 이러한 환원주의는 현상을, 사회-경제적 관점에서, 현존하는 사회경제적 힘의 분배에서 발생하는 것으로 설명하려고 하는 두 번째 형태의 환원주의로 대체되었다(그 결과 만일 장애인을 위해 접근 가능한 시설을 제공하는 데 충분한 자원을 투입한다면 문제가 사라질 것이라는 주장이 바로 제기되었다). 소위 **사회 모델**이라 불리는 이러한 환원주의는 1980년대 이후 문화 모델 또는 **사회구성주의 모델**의 환원주의로 다시 대체되었다. 여기서는 문제를 기술하는 데 사용하는 특정 언어에서 문제가 발생한다고 가정했다. 각 형태의 환원주의는 다른 환원주의적 견해에 대해 훌륭한 비판을 가했지만, 유사한 비판이 그들 자신의 견해에 어떻게 적용되는지를 알아채지 못했다. 다네마르크와 나는 장애와 같은 현상의 연구에는 생물학적 또는 신경생리학적, 사회-경제적, 문화적(또는 심리학적) 고려 사항들을 모두 활용할 수 있으면서도 이러한 일련의 고려 사항들 중 어느 하나가 당면한 현상에 대한 완전한 분석에 충분하다고 가정하지 않는 접근이 필요하다고 느꼈다. 이것이 우리가 적층 체계의 관념을 인용한 기원이었다. 우리는 이런 생각을 (앞 절에서 보았듯) 현실주의에 의해 조장된 환원주의를 막기 위한 장치로서, 그리고 상이한 수준에 있는 기제들을 끌어들이는 것이 필수적인, 즉 그 기제들이 하나의 전체에서 각각 환원 불가능하고 필수적인 구성 요소들인 곳에서 현상과 관련하여 도입했다.

적층 체계의 각기 다른 수준은 그 수준의 연구를 위해 각기 다른 방법론을 필요로 할 수도 있고, 또 일반적으로 그러할 것이라는 점에 유의해야 한다. 이 장의 4장 1절에서 논의한 바와 같이, 일반적으로 방법은 항상 관련 주제의 성격과 해당 분야의 전체 연구 과정에서 특정 연구 기획이 차지하는 위치에 따라 특수할 것이다(따라서 사회학자가 학제적 연구 프로젝트에서 사용하는 방법들이 유사한 연구 프로젝트에서 지리학자가 사용하는 방법과 동일할 것이라고 기대할 수는 없다). 이것을 **방법론적 특수성의 공리**라고 부를 수 있다.

6. 사회체계의 특수한 특징

인간들이 그 속에서 행위 하는 개방체계들은 발현에 의해서만이 아니라 어떤 다른 특수한, 범주적으로 구별되는 특성들에 의해 특징지어질 것이다.

(a) 이러한 특징들 중 첫 번째는 **사회구조들**과 **인간 행위의 환원 불가능성**과 **상호내포성**co-implication과 관련된다. 사회구조들은 인간 행위주체들을 결코 창조하지 않지만 인간 행위주체들과 그들의 (주체적) 행위agency에 늘 앞서 존재하고, 오직 그러한 현재 또는 과거의(재생산적 또는 변형적) 행위(성)에 힘입어 존재한다.

사회적 삶의 이러한 첫 번째 특징은 다시 4-평면 사회적 존재라는 보다 일반적인 맥락에서 설정될 수 있다. 즉, 모든 사회적 사건이나 현상이 필연적으로 자연과의 물질적 교류, 사람들 사이의 사회적 상호작용, 고유한 사회구조, 그리고 체화된 인격성의 층화라는 네 차원에서 발생한다고 보는 개념을 말한다.

(b) 두 번째는 특징적인 **사회적 삶의 관계적 속성**과 연관되고 관련된 (주체적) 행위가 늘 인간의 의도성에 의해 매개될지라도, 개인적 동기 부여와 같은 아亞개인적인 것에서 지구적인 것에 이르기까지 여러 다양한 **규모의 질서**에서 발생할 수 있다는 사실과 관련된다.

(c) 세 번째는 사회적 삶의 특징적인 개념성과 관련이 있다. 개념성은 사회적 존재의 독특하고 본질적인 특징이지만, 사회적 존재의 전부는 아니다. 이로부터 행위자의 개념화는 항상 원리적으로 수정 가능하며 사회적 존재의 개념적 구성 요소는 사회적 존재의 개념 외적(담론-외적, 언어-외적) 측면에 의해 인과적으로 조건 지어지고 또 그 측면에 인과적 효력을 발휘할 것이다. 사회적 삶의 이러한 세 번째 특

징, 다시 말해 사회적 삶의 **수정 가능한 개념성**은 그것에 의해 비판의 대상이 될 수 있다.

이제 존재론적 고찰에서 인식론적 고찰로 전환한다.

학제성의 인식론

7. 초분과성

발현된 결과(또는 기제)에 대한 지식의 생성은 일종의 **초분과성**에 달려 있을 것이다. 이것은 기존 지식의 자원들을 활용하는 것을 포함하는데, 전체 다양한 인지 분야(그리고 심지어 시대)로부터의 유추, 은유, 모델의 창의적인(종종 측면적인, 때로는 간접적인) 사용과 개발을 포함하여 무수히 다양한 방식으로 이용할 수 있을 것이다.

8. 분과 횡단적 이해, 내재적 비판 그리고 효과적인 인식적 통합

적층 체계의 작동에 대한 지식을 성공적으로 통합하여 통합된 결과 또는 분야를 생산할 수 있는지는 또한 필연적으로 연구(또는 전문직 상호 간)팀의 구성원들 사이의 **분과 횡단적 이해**에 달려 있을 것이다. 나는 이러한 분과 횡단적(또는 교차 전문가적) 이해와 학제적(또는 전문직 상호 간) 통합의 가능성은 원칙을 전제한다고, 또는 보편적 연대와 축 합리성[19]의 공리 또는 공준에 근거한다고 주장해 왔다.

그러나 (주체적) 행위로의 구조의 환원 불가능성과 행위주체들이 제시하는

19 이에 대한 자세한 논의는 일반적으로 분쟁 해결과 평화 분야의 과학적·문화적 (내적)정합성에 대한 의문을 제기하며, 이는 7장에서 다시 다룰 것이다. 이에 대해서는 또한 나의 'Theorising ontology,' 200-3, 'Contexts of interdisciplinarity,' 20-1, Bhaskar with Hartwig, *The Formation of Critical Realism*, 196-9를 참고할 것.

개념화들에 대한 수정 가능성은 다른 분과학문의 구성원과 해석학적 만남과 이해를 성공적으로 수행할 수 있는 연구실행자의 능력을 제한할 수 있으며, 인식적으로 각자의 발견을 통일된 설명적 해명에 성공적으로 통합하는 그들의 능력을 제한할 수 있다는 것을 의미한다. 그리고 이는 다양한 학문분과들에서 작동하는 인지 구조들의 성질이 학제적 연구 내에서 영역들을 구성하는 데에서 독립적인 역할을 할 수 있다는 것을 의미한다.

따라서 특징적으로, 경제학은 경제적 활동의 사회적 전제가정을 위한 공간을 허용하지 않으며, 의학은 치유에 필요한 총체적 '돌봄 사슬'의 모든 구성 요소를 전형적으로 특정하지 않는다. 이러한 경우에서, 효과적인 인식적 통합이 가능하려면 연구팀의 연구실행자들과의 해석학적 만남을 해당 분과학문 중 하나 또는 그 이상에 대한 내재적 비판으로 보완해야 한다. 또 다른 가능성은 각 분과학문의 실질적인 과학적 존재론이 너무 불일치하여 분과학문들 사이에 그리고 그것들이 가정하거나 기술하는 기제들 사이에 지시 대상의 중첩referential overlap이 없을 수 있다는 것이다. 이 경우, 분과학문들 가운데 하나 또는 둘 모두는 아마도 매개적 학문 분야나 담론의 도움을 받아 객체 또는 준거틀의 어떤 공통성을 얻을 때까지 내재적으로 개발하거나 확장할 필요가 있을 것이다.

이러한 절차들의 순서는 일반적으로 다음과 같다.

(i) 적절하게 접합된 적층 체계 구축에 필요한 전문지식을 가진 연구팀 안에서 다른 분과학문의 연구실행자들과 해석학적 만남
(ii) 필요한 경우 연구와 관련된 하나 이상의 다른 분과학문에 대한 내재적 비판이나 발전(또는 확장)
(iii) 효과적인 인식적 통합.

개방체계적 세계에서 이러한 통합이 가능해지려면 우리는 때때로 관련 연구

원 또는 전문가가 서로 다른 배경과 분과학문적 연구 관심을 가진 다른 이들과 학제 간 팀에서 일하는 데 적합하고 준비될 수 있도록, 그들의 교육과 훈련의 문제를 재고해야 한다.

실천적인 목표는 통합된 문제에 대한 통합적인 정책 대응이다

연구자 또는 전문가가 직면한 실재-세계의 문제들은 별개의 분과학문으로 나뉘지 않고 통합된 것으로 그들의 관심을 끌게 된다. 성공적인 학제적 연구의 목표, 또는 일반적으로 전문적 상호연구의 목표는 인식론적으로 그리고 가치론적으로, 해당 문제에 대한 유사하게 통합된 이해에 도달함으로써 동등하게 통합된 정책 대응의 정식화를 성취하는 데 있을 것이다.

성공적인 학제 간 연구를 위한 조건들을 다음과 같이 요약할 수 있다.

(i) 인식론으로부터 존재론의 **명확화**, 그리고 이것이 수반하는 존재론적 실재론, 인식론적 상대주의, 판단적 합리성의 삼위일체, 즉 비판적 실재론의 성삼위일체에 대한 연구실행자들의 승인과 이해

(ii) **반反환원주의**

(iii) **적층 체계**의 관점에서 설명이라는 생각

(iv) 내가 **학제적 연구의 성삼위일체**라고 부르는 것은 다음으로 구성된다.

(a) 최소 상기한 (i)~(iii)항으로 구성된 **메타이론적 통일성**

(b) 적층 체계의 여러 수준의 구성 요소의 규준으로서 **방법론적 특수성**, 그리고

(c) **이론적 다원주의와 관용**

(v) 성취는 다음과 같이 구성된다.

(a) 충분하고 일반화된 **분과 횡단적 이해** 그리고

(b) 통합된 설명과/또는 통합된 정책 대응을 가능하게 하는 **인식적 통합**(관련된 학문 분야 가운데 하나 이상에 대한 내재적 비판을 통한 중재

가 필요할 수도 있다)

(vi) 학제적 연구를 어렵게 하는 경력적·행정적 장벽 및 재정적 장벽 **해소**

(vii) 연구 과정에서 그리고 잠재적 학제 간 연구 종사자들의 교육, 훈련, 육성 또는 지원에서 **분과성과 학제성의 변증법**(둘 모두 때때로 초분과성을 요구하는). 분과성은 **심층 설명**을 위해, 그리고 교육적으로 드러난 현상에서 설명적 구조로 이동함에 대한 친숙성을 위해 필요하며, 반면 학제성은 적층 체계들의 다양한 수준에서 작동하는 상이한 기제들에 대한 지식을 통합하기 위해 필요하다. 다시 말해, 성공적인 학제적 작업은 **깊이**와 **통합** 둘 다를 요구한다.

학제적 연구에 대한 연구를 하면서 분명해졌듯, 성공적인 학제적 연구의 가장 큰 장애물 중 하나는 '경성' 자연과학에서 훈련받은 사람들과 '연성' 사회과학에서 훈련받은 사람들 사이의 몰이해와 불통이다. 우리는 여전히 찰스 퍼시 스노C. P. Snow의 '두 문화'의 세계에 살고 있다고 보인다. 이 세계에서 자연과학 배경을 가진 많은 연구자가 이유를 설명하거나 사회구조에 대한 고려를 이해하는 데 큰 어려움을 겪고 있으며, 많은 예술 분야 및 인문학 분야 대학원생은 수학적인 어떤 것을 보면 얼어붙는다. 실로, 특히 아마도 영국은 여전히 너무 이르고 너무나 완전한 '전문화'로 인해 어려움을 겪고 있다. 효과적인 인식적 통합을 위한 전제 조건인 성공적인 분과 횡단적 이해를 위해서는, 우리의 교육 체계를 개혁할 필요가 절실해 보인다. 사회과학 분야의 대학원생이 적어도 자연과학 중 하나의 분야에서 편안함을 느끼고, 그 반대의 경우도 마찬가지가 되는 상황으로 옮겨가는 것이 중요하다.

그러나 스웨덴 장애연구소의 대학원생들을 대상으로 수행한 일부 연구에서 나타났던 또 다른 문제가 있다. 학제적 연구를 계속한 대학원생들을 대상으로 한 연구는 학제적 연구에 따르는 광범위한 불안감을 발견했다. 연구자들이 나타냈던 감정은 학제적 연구 환경에 온전한 편안함을 느끼지 못하고, 일정 정도 확실히 소외된 '방황하는' 감정이었다. 정규 학문분과적 기반의 공통적인 배경과 공유된 가정은 보이지 않았다. 아마도 이 문제를 해결하는 한 가지 방식은 학제적 연구 종사자들이 쉽게 제2 또는 제3의 고향을 얻을 수 있는 교육적 맥락과 사회연구 맥락일 것이다. 특히 문화적 분할의 다른 한쪽에서 끌어온 주제 또는 학문 분야에 종사하는 이들의 경우 더욱 그러하다.

4.3 | 응용된 비판적 실재론 연구에서 비판적 실재론의 추가적 발전을 활용하기

궁극적으로 나는 비판적 실재론을 무엇보다, '기본적 비판적 실재론', '변증법적 비판적 실재론' 및 '메타실재의 철학'으로 표시된 구획들 안의 도구로 구별하지 않고 응용된 비판적 실재론 연구를 위한 하나의 도구 상자로 간주하기를 바란다. 그러나 현재 비-기본적 비판적 실재론을 균등하게 수용하고 있지 않다는 사실은 이것을 우리가 어떻게 진전시켜야 하는지를 말해준다. 변증법적 비판적 실재론에서 주로 끌어낸 몇 가지 개념 또는 특징만 가지고 응용된 비판적 실재론 안에서 변증법적 비판적 실재론의 풍부한 잠재력과 메타실재 철학을 설명하고자 한다.

부정성

부재

부재는 매우 가치 있는 진단적 범주다. 사회적 맥락/상황 또는 실체/기관/조직에서 무엇이 결여되어 있는지 살펴보면, 그러한 상황 등이 어떻게 진행되고 있는지, 또는 변화가 필요한지에 대한 단서를 종종 얻을 수 있다. 비의 부재는 가뭄, 물가 상승 및 식량 폭동의 전조이고, 언론의 자유의 부재는 시민사회에 대한 요구의, 공공 영역의 부재는 헌법 및 민주주의에 대한 요구의 전조가 된다.

인식론적 변증법

인식론적 변증법에서 우리는 어떤 관련된 부재나 불완전함으로 시작한다. 이것은 인지적 또는 실천적 상황의 비일관성과 모순이 늘어나면서 점점 더 문제가 되는 난제나 문제를 발생시킨다. 이러한 모순은 관련 공동체에 신호 장치로 기능하며, 무엇이 근본적으로 잘못되었는지, 그리고 특히 무엇을 이론적으로 또는 실천적으로 혼합하면서 누락했는지를 말해준다. 이 엔트로피적 퇴화는 오직 누락을 바로잡는 것에 의해서만, 다시 말해 배제되었던 것을 더 광범위하고 포괄적인 총체성 속에 통합할 때만 중단될 수 있다(그리고 상황의 일관성을 복원할 수 있다). 그러한 총체성은 다시 관련된 어떤 것을 누락하고leave out, 이 변증법의 향후 단계를 촉발할 수 있다. 대체로 이런 도식이 바로 마르크스가 헤겔 변증법의 '합리적 핵심'으로 환영(했다고 내가 주장)한 것이다.[20]

리드믹(Rhythmic)[21]

우리는 이미 4장 1절에서 이 개념을 접했다. 이 개념은 구조나 사물의 인과적 힘의 — 공간과 시간에서의 — 행사로 이루어지는 자리한 어떤 긴장된 공간화 과정을 의미한다. 따라서 많은 목적을 위해 우리는 과정의 인과적·공간적·시간적 속성을 함께 고려하고 싶을 수 있다. 계절, 농업, 산업, 대 학기, 칸트가 매일 산책하는 쾨니히스베르크Konigsberg, 사무실 크리스마스 파티, 이 각각은 저마다의 리듬rhythmics이 있다. 리듬은 다양한 방식으로 과정들 서로를, 또는 다른 과정들을 충돌, 합체, 강화 또는 약화시킬 수 있다.

---

20 Chapter 6.3 and Bhaskar, *Dialectic*, Chapters 1과 2를 볼 것.

21 〔옮긴이 주〕 이 개념은 연속적/불연속적이며, 발현 현상과 관련하여 과정들이 겹치는 공간-시간성을 강조한다. 과정성(processuality) 또는 리듬성(rhythmicity)은 과정 중에 있는 존재의 속성이다.

총체성

구체적 보편자(또는 특이자)

실재의 개방체계적 세계에 있는 보편성은 **a**이면 항상 **b**라고 특정하는 추상적인 보편성이 아니다. 오히려 그것들은 다음을 공유하는 동안 이 특수한 a를 명시한다.

(i) **a이면 b인** 보편적인 경향(해당 경우에서 그것이 현실화되는지 여부와 관계없이)은 또한 다음을 특징으로 한다.

(ii) 구별되는 매개들distinctive mediations, **Xi … Xn**

(iii) 특수한 지리 역사적 궤적, **GxHy** 그리고

(iv) 환원 불가능한 (구체적) 특이성.

바로 이런 구체적 보편성[22]이 잉글랜드 축구팬들이 '나는 첼시Chelsea에서 태어났지만 아스널Arsenal을 응원한다'고 말할 수 있게 한다. 세계의 모든 보편성은 이러한 유형이고 모든 개별적인 것은 이 네 가지 측면(보편성, 매개, 지리-역사적 궤적과 특이성)을 가지고 있다.[23] 응용된 비판적 실재론 연구에서, 우리는 경험적인 것에서 초사실적인 것(이론적인 것)으로 그리고 추상적 보편성에서 구체적 보편성 둘 다로 나아가야 한다.

---

22 〔옮긴이 주〕 구체적 보편(성) 개념은 변증법적 보편화 가능성 개념의 근거들을 형성하며, 이는 추상적인 보편화 가능성과 근본적으로 다르다. 이 개념은 자유의 변증법에서 중심적인 역할을 한다. 이 대쌍 개념으로서 바스카가 말하는 구체적 특이성의 논리는 모든 개인이 공통의 인간성을 공유함에도, 윤리적으로 다르게 대우해야 한다는 것이다. 이는 칸트의 윤리학에서처럼 동일하게 대우하는 것이 아니다. 예컨대 인간은 핵심 보편성인 인간 본성, 특수한 매개, 그리고 그녀의 세계선(world line)의 리듬으로 구성되며, 이는 결국 그녀를 그 자체로 고유한(sui generis) 자연적 형태로 특별하게 개인화한다. 이렇게 함으로써 구체적 보편성 ↔ 특이성 개념은 근대성의 철학적 담론의 그릇된 이원성인 추상적 보편성과 원자론적 자아관을 대체한다.

23 Chapter 6 and Tables 6.2 and 6.3 and Bhaskar, *Dialectic*, 130-2를 볼 것.

전체론적 인과성

전체론적 인과성은 하나의 복합체의 구성 요소들 사이의 내적 관계들 — 한 요소에 일어나는 일이 다른 요소에 영향을 미치는 — 을 전제로 하기에, 설명적 목적과 연구 목적을 위해 그것들을 따로 또는 개별적으로 다룰 수 없고 **함께** 다루어야 한다. 이것은 분명 사회 세계에 편재하는 조건이다. 이 문장은 마지막에는 당신의 안녕은 당신의 가족과 친구들의 안녕에 의해 영향을 받는다는 것과 내적으로 연결된다. 일반적으로 전체론적 인과성에서 요소들의 결합의 형태가 요소들을 인과적으로 공동 결정하고, 요소들은 인과적으로 서로를 공동 결정하며 따라서 전체의 형태를 인과적으로 공동 결정한다.

성좌성

이것은, 구별되는 그리고 처음에는 서로에 대한 관계 속에서 정의되는 그러나 한 항이 범위를 넘어서서 다른 항을 둘러싸는 두 항 사이의 관계를 묘사하는 비유다.[24] 따라서 존재함은 성좌적으로 사상이나 지식을 포함한다고 말할 수 있으며, 반면 동시에 지식과 그 대상 사이의 구별 또는 객체의, 그것에 대한 지식과의 관계에서의 존재적 자동성은 유지된다. 따라서 인식론은 존재론의 일부이면서 동시에 존재론과 구분되기도 한다(자세한 내용은 2장 10절, 〈그림 2.3〉, 〈그림 6.5〉 참조).

---

24 〔옮긴이 주〕 성좌성(Constellationality)은 별자리적 요소들의 관계성을 포착하는 개념으로, 이는 세계에서 실재적인 구별과 연결의 일치를 의미한다. 별자리(constellation)는 테어도어 아도르노(Theodor Wiesengrund)가 발터 벤야민(Walter Benjamin)의 개념을 차용하여 만든 용어다. 벤야민은 "이념(ideas)은 객체(objects)와 별에 대한 별자리와 같은 관계에 있다"고 언급한 바 있다. 바스카는 이 용어를 "포괄적인 항 내부의 포함의 형상으로, 그 포괄적인 항에서 통시적 또는 공시적으로 발생할 수 있는 것"으로 정의한다. 이에 따르면 인식론은 존재론 내에서 별자리적으로 포함되거나 연결되며, 이는 과거 내부의 현재-미래, 원인들 내부의 이유, 행위 내부의 구조, 힘$_1$ 내부의 힘$_2$, 실천 내부의 이론 등으로 나타난다. 따라서 이 항들은 별자리적으로 상대적인 것들이다.

변형적 행위성

4-평면 사회적 존재

우리는 이미 3장 3절에서 이 개념에 대해 논의했지만, 전체론적 인과성과 마찬가지로, 다음 개념처럼 이미 기본적인 비판적 실재론에서 소개되었다는 점에 주목하는 것은 흥미롭다.[25]

TINA 타협 형태

이것은 이론적 허위와 실천 — 그럼에도 가치론적 필연성에 따라 이론적으로 부정된 범주적 진실을 지지하거나 존중하는 — 의 결합에서 발생하는 이론/실천 타협이다. TINA 타협 구성체를 이해하는 것은 이데올로기들이 어떻게 그들 자신을 그럴듯하게 만들 수 있는지를 우리가 깨달을 수 있게 해준다. 이에 관한 자세한 내용은 6장 4절과 6장 6절에서 확인할 수 있다.

구체적 유토피아주의[26]

이것은 우리가 주어진 일련의 자원을 가지고 제약 또는 필요성에 어떻게 더 잘 대처할 수 있는지 사유하도록 초청하는 연습이다. 그것은 성향적 실재론, 즉 가능성과 그것의 현실화가 실재한다는 생각에 근거한다. 이러한 관점에서 현실적인 것은 단지 실재적인 것의 (우연적인) 사례 또는 현현일 뿐이고, 여타의, 다른, 보다 나은 현현이 가능하다. 구체적 유토피아주의는 좋은 사회로의 **이행**에 어떻게 영향을 미칠지 사유하기 위해 핵심적인 개념이다. 이것은 5장, 6장, 9장에서 더 자세히 탐구할 것이다.

---

25 In Bhaskar, *Scientific Realism and Human Emancipation*, 9-10, 130.

26 〔옮긴이 주〕 구체적 유토피아주의는 '유토피아의 철학자' 에른스트 블로흐(Ernst Bloch)가 처음 사용한 개념으로, 추상적 유토피아주의와 대조된다.

보편적 연대와 축 합리성

그것의 많은 쓰임 중에서, 메타실재의 철학은 우리가 보통은 깨닫지 못할 수 있는 사회적 실재의 수준들 또는 측면들에 대해 우리를 민감하게 할 수 있다. 따라서 보편적 연대와 축 합리성의 공리는 어떤 갈등 상황에 놓인 참여자가 근본적으로 통약 불가능한 서술을 더 이상 제공할 수 없을 제한적 조건을 보여주는 데 사용할 수 있다. 반면, 부분-실재의 일부 특정 사례에서 메타실재 하위 층을 판별함으로써, 어떤 사회적 공포나 악이 의존하는 인간의 선함 (또는 중립성) 수준, 일단 인식되고 동원되면 그 악의 원천을 변형하는 과정을 시작할 수 있는 수준을 나타낼 수 있다.[27]

27 Chapter 7, 그리고 Bhaskar, *Reflections on MetaReality*을 볼 것.

| Chapter 5 |

윤리와 언어

설명적 비판과 비판적 담론 분석

이 장에서는 밀접한 관련이 있는 것으로 밝혀질 두 가지 작업을 수행한다. 첫 번째는 윤리학에 대한 비판적 실재론 접근법을 개관하는 것으로, 특히 **설명적 비판 이론**으로 알려진 윤리적 자연주의의 한 형태의 비판적 실재론적 발전에 초점을 맞추고 있다. 이 이론은 '흄의 법칙', 즉 비록 자주 실행하는 것일지라도(그리고 아마 심리적으로는 필연적인 것일지라도), 사실적 진술에서 평가적 진술로의 이행은 논리적으로는 용납될 수 없다는 흄의 테제에 대항하고자 한다. 두 번째는 언어에 대한 비판적 실재론적 관점을 좀 더 깊이 살펴보고, 특히 담론분석에 대해 CR과 양립 가능하고 어느 정도는 CR의 영향을 받은 접근법인 **비판적 담론 분석**을 살펴보는 것이다.

5.1 | 설명적 비판과 윤리

사실들로부터 가치들을 도출할 수 없다는 생각은 정통 또는 주류 사회과학철학의 두 번째로 큰 구호라고 할 수 있는데, 첫 번째 구호는 인과법칙에 대한 흄의 이론으로 과학에 대한 연역주의적 설명의 핵심이다. 이 두 가지 구호는 함께 사회과학을 실재 세계 현상에 대한 설명 그리고 사회정책에 대한 논쟁과 무관한 것으로 만드는데, 그 까닭은 사회과학은 개방체계를 다루어야 하기 때문이다. 그리고 (흄의 법칙에 따르면) 사실로부터 가치를 도출할 수 없기에 어떤 설명이 생성되었더라도 가치에 대한 사회적 논쟁과 무관할 것이기 때문이다.

이 장에서는 담론의 비판성이 어떻게 사실적 담론의 평가적 함의를 위한 기본적인 논증을 수립하는지 보여준다. 이 논증은 설명적 비판에 관한 비판적 실재론 이론에서 더욱 발전된다. 이 이론은 우리가 믿음에 대한 부정적인 평가에서 그 믿음이 인도하는 행위에 대한 부정적인 평가로, 그리고 그러한 믿음의 원인에 대한 부정적인 평가와 그러한 믿음의 원인의 제거를 합리적으로 지향하는 행위에 대한 긍정적인 평가로 나아갈 수 있음을 해명한다. 이러한 **인지적인 설명적 비판** 모델은 **비-인지적** 및 비-의사소통적 **해악**을 포괄하도록 일반화할 수 있고 또한 **심층-해방적 실천** 안에서 구현할 수 있다. 이 확장된 모델의 중심에는 우리의 욕망, 필요, 충족되지 않은 잠재력이 타인에 대한 이해와 행위에 의존하고 자유와 연대가 상호 의존하는 인간 존재론이 자리 잡고 있다. 이것은 다음 장에서 한층 더 발전시킬 존재론이다.[1]

3장 3절에서 우리는 사회과학과 자연과학 사이의 존재론적·인식론적·관계적, 그리고 비판적 차이의 유형들을 확인했다. 네 번째 **비판적** 차이의 유형은 세 번째 차이 또는 관계적 형태의 차이에 의존한다. 이는 사회과학의 주제가 사회적 객체에 관한 것이자 그 사회적 객체에 대한 (사회적) 믿음에 관한 것이라는 사실에서(또는 달리 말하면, 사회적 객체는 그것 자체에 대한 믿음을 포함한다는

---

1 설명적 비판 이론은 나의 *The Possibility of Naturalism*, 55-71에서 처음 개진한다. 그것은 Bhaskar, *Scientific Realism and Human Emancipation*, Chapter 2.4-2.7, 154-211에서 정교화되고 인간해방의 변증법과 연관되는데, 이는 변증법적 비판적 실재론과 메타실재의 철학 안에서 더 발전한다. Reeves, *The Idea of Critique*도 볼 것.

사실에서) 비롯된다. 의식(그리고 존재함)에 대한 **설명적 비판** — 가치와 행위에 대한 판단을 수반하는 것으로 자연과학의 영역에서는 나타나지 않는다 — 을 가능하게 하고, 그러므로 실질적인 **윤리적 자연주의**의 수정된 형태, 즉 사실 진술과 가치 진술 사이의 메울 수 없는 논리적 간극 — 흄, 베버, 데이비드 무어G. E. Moore가 견지한 종류의 — 은 부재한다는 점을 입증한다. 참으로 설명적 비판 이론은 흄의 법칙[2]으로 알려진 철학적 정통에 대한 논박으로서 가장 경제적으로 제시된다.

흄의 법칙의 옹호자라고 하더라도 사실 진술과 평가 진술 사이에 인과관계가 존재하여, 서로 동기를 부여하고, 경향을 가져오며, **인과적으로 영향을 미친다**는 점을 부인하는 것은 아니다. 하지만 그는 사실이 가치를 **논리적으로 수반하지는** 않는다고 단언한다. 많은 사회적 담론의 가치 함축적 특성으로 인해 이에 대한 의구심이 바로 제기된다. 이는 사회과학이 서술하고 설명하고자 하는 사회적 실재의 가치함축적 특성과 긴밀하게 연관된 것으로 보인다. 이는 사회적 상황에 대한 가장 좋은 (가장 정확하거나 정밀한 또는 완전한) 서술은 평가적이라는, 즉 평가적인 함의들을 지닌 경우가 매우 많다는 것이다. 이사야 벌린Isaiah Berlin이 제시한 유명한 예를 들어, 나치 통치하에서 독일에서 일어난 일에 대한 다음의 설명을 비교해 보겠다.[3]

(α) '나라의 인구가 줄었다'

(β) '수백만 명의 사람들이 죽었다'

---

2 흄 자신이 사실 진술들에서 가치를 논리적으로 도출할 수 없다고 주장했는지 여부는 논쟁적이다(예컨대 Bhaskar, *Scientific Realism and Human Emancipation*, 179 n95; Smith, *What is a Person?*, 388 f; and Charles R. Pigden(ed.), *Hume on Is and Ought*(Basingstoke: Palgrave Macmillan, 2010)를 볼 것). 그러나 이것은 우리가 여기서 관심을 가질 필요가 없는 논쟁이다. 나의 비판의 표적은 흄의 법칙으로 알려진 철학적 정통, 다시 말해 사실적 전제들로부터 가치에 대한 결론을 타당하게 추론할 수 없다는 것이다.

3 Bhaskar, *The Possibility of Naturalism*, 59.

(γ) '수백만 명의 사람들이 죽임을 당했다'

(δ) '수백만 명의 사람들이 학살당했다'

네 가지 진술은 모두 참이지만, (δ)이 가장 평가적일 뿐만 아니라, 실제로 발생했던 일을 가장 잘 (가장 엄밀하고 정확하게) 묘사하는 것이기도 하다.

그러나 흄의 법칙의 옹호자는 여전히 이러한 서술을 필요로 하는 이른바 재마법화된[4] 사회적 실재 속의 가치를 우리가 거부할 자유가 있다고 주장할 수 있다. 1960년대 중·후반에 널리 퍼진 존 설John Searle의 제도적 사실들 주장, 앤서니 프라이어Anthony Prior, 필리파 풋Philippa Foot 등의 기능적 사실들 주장, 그리고 그들의 주장에 대한 번영 개념을 통한 엘리자베스 앤스컴Elizabeth Anscombe의 일반화가 논리적으로 설득력이 부족한 것은 이러한 종류의 이유들 때문이다. 시계, 칼, 총 또는 특정 종(인간을 포함한)의 번영은 그 자체로 좋은 것이라는 것을 부인하는 것이 논리적으로는 언제나 가능하기 때문이다. 흄의 법칙에 대한 결정적인 비판은, 우리가 사회적 믿음을 그것을 형성한 사회로부터 (예컨대 실체화hypostatisation에 의해) **탈총체화**하거나 쫓아내기를 거부할 때, 즉 사회들이 믿음 및 그 믿음의 형성 과정을 포함하거나 보유하고 있다고 우리가 이해할 때 본격적으로 시작된다. 그러한 믿음은 명백히 논리적으로 모순될 수 있고, 또는 그 믿음의 대상에 대해 어떤 다른 방식으로 허위일 수 있다. 그리고 이를 보여주는 것이 사회적 객체만이 아니라 그 객체에 대한 사회적 믿음을 연구 대상에 포함하는 사실적 사회과학의 소관임이 분명하다. 만약 그렇다면, 그리고 그렇게 되었다면, 우리는 즉시 그러한 믿음과 그 믿음에 기초한 행위

---

4 1장에서 설명한 대로, 존재함을 재마법화된 것으로 이해하는 것은 근대성의 철학적 담론과는 달리 그것이 태생적으로 가치 있고 의미 있는 존재라는 것을 깨닫는 것이다. 여기서 사회적 존재가 '재마법화'된다고 말하는 것은 사회적 존재가 가치를 포함하고 있다고 인정하기 때문이다. 지배적 관점은 세계를 **탈마법화**하는데(타동적 차원) 그렇지만 그것은 항상 이미 **마법화**되어 있다(자동적 차원). 7장과 8장도 볼 것.

에 대한 부정적인 평가를 내릴 수 있고, **다른 조건이 동일하다면** 그 믿음의 거부에 대한 긍정적인 평가를 내릴 수 있다고 주장할 것이다(그러므로 나는 **다른 조건이 동일하다면** 그것들의 원인의 제거를 주장할 것이다).

흄은 우리가 1장 1절에서 살펴보았듯 불필요한 탈총체화의 예를 제시하는데, 그는 전 세계가 파멸하는 것보다는 자신의 손가락에 상처가 나는 것이 더 낫다고 할 더 나은 이유가 없다고 단언한다.[5] 그가 여기서 행하고 있는 것은 자신이 세계의 일부가 아니라고 가정하는 것이다. 즉, 그는 전체totality로부터 자신을 분리시키고 있다. 왜냐하면 그가 세계의 파괴를 선택한다면, 그의 손가락은 분명히 세계의 일부이기 때문에, 그는 손가락도 잃게 될 것이기 때문이다! 흄이 암묵적으로 행하고 있는 것은 세계의 나머지로부터 자신(그리고 철학)을 분리시키는 것이고, 물론 그중에는 그 자신과 철학(그리고 사회과학을 포함한 과학)도 포함된다. 이것은 실로 서구 철학과 학계 전반에 특징적인 오류다.

사회적 실재의 그리고 따라서 그 실재에 대한 서술의 가치침윤적 특성이 흄의 법칙에 의문을 제기한다면, 흄의 법칙에 대한 결정적인 비판은 그러한 믿음을 인과적으로 설명할 수 없다는 생각을 거부하는 것과 함께 믿음과 가치를 사회 안에 포함하는 데서 생겨난다. 그다음, 만일 우리가 그러한 잘못된 믿음의 원인에 대한 참된 설명을 갖고 있다면, 우리는 즉시 그러한 원인에 대한 부정적인 평가로 넘어갈 수 있고, 그다음에는 그러한 원인에 책임이 있는 것으로 밝혀진 조건, 구조 또는 사태에 대한 부정적 평가로 넘어갈 수 있으며, 그다음에는 **다른 조건이 동일하다면** 그러한 원인 및 조건을 제거하거나 변형하는 것을 합리적으로 지향하는 행위에 대한 긍정적인 평가로 넘어갈 수 있고 넘어가야만 한다. 따라서 예컨대 어떤 사회구조가 잘못된 인종주의적 또는 성차별적 관념을 양산하고 있다면, **다른 조건이 동일하다면** 우리는 그것을 바꾸

---

5 Hume, *A Treatise of Human Nature*, Vol. II, 128.

기 위해 행위 해야 한다. 설명적 비판 이론의 반대자들은 때때로 설명적 비판 이론이 실재 세계의 사례를 결여하고 있다고 주장하지만, 인종주의의 예만 보더라도, 공식적인 인종 분리주의 구조는 20세기 후반에, 무엇보다도 그것이 과학에 의해 허위로 입증된 관념들을 생성해 왔다는 이유로 전 세계에서 해체되었다. 따라서 설명적 비판 이론은 사회과학(좀 더 일반적으로 과학)이 사회정책을 합리적으로 정당화할 수 있는 흥미로운 가능성을 열어주며, 실로 종국에는, 그것 자체에 대한 참된 설명과 **양립할 수 없는** 것으로 증명된 믿음을 약화시킴으로써 참되고 근거 있는 가치를 **판정**하고 심지어 **발견**할 수 있는 흥미로운 가능성을 열어준다.

이러한 결과를 위한 논증을 좀 더 알기 쉽게 다시 설명해 보자.

1단계

첫 번째 단계는 모든 담론이 암묵적 또는 명시적으로 비판적이거나 최소한 비판적 요소를 갖고 있다는 점을 인식하는 것이다. 아마도 우리는 이 점을 교육의 맥락에서 가장 명확하게 인식할 수 있을 것인데, 교육은 대체로 어떤 주제에 관한 더 참이고 더 정확하고 더 포괄적이거나 더 일관된 믿음을 학습하는 과정으로 이루어진다. 어떤 주제에 대해 새로운 믿음을 습득한다는 것은 보통 그것에 대해 오래되고 덜 적절한 믿음을 거부하는 것을 의미한다. 지구가 둥글다는 진술의 진실성에 대한 승인은 지구가 평평하다는 믿음에 대한 거부를 함축하며, 따라서 그 잘못된 믿음에 대한 거부는 이미 하나의 평가이고, 행위이다.

2단계

일단 우리가 어떤 믿음을 허위라고 거부하고 나면, 우리는 논리적으로 그 믿음이 안내한 어떤 행위도 거부하기로 결심하는 것이다. 모든 의도적 행위는 욕망, 가치, 그리고 이러저러한 종류의 다른 다양한 요소와 더

> 불어, 믿음에 의해 영향을 받는다. 그리고 세계에 대한 우리의 이해와 지식이 개선됨에 따라 우리는 우리의 행위를 그에 맞게 수정할 필요가 있다. 또는 오히려(다시 말해), 새로운, 좀 더 적절한 믿음의 안내를 받는다면, 우리의 행위도 수정될 것이다. 따라서 마녀들이 존재한다는 생각을 거부하는 것은 그러한 믿음이 안내하는 실천을 거부하는 것이다.
>
> **3단계**
> 세 번째 단계는 일단 우리가 새로운 믿음을 형성하면, 우리는 기존의 잘못된 믿음이 안내하는 행위를 거부해야 할 뿐만 아니라, 특히 그 잘못된 믿음이 지속되거나 널리 퍼져 있고 합리적인 비판의 영향을 받지 않는 경우, 원칙적으로 그 잘못된 믿음의 원인에 대한 탐구에 전념해야만 한다는 것을 깨닫는 것이다.

이제 몇 가지 가능한 반론에 대해 생각해 보겠다. 첫째, 이러한 논박이 진실은 선이고 거짓은 해악이라는 가치에 대한 우리의 승인에 달려 있다고 반대할 수 있다. 그러나 이것이 그러하다는 것은 사실적 담론의 조건(말하자면, 믿음 개념의 논리적 지리학의 한 측면)이며, 따라서 그것은 가치들의 연역을 정당화하는 사실적 담론 — 흄의 법칙은 이것을 부인한다 — 에 대한 고려 이외에는 어떤 것도 포함하지 않는다. 이것이 사실이란 무엇인가에 관한 실증주의적 이해를 재구성한다는 것, 사실은 가치로부터 자유로운 것이 아니라 진실에 대한 헌신을 포함한다는 점은 지적해 두어야 한다. 사실에 대한 실증주의적 설명은 사실상 언제나 거짓이었다. 사실의 구성에는 진실 외에 다른 가치들과 이해관계도 포함되지만, 진실에 대한 헌신이 **반드시** 포함되어야 하는 유일한 가치라는 것이 나의 주장이다. 이것은 우리의 일상적인 직관과 일치한다. 따라서 우리는 에볼라 바이러스Ebola virus를 발견한 과학이 더 많은 연구비를 유치하려는 과학자들의 욕망이나 이윤을 창출하려는 자금 지원 기업들의 욕망에 의해 **반드시** 오염되었다고 가정하지 않는다.

진실이 유일한 사회적 선은 아니라거나, 거짓이 유일한 사회적 해악은 아니라고 그러므로 다른 고려사항들이 설명적 비판의 추론 체계[6]를 **압도할** 수도 있다고 지적하는 것은 반론이 아니다. 과학은 여타의 사회제도 가운데 하나일 뿐이고 진실은 여러 가치 가운데 하나일 뿐이지만, 그렇다고 이것이 다른 것들이 동일하다면 진실이 선이고 거짓은 해악이라는 사실(과 사실적 담론의 조건)을 논박하는 것은 아니다.

셋째, 어떤 믿음의 허위성을 설명하는 구조나 사태에 대한 부정적 평가에서 그것의 변형을 합리적으로 겨냥한 행위에 대한 긍정적 평가로 나아가는 추론이 실질적인 이론과 구체적인 실천적 판단 양쪽 모두에 의존한다는 것은 사실이다. **다른 조건이 동일하다면** 무엇인가를 해야 한다는 **것**을 부인할 수는 없지만, **무엇**을 해야 하는가는 서로 다른 문제다.

마지막으로, 설명적 비판의 추론 도식은 오로지 **다른 조건이 동일하다면**, 즉 다른 것들이 동일하다면 유지된다. 그러나 이것은 일반적인 과학적 담론에서도 정확한 유사점을 지니고 있다. 인과법칙을 언급한다는 것은 무슨 일이 일어날 것인지를 말하는 것이 아니라, 무슨 일이 일어나는 경향이 있는지 또는 **다른 조건이 동일하다면** 무슨 일이 일어났을 것인지를 말하는 것이다. **다른 조건이 동일하다**는 조항은 자연법칙을 초사실적으로 적용하는 개방체계적 세계에서 사실에서 사실로 이동하기 위한 조건이며(가장 잘 설계된 건물이나 다리는 다른 조건이 동일하다는 조건에서만 유지될 것이다), 믿음, 판단, 행위의 실천적인 사회 세계에서 사실에서 가치로 이동하는 것에 대해서도 똑같이 그러하다. 철학적 정통이 근본적인 이분법들을 설정하는 곳에서, 비판적 실재론은 그 대신 정확한 유사점을 발견한다.

『과학적 실재론과 인간 해방』에서 나는 설명적 비판을 옹호하는 논증을 허

---

6 Bhaskar, *Scientific Realism and Human Emancipation*, Chapter 2.5-2.7를 볼 것.

위와 같은 인지적 해악에서 빈곤과 건강 악화와 같은 비인지적이고 비의사소통적인 해악들로 일반화한다. 이는 우리가 담론 분석에서의 설명적 비판의 전유로 논의를 전환할 때 중요한 것으로 입증될 사안이다. 나는 또한 설명적 비판 모델이 어떻게 심층-해방적 실천[7] 내부에 구현될 수 있는지를 보여준다. 그렇게 함으로써 우리는 논리적으로 다음을 전제한다.

(a) 실현 가능한 더 나은 상태에 대한 이론, 그리고

(b) 그것으로의 이행에 대한 이론.

변증법적 비판적 실재론에서 이들 두 가지는 **구체적 유토피아주의**와 **이행 이론**이 되며, 이 묶음은 설명적 비판에 추가되어 **윤리적 4극성**(6장 7절 참조)의 심층-해방적 실천과 관련된 **설명적 비판 이론 복합체**가 된다.[8] 구체적 유토피아주의는 한 사람 또는 가족이나 대학 학과 등과 같은 사회적 실체가 어떤 제약에 더 잘 대처할 수 있는 방식을 찾아내는 상상력의 발휘를 포함한다. 그것은 철학적으로 성향적 실재론, 특히 가능한 것이 현실적인 것만큼이나 실재적이며, 참으로 존재론적으로 현실적인 것에 앞선다는 관념에 근거하고 있다.[9]

이제 『과학적 실재론과 인간 해방』에서 설명적 비판의 논증이 **합리성의 7수준들**[10]을 통해 나아가는 부분을 요약하고자 한다. 처음 두 단계는 단지 **도구적 합리성**, 구체적으로는 기술적 합리성과 내가 맥락적으로 위치한 도구적 합리성이라고 부르는 것을 포함한다. 따라서

---

7 Bhaskar, *Scientific Realism and Human Emancipation*, 207 ff를 볼 것.

8 Bhaskar, *Dialectic*, 262-5도 볼 것.

9 비판적 실재론적 메타이론은 따라서 급성장하는 새로운 이행 연구 분야, 특히 지속 가능성 이행에 대한 흥미로운 전망을 열어준다.

10 Bhaskar, *Scientific Realism and Human Emancipation*, 180-211.

(i) **기술적 합리성**은

순수한 기법으로서 사회과학을 활용하는 것을 포함하고, 흥미 있는 규범적 결론은 수반하지 않는다. 그러나

(ii) **맥락적으로 위치한 도구적 합리성**의 수준에서

사회과학은 힘$_2$ 관계의 맥락에서 더 이상 중립적이지 않다. 억압받는 자들은 그들의 억압자들이 결여할 수 있고, 아마도 틀림없이 결여하고 있는 지식에 대한 **이해관심**을 가지기 때문이다.[11]

비판적 합리성의 수준으로 이동하면서

(iii) 우리가 **담론 내적인(비-설명적인) 비판적 합리성** 또는 **실천적 합리성**을 가지고 있는 수준에서

어떤 믿음이 허위라고 말하는 것은 문제의 믿음에 의해 지속되거나 안내되는 행위들에 대한 부정적인 평가를 내리는 것이다. 모든 과학은 본질상 비판적이고 그러므로 평가적인데, 이는 과학이 모두 자신의 대상 영역에 대한 믿음에 대해 진실이나 허위라는 판단을 내리기 때문이다. 그러나 인간과학은, 그것의 영역의 독특한 본성 때문에, 무엇보다도 사회적 객체에 대한 믿음을 포함하고 있으며, 또한 설명적 강령을 추구하면서 이 영역의 측면들에 대해 진실 또는 거짓이라는 판단을 내린다(또는 적어도 수반한다).

(iv) 우리가 **설명적인 비판적 합리성**을 가지고 있는 수준에서

다음을 보유할 때 우리는 설명적인 비판적 합리성을 지닌다.

---

11 Bhaskar, *The Possibility of Naturalism*, 60 n84, 177; *Scientific Realism and Human Emancipation*, 182와 *Reclaiming Reality*, 6를 볼 것.

(a) 원시 과학적[12] 이론 P가 허위이거나 오도적이라고 추정하는 적절한 근거들, 그리고

(b) 구조 S가 P를 공동 설명한다고 추정할 수 있는 적절한 근거들

그러면 우리는 즉시

(c) S(다른 조건이 동일하다면)에 대한 부정적 평가, 그리고

(d) S(다른 조건이 동일하다면)의 제거를 합리적으로 지향하는 행위에 대한 긍정적인 평가 로 이동할 수 있고, 이동해야만 한다.

다음의 두 수준들은 **해방적 합리성**의 수준이다.

(v) **심층 설명적 비판적 합리성**의 수준에서

심리학적 합리화와 이데올로기적 신비화의 단순한 모델을 그려볼 수 있다.[13] 이러한 신비화는 인간의 안녕 또는 자유 번영(단지 필요의 충족만이 아니라 발전 가능성의 조건의 충족을 포함하는)에 대한 제약을 초래한다. 번영을 제약하는 모든 상황에서 필요한 것은 진단diagnosis, 설명explanation 및 행위action이다. 이것이 바로 **실천적인 문제 해결의 DEA 모델**이다. 이 모델이 규범적 변동을 포함하는 한, 필요한 것은 어떤 규범적 합의 또는 실제로 존재하는 도덕성에 대한 서술description, 설명explanation 및 변형transformation이다. 이것이 〈그림 5.1〉에 표현된 **DET 도식**이다. 이 모델은 흄적, 설명적-비판적 그리고 스피노자적 계기를 연속적으로 결합한 것으로 간주할 수 있다. 첫 번째 흄적 계기에서는 널리 공유된 일련의 가치들이 서술된다. 두 번째, 비판적 실재론적 계기에서는 합의의 생성 또는 유지가 설명되며, 세 번째 스피노자적 계기에서는, 행위주체들이 밝혀진 설명적 구조에 비추어

12 2장 8절을 볼 것.

13 Bhaskar, *Scientific Realism and Human Emancipation*, 194 ff.를 볼 것.

〈그림 5.1〉 실천적 문제 해결의 DEA → DET 모델[14]

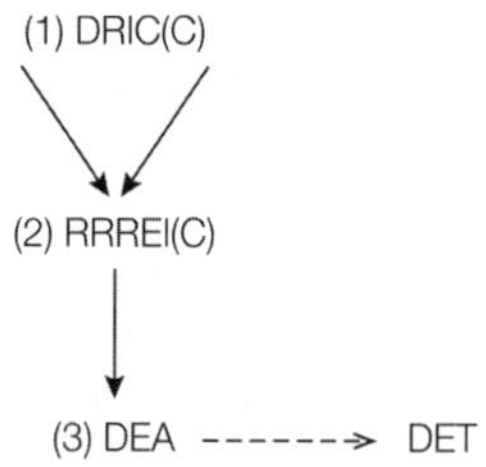

그들의 가치가 더 이상 적절하지 않다는 것을 깨닫게 됨에 따라 인지적으로 부적절한(허위 또는 여타의 부적절한) 가치가 변형되거나 제거된다.[15]

(vi) **심층 탐구**(심층 설명으로부터 진전된)의 수준에서

설명적 이론과 해방적 실천 사이의 내적 관계가 제자리에 자리 잡는다. 여기서 DEA → DET 모델이 완전한 제자리로 들어간다. 진단**d**iagnosis, 설명**e**xplanation 그리고 행위**a**ction/변형**t**ransformation이 빠르게 서로 연속적으로 이어진다.[16]

(vii) **지리-역사적 방향적 합리성**

에 대한 논의는 다음 장(6장 7절)으로 미룬다.

---

14 Martin Evenden, 'Critical realism in the personal domain: Spinoza and the explanatory critique of the emotions,' *Journal of Critical Realism* 11:2(2012), 163-87.를 볼 것.

15 Bhaskar, *Plato Etc.*, 112, Figure 5.13.

16 Tim Rogers, 'The doing of a depth-investigation: implications for the emancipatory aims of critical naturalism,' *Journal of Critical Realism* 3(2)(2004), 238-69.도 볼 것.

해방적 실천의 가능성에 대한 다섯 가지 일반 조건을 제시할 수 있다.[17]

(a) 이유의 인과성
(b) 가치의 내재성
(c) 사회이론의 참여와 성찰성과 더불어, 사회이론의 대상에 대한 그것의 비판의 내부성
(d) 객관적 필요와 주관적 가능성의 일치
(e) 질적 변화가 가능하려면 발현적 힘이 작동해야 한다.

비판 이론과의 극명한 대조가 이제 시야에 들어온다. 비판적 실재론에 따르면, 설명적 이론은 (호르크하이머Horkheimer와 하버마스Habermas에서와 같이) 해방에 대한 헌신을 **전제**하기보다는 **함축**한다.[18] 우리가 설명적 기제에 대한 우리의 탐구의 서문에 해방에 대한 우리의 관심을 적어야 하는 것은 아니다. 반대로 해방에 대한 우리의 이해관심은 탐구로부터 흘러나올 수 있다. 비판 이론의 오류는 자연과학에 대한 근본적으로 실증주의적인 개념의 수용에서 비롯된다. 일단 자연 세계를 그렇게 서술하면 인간 행위가 자연 세계에 어떤 변화를 일으킬 여지가 없기 때문이다.

설명적 비판 이론은 4-평면 사회적 존재에서 인간 본성과 인간 가능성에 대한 명확한 견해를 전제한다. 그것이 전제하는 **철학적 인류학** 또는 좀 더 일반적으로 존재론은 『과학적 실재론과 인간 해방』에서 주장하고 변증법적 비판적 실재론에서 더욱 발전했다(6장을 볼 것). 그것은 우리의 욕구와 필요의 충족, 그리고 그것들의 충족에 대한 제약을 제거하려는 메타-욕망이 **자유와 연대의 변증법적 상호의존성**, 담론과 실천 그리고 **담론과 실천의 변증법**에서 **타**

17 Bhaskar, *Scientific Realism and Human Emancipation*, 210-11.

18 Bhaskar, *The Possibility of Naturalism*, 56 f.를 볼 것.

인의 행위에 환원 불가능하게 의존하는 존재론이다. 여기에는 두 가지 근본적인 기제 또는 변증법이 자리하는데, 하나는 담론과 관련된 것이고 다른 하나는 일반적으로 욕망과 행위와 관련된다. 자유와 연대 그리고 이 두 변증법을 연결하는 것은 **변증법적 보편화 가능성의 논리**다.

담론의 실천적 전제는 '나를 믿고, 그에 따라 행위 하라'는 확신에 의해 주어지며, 행위의 담론적 전제는 '나의 행위는 나의 자유에 대한 제약을 제거하려고 하기에 정당화되며, 나는 모든 변증법적으로 유사한 상황에서 그러한 제약을 제거하는 데 헌신하고 있다'는 확신에 의해 주어진다.

따라서 나는 '이 사례에는 무엇인가, 변증법적으로 유사한 모든 상황에서 동일한 방식으로 행위 하겠다는 약속을 수반하는 특정한 차이가 있다'고 말하고 있거나 전제하고 있다. 이것은 어떤 행위든 반드시 근거나 정당화가 있어야 하고, 사례들 사이에 적절한 차이가 없는 한 동일한 상황에서는 정확히 동일한 행위를 해야 하기 때문이다. 따라서 **합리적 근거를 마련하는 과정**이나 성찰적으로 숙고하는 과정은 **변증법적 보편화 가능성에 대한 헌신을 함축**한다. 이것은 그 자체로 편재성 결정론의 원리(2장 7절에서 소개한)를 도덕적 영역에 적용한 것으로 볼 수 있다.[19] 이 원리는 적절하게 구체화되고 변증법화될 필요가 있으며, 이것은 변증법적 보편화 가능성이라는 개념에서 '변증법적인' 것의 힘과 함께 6장에서 논의될 것이다. 여기서는 보편화 가능성이, 실현 가능성과 같이 **다른 조건이 동일하다면**이라는 조항과 많은 부차적 제약의 지배를 받는다는 것을 지적하는 것이 중요하다. 이것 또한 다음 장에서 논의할 것이다.

19 Bhaskar, *A Realist Theory of Science*, 70도 볼 것.

5.2 | 비판적 담론 분석과 언어

비판적 담론 분석CDA은 가치에 침윤되고 이데올로기적으로 포화된 담론을 분석하여 담론의 실천적 함의와 전제를 끌어내는 방식으로 그러한 담론을 그것의 생산 조건과 다시 연관시키는 데 관심을 두고 있다. 그러한 조건은 담론적이기도 하면서 담론 외적이기도 하며, 힘$_2$ 관계를 포함한다. 비판적 실재론이 강력한, 그리고 심지어 진리론적 진리 감각을 정당화한다는 사실에도 불구하고(6장 4절 참조), 비판적 담론 분석가들은 일반적으로 담론의 진위와 관련하여, 즉 인지적 해악과 관련하여 담론을 분석하는 것을 꺼려하며, 담론이 소득, 부 또는 기회의 총체적 불평등이나 힘$_2$ 관계를 어떻게 강화하는지, 또는 어떻든 도전하지 못하는지 보여주는 것을 선호한다. 의심할 바 없이 이는 강력한 인식론적 기준을 사용할 가능성과 관련해, 탈근대주의와 판단적 상대주의가 지배하는 학계에서 회의주의가 널리 퍼져 있기 때문일 것이다. 하지만 이는 담론 분석가들이 설명적 비판 이론의 자원을 충분히 활용하는 것을 방해하는 역할을 해왔고, 동시에 비판적 실재론자들은 종종 마르크스와 프로이트의 교과서적 사례에 의존하면서 CDA에 기반한 설명적 비판의 영향을 받기 쉬운 당대의 수많은 텍스트와 행위, 담론과 정책을 사실상 무시해 왔기에, 안타까운 일이다.

CR과 양립 가능하고 CR의 영향을 받은 CDA의 주요 지지자는 노먼 페어클러프Norman Fairclough다.[20] 비판적 담론 분석은 매우 일반적으로 텍스트의 의미를 살펴보는 것과 관련이 있다. 이것은 분명히 의미 형성에 대한 연구인 **기호**

20 Norman Fairclough, *Critical Discourse Analysis: The Critical Study of Language*(Harlow: Pearson 1995/2010)를 참고할 것. Norman Fairclough, 'Critical discourse analysis' in *Dictionary of Critical Realism*, (ed.), M. Hartwig, 89-91도 볼 것. 여기서 페어클러프는 CDA의 여섯 버전, (i) 알튀세르주의에 대한 프랑스 담론 분석; (ii) 비판적 언어학 (ii) CDA에 대한 사회인지적 접근; (iv) 담론 역사적 접근 (v) 사회 기호학적 접근, 그리고 (vi) 변증법적 접근을 구분하고 있다.

학, 그리고 **해석학** 또는 텍스트 해석을 모두 포함한다.

기호학적 분석에 필요한 최소 단위는 기표(단어), 기의(기표의 개념, 의미 또는 의도) 및 지시 대상(기표가 지시하는 대상 또는 사물)으로 구성되는 **기호학적 삼각형**이다(<그림 2.2> 참조).[21] 지시 대상은 이 집합체에서 절대적으로 없어서는 안 될 부분으로, 이는 존재적으로 자동적이며 지시하는 행위로부터 그것의 분리에 의존한다. 따라서 의미의 생산과 관련해, 지시 대상은 담론 외적인 것, 즉 그 담론이 대상으로 삼고 있는 담론 외부의 어떤 것이다.

다른 곳에서 네 가지 해석학적 주기를 구분했다.[22]

C1: 탐구의 주기

C2: 의사소통의 주기

C3: 기존의 다른 사회, 문화, 전통('C of I(C)'로 표기 가능)에 대한 탐구 또는 조사의 주기 그리고

C4: 텍스트를 포함한 의미 있는 객체나 생산물에 대한 조사('C of I(T)로 표현 가능)의 주기

비판적 담론 분석은 네 번째 해석학적 주기의 한 형태이다.

담론은 특정한 목적이나 목표를 위해 개인, 집단 또는 기관이 만들어낸 텍스트들의 집합이다. 비판적 담론 분석은 의미 형성(또는 기호화)과 의미 체계(담론)의 순환, 그리고 힘(특히 힘$_2$)의 관계들과 이데올로기에 담긴 의미를 조사하는 분석 방법이다.

2장에서 우리는 비판적 실재론이 존재론을 재옹호하고 새로운 존재론을 정립함으로써 주류 철학으로부터의 단절을 확립했다는 것을 살펴보았고, 이는

21 Bhaskar, *Dialectic*, 222-4도 볼 것.

22 Bhaskar, *The Possibility of Naturalism*, Chapter 4, 152 ff.

6~9장에서 더 발전될 것이다. 따라서 언어에 관한 문제가 제기된다. 그것은 존재론을 갖고 있는가? 그리고 새로운 비판적 실재론적 존재론이 그것에 적용될 수 있는가? 두 질문에 대한 대답은 모두 '그렇다'이다. 처음에는 실재적인 것의 영역, 현실적인 것의 영역과 경험적인 것의 영역의 구분을 중심에 둔 새로운 존재론은 확실히 언어에 적용될 수 있다. 이에 더하여 우리는 이러한 일반적인 구분에 상응하는 다음 구분을 갖고 있다

d_r: 실재적인 것 수준의 담론
d_a: 현실적인 것 수준의 텍스트, 그리고
d_e: 개념적인 것 수준의 해석, 이는 이 분야에서 경험적인 것에 상응한다.

하지만, 다음과 같은 일련의 질문들이 바로 뒤따른다. 언어 사용이 사회적 활동이고, 따라서 반드시 사회적 존재론의 일부라는 것을 고려하면 언어 사용이 사회적 존재론의 전부인가, 아니면 사회적 존재론의 개념 외적인 요소가 있는 것일까?

우리는 이미 (2장 2절과 3장 3절에서) 20세기에 언어에 대한 관심이 증가하면서 두 가지 구분되는 방식으로 언어의 역할이 과장되는 결과가 어떻게 초래되었는지 주목했는데, 여기서 이를 구별하는 것이 중요하다. 두 경우 모두에서 **언어 역할의 팽창**은 관련된 영역에서 언어에 대한 타자Other 모두를 제거하는 역할을 했다. **언어적 오류**의 첫 번째 형태는 존재를 서술하기 위해 사용한 언어에 입각해(또는 존재에 대한 우리의 지식을 표현하기 위해 사용된 보다 간접적인 방식) 존재를 분석할 수 있다는 가정으로 구성된다. 내가 'LF1'이라고 쓰게 될 이러한 형태의 언어적 오류는 분명히 **인식적 오류**의 변형이다. 그 자체로 이는 **인류중심적 오류**의 한 형태를 나타내며, 왕복하는 **존재적 오류**와 함께 **인류주의실재론**의 특징적인 형태를 확립하게 되므로(6장에서 살펴볼 것처럼) 보완적인 초험적 실재론transcendent realism을 필요로 한다. 이러한 언어적 오류는 실험 및

응용 활동의 가능성 조건에 대한 논증에서 존재론을 확립하는 데 사용한 주장들을 참조하여 반박할 수 있다. 그러나 그 오류는 또한 일상생활의 물질적 실천을 참조함으로써 논박할 수 있다. 모든 언어 사용은 기표, 기의, 지시 대상으로 구성된 기호학적 삼각형을 전제로 한다. 그리고 모든 언어 사용은 지시 대상의 분리라는 특징적인 활동, 즉 지시 대상을 인간의 지시 활동으로부터 분리하는 과정을 전제로 한다.

언어 역할에 대한 두 번째 형태의 부풀리기는 언어가 (LF1에서와 같이) 알 수 있는 실재 전체와 동일시하는 것이 아니라, 언어를 특별히 **사회적** 실재와 동일시하는 역할을 한다. 이러한 오류를 'LF 2'라고 쓰겠다. 이것은 해석주의자, 사회구성주의자 그리고 대부분의 이른바 후기 구조주의자의 특징적인 견해이며, 적어도 그들의 강력한 또는 배타적인 형태이다. 그것은 사회적 실재의 개념적 부분과 함께 물질적으로 체현된 것을 포함한 물질의 역할을 고려함으로써 논박할 수 있다. 이로부터 개념성이 사회적 실재의 정의적이고 필수적인 특징이지만, 사회적 실재의 전부는 아니라는 결론이 도출된다. 따라서 우리가 3장에서 살펴보았듯, 전쟁, 집 없음, 또는 기아는 단지 개념의 적용을 위한 기준을 충족하는 측면에서만 설명될 수 없고, 존재의 물질적 상태를 구성한다. 이로부터 사회적 실재는 개념에 의존할지라도, 개념성에 의해 소진되지 않는다는 결론이 나온다.

우리가 3장에서 이미 서술했던 것처럼, 사회 세계와 사회과학에 대한 해석주의적이고 구성주의적인 설명과 자연과학에 대한 실증주의적 설명 사이에는 긴밀한 상호의존성이 있다. 사회과학의 독특한 성격을 설명하는 이러한 논의는 실증주의에 의해 잘못 서술된 자연과 자연과학에 대한 설명과 종종 대조를 이룬다. 따라서 『사회과학이라는 이상』에서 피터 윈치는 해석주의적 입장에 대한 두 가지 주요 논거를 제시한다. 첫 번째는 사회과학은 자연과학과 달리 그 주제에서 이해할 수 있는 연관성을 추구한다는 것이다. 하지만 물론 비판적 실재론의 이해에 따르면 이것은 곧 자연과학, 실로 모든 과학이 다 하는 일이다. 여기서 흄의 유산, 즉 사건들은 서로 결합되어 있지만 결코 연결되지는 않는다는 실증주의적 관념이 너무나 명확할 뿐이다〔비판적 실재론 관점에서, 연결은 원칙적으로 (오류 가능성이 있지만) 알 수 있는 발생기제 또는 작동 중인 구조에 의해 제공된다. 이것이 바로 **이해 가능성의 원리**다. 사회와 마찬가지로 자연도 이해 가능하다〕. 윈치의 두 번째 주요한 주장은 사회 세계의 사물들은 만일 그것들의 물리적 현현으로 환원되지 않는다면, 단지 개념적 존재일 뿐이라는 것이다. 이러한 주장은 **에세 에스트 페르키피**esse est percipi[23]라는 경험주의적 교리의 중대한 유산을 이반하는 것이다. 그러나 물론 우리가 이것을 거부한다면 존재를 확립하는 인과적 기준의 가능성이 열린다. 그리고 비록 지각할 수 없을지라도, 자연 세계에서 자기장이나 중력장이 작용하는 것처럼, 이유와 사회구조가 원인으로 기능할 수 있다는 점을 용인할 수 있다.

언어적 오류의 두 가지 형태들은 결합하여 나타나는 경우가 아주 많다. 이를 염두에 두고, 비판적 실재론자들은 사회적 실재의 **구성**construction보다는 사회적 실재의 **해석**construal에 대해 이야기해야 한다. 왜냐하면 해석이라는 관념이, 독립적으로 존재하는 자동적 영역 — 이런 방식이 아니라 저런 방식으로 서술되거나 해석되는 — 의 개념을 허용하기 때문이다. '구성'이 갖는 자원주의적 함의들은 또한 우리가 사물의 새로운 개념화에 도달할 때 변형적 사회활동 모델TMSA에서 항상 전제하는 사회적 객체의 선재성, 선이해, 명목적 정의 등을 무시한다는 점에서 부적절할 수 있다. 그리고 '구성'이라는 개념은 사회적 사물들이 항상 적어도 부분적으로는 물질적으로 구현된다는 사실을 간과한다는 점에서 더욱 부당하다. 요컨대 사회적 실재는 어떤 '구성'에 대해서도 늘 존재적으로 자동적이며, 그것이 사회적인 한, 사회적 실재는 적어도 부분적으로는 (TMSA 덕분에) 먼저 형성되어 있고, 적어도 부분적으로는 물질적으로 구현되

23 〔옮긴이 주〕 에세 에스트 페르키피(esse est percipi)는 라틴어로 "존재하는 것은 지각하는 것이다"라는 의미이다.

어 있다.

해석주의자들이 언어의 역할을 부풀렸음에도, 비판적 실재론은 해석학의 활동을 절대적으로 필수 불가결한 역할로 인정한다. 참으로, 해석학의 활동은 전형적으로 비판적 실재론적 탐구의 출발점을 형성할 것이다. 왜냐하면 우리가 사회적 삶의 형태를 서술하고 설명하기 시작할 때 최소한 행위주체들이 자신들이 무엇을 하고 있다고 생각하는지, 왜 그것을 하고 있는지를 (그들의 의견 속에서) 알아야만 하기 때문이다. 그러나 물론 비판적 실재론은 그러한 모든 개념화가 그릇될 수 있고 설명적 비판을 포함한, 비판의 대상이 된다고 주장할 것이다.

사회 세계에서 언어/담론은 4-평면 사회적 존재를 가로지르며, 네 가지 평면 모두에 중요한 언어적/개념적 구성 요소가 존재한다. 나아가 담론들을 고려함에 있어 우리는 **담론의 질서**와 **담론**을 구분할 수 있고, 담론들의 조작화 operationalisation를 고려할 때 **장르**(의사소통적으로 행위 하는 방식)를 **스타일**(존재함의 방식) 및 그것의 객체화, 예를 들어 신체적 제스처 또는 구축된 환경 속에서 구분할 수 있다. 우리는 **텍스트화**texturing 안에서의 의미 생산 또는 발현에 초점을 맞출 수 있는데, 이는 두 가지(또는 그 이상)의 담론들의 교차 지점에서 종종 발생하거나, 여러 상이한 담론들의 **상호텍스트성** 안에서의 상호 얽힘을 포함할 것이다.

담론은 세 가지 수준에서 동시에 작동한다.

(i) 텍스트로서

(ii) 담론적 실천(텍스트를 생산하고 해석하는 과정)으로서, 그리고

(iii) 특정한 즉각적 상황, 특수한 사회제도적 장소 및 좀 더 일반적인 사회적 맥락에서 발생하는 담론적 활동과 함께 사회문화적 실천으로서,

그런 다음 4장에서 소개한 적층 체계(예컨대 7-단계 사회적 존재를 활용해)의 어느 하나를 사용하여, 이 세 가지 가운데 하나를 그것들의 복합물로 서술하고 분석할 수 있다.

일반적인 담론 분석은 다음과 같은 세 단계의 형태를 취할 수 있다.

(a) 형식적 언어적 속성을 포함한 텍스트에 대한 기술
(b) 해석, (생산적이고 해석적인) 담론적 과정과 텍스트 사이의 관계에 입각한, 그리고
(c) 사회적 과정과 담론적인 과정 사이의 관계에 입각한 텍스트의 생산, 역할, 의도된 효력 및 힘에 대한 설명.

텍스트는 다시 그것의 형성과 해석의 담론적 과정의 맥락에 성좌적으로 포함되거나 구현된 것으로 간주될 수 있고, 이것은 다시 더 넓은 (담론 외적인 것을 포함하여) 사회적이고 문화적 실재에 구현되어 있다. 이를 **CDA 도식1**이라고 부르자.

사회적 설명에서 우리는 원칙적으로 언어와 사회적 실재의 담론 외적인 부분 사이의 관계를 인과적인 것으로 이해해야만 하며, 그 인과관계는 쌍방향적이다. 따라서 우리는 언어와 담론적 과정을 사회적 실재의 담론 외적 측면들(힘$_2$ 관계, 자원들의 기존 분배 등을 포함한)에 **의해 인과적으로 조건 지어지는** 것으로, 그리고 동시에 사회적 실재의 나머지 부분에 **인과적으로 효력을 미치는** 것으로 이해한다.

CDA 도식1을 활용한 좋은 예는 2013년 6월 29일 ≪디 옵서버The Observer≫(런던)에 실린 윌 허튼Will Hutton의 기사 첫 여덟 개 문단에서 확인할 수 있다(텍스트 상자 참조). 이 기사는 영국 총리 조지 오스본George Osborne의 지난주 국가재정에 관한 연설을 분석한다[24](열 개의 문단으로 구성된 전체 텍스트는 또한 아래 **CDA 도식2**의 여러 측면들을 예시한다). 절차의 첫 단계는 텍스트, 즉 오스본의 연

설에 대한 서술이다. 이는 1~5 문단에서 이루어진다. 그다음 두 번째 단계에서는 그 연설을 텍스트의 생산과 의도된 효과의 담론적 과정의 맥락에서 '정치적 위치 설정'의 측면에서 해석한다. 이는 6문단의 첫 두 문장에서 나타나며, 여기서 그 단락은 정당의 정치적 전략으로 해석된다. 6문단의 나머지 부분에서는, 이런 담론적 과정들을 영국의 경제와 사회의 상태, 즉 이런 과정들을 생성하는 그리고 그 속에서 이런 과정들이 어떤 역할을 하게 하려는 의도를 갖고 있는 사회적 맥락에 되돌려 연결하면서 그 연설을 설명한다. 이는 도식의 세 번째 단계에 해당한다. 7문단과 8문단에서 허튼은 이 전략이 텍스트의 저자인 조지 오스본이 가정하는 것처럼 성공적일지 여부에 관해 의문을 표한다.

윌 허튼 언어와 행위에서 영국 의회(Westminster) 내의 새로운 잔혹함이 있다

1 그것은 개혁, 공정성, 그리고 유용함이라는 언어로 가득 찬 불쾌함의 연속이었다. 독설 어린 편견에 호소하면서도 그러한 의혹을 최소화하기 위해 짜인 일련의 조치들은 지출 검토 연설을 승리의 정치적 피날레로 이끌었다. 조지 오스본George Osborne은 '더 나은 삶을 위한 변화'와 '의존성'을 줄이기 위해, '선불 구직' 제도를 도입했다. 실직자들이 이력서CV를 가지고 고용센터에 도착하여 온라인 구직등록을 하고, 구직활동을 시작해야만 수당을 받을 수 있으며, 격주가 아니라 매주 보고해야 한다. 무엇이 이보다 더 합리적일 수 있을까?

2 더 분명한 합리성이 뒤따랐다. 이제 구직자의 수당 지급은 7일이 소요될 것이다. 그는 '처음 며칠은 구직활동을 하는 것이지 입사하려는 것이 아니다'라고 강조했다. '우리는 사람들이 혜택을 받지 못하고, 혜택을 받는 사람들이 더 빨리 취업하는 데 도움이 된다는 것을 알고 있기 때문에 이런 일을 하

---

24 단락들의 넘버링이 추가되었다.

는 것이다.' 도움이 된다고? 정말로? 처음 들었을 때, 그는 사회적으로 관심이 많은 총리로, 새로 실업자가 된 사람들이 일자리를 구하기 위해 너무 적은 노력을 요구하고 게으름을 보완하는, 명백히 관대한 제도에 대한 '개혁'을 통해 삶을 더 나은 방향으로 바꾸려고 노력하는 사람으로 보였다. 납세자를 보호하고, 지출을 통제하며, 가장 자격이 있는 신청자만 혜택을 받도록 하는 '근본적인 공정성'에 대한 열정이 그를 움직인 동인이었다고 우리는 이해했다.

3 오스본은 오웰이 『1984』에서 묘사한 언어의 오용과 왜곡Orwellian misuse of language을 새로운 수준으로 끌어올렸다. 일자리를 잃는다는 것은 정신적 충격을 입는 일이다. 여러분은 정부로부터 수입이 두 배로 늘어날 것이라는 기대에 들떠서 고용센터로 달려가는 것이 아니다. 그것은 재정적으로 불안하고, 심리적으로 굴욕감을 느끼며, 여러분이 지원을 받는 것도 미미하고 매우 어렵다는 것을 알고 있다. 이제 여러분은 다른 동료들과 함께 당신의 삶의 목적과 구조를 제공하는 업무 환경에서 배제된 더 이상 원치 않는 존재가 되었다. 게다가, 여러분 자신과 가족을 부양하고 공과금을 납부하는데 필요한 수입도 사라졌다. 당연히 여러분은 가능한 한 빨리 일자리를 찾기를 원한다. 전체 경험이 빨리 끝날수록 좋다. 최근 실직한 누군가에게 무엇을 원하는지 물어보면 항상 대답은 같다. 일자리.

4 하지만 오스본랜드Osborneland에서, 여러분의 첫 번째 본능은 의존성 — 당신의 무능함을 용인할 수 있는 영구적인 의존성 — 에 빠져드는 것이다. 지난 20년 동안 구직급여관리제도에 대한 강도 높은 개혁들이 전혀 일어나지 않았던 것처럼 말이다. 영국 복지의 원칙은 더 이상 실업 위험에 대비해 여러분 자신을 보호할 수 있고 재난이 발생할 경우 무조건적 보상을 받는 것이 아니다. 심지어 1996년에 고안된 바로 그 '구직자 수당'이라는 문구조차 실업자를 국민 보험 기여를 통해 얻은 혜택의 의무적 권리가 없는 '구직자'로 재정의하는 것이다. 그 대신 청구인은 적극적인 구직활동을 하는 것을 조건으로 한시적 '수당'을 받는데, 이 수당에는 자격도 없고 보험도 없다. 영국은 수당 지급과 구직활동을 연계하는 데 있어 세계를 선도해 왔다. 게다가 주당 71.70파운드에 달하는 구직자의 수당은 유럽연합EU에서 가장 적은 수당 중 하나다.

5 이러한 맥락에서, 실업자가 인생의 위기 상황에서 필요로 하는 평균적인 혜택을 7일 동안 기다리게 하는 것을 '도와준다'고 서술하는 것은 말도 안 된다. 그리고 이미 적극적인 구직 신청을 조건으로 수당을 지급하는 것을 전적인 기반으로 하는 고용센터 운영의 선구적인 이행으로 '선불 구직'을 제시하는 것은 중범죄를 더욱 가중시키는 것이다.

6 오스본은 지원에 관심이 없었다. 그의 목적은 정치적 입지를 구축하는 것이었다. 보수당을 납세자의 친구로, 노동당을 복지 정당으로 자리매김하고, 자신의 '개혁'을 정상적인 기준선으로 만드는 것이었다. 그것은 큰 도박이다. 대다수의 사람들은 복지를 계속 부담으로 여기고, 국가의 숨 막히는 후퇴를 불가피한 필수품으로 여기는 반면, 처벌을 받는 사람들은 목소리를 낮추고 불법적인 입장으로 남을 것이다. 성공하려면 영국 경제의 운영과 그 관리에 대해 큰 의문을 제기하지 않아야 하고, 영국 사회에 미치는 영향에 관한 질문은 제기하지 않아야 하며, 어떤 형태로든 국가는 무용하다는 인식을 널리 수용해야 한다. 이제 우리는 모두 보수주의자들이다.

7 잘 모르겠다. 어려움이 증가하고 있다는 증거는 도처에 있다. 아동 위원회는 빈곤 아동의 수가 2010년 230만 명에서 2015년에는 300만 명으로 늘어날 것이라고 보고했다. 200만 명의 사람들이 월급날 대출로 한 주에서 한 주를 버티고 있다. 레졸루션 재단Resolution Foundation은 제로 시간 계약으로 일하는 사람들의 수가 20만 8000명으로 증가했다고 밝혔는데, 이는 15만 명의 가사 도우미들이 제로 시간 계약을 맺고 있는 것으로 알려져 있기 때문에 엄청나게 과소평가된 수치라고 생각한다. 푸드 뱅크의 이용은 폭발적으로 증가하고 있다.

8 전국 투어 중인 TUC의 긴축 버스는, 새로운 침실과세bedroom tax로 인해 엄청난 압박을 받고 있는 시의회가 세입자들을 집에서 쫓아내도록 어떻게 강요하고 있는지에 대한 참혹한 개인적 이야기를 담고 있다. 조셉 라운트리 재단Joseph Rowntree Foundation에 따르면, 지난 5년 동안 사회주택 임대료는 26%, 에너지 비용은 39%, 교통비는 30% 상승했다. 하지만 직장 내/외 근로자 혜택은 실질적 수치에서 1930년대 이래 처음으로 삭감되고 있다. 필요가 절실해지면서 지역 차원의 서비스 제공이 약화되고 있다. 지역 정부 협회의 보수당Tory 의장인 메릭 코켈Merrick Cockell 경은, 지방정부 예산을 기존의 3분

의 1 감소에 더해 추가로 10% 더 삭감하면, 서비스가 한계점에 도달할 것이라고 말한다. 또한 그가 하향식 접근방식 전체를 '봉건적'이라고 비난한 것에 주목하자. 이것은 시민사회가 스스로 흔들리기 시작한 것이다.

9 그럴듯한 대안이 하나 있다. 즉, 느린 속도의 삭감, 더 넓은 과세 기반을 통한 더 많은 수입, 새로운 사회적 합의, 중앙정부와 지방정부 사이의 관계 재정립, 그리고 무엇보다, 영국 자본주의를 더 혁신적이고 생산적으로 만들기 위한 극적인 재편 등이 그것이다. 오스본은 반대 입장을 주장할 연립정부를 구성할 수 없기 때문에, 자신의 도박이 성공할 것으로 믿고 있다. 즉, 메릭Merrick 경과 아동위원회가 맹렬히 비판할지언정, 자신들이 노조와 기업 양쪽을 포함하여 변화를 주장하는 광범위한 연립정부의 일원이 될 가능성은 전혀 없다는 것이다.

노먼 페어클러프는 나의 설명적 비판 개념을 모델로 하여 비판적 담론 분석CDA을 행하는 방법론을 발전시켰다.[25]

1단계: 기호학적 측면을 지닌 사회문제에 초점을 맞추다

이것은 잘못된 믿음, 또는 좀 더 일반적으로 사회적 해악에 관한 기본적인 설명적 비판의 초기 초점에 해당한다. 문제나 해악에 초점을 맞추는 것의 요점은 해방적 변화를 안내할 수 있는 설명적 지식을 생산하는 것이다.

2단계: 다음의 분석을 통해 문제 해결을 방해하는 장애물들을 식별한다

(a) 그것이 그 안에 위치하고 있는 실천의 네트워크

(b) 관련된 특정 실천들 내의 다른 요소들에 대한 기호작용의 관계, 그

25 Norman Fairclough, *Analysing Discourse: Textual Analysis for Social Research*(London: Routledge, 2003), 209-10.

리고

(c) 담론 (또는 기호작용) 자체.

(a)-(c)는 CDA 도식1의 1-3항과 허튼의 글의 첫 여덟 단락에 대략 해당한다. (c)의 목표는 문제의 해결에 대한 장애물들에, 즉 그것을 다루기 어렵게 만드는 것들에 초점을 맞춤으로써, 문제나 해악이 어떻게 발생하는지, 그리고 그것이 사회적 삶이 조직되는 방식에 어떻게 뿌리내리고 있는지를 이해하는 것이다.

3단계: 어떤 의미에서 사회 질서(실천의 네트워크)가 문제를 '필요'로 하는지 고려해 본다. 애초에 왜 문제가 '필요'한가? 그것을 (어떻게든) 생산하고 재생산하는 기제들은 무엇인가? 여기서 요점은 사회적 삶이 조직되는 방식으로부터 가장 이익을 얻는 사람들이 문제가 해결되지 않는 것에 이해관계를 갖고 있는지 묻는 것이다.

4단계: 장애물을 넘어설 수 있는 방법을 판별한다. 이 단계는 2단계의 중요한 보완 단계로, 현재 삶이 조직되는 방식에서 지금까지 실현되지 않은 변화의 가능성을 찾는다. 여기서 구체적 유토피아주의, 이행 이론, 그리고 지속적인 심층 투쟁에 대한 관계가 중요해진다. 이제 우리는 하나의 개념적인 것a notional을 정의할 수 있다.

5단계: 이러한 실현되지 않은 가능성들은 구체적인 유토피아주의와 일관된 이행 이론의 맥락에서, 사회문제나 해악의 최종적 해결을 지향하는 해방적 실천의 대상이 된다. 이것은 원칙적으로 개념적인 것을 정의하는 자기 성찰성의 순간을 포함할 것이다.

5단계*에서 우리는 분석가의 이해관심과 사회적 위치성에 대한 고려를 포함하여 우리의 분석(1-4)에 대해 비판적으로 자기 성찰을 수행한다.

우리는 이 5단계 도식을 **CDA 도식2**라고 부를 수 있다. 그것의 마지막 두 단계는 허튼의 기사의 9문단과 10문단에서 부분적으로 예시된다. 이 도식의 또 다른 활용 사례는 인류의 기후변화에 대한 주제가 등장할 때 뉴스와 시사 프로그램에 대해 '전문가'가 통상 제공하는 텍스트와 관련될 수 있다. 갑작스러운 기괴한 폭풍 또는 비정상적으로 덥거나 춥거나 습한 날씨의 맥락일 수 있다. 전문가는 인간이 주도한 기후변화가 그 날씨와 관련이 있는지 여부를 질문 받을 것이다. 그들은 이 특정 사건이나 기간에 영향을 미치는 요인의 수가 너무 많기 때문에 말할 수 없다고 대답할 것이다.

비판적 실재론적 메타-관점에서 볼 때, 이것은 매우 불만족스럽다. 물론, 개방체계에서 어떤 사건이나 사건들의 연속은 다수의 요인에 의해 결정될 것이므로, 따라서 그것은 연역적으로 예측 가능하거나 단일 요인의 관점에서 완전히 설명할 수 없을 것이다. 그러나 지구 온도 상승을 야기하는 화석 연료 연소와 관련해 명확하게 확립된 주요 기제가 존재하며, 둘 모두에 대해 경험적으로 검증된 측정치는 지구 온도가 놀라울 속도로 상승하고 있음을 시사한다. 분명히, 이것을 이야기하기 위해서는, 비판적 실재론이 그렇게 하듯, 개방체계와 폐쇄체계를 구분하고, 경험적 규칙성은 단지 폐쇄체계에서만 확고한 지표라고 취급해야 한다. 그리고 구조들이나 기제들과 사건들 또는 사건들의 유형들, 즉 실재적인 것의 영역과 현실적인 것의 영역을 구분해야 한다.

기후변화와 관련된 담론 과정들에는 뉴스 가치, 미디어 편향 방지, 경험주의적-연역주의적 과학 개념의 발생과 지속 등이 포함된다. 이러한 독특한 종류의 텍스트들을 설명하고자 하는 사람이 고려할 사회과정들에는 특히 인간이 유발한 기후변화에 관한 회의론이나 부인을 생산하기 위해 우익 싱크탱크와 연구에 투입된 대규모의 석유 자금과 그 밖의 기업 자금도 포함될 것이다. 이것과 함께, 미디어 종사자들과 기후과학 공동체나 그 주변의 사람들이 느끼는, 2009년 12월 코펜하겐 기후변화 정상회의 직전, 이스트 앵글리아 대학교 University of East Anglia의 기후 과학자들이 경험했던 것과 같은 종류의 운명(미디어에서의 비난)을 겪을 수 있다는 두려움도 고려할 수 있다.[26]

비판적 실재론은 이러한 담론 과정에 어떻게 개입할 수 있을까? 무엇보다도, 이러한 담론적 실천들에서 작동하며 그 실천들을 뒷받침하는 연역주의적 이데올로기를 비판함으로써 분명하게 개입할 수 있다. 비판적 실재론이 즉각 여기서, 이 장의 앞부분에서 개관한 합리성의 7 수준들 중 두 번째 수준, 즉 담론 내적인, 맥락적으로 위치 지어진 도구적 합리성의 수준에서 해방적인 것이 될 수 있다는 것을 지적하고자 한다. 왜냐하면 우리는 일반 대중이 이러한 비판적 실재론적 구분 중 지식에 관심에 가지고 있는 반면, 석유 회사와 그 자금을 지원받는 사람들은 그렇지 않다는 것을 분명히 인식할 수 있기 때문이다(5장의 1절 참조).

26 Wikipedia contributors. 2015. 'Climatic Research Unit email controversy,' 30 September. Wikipedia, The Free Encyclopedia, retrieved on 25 February 2016 from https://en.wikipedia.org/w/index.php?title을=Climatic_Research_Unit_email_controversy&oldid=683477293를 볼 것.

| Chapter 6 |

비판적 실재론의 전개 I

변증법적 비판적 실재론

6.1 | 존재론의 발전

비판적 실재론이 제기하는 하나의 핵심적 주장이 있다면, 그것은 **존재론**ontology의 관념이다. 따라서 제2장에서 우리는 비판적 실재론이 어떠한 방식으로 존재론에 관한 이중 논증으로 시작하는지 보였다. 그것은 존재론을 옹호하는 논증, 즉 인식적 오류를 고립시키는 존재론의 재정당화를 위한 논증과, 과학에 대한 기존 설명의 현실주의를 비판하는 층화되고 분화된 비흄적 존재론을 옹호하는 논증으로 시작했다. 이 장과 다음 장에서는 비판적 실재론의 그 이상의 발전, 특히 존재에 대한 우리의 이해가 연속적으로 향상되고 정교화하는 과정에서 존재론의 발전을 다룰 것이다.

이 발전 과정에는 일곱 개의 수준이 있으며, 그중 처음 네 개의 수준은 변증법적 비판적 실재론의 발전 단계로 묶을 수 있으며, 나머지 세 개의 수준은 메타실재의 철학의 발전 단계로 묶을 수 있다. 이 장에서는 우선 변증법석 비판적 실재론을 다룰 것이다.[1] 전체적인 발전 단계에 대해 미리 요약하자면 다음의 일곱 개 수준으로 열거할 수 있다. 이 수준들은 1M, 2E 등의 형태로 사용하던 기존 약어에서 숫자를 생략하여 MELDARZ 또는 MELDARA의 약어로 열거할 것이다.[2] 그리고 이 수준들은 각각의 특성 및 주제와 함께 〈표 6.1〉로 정리할 수 있다.

1. 그 자체로서의, 그리고 비동일성, 차이, 구조를 포함하는 것으로서의 존재(1M 또는 '첫 번째 순간moment')
2. 과정으로서의 존재(2E 또는 '두 번째 변곡점edge')
3. 함께 또는 전체로서의 존재(3L 또는 '세 번째 수준level'), 그리고
4. 변형적 실천(인간 행위성)을 통합하는 것으로서의 존재(4D 또는 '네 번째 차원dimension').

이상은 변증법적 비판적 실재론의 네 순간 또는 수준MELD이다. 메타실재의 철학은 여기에 다음과 같은 추가적인 이해를 통합한다.

5. 성찰성reflexivity, 내면성(또는 내재성), 그리고 어떤 의미에서는 영성spirituality을 통합하는 것으로서의 존재(5A 또는 '다섯 번째 측면aspect').
6. 재마법화된 것으로서의 존재(6R 또는 '여섯 번째 영역realm'),
7. 차이에 대한 동일성의 (그리고 분열에 대한 통일)의 우선성을 통합하는 것으로서, 또는 비이원적인 것으로의 존재(7Z/A 또는 '일곱 번째 구역zone' 또는 '각성awakening').

---

1 변증법적 비판적 실재론은 Bhasakr, *Dialectic*과 Bhaskar, *Plato Etc.*에서 전개된다. 훌륭한 개요서로 Alan Norrie, *Dialectic and Difference*(London: Routledge 2011)를 볼 것.

2 변증법적 비판적 실재론과 메타실재의 철학에서 이러한 수준에 부여된 명칭에 대한 설명은 Bhaskar, Hartwig, *The Formation of Critical Realism*, 118쪽 참조. 이 용어들에 대한 정당화는, 여기서 우리의 목적에 본질적인 것은 아니지만, Mervyn Hartwig의 'Introduction' to Bhaskar, *Scientific Realism and Human Emancipation*, xi-xli, xv 참조.

〈표 6.1〉 존재론적-가치론적 연쇄의 단계들로 도식화한 비판적 실재론의 철학과 메타실재의 철학의 수준들[345]

단계/수준	1M 비동일성	2E 부정성	3L 총체성	4D 변형적 행위성	5A 영성	6R(재)마법화	7 비이원성
전체로서의 CR: 존재를 사고함	그것 자체로 그리고 일반적으로	과정적으로 + 1M을 위한 것으로	총체성으로 + 2E를 위한 것으로	인간 실천과 성찰성을 통합함으로 + 3L을 위한 것으로	영성을 통합함으로 + 4D를 위한 것으로	마법화를 통합함으로 + 5A를 위한 것으로	비이원성의 통합함으로 + 6R을 위한 것으로
성찰성의 형터 - 내재적 비판의	근대성에 대한 철학적 담론(PDM)	PDM + 1M	PDM + 1M, 2E	PDM + 1M, 2E, 3L	PDM + 1M, 2E, 3L, 4D	PDM + 1M, 2E, 3L, 4D, 5A	PDM + 1M, 2E, 3L, 4D, 5A, 6R
TR: ~로서의 존자를 사고함	구조화되고 구분화된 것						
CN 활용: ~로서의 존재를 사고함	마음과 개념들을 포함하는 것	부정성, 모순, 발현(사회적 관계주의, 변형주의)					
EC 활용: ~로서의 존재를 사고함	본래적으로 가치 있는 것	제약들(해악들)의 부재화로서의 부정성	총체성, 가치들을 포함하는 것으로 이해되는(재총체화)				
DCR 활용: ~로서의 존재를 사고함	진리론적 진리(실재성 원리, 가치론적 필연성)	(규정적) 부재로서의 부정성, 실재하는 것으로서의 존재 전체에 일반화된, 그리고 변화에 본질적인	총체성, 실천에 의해 극대화된 것으로 이해되는(불완전함을 부재화하는)	변형적 실천과 성찰성(해방적 가치론)			
TDCR 활용: ~로서의 존재를 사고함	비이원성의 기초를 이루는 것(신, 초월적으로 실재하는 자아)	초월 공존 창의성	총체성, 무조건적 사랑을 포함하는 것으로 이해되는	동시발생적인 옳은 행위(action)	영성적		
PMR 활용: ~로서의 존재를 사고함	비이원성의 기초를 이루는 것(우주적 에워쌈, 기저 상태)	초월 공존 창의성	총체성, 무조건적 사랑을 포함하는 것으로 이해되는	동시발생적인 옳은 행위(action)	영성적	마법화된	비이원적

변증법적 비판적 실재론을 명료화하고 체계적인 개념 구조로 형성하는 데 필연적인 핵심 개념은 **부재**absence이다. 이 개념이 가능하게 하는 것은 무엇보다 **변화**change에 대한 이해와 분석이다. 따라서 먼저 부재와 변화에 대해 우선적으로 다루고자 한다.

6.2 | 부재와 변화

부재화와 현전화

변화에 대한 우리의 일상적 이해는 존재하던 어떤 것의 **부재화**absenting 그리고/또는 존재하지 않던 것의 **현전화**presencing와 관련된다. 이 현전화는 또한 거기에 없던 것의 '부재를 부재화함'으로 이해할 수 있다. 변화에 대한 이러한 이해는 부재absence와 부정성negativity이라는 두 개념을 포괄하고 있는데, 이는 파르메니데스의 시대(기원전 약 515~460년) 이후 철학의 주류에서 배척되어 왔다. 그 결과 이 개념들의 사용이 금기시되었고, 그리고 이 금기는 중대하고 매우 바람직하지 않은 결과를 낳았다(또는 나는 그렇게 주장할 것이다). 철학은 부정하는negating 개념들의 사용, 따라서 일상적으로 우리가 이해하는 변화의 사용을 회피해야 한다는 신조를 **존재론적 일가성**이라고 나는 규정한다.[6] 왜냐하면 세

3 Hartwig, 'Introduction' to Bhaskar, Dialectic, xiii-xxix, Table 1, xvi-xvii(머빈 하트윅이 수정함). 나의 작업을 설명하는 과정에서 머빈 하트윅이 만든 훌륭한 표에서 큰 도움을 받았다. 이 책에서는 그중 일부를 실었다.

4 CR: 비판적 실재론, TR: 초월적 실재론, CN: 비판적 자연주의, EC: 설명적 비판, PDM: 근대성에 대한 철학적 담론.

5 DCR: 변증법적 비판적 실재론, TDCR: 초월적 변증법적 비판적 실재론, PMR: 메타실재의 철학.

6 Roy Bhaskar, *Philosophy and the Idea of Freedom*(Oxford: Blackwell 1991), 126.

계는 분명히 변화를 포함하고 있기에, 또는 적어도 그렇게 보이기에, 이러한 접근 방식에는 명백한 부적절함이 있다. '부정에 대해 말하지 말라'(부정을 부인하는 것은 필연적으로 그것을 긍정하는 것이기에 그것 자체로 자기-준거적 역설이다)라는 파르메니데스의 명령을 구원한 것은 플라톤이었다. 플라톤은 **차이**difference에 입각하여 변화를 분석함으로써 그렇게 할 수 있었다.[7] 그리고 변화를 항상 차이에 입각하여in terms of 다시 표현할 수 있다는 생각은 차이를 변하지 않는 부분들 — 플라톤이 말하는 형상forms, 원자 또는 그 어떤 것 — 의, **재배치**redistribution로 이해함으로써 구체화되었다.

다음에서는 변화를 일관성 있게 이해하는 데 왜 부재의 범주가 반드시 필요한지 설명할 것이다. 그러나 그보다 먼저 우리는 왜 그리고 어떻게 부재가 존재에 필연적인 것인지 고찰해야 할 것이다. 가령 발화된 한 문장에서 소리나 분절을 예로 들어보자. 그것들은 각각의 경계와 그것들 내부와 사이의 빈 공간(공백)들 없이는 우리가 이해할 수 없는 것이 될 것이다. 만약 우리 사이에 공간이 없이 서로 뭉쳐져 있다면 우리는 숨조차 쉴 수 없을 것이다. 사실상 우리는, 다른 고체의 물체들 그리고 더 넓게는 우주 전체와 마찬가지로 부재 즉, '빈 공간empty space'을 구성 요소로 한다는 것을 알고 있다.[8]

우리는 또한 부재가 의도적 행위성intentional agency에도 필연적임을 고찰해야 할 것이다. 의도적 행위성은 그 행위가 해결하려는 부족, 요구 또는 필요 등의 구체적 지점을 항상 전제한다.

기본적 비판적 실재론의 전제로서의 부재

변증법적 비판적 실재론 이전, 즉 기본적 비판적 실재론에서는 부재 자체를

---

7 특히 Plato, *Sophist*를 볼 것. 이에 대한 논의는 Norrie, *Dialectic and Difference*, 160-9를 볼 것.

8 Bhaskar, *Dialectic*, 4-7, 38-48를 볼 것.

논의의 주제로 삼지는 않았다.[9] 그러나 기본적 비판적 실재론 역시 부재를 전제하고 있었다. (i) 실재적인 것의 현실적인 부분과 (ii) 현실적인 것이 아닌 부분(실재의 영역과 현실의 영역을 구분하는 토대가 되는 것) 간의 구분은 부재의 개념을 핵심적으로 포함하며, 이때 부재는 현실성actuality으로부터의 부재 또는 실재적인 것의 부분의 현실화되지 않은 특성의 모습으로 나타난다.

물론 기본적 비판적 실재론을 전개한 초기의 동기들 가운데 하나는 바로 변화 가능성의 근거를 제시하는 것이었다. 따라서 우리가 자동적 차원과 타동적 차원을 명확히 구분하게 되면 (두 차원 모두에서의) 변화를 일관성 있게 서술할 수 있다. 그러나 그러한 변화가 의미하는 것이나 포함하는 것은 여전히 분석되지 않은 채로 남아 있다. 더욱이 기본적 비판적 실재론에서 발현emergence의 개념은 매우 중요한 역할을 하는데, 그것은 또한 통시적으로 명백히 변화를 포함한다. 마찬가지로, 비판적 자연주의에서 변형적 사회 활동 모델은 변형, 그러므로 변화를 사회적 과정의 핵심에 두지만 정작 변화의 개념은 분석되지 않은 채 남아 있다. 다시 말해 변화는 말하자면 구조 또는 차이와 달리 그저 당연한 것으로 취급된다. 즉, 분석되지 않고 단지 전제된다.

변화에 대한 분석

부재화를 포함하는 **변화**change와 **차이**difference는 명백히 구분되는 개념들이다. 만약 사르트르가 어느 카페에서 친구 피에르를 기다리고 있다면, 우리는 피에르가 그 카페에 부재하다고absent 말할 것이다. 그리고 이는 피에르가 다른 곳에 있다고 말하는 것과는 다르다. 반면 피에르가 그 카페에 도착하면, 우리는 그가 그 카페에 있음을 그의 부재의 부재화라고 표현할 수 있다. 변화는 변화

9 *A Realist Theory of Science*에서 나는 부재의 개념을 도입하여 부재를 (인과적으로 효력이 있는) 실질적인 것으로 간주하지만, 그 책에서 이를 정당화하려는 시도는 하지 않았다.

를 갖거나 겪는 계속적인 무언가를(이 경우에는 그 카페의 일정 공간을) 전제로 한다.[10]

여기서 중요한 것은 자동적 차원에서의 부재 및 부정성과 타동적 차원에서의 부재 및 부정성을 구분하는 것이다. 즉, 실제 세계에서의 부정성을, 그 세계에 대한 우리의 이해와 서술에서의 부정성과 명확히 구분하는 것이 중요하다. 서구 철학 전통은 타동적 차원에서의 변화를 기꺼이 인정해 왔는데, 그것은 우리의 신념 또는 지식의 변화에 관해 말하거나 가능성을 다루게 될 때 당연히 그렇게 해야만 했기 때문이다. 그러나 서구 철학의 전통은 늘 존재 자체에서의 부정성(자동적 차원에서의 부정성)을 용인하는 것을 꺼려왔다.

이제 리처드 머빈 헤어R. M. Hare의 용어를 사용하여 부정의 세 가지 수준을 명확하게 구별하고자 한다.[11] 헤어는 한 명제의 '**신술내용식**phrastic**(프레스틱)**' 또는 존재적 내용을, 그 명제에 대한 '**판단태도적**neustic**(뉴이스틱)**' 작동인 그 명제의 긍정 또는 부인과 구별했다. 그리고 헤어는 다시 이것을 존재적 내용에 대한 단언이나 부인에서 발생하는 작용, 예를 들어 그것을 상상하기, 즐기기, 또는 가정하기 등의 '**표현양식적**tropic**(트로픽)**' 작동과 구분했다. **트로픽스**Tropics(그리스어 tropos; 양식)는 담론의 영역을 가리키는데, 예를 들어 '사실적인 것'과 구분되는 '허구적인 것'이다. **뉴이스틱스**Neustics(그리스어 neuein; 끄덕임 또는 동의 표시)는 수용, 거부 또는 망설임과 같은 태도들을 전달한다. **프레스틱스**Phrastics(그리스어 phrasein; 선언하기 또는 제안하기)는 명제들의 존재적 내용, 즉 명제가 다루는 내용에 관한 것으로, 긍정적이거나 부정적일 수 있다. 따라서 우리는 다음과 같은 종류의 진술들을 구별할 수 있다.[12]

---

10 Bhaskar, *Dialectic*, 6-7.

11 R. M. Hare, 'Meaning and speech acts,' *Philosophical Review* 79:1(1970), 3-24, 19 ff.

12 Bhaskar, *Dialectic*, 40 f. 또한 *Philosophy and the Idea of Freedom*, Chapter 7, 'Reference, fictionalism and radical negation,' 112-28 참조.

S1. '맨체스터에 지금 비가 온다(또는 오지 않는다).' 이 진술은 맨체스터에서의 비의 현전 또는 부재를 표현하는 것인데, 이는 **진술내용적인** 것에서의 작동이다(그리고 이 진술은 멘체스터에 관한 진술 또는 주장이다).

S2. '맨체스터에 지금 비가 온다(또는 오지 않는다)'라는 명제의 확증 또는 부인. 이는 **판단태도적**인 것에서의 작동으로, 맨체스터에 관한 '주장'을 긍정하거나 부인하는 것이다.

S3. '맨체스터에 지금 비가 온다(또는 오지 않는다)'라는 주장에 대해 그 사실 여부를 상상하거나 가정하거나 조사하거나, 다른 메타-인식적 태도를 취하도록 권유하는 것. 이는 그 주장에 대해 긍정하거나 부인하는 것에 전념하지 않고 어떤 다른 방식으로 (예를 들어 허구적으로나 또는 실재적으로 등등) 생각하거나 관련시키도록 하는 것이다. 물론 이 상상이나 승인 또는 거부는 맨체스터에 비가 존재하거나 부재하는 것과 동일한 것이 아니다. 이것이 **표현양식적인** 것에서의 작동이다.

S3은 구체적 유토피아 사상운동에 매우 중요한 것이다. 그런데 여기서 중요한 것은 부정성 또는 부정(또는 확증)에 대한 S1-S3의 예들이 **세 가지 다른 수준**, 즉 **실재에서의** 부정, **사실에 관한 담론**에서의 부정, 그리고 우리가 허구적이거나 사변적이거나 한 담론을 진행할 때의 그 **담론의 사실적 상태**에서의 부정과 (적어도 함축적으로는) 연관된다는 것이다. 인식론적 과정에서 첫 번째 수준은 자동적 차원에 있으며, 두 번째와 세 번째 수준은 타동적 차원에 있을 것이다. 그러나 우리가 존재론적인 것으로 관점을 전환하면 세 수준 모두 세계의 일부로서 자동적 차원 내에 성좌적으로 포섭되는 것으로 보인다. (**이 관점 전환**a perspectival switch은 일어나는 현상, 사물, 또는 총체성에 대한 초월적이거나 변증법적으로 필연적인 한 조건 또는 측면으로부터 또 다른 초월적이거나 변증법적으로 필연적인 조건

또는 측면으로 이동한다.)[13]

다시 말해, 여기에는 다음과 같은 실재적인 차이가 있다.

S1′: 브라이튼에 있음(또는 브라이튼으로의 여행)

S2′: 브라이튼에 관한 진술 만들기(또는 듣기)

S3′: 브라이튼에 관한 연극(또는 이야기)에서 연기하기.

즉, 브라이튼에 있는 것, 브라이튼에 관한 담화 속에 있는 것, 그리고 브라이튼에 관한 (예를 들어 브라이튼에서의 대화에 관한) 연극이나 소설 속에 있는 것 사이에는 차이가 있다.

존재론적 부재 또는 부정성에 대한, 그러므로 우리가 이해하는 실재적인 변화에 대한 지시 가능성을 격리해 버린 첫 번째 중요한 단계는 플라톤이 (그리고 근대 시기에 와서는 고틀로프 프레게Gottlob Frege가) 밟았다. 이는 지시를 (긍정적인) 존재와 현전에 결합함으로써, 그래서 긍정적 존재와 현전하는 것이 아닌 것, 즉 부재한 것에 대해서는 지시할 수 없도록 함으로써 가능했다. 그래서 우리는 부정적인 **프레스틱**phrastic한 내용에는 확증적 **뉴이스틱**nuestic 또는 체크마크 √를, 즉 √(-e)를 부여할 수 없었다.

이에 반하여, 존재론적 부재는, 존재에 관한 우리의 믿음에서의 변화 그리고 존재에 대한 우리의 메타-인식적 태도에서의 변화를 포함한, 존재에서의in being 변화를 분석하고 설명하는 데 (또한 이 셋을 구분하는 데) 필연적이다.

부재에 대한 지시의 필연성

이제 부재와 부정성의 개념에 대한 지시가 얼마나 필연적인 것인지 논의하려

13 Bhaskar, *Dialectic*, 401; 또한 115-16 및 기타 부분 참조.

한다. 변화의 **의미** 또는 변화에 대한 정확한 분석 및 이해는 항상 부재, 더 특별하게는 부재화absenting를 포함한다. 다시 말해, 우리가 일상적으로 이해하는 변화는 새로운 어떤 것이 존재하게 되는 것(부재의 부재화)이거나, 있었던 어떤 것이 사라지는 것(부재화하는 것)으로 이루어지거나 적어도 그것을 포함한다. 이는 보통 변화를 하거나 겪는 어떤 지속적인 것, 즉 어떤 기저의 실체를 전제한다. 바로 이러한 이유로 부재는 적어도 변화에 대한 인간의 반응의 의미를 분석하거나 이해하기 위해서는 필연적인 것이다.

물론 변화를 서술할 때 부재 개념을 **사용해야만 하는 것**은 아니다. (따라서 2장에서, 우리가 일단 자동적 차원과 타동적 차원을 구분하면, 어떻게 과학적 변화를 일관성 있게 보고하고 수용할 수 있는지를 보이면서 부재의 개념을 사용하지 않았다.) 그러나 분석적으로는 이것(부재)이 바로 과학적 변화가 포함하는 것, 즉 과학적 변화가 전제하는 것이다. 이에 대한 언급에서는 1장에서 강조했던 것, 즉 우리가 행하는 실천들에 숨겨진 무성찰적 전제가정들을 분석하는 것이 (다른 것들 중 특히) 철학이 해야 할 일이라는 주장을 기억하는 것이 중요하다.

물론 누군가는 여전히 변화에 대한 과학적 또는 정확한 설명이 부재를 포함하지 않고, 다만 변화하지 않는 요소 또는 구성물의 재배치만을 포함한다고 주장할 것이다. 그러나 우리가 기초적 또는 궁극적 수준을 다루고 있을 때 또는 발현적 수준을 다루고 있을 때, 또는 좀 더 일반적으로는 새로움의 사례들에 직면하게 될 때에는 이러한 방식의 접근은 변화를 완벽하게 설명할 수 없다. 사회 세계에서는 곳곳에서 발생하는 발현으로 인해 어떤 한 수준에서의 변화를 하위 수준의 요소들의 재조직화에 입각하여 분석할 수 없으며, 그 변화는 변형transformation, 즉 요소들 내에서의 파열이나 갈라짐 또는 해당 수준에서의 새로운 '다양성variety'을 중심적으로 포함한다. 따라서 적어도 그 수준에서는 부재화로서 변화에 대한 분석을 전제해야 한다.

그러나 여전히 이러한 변화에 대해, 어떤 사물의 환경에 있는 변화하지 않는 것들의 재조직화나 재분배가 그 사물에 미친 영향에 의해, 즉 외부적 사건들에 의해 인과적으로 발생했다고 주장할 수 있다. 그러나 변형transformation이 외부적 압력에 의해 인과적으로 발생한 것으로 볼 경우, 외부적 압력에 이러한 방식으로 굴복하거나 반응하게 하는 무엇인가가 그 사물에 있어야 한다. 즉, 그것은 그렇게 반응할 수 있는 성향이 있어야 하는 것이며, 따라서 그 성향이 그 변형의 내적인 원인이며 그러므로 전적으로 외부적 재조직화의 결과일 수는 없다. 다시 말해, 어떤 '상호작용interaction'에서든 항상 그 외생적 구성 요소뿐만 아니라 내생적 구성 요소도 있어야 한다. (따라서 그것은 '상호작용'과 함께 '내부 작용intra-action'의 요소도 관계해야 한다.)[14]

따라서 발현적 실체들의 경우, 적어도 해당 수준에서의 변형 또는 파열 등과 관련된 변화는 내부적 재배치나 외부적 사건들에 입각해서 완전히 해명/설명할 수 없으며, 적어도 부분적으로는 내부적 새로움novelty 또는 변형으로, 즉 비-일가적인non-monovalent 방식의 부재화와 관계하는 것으로 설명해야 한다. 다시 말해, 변화의 의미, 분석, 설명에서 부재와 부재화는 환원 불가능한 것이다.

그러나 존재론적 변화에 대한 부재화 분석이 왜 필수적인지를 보여주는 또 다른 두 가지 이유가 있다.

이러한 분석에서 우리가 행하는 것은 변화와 부재의 범주들 — 우리가 믿음을 다루는 타동적 수준에 적용할 준비가 완벽하게 되어 있는 — 을 세계 자체에 적용하는 것이다. 그러나 우리의 믿음들이 그 자체로 실체화되거나 세계로부터 내쫓기지 않아야 한다면, 우리는 믿음에서의 변화를 성공적으로 위치시키기 위해 변화에 대한 존재론적 부재화 분석을 해야 한다. 그러한 믿음들을 세계로부터 내쫓는 것을 피하기 위해서는 그 믿음들은 세계의 일부여야 하며, 따라서 이를 존재론적으로 분석할 수 있어야 한다. 또한 우리가 우리의 믿음들을 바꾸게 되는 과정을 이해하기 위해서는 믿음들을 바꾸는 인간의 작용 자체를 존재론적으로, 즉 존재론적 부재화의 관점에서 이해해야 한다.

---

14 Bhaskar, *Dialectic*, 45.

여기서 우리는 비판적 실재론을 왜 변증법적 비판적 실재론으로 확장하고, 기본적 비판적 실재론의 개념들이 변증법적 비판적 실재론을 필요로 하며 함축하고 있는지 알 수 있다. 우리의 존재론을 부정성과 부재, 그리고 독자적인 변화 그 자체를 포괄하도록 확장하는 것은 모든 수준에서 발생하는 변화의 의미를 정확하게 이해하는 데 필수 불가결한 것이다. 더욱이 변화에 대한 (재배치 또는 외부적 상호작용에 입각한) 수정된, 재서술적 설명의 가능성은 궁극적 또는 발현적 수준에서, 그리고 우리가 믿음들을 고려할 때 또는 믿음들에 대한 인간의 행위와 태도를 고려할 때 붕괴한다. 물론 변증법적 비판적 실재론의 개념들과 범주들이 세계를 이해하는 데 필요한 개념들의 범위를 대단히 확장하는 것 역시 사실이다.

비판적 실재론은, 그것이 과학을 위한 기초작업을 하는 것인 한underlabours for science, 변화하는 대상들을 다루는 과학을 위한 기초작업underlabouring을 해야 하며, 이 기초작업은 실재 세계에서의 부재와 부재화, 부정성과 부정의 관념들에 대한 옹호와 정교화를, 그리고 세계를 서술하는 데 전통적으로 사용이 금지되었던 모순의 개념들(이것은 A와 not-A 사이의 대립을 포함한다) 및 그 밖의 개념들을 포함한, 우리가 변화들 및 그 변화들을 일으키는 원인들을 이해하는 데 필요한 범주들과 개념들에 대한 옹호를 포함할 것이다.

차이에 입각한 변화의 분석

나는 이미 파르메니데스가 제시했던 실재에 대한 순수 긍정적 설명 방식에 내재한 존재론적 일가성 교의의 근원에 대해 주목해 왔다. 실재에서 어떠한 부정성이나 변화를 고려하지 말라는 그의 주장은 어떤 의미에서는 서구 철학 전통의 근원적 선언과 같았다. 그러나 서구의 주류 철학을 그 금기로부터 벗어나게 한 것은, 차이에 입각한 플라톤의 후속의 분석(아리스토텔레스가 문제를 제기하지 않은 분석), 그리고 그와 함께 외양적 변화는 항상 변화하지 않는 것들의 상이한 재배치에 입각해 재기술할 수 있다는 생각이었다. 그러나 변화에 대한 적절한 설명은 부정을 포함하기 때문에 플라톤의 분석은 그것이 경쟁하는 분석보다 더 우월하다는 것을 일관성 있게 설명할 수 없었고 또한 그것의 '진실성' — 이것도 또한 부정을 포함한다 — 을 이해하게 되는 과정을 적절히 설명할 수 없었다는 점에서 플라톤의 승리는 상처뿐인 영광Pyrrhic one으로 판명되었다. 변화에 대한 적절하고 일관된 철학을 위해서 우리는 실재에 대한 우리의 믿음들에서 만큼 (그리고 그런 믿음들을 포함하는 만큼) 실재 자체에서 발생하는 변화, 부재, 부정성을 포괄해야 한다.

'소피가 머리를 염색했다'라고 말하는 것은 '소피의 머리색이 어제와는 다르다'고 말하는 것과 다르다. 특히 '소피가 머리를 염색했다'는 변화의 실체적인 과정을 가리키고 또한 전제하고 있으며, 이 과정이 그 차이, 즉 '어제의 머리색'과 '지금의 머리색'의 차이를 **설명**explains한다.

부재의 진단적 가치

특히 사회적 분석에 초점을 맞출 경우, 부재는 훌륭한 진단적 가치를 갖는다. 하나의 사회적 상황을 조사하고 거기에 무엇이 **없는지**, 무엇이 결여되어 있는지 묻는 것은 종종 연구자에게 그 상황이 어떻게 변해야 하는 지, 그리고/또는 어떻게 변할 것인 지에 대한 소중한 통찰력을 제공한다.

부재와 부정의 다의성

변증법적 비판적 실재론에서는 부재를 언제 어디에서나 있는 비존재non-existence를 포함하는 것으로 이해한다. 그것은 체계적으로 양극적이며, 부재화 과정을 가리킨다. 이 과정은 어느 정도의 규정적 수준 또는 맥락 특수적 공간-시간 영역에서의 단순 부재뿐 아니라, 거리 두기distantiating[15] 그리고/또는 변형적 종류에 관한 것일 수 있다. 사실 그것은 네 겹의 다의성을 드러낸다. 즉, 그것은 생산물(다시 말해, 단순 부재), 과정(예를 들어 발산적 거리 두기나 실체적 또는 비실체적 과정을 통한 단순한 부재화), 생산물 내 과정(예를 들어 부재의 지리-역사geo-history에 근거한 부재의 본성의 실존적 형성), 그리고 과정 내 생산물(예를 들어 부재가 갖는 인과적 힘의 반복적 또는 비반복적 행사)을 포함한다(<표 6.2>를 볼 것).[16] (이 네 겹의 다의성은 재귀적으로 상호 내포되어 있고 체계적으로 서로 뒤엉켜 있을 수 있다.) 부재는 과거와 외부를 포함하지만, 과거와 외부에 국한되지는 않는다.

부정과 부정성

지금까지 부재와 변화에 대해 논의했지만, 부정과 부정성은 또한 여기에 위치시켜야 할 중요한 변증법적 또는 2E 개념들이다. 부재와 마찬가지로 부정은 과정/생산물 동형성과 네 겹의 다의성을 갖는다. 이는 <표 6.2>에서 제시된다. 부정을 논의할 때는 **규정적**determinate 부정 및 부재와 **비규정적**indeterminate 부정 및 부재를 구분하는 것이 중요하다. 서구 철학의 전통은 '무nothing'와 같은 비규정적 부정만을 고려해 왔다. 그러나 변증법적 비판적 실재론이 다루는 중요한 부재는 (그리고 이러한 의미에서 부정은) 실재의 규정적 부정, 예를 들어 우리가 배고픔을 경험하거나 가뭄으로 인한 마른 땅을 경험하는 것과 같은 부정이다. 부정의 범주는 부재의 상황과 부재화의 과정 둘 모두를 포함한다. 그리고 실재적인, 변형적인, 근본적인, 그리고 선형적인 부정을 구분하는 것이 유용하다. 실재적인 부정은, 변형뿐 아니라 빈 공간(예를 들어 오존층에 있는 구멍 또는 어떤 이론에서 발생하는 구멍)을 포함한다. 변형적 부정은 내부적 요소와 외부적 요소로부터 초래되는 변화를 포함한다. 근본적 부정은 총체성에 내재한 다중 결정으로부터 결과하는 자기변형이다. 선형적 부정은 전환의 단선적

15 즉, 시공간적으로 펼쳐지거나(끼워 넣기), 분리되고 탈구됨(빼내기).

16 Bhaskar, *Dialectic*, 39.

〈표 6.2〉 부재의 다중성과 그 양식들[17]

존재론적-가치론적 연쇄	1M 비동일성	2E 부정성	3L 총체성	4D 변형적 행위성
구체적 보편 = 특이	보편성	특수한 지리-역사적 궤적	개별적(particular) 매개	구체적 특이성
부재의 다중성	생산물	과정	생산물-내부의-과정	과정-내부의-생산물
부재의 인과적 양식들	초사실적 인과성	리듬적 인과성	전체론적 인과성	의도적 인과성
부정의 개념	실재적 부정화 과정(실체적 그리고 비실체적)	변형적 부정화 과정(실체적)	근본적 자기-부정화 과정	단선적 자기-의식적 부정화 과정
근본적 부정의 양식	자동-전복	자기-변형	자기-실현	자기-극복

연쇄나 경로에서의 자기변형이다.

6.3 | 변증법과 2E 일반

이제 변증법적 비판적 실재론이 그것의 두 번째 수준에서 소개하는 그리고/또는 정교화하는 다른 범주들과 개념들을 다루고자 한다. 그런 다음 MELD 도식의 첫 번째 수준으로 되돌아가 살펴보고, 거기서부터 세 번째 및 네 번째 수준들로 진행한다.

부재

우리가 지금까지 논의한 부재absence는 변증법과 2E, 그리고 나아가 변증법적

17 Hartwig, 'Introduction' to Bhaskar, Dialectic: The Pulse of Freedom, xiii-xxix, Table 2, xx(머빈 하트윅이 조금 수정함).

비판적 실재론의 중추적 범주이다. 왜냐하면 변증법이 논증, 변화, 또는 자유의 (또는 자유에 대한 열망의) 증대에 관한 것 중 어떤 것으로 여겨지든 간에, 이는 부재로 논증되는 실수, 사태state of affairs, 제약, 또는 더 일반적으로는 해악ills의 판별과 제거에 의존하기 때문이다.

변증법

내가 다른 저서에서 자세히 다루었던 변증법은 매우 오래되고 유서 깊은 개념이다.[18] 그 핵심 의미는 변화, 논증 그리고/또는 자유와 관련이 있다. 변증법적 비판적 실재론은 변증법을 (제약 및 해악을 포함하는) 부재의 부재화함이라는 진정한 의미로 정의하고자 한다. 그리고 보다 특별히 변증법을 (제약과 해악인) 부재들을 부재화함에서의 (제약으로서의) 부재를 부재화함으로 — 또는, 실질적으로는, **자유의 가치론**axiology of freedom으로 정의하고자 한다.[19] 이 정의는 사회-역사적 변화의 존재론적 문제, 논증 또는 추론을 교정하는 인식론적 문제, 그리고 인간의 자유에 대한 윤리적 문제를 포괄한다. 논증, 인간 존재의 사회-역사적 발전 및 윤리는 모두 그것들이 결여하고 있는 것에 의해 특징지어진다. 부재와 현존 사이에는 근본적인 양극성이 있으며, 그렇기 때문에 부정성(또는 부재)은 긍정적인 존재의 조건이다.[20] 그리고 변증법은 이 본질적인 관계들 — 그 관계의 다양한 양식과 모습으로 회절되기도 하는 — 을 다루어 해결한다.

---

18 Bhaskar, *Dialectic*과 *Plato Etc.*

19 Bhaskar, *Dialectic*, Chapter 2.10, 173-203, 238.

20 우리가 알고 있듯이 우주 바깥에서는 부정성이 긍정성보다 존재론적 우선성을 갖는다. 즉, 전체로서의 존재에서 (실제 부재 또는 비존재를 포함하여) 부정성이 우선적이다. Bhaskar, *Dialectic*, 39 f를 참조. 우리는 이제 우주가 기하급수적으로 확장하고 있다는 것을 알고 있다. 우주가 무엇으로 확장하는지에 대해 질문한다면, 그 답은 실재하는 비규정적 부재일 수밖에 없을 것이다. ('Outwith'는 'outside'의 의미에서 'without'을 관점적으로 전환하는 데 적합한 스코틀랜드식 단어이다. 여기서는 이 단어를 '바깥쪽에 있지만 내재하는'을 의미하는 것으로 사용한다.)

따라서 만약 우리가 비판적 실재론의 소명을 인간 안녕을 지향하는 과학과 실천을 위한 기초작업으로 규정한다면, 우리는 비판적 실재론을 변증법적으로 다음과 같이 해명할 수 있다. 비판적 실재론은 (해악으로서의) 부재 — 예를 들어 무지, 실재 전체 또는 그 부분에 대한 이해의 결여 등 — 를 부재화함의 과정으로부터 이데올로기적 불순물 — 제약으로서의 부재 — 을 제거하는 (부재화하는) 변증법적 과정으로 이해할 수 있다. 이러한 방식으로 변증법은 비판적 실재론이 진정 무엇인지 설명할 수 있다.

이에 대해 조금 더 고려해야 할 것이 있다. 기본적 비판적 실재론의 시작점 — 초월적 실재론 — 에서 첫 번째로 다루었던 것은 존재론을 다시 옹호함으로써 존재론에 대한 기존의 금기를 제거하고 (부재화하고) 그것으로부터 벗어나는 것이었다. 왜냐하면 그 금기는 과학을 이해하는 데 방해가 되었고, 또한 인간의 안녕과 번영에 대한 장애물을 이해하려는 사회과학에서의 우리의 노력을 차단했기 때문이다.

헤겔 변증법의 합리적 핵심

이 책에서 다루고자 하는 것 중 하나는 헤겔과 마르크스의 저작들에 대한 많은 원문 참조 없이 변증법적 비판적 실재론의 사용법과 가치에 대한 해명을 시도하는 것이다. 그러나 이 지점에서 헤겔과 마르크스에 대해 몇 가지 언급하는 것이 중요하다. 우리가 기억하듯 마르크스는 헤겔이 변증법의 숨겨진 비밀, 즉 변증법의 '합리적 핵심rational kernel'을 (신비한 외피 속에) 고립시켰다고 주장했다. 마르크스는 엥겔스에게 쓴 편지에서 시간이 있다면 변증법의 비밀을 '2~3장의 분량으로' 대중들에게 설명하고 싶다고 말했다.[21] 불행하게도 그는 그럴 만한 시간을 갖지 못했고, 그래서 (또는 그래서 내가 주장하는바) 헤겔 변증

21 Marx, Letter to Engels, 14 January 1858, in Karl Marx and Friedrich Engels, *Collected Works Vol. 40, Letters 1856-1859*(New York: International Publishers, 1983), 248-50, 249.

법의 합리적 핵심은 대부분 여전히 지금까지 비밀로 남아 있다. 물론 19세기 후반에 몇 백 쪽에 이르는 훌륭한 저서가 『헤겔의 비밀The Secret of Hegel』[22]이라는 제목으로 출판되었다. 그러나 유감스럽게도 이 책을 읽었음에도 그 비밀은 오히려 예전과 같이 모호한 상태로 남아 있다. 그렇다면 도대체 마르크스가 헤겔 변증법에 대해 그토록 흥미로워했던 것은 무엇이었을까?

그것은 실제로 과학 및 진보적인 사회 변화에서 작동하는 것으로 보이는 매우 단순한 **배움의 과정**learning process이다.[23] 먼저 과학에 대해 살펴보자. 그 과정은 다음과 같다. 과학자들은 실재의 특정 부분을 서술하고 설명하고자 시도한다. 서술과 설명을 하면서 과학자들은 불가피하게 무엇인가를 제외시킨다. 대부분의 경우 이러한 제외가 중요하지 않을 수 있는데, 제외된 것들이 그들이 설명하려는 것과 적절한 관련이 없을 것이다. 그러나 그들이 인과적으로 관련이 있는 요인을 빠뜨린 경우, 연구가 진행되는 과정에서, 이 빠뜨린 것은 이론에 문제를, 즉 이론에 **모순**contradictions 또는 기타 **불일치**inconsistency의 양상 또는 일반적으로 **이원론**dualism 형태로 나타날 수 있는 문제를 발생시킬 것이다.[24] 과학적 과정에 대한 쿤 식의 서술에 따르면 바로 이 시점에서 우리는 정상 과학에서 예외 과학이나 혁명 과학으로 넘어간다. 이 빠뜨린 것을 바로잡는 데 실패하면 모순이나 문제가 만발하여 그 이론이 엔트로피적 붕괴로 퇴보할 것이다. 분명히 한 과학 이론이 위기에 처한 경우, 문제를 일으키는 부재, 그 불일치를 산출하는 불완전함을 개선해야 한다. 존재론적으로 실재론적인 메타 차원의 관점에서 이 개선은 그 과학 이론이 고려하지 못했던 새로운 무엇 — 물론 항상 존재했던 것이지만 — 의 발견의 형태를 취할 것이다. 이 발견은, 충분한 이론적 (그리고 실천적) 연구가 이루어지고 나면, 마침내 그 분야에서

---

22 James Hutchison Stirling, *The Secret of Hegel*(London: Longman, 1865).

23 Bhaskar, *Dialectic*, Chapter 1.6-1.9 참조.

24 Bhaskar, *Plato Etc.*, Appendix, 'Explaining philosophies,' 167-89.

일관성consistency을 복원하는 데 기여할 것이다. 일반적으로 이 과정에서 모순이나 불일치는 **신호를 보내는 장치**signalling device의 역할을 해 관련 과학자 공동체에 담론의 우주가 확장되어야 함을 알린다. 실제로 그것은 실재에 대한 그것의 서술에 인과적으로 적합한 중요한 무엇인가를 빠뜨렸다는 신호를 과학자 공동체에게 보낸다.

사회 세계에서도 이와 유사한 일이 발생한다. 예를 들어 20세기 초 여성의 선거권 획득을 위한 운동을 벌인 여성참정권자들의 경우를 살펴볼 수 있다. 여성참정권자들은 "우리 여성들은 정치 공동체(국가)에서 배제되었다"고 호소했다. 그래서 20세기 초반 20여 년 동안 서구 세계의 선거 제도는 좀 더 보편적인 참정권 제도로 이행해야 했다.

또한 이 두 번째 사례를 확장하여, 1920년대와 1930년대 서구 세계의 주요 국가들의 정치적 공동체에서 또 다른 거대하고 확연한 부재 또는 누락을 어떻게 제거하지 못했는지 보여줌으로써 이 변증법의 또 다른 전개를 포함할 수 있다. 그 당시 서구의 식민지들과 그 식민지 인민들은 그 공동체에 포함되지 않았기 때문이다. 그러므로 탈식민화의 과정이 뒤따라야 할 것이라는 점을 알 수 있다.

물론, 이 탈식민화가 실질적인 변화였는지 형식적인 변화였는지에 대한 또 다른 논쟁이 있다. 마찬가지로, 민주주의가 예컨대 경제의 영역으로 확장될 필요가 없는지에 대한 논의나, 민주주의에 대해 우리가 갖고 있는 기존 개념이나 실천을 확대할 필요가 없는지에 대한 논의도 가능할 것이다.

헤겔의 변증법에 관해 마르크스가 흥미로워했던 것이 바로 이것이며, 이는 과학과 사회적 삶에서 발생하는 진보의 핵심적인 기제를 명확히 지적한다고 생각한다. 이것이 **배움의 과정의 변증법**a dialectic of learning process으로 다음과 같이 표현할 수 있다.

(관련된 부재를 산출하는) 불완전함 → 불일치 → 보다 큰 총체성, 즉 더 포

괄적이거나 종합적인 이론적 또는 사회적 상황으로의 이동.[25]

이러한 변증법적 시각에서 중요한 것은 한 이론이나 한 사회가 모순이나 다른 종류의 문제에 직면했을 때 무엇이 발생하는가이다. 이에 대해 두 가지 특징적인 반응이 있다. 첫 번째 반응은 변증법적 또는 **음엔트로피적** 반응으로, 이는 더 큰 일관성과 포괄성으로의 운동이다. 그리고 두 번째 반응은 **엔트로피적** 또는 퇴화적 반응이다. 모순으로 드러나든 그렇지 않든 해결해야 할 문제들의 만연은 모든 유형의 사회적 변화 또는 무변화(형태적 안정 상태morphostases)를 분석하는 데 이 변증법이 매우 유용한 체계임을 보여준다.

만약 이것이 진정 헤겔 변증법의 합리적 핵심이라면, 마르크스가 또한 발견했다고 주장하는 헤겔 변증법의 '신비한 외피'는 무엇일까? 그 신비한 외피는 바로 존재론적 일가성, 즉 헤겔이 긍정성으로의 복원 속에서 그의 모순을 공표하고는 즉각 그 모순을 해소해 버리는 방식에 있다. 이것이 바로 내가 헤겔의 **분석적 복귀**analytical reinstatement라고 부르는 것이다.[26] 나의 저서 『변증법 Dialectic: The Pulse of Freedom』과 또 다른 글에서 (i) 마르크스의 헤겔 비판과 (ii) 변증법적 비판적 실재론의 헤겔 비판과 마르크스의 헤겔 비판에 대한 메타비판을 상세히 설명했다. 이 과정을 통해 우리는 마르크스주의와 이른바 '현실 사회주의'의 실천에 관한 의미 있는 또 다른 시각을 제시할 수 있었다(8장 3절 참조).[27]

물론 문제와 비일관성 등에 대한 엔트로피적인 반응과 음엔트로피적 또는 변증법적인 반응을 구분한다고 해서 이것이 변화를 이해하는 유일한 차원이라고 말하는 것은 아니다. 이렇게 함으로써 우리는 외생적 변화의 근원으로부

25 Bhaskar, *Dialectic*, 38 및 기타 부분을 볼 것.

26 Bhaskar, *Dialectic*, 74, 311.

27 Bhaskar, *Dialectic*, Chapter 4.7-4.8, 그리고 *Plato Etc.*, 209를 볼 것.

터 내생적 변화의 근원을 구분하고, 개혁적 변화로부터 혁명적 변화를 구분할 수 있다. 또한 이것이, 상황이 전개되는 방식이 (어떻게 전개될지) 불분명한 상태가 오랜 시간 지속하지 않을 수도 있고, 음엔트로피적 해결책에 대한 다양한 대안을 시도해 보는 반半평형상태가 오랜 시간 지속하지 않을 수도 있다고 말하는 것은 아니다. 또한 이것은 어떠한 종류의 예측을 하는 것도 아니다. 배움의 과정의 변증법이 함축하는 **지리-역사의 합리적 방향성**rational directionality of geo-history은 기껏해야 약한 경향적 방향성일 뿐이다(6장 7절 참조). 이는 복잡하게 파열된 미해결의 모순의 세계, 물질적인 변화의 변증법이 점점 더 복잡한 방식으로 회절되는diffracted 세계에서는 특히 그렇다.[28]

나는 다른 글에서, 변증법적 종류의 유사한 과정이 자연에, 부재, 부재화 및 모순이 명확히 적용되는 방식으로 적용되지 않는다고 상정할 이유는 없다고 주장했다.[29]

분석적 이성을 변증법적 이성 내에 성좌적으로 포섭하기

이상에서 살펴본 헤겔의 분석적 복귀는 **변증법적** 사고와 **분석적** 사고 간의 차이에 대해 언급하도록 만든다. 분석적 사고는 의미와 진리값이 변하지 않는 사고이다. 그런데 과학에서 의미와 진리값이 변하지 않는 것은 상대적으로 드물다. 일반적으로 과학 탐구 과정의 마지막에서만 — 예를 들어 2장 4절에서 요약 제시한 DREI(C) 순환에서 라이프니츠적 순간, 즉 연구 보고서나 논문을 준비하고 있는 순간 — 엄격한 분석적 사고가 강조된다. 따라서 분석적 사고는, 모든 창조적 과정과 마찬가지로 과학이 보다 일반적으로 참여하는 보다 포괄적인 변증법적 사고 과정에서 때때로 유용한 순간 또는 한 단계로 볼 수 있다. 이 과정에

28 Bhaskar, *Dialectic*, 279-80, 300. 변증법적 비판적 실재론의 해석에서 마르크스-헤겔 관계의 핵심으로 **변증법의 물질론적 회절**(materialist diffraction of dialectic)을 상소하는 해석은 Norrie, *Dialectic and Difference*, Chapter 3을 볼 것.

29 예를 들어, Bhaskar, *Dialectic*, 26 f를 볼 것.

서 특정 중요한 순간에 과학은 분석적 논리의 중요한 원칙, 즉 비모순율의 원칙을 폐기하지는 않으면서도 위반한다.[30] 따라서 변증법적 사고가 분석적 사고를 포괄하는 (그렇지만 초월하지는 않는) **변증법적 사고와 분석적 사고 또는 추론의 변증법**dialectic of dialectical and analytical thought or reasoning을 고려하는 것이 적절하다. 좀 더 일반적으로 말해 변증법은 우리가 사용하는 개념을 고착적이거나 과도하게 고정되어 버린 의미와 용법에서 해방하는 '훌륭한 완화자great loosener'로 볼 수 있다.[31]

부재, 부정, 그리고 변화에 대한 이러한 분석을 중심으로 하는 **과정**process, **모순**contradiction 및 **발전**development을 포함한 일련의 주요 범주들이 있다. 특히 여기서는 모순이라는 범주의 존재론적 사용을 완전히 허용할 수 있다는 점을 이해하는 것이 중요하다. 따라서 지속 가능한 세계가 현재의 화석 연료 사용 수준과 조화롭지 못하거나 모순적이라고 말하는 것에는 아무런 문제가 없다. 모순들은, 그대로 놓아두면 증식할 것이기 때문에, 명확한 선택이나 해결책이 필요하다는 것을 지시한다. 그리고 모순들은 그 자체로 행위주체를 만성적으로 과소결정된underdetermined 행위를 선택해야 하는, 이중적 구속의 상황에 처하도록 만든다.[32]

공간space, **시간**time, **시제**tense 및 **과정**process 범주들의 정교화는 또한 2E에서의 변증법적 비판적 실재론의 전개에서 매우 중요하다. 공간, 시간, 그리고 인과성은 특히 **리드믹**rhythmic, 또는 (이 책의 4장 2절과 4장 3절에서 소개한) 인과적 효력을 갖는 시공간화 과정의 개념에서 특히 유익하게 결합된다. 이런 일련의 범주들은 사회적 삶에서의 자연적 필연성에 대한, 그리고 변화는 불가피한 것이라는 비판적 실재론의 이해를 밑받침하고 안내한다.[33] (4장 5절에서 소개했던)

---

30 예를 들어, Bhaskar, *Dialectic*, 67을 볼 것.

31 Bhaskar, *Dialectic*, 44, 80, 380.

32 Bhaskar, *Dialectic*, 57-9.

33 Bhaskar, *Dialectic*, Chapter 3.5-3.6 그리고 Norrie, *Dialectic and Difference*, Chapter 3과

과거와 미래의 현전과 **내재적 외부**intrinsic exterior 또는 (8장에서 논의하는) **외부의 현전** 개념 또한 변증법적 비판적 실재론에서 중요하게 다루고 있다.[34] 이제 MELD의 첫 번째 수준으로 돌아간다.

6.4 | 1M 비동일성

기본적 비판적 실재론은 이미 1M에서 그리고 어느 정도는 4D(인간 행위와 실천)에서 제시된다. 그러나 변증법적 비판적 실재론에서는 존재론이 심화되며, 우리가 세계를 서술하고 이해하는 데 사용할 수 있는 범주들과 개념들이 크게 향상되었다. 1M은 우리가 존재론 또는 존재 그 자체를, 특히 **비동일성** non-identity으로서의 존재를 고려하는 영역이다. 초월적 실재론에서 나타나는 기본적 방향의 대부분은 비동일성의 관계를 구별하는 데 관여한다. 따라서 존재론은 인식론과 같지 않으며, 실재적인 것의 영역은 현실적인 것의 영역과 같지 않으며, 개방체계는 폐쇄체계와 같지 않다. 그래서 비동일성은 변증법적 비판적 실재론의 이 단계에서 매우 중요한 역할을 한다. 비동일성의 두 핵심 개념은 **구조**와 **차이**이며, 우리는 이것들에 대해 이미 2장에서 논의했다. 거기서 존재론은 단지 **불가피한** 것일 뿐만 아니라 **모든 것을 아우르는** 것이라고 언급했다. 따라서 존재론을 회피할 방법은 없으며, 믿음들은, 거짓된 그리고 모순적인 믿음 및 환상을 포함하여, 적어도 그것들이 인과적인 효력을 발휘한다면 실재하는 것으로 인정되어야 한다.

Chapter 4.

34 Bhaskar, *Dialectic*, Chapter 2.8, 134-51을 볼 것.

성향적 실재론과 범주적 실재론

1M에서는 여기서 유지되는 실재론의 유형에 몇 가지 중요한 것들이 추가된다. **성향적 실재론**은 현실적인 것들과 함께 가능한 것들에 관한 실재론이다.[35] 분명히 가능한 것의 개념은 현실적인 것의 개념보다 포괄적인데, 왜냐하면 만약 현실성이 실재한다면 그것이 현실화하는 가능성도 또한 실재해야 하기 때문이다. 성향적 실재론에 대한 분석은 사실 초월적 실재론에서의 인과적 힘과 경향에 관한 분석에 의해 전제된다. 그러나 성향적 실재론은 또한 윤리적 사고에서도 중요하며, 여기에서 성향적 실재론은 **구체적 유토피아주의**에 중요한 역할을 한다. 구체적 유토피아주의는 가능성의 영역 안에서 실재하는 것과 실재하지 않는 것의 구분과 관계한다. 여기서 '실재하는real'은 '실현 가능한realisable'을 의미하며, 특정 제약이 주어졌을 때 어떤 가능성이 현실화될 수 있는지를 지정한다. 그러한 제약은 가계 예산이나 부서 또는 학교의 자원 수준 등이 될 수 있다.

여기서 전개되는 두 번째 종류의 실재론은 **범주적 실재론**이다.[36] 범주적 실재론은 철학에서 발전된 범주들과 개념들 자체가 실재적이라고 주장한다. 이는 세계가 특정한 원인들뿐 아니라 인과성(이라는 범주 또는 개념) 자체에 의해 특징지어진다는 것을 의미한다. 분명히 범주적 실재론은 우리가 초월적 실재론을 일관되게 초월적 실재론적 방식으로 제시하고자 한다면 필연적인 것이

---

35 *A Realist Theory of Science*에서 가능성들을 실재적인 것으로 언급하지만(예를 들어 18, 78, 177), 이 입장에 대해 성향적 실재론이라는 용어를 쓰지는 않았다. 내가 성향적 실재론이라는 용어를 처음 사용한 것은 *From East to West: Odyssey of a Soul*(London: Routledge, 2000/2015), 53 f 에서이다. 이 책의 Routledge 판본에서는 페이지 숫자가 첫 번째 판본과 다르다는 점을 적어둔다.

36 'On the ontological status of ideas'(1997), 140에서 범주적 실재론의 개념을 소개했다. 또한 *From East to West*, 59 f 참조. 범주적 실재론은 내가 처음부터 암묵적으로 주장한 입장을 나타내는 용어이다.

다. 그렇지 않다면 초월적 실재론을 제시할 때 우리는〔실재〕세계에 대해 얘기하는 것이 아니라, 플라톤의 형상으로서의 공간과 같이〔세계로부터〕내쫓긴 공간〔플라톤의 이데아〕에 대해 이야기하는 것이 될 것이다. 범주적 실재론이 중요한 이유는 지금까지 철학자들이, 특히 칸트 이후로, 범주를 우리가 세계에 부과하는 것으로 간주해 왔으며, 존재 자체에 내재된 것이 아니라 존재에 부여하는 주관적 부과물로 간주해 왔기 때문이다.

지시와 지시 대상의 분리

성향적 실재론과 범주적 실재론에 근거해, 우리는 **지시**reference를 기호현상 또는 의미 생성에 필수적인 요소로 분석한다. **지시 대상의 분리**는 지시 행위를 그 지시 대상으로부터 분리하는 것으로, 과학과 일상생활에 필수적이다. 이 개념들은 2장 2절과 2장 6절에서 소개했다. 이 장의 2절에서는 지시 대상이라는 철학적 개념을 부정적 존재(부재와 변화), 일반적으로 진술내용적인 내용, 총체성들, 사태의 전체 상태 등을 포함하도록 확장해야 함을 주장했다. 이는 당연히 우리의 일반적인 사용법과 완벽히 일치한다.

진리 4극성: 다중구성적 진리 이론

변증법적 비판적 실재론은 기본적 비판적 실재론에 내재한 **진리**에 대한 분석을 발전시킨다.[37] 이 분석에 따르면 진리는 다중 구성적multi-componential인 개념으로, 내가 **진리 4극성**truth tetrapolity이라고 표현하는 네 가지 명확한 의미 또는 구성 요소들의 확장적 전개에 관한 것이다. 이에 대해서는 〈표 6.3〉에서 **윤리적 4극성**ethical tetrapolity을 포함한 일부 주요 상응하는 요소와 함께 제시했다.

37 Bhaskar, *Dialectic*, 214-24.

〈표 6.3〉 진리와 비진리의 다중성과 그 양식들[38]

존재론적 가치론적 연쇄	1M 비동일성 → 7A/A 동일성	2E 부정성	3L 총체성	4D 변형적 행위성
구체적 보편 = 특이	보편성	특수한 지리-역사적 궤적	특정한 매개들	구체적 특이성
판단 형식	증거적	서술적	명령적-신뢰적	표현적으로 진실한
진리 4극성 - ~으로서의 진리	(4) 존재론적, 진리론적(ID)	(2) 적정화하는(정당하게 주장할 수 있는) 또는 인식적(TD)	(1) 규범적-신뢰적 (IA of TD)	(3) 표현적 지시적인(TD/ID)
진리론적 진리의 양식들	가치론적 필연성, 현실 원칙, 진리론적 진리 그 자체	실천-의존적	총체화하는(설명적 힘의 극대화를 지향하는)	관련된 단일 과학의 변증법에 의거해 맥락화 된
진리의 특질들	근원적인	역동적인	총체화하는	맥락에 민감한
윤리적 4극성	(4) 보편적 해방으로서의 자유; 행복 실현 또는 도덕적 알레시아	(2) 설명적 비판 이론 복합체(설명적 비판 + 구체적 유토피아들 + 이행 이론들)	(1) 신뢰성	(3) 심층 실천의 총체화
거짓의 양식들	(3) 대상 **안에** 또는 존재의 핵심적 본성에 **대한** 존재(ID)	(1) 대상에 **관한** 또는 (실재의 어느 한 수준에 있는) 존재	신뢰할 수 없음	(2) 대상 **안에** 또는 (실재의 바로 그 수준에 있는) 존재(TD/ID)
이데올로기의 형식	(3) 기저의 생성적 (진리론적) 허위	(1) 이론적		(2) 실천적
소외의 형식	(3) 자기-소외	(1) 개념적		(2) 실천적
성삼위일체	존재론적 실재론	인식적 상대주의		판단적 합리성
불신성한 삼위일체	존재론적 일가성	인식적 허위		경험적으로 통제된 이론과 자연적 필연성에 대한 시원적 압출
실재의 영역들	실재적	경험적/개념적		현실적

진리의 네 가지 의미는 다음과 같다.

i. **신뢰적**fiduciary 의미: 무언가를 참이라고 말할 때, '나를 믿어도 좋아, 내 말을 받아들여라'라고 말하는 것이다.
ii. **증거적**evidential 구성 요소: 이는 철학자들이 무엇보다 자주 강조하는 진리의 특성이다. '어떤 명제에 대한 충분한 증거가 있다면, 그것은 정당하게 주장될 수 있다'라고 말하는 것과 관련한다.
iii. **표현-지시적**expressive-referential 의미: '"풀은 녹색이다"가 참이다'라고 말할 때, '풀은 녹색이다'가 풀이 녹색임을 완벽하게 표현한다고 말하는 것이다. 이보다 더 나은 표현 방법이 있을까? 진리의 신뢰적 측면이 진리를 인간 상호적 또는 사회적 결합의 역할을 하게하고 진리의 증거적 측면이 진리의 타동적 차원과 관계한다면, 진리의 표현-지시적 사용은 존재론적/인식론적, 타동적/자동적 분리에 모두 확장적으로 관여한다.
iv. 진리의 **진리론적**alethic 사용: 이는 '물이 100도에서 끓는 것의 진리는 물의 분자적 구성이다' 또는 '모든 금속이 전기를 전도한다는 것의 진리는 모든 금속이 자유 전자를 가진다'는 것과 같은 말을 할 때 발생한다.

진리의 진리론적 사용은 증거적 또는 표현적인 관점에서 진리가 진리인 것에 근거해 이 세계에서의 이유 또는 근거를 지시하는 것이다. 즉, 그것은 그 명제를 참으로 만드는 이 세계의 생성적 구조를 이유로 지시하는 것이다. 그래서 진리론적 진리 개념은 존재론적 층화에 근거한다. 그러나 우리가 그 층화를

---

38 Mervyn Hartwig, 'Introduction' to Bhaskar, *Dialectic*, xiii-xxix, Table 3, xxii(머빈 하트윅이 다소 수정함).

획득하면 우리는 진리를 더 넓은 존재론적 의미로 사용하여 한 명제를 참으로 만드는 그 어떤 것이든 아주 간단히 지칭할 수 있다. 이로써 우리는 진리의 이론에 표현적 진리 사용의 지시적 대응물을 포함하게 된다. 이는 비판적 실재론에 추가되는 중요한 개념적 자원이다.[39]

진리론적 진리 또는 **필연성**은 인간 실천에 관련된 **자연적 필연성의 세 수준**의 객관적 극objective pole이다. 그것의 주관적 극subjective pole에는 **가치론적 필연성**axiological necessity이 있으며, 그 사이에는 (내가 프로이트로부터 채용한 개념인) **현실 원칙**reality principle이 있다. 이러한 개념들은 그러므로 동일한 대상에 관한 세 가지 관점을 제공한다. 진리론적 진리 개념은 자연적 필연성 자체와 관련되며, 일반적으로 특정한 구체적 인간 실천들과 묶이는 것은 전혀 아니다. 반면 가치론적 필연성은 항상 특정한 구체적 인간 실천들 일반과 묶이며, 실재성 원칙은 이것들과 관련된다.

TINA 타협 구성체

내가 **진리론적 실재론**이라고 부르는, 진리의 진리론적 의미를 기반으로, 우리는 우리가 이미 수없이 마주친 중요한 개념, 즉 **TINA 타협 구성체들**에 이르게 된다.[40] TINA 구성체는 이론에서의in 잘못된 믿음이 일정 정도 적합한 실천의

39 〔편집자 주〕. 바스카의 알레틱적(alethic) 진리는 알레틱적 진리를 진리 대응 이론과 동일시하는 비판적 실재론 버전의 알레틱 이론과는 상당히 다르다(예를 들어 Porpora, *Reconstructing Sociology: A Critical Realist Approach*, 80). 진리 대응 이론은 아리스토텔레스까지 거슬러 올라간다. 바스카는 우리의 개념(예를 들어 레이저 빔이라는 개념)과 그것이 표현하는 것(예를 들어 레이저 빔) 사이에 근본적인 비동일성이 있다는 점에서 진리 대응 이론을 거부하고, 진리 대응 이론이 주체-객체 동일성-사고 또는 인류주의실재론의 일종이라고 주장한다(예를 들어 Bhaskar, *A Realist Theory of Science*, 249-50와 *Dialectic*, 214-24 참조).

40 TINA는 '대안은 없다(There Is No Alternative)'를 의미하는 약어이며, 그 자체의 거짓에 의해 손상되고 그 자체의 거짓으로부터 보호되어야 하는 거짓 필연성을 나타내기 위해 역설적으로 그렇게 이름 붙인 것이다.

요소들에 의해 유지되고, 그것에 의해 이론/실천 집합체가 자신을 유지해 나가는 상황에서 발생한다. 여기서 작용하는 생각은 실재가 **가치론적 필연성들** axiological necessities을 포함하고 있다는 것이다. 이 필연성들은 어떤 믿음(또는 사회적 상황)이 자신을 유지하기 위해 충족해야 하는 책무들imperatives이다.[41] 따라서 우리가 2장 8절에서 본 것처럼, 화학자나 물리학자는 그들의 이론적 믿음이 무엇이든, 폐쇄체계와 개방체계 사이의 구분, 그래서 실재적인 것과 현실적인 것 사이의 구분을 실천에서 피할 수 없다. 실천에서 일어나는 일은, 이러한 구분이 대부분 무의식적으로 적용되며, 이 구분을 부정하는 그 어떤 이론적 또는 철학적 장치도 단지 헛돌기만 할 뿐, 실천의 영역에서 아무런 역할도 하지 않는다는 것이다. 그러나 사회 세계에서 TINA 구성체들이 항상 그렇게 무해한 것은 아니다. 왜냐하면 철학과 방법론의 더 중요한 역할은, 허위의 철학적 믿음들이 실천의 영역에 영향을 미치고 그래서 우리는 현실과의 온갖 종류의 혼란스러운 타협에 이르게 되고, 이것에 의해 거짓이거나 부적합한 이론/실천 집합체가 비틀거리기를 계속할 수 있다는 것을 의미하기 때문이다. 따라서 TINA 구성체는 이 장의 6절에서 비실재론에 대한 메타비판을 위한 핵심 개념이며, 이는 이 책의 8장에서 더 자세히 전개된다.

해방적 기획의 논리

1M 분석은 초보적인 **해방적 담론의 논리**logic of emancipatory discourse도 또한 정당화한다. 전형적으로 해방의 기획은 인류 또는 인류의 일부와 같은, 어떤 능력이나 힘을 소유함으로써 속박되지 않은 또는 실질적으로 제한되지 않은 가능성들을 갖는 주체를 상정할 것이다. (예를 들어 그 힘은 우리가 일을 해서 재화와 서비스를 스스로 생산하는 능력일 것이다.) 동시에 이 능력은 그것을 부인하거나 억

41 Bhaskar, *Dialectic*, 특히 118-19.

압하는 수준의 존재에 의해 제한된다. (이는 계급 관계의 존재나 자원 분배에서의 극심한 불평등의 존재와 같은 것일 수 있다.) 따라서 우리는 실질적으로 무제한적인 능력과 그것을 억압하거나 그것의 발전을 방해하는 상부구조를 가지고 있다. 그러므로 해방의 논리는 이 상부구조를 내던져 버리거나 떼어내는 것이다. 이것은 종종 **탈발현**disemergence 행위로 볼 수 있지만, 부분적으로 또는 전체적으로 주체 내부에 있을 때에는, 전복이나 변형과 같은 **제거**shedding 행위의 형태를 취한다. 이 주제는 다음 장에서 다시 다룬다.

6.5 | 3L 총체성

내적 관계 Vs. 존재론적 외연주의

이제 3L로 이동한다(2E 부정성은 6장 3절에서 논의했다). 총체성은 두 가지 또는 그 이상의 것들을 함께 또는 전체로서 취하는 것과 관련한다. 이 범주에서 가장 중요한 철학적 개념은 **내적 관계**internal relations의 개념이다. 두 객체는 한 객체의 변화가 다른 객체에 영향을 미칠 때 내적으로 연결되어 있다고 할 수 있다.

내적 관계라는 관념은 한 담론 내에서의 발화 행위의 연속적 진술들 간의 관계 또는 일반적으로 사회적 삶이라는 틀 안에서의 행위와 같은 관계로 설명될 수 있다. 예를 들면 다음과 같다.

D1: 브라이튼에 관한 한 진술 또는 담론이 내적으로 D2에 관계되거나, 관계될 수 있다.
D2: 서섹스에 관한 또는 여행에 관한 질문, 그러나 D2는 전형적으로 D3~D5와 내적으로 관계되지 않을 것이다.

D3: 맨체스터에 비가 오지 않음 또는 일리노이주 스프링필드에서의 체스 경기, 또는

D4: 크리미아 전쟁의 발발, 또는

D5: 스웨덴의 바나나 수입.

우리가 자연 세계를 다룰 때에는 객체들을 개별적으로 다루는 것이 때때로 가능할 수 있지만, 사회 세계에서는 객체들을 구분되고, 자족적인 개별체로, 원자론적으로 취급하는 것이 언제나 가능하다고 보는 **존재론적 외연주의**ontological extensionalism라는 철학적 독단이 심각하게 무너진다.[42] 따라서 지금 내가 발음하거나 쓰는 단어들은 그 앞문장 속의 단어들과 내적으로 관계되어 있다. 질문은 그에 대한 답변과 내적으로 관계되어 있다. 가족 구성원들 사이의 관계들도 분명히 이와 같다. 내적 관계는 **전체론적 인과성**holistic causality의 개념을 통해 발전되고 체계적으로 표현할 수 있을 것이다. 이 인과성은 내적으로 관계된 요소들의 조합을 포함하며, 그 요소들은 조합의 형태가 요소들을 인과적으로 공동 결정하는 만큼 전체로 응집한다. 그리고 그 요소들은 인과적으로 공동 결정하고(서로를 상호 매개하거나 조건 지으며), 그러므로 인과적으로 그 형태를 공동 결정한다.

구체적 보편자

여기에서 또한 매우 중요한 것은 **구체적 보편자**concrete universal와 **구체적 보편성**concrete universality의 개념이다.[43] 주류 철학은, 적어도 분석적 전통에서는, 일반적으로 **추상적 보편성**abstract universality에 전념해 왔다. 추상적 보편성은 어떤 요

42 Bhaskar, *Dialectic*, 9-10 및 기타 부분.

43 Bhaskar, *Dialectic*, 113 f.

소 x에 대해, 그것과 다른 요소 y와의 관계를 보편적인 것으로, 예를 들어 '모든 펜은 …이다'와 같이, 표현할 수 있다는 것을 의미한다. 그러나 세계에는 이러한 추상적 보편자가 존재하지 않는다. 과학과 일상생활에서 우리가 만나는 모든 보편자의 사례는 구체적 보편자이다. 즉, 그것들은 체현된, 구체화된, 특정한 형태를 취한다. 그렇기 때문에 구체적 보편자는 **다중적 사중성**multiple quadruplicities, 즉 다음의 네 가지 구성 요소들을 포함하는 것으로 분석해야 한다(이는 <표 6.3>에 제시했다).

(a) 초사실적으로 적용 가능한 속성들과 법칙들의 예시로서 **보편적**universal 구성 요소(예: 유전적 구성에 근거한 핵심적인 보편적 인간 본성)

(b) 어떤 것을 그것과 동일한 종류의 다른 것들로부터 구분하는 **특정 매개체들**particular mediations로 구성된 것. 예를 들어, 이 특정 여성(보편적 여성의 한 사례)은 간호사, 노동조합원, 세 아이의 어머니, 롤링 스톤스Rolling Stones의 팬 등이 될 수 있다.

또한 이 분화된 보편자의 각각의 예는 다음과 같이 특징지을 수 있을 것이다.

(c) 특정한 **지리-역사적 궤적**specific geo-historical trajectory. 이는 보편적 구성 요소들과 특정 매개체들을 공유하는 다른 것들로부터 어떤 것을 **더욱더 특정화하는**further particularise 것이다(예를 들어, '이 특정 여성은 35년 전에 고아Goa에서 태어났을 것이다' 등).

더욱이 각각의 지리-역사적으로 특정하고 매개된 보편자의 예는 또한 다음과 같은 것일 수 있다.

(d) 환원 불가능하게 **고유하거나**unique **구체적인 특이자**concrete singular(예를

들어 고유한 물질적 형태를 갖는 인격성으로서의 바니라트나Vanirathna[인도인 이름]). 이 환원 불가능한 고유성은 한 보편자의 두 사례들을, 심지어 그것들이 모든 동일한 매개들을 충족하고 동일한 지리-역사적 궤적을 가지고 있는 것으로 나타나더라도, 한 보편자의 두 예시를 구별할 것이다.

구체적 보편자의 모든 예시는 이 네 겹의 방식으로 분석되어야 하지만, 마찬가지로 모든 특정한 사물이나 개인은 이 네 가지 측면을 드러낼 것이다. 그러므로 이 네 측면은 '구체적 보편자 = 특이자'의 측면으로 드러난다.

총체성과 성좌성

대상들을 그것들 간의 체계적 상호 연결의 측면에서 분석하는 것은 불가피하게 **총체성**totality의 개념에 입각해 대상들을 고찰하게 만든다. 확실히 과학에서나 어떤 문제에 직면한 실천적 상황에서 우리가 해야 하는 것은 세계나 그 상황을 그것의 총체성 속에서 이해하는 것인데, 이것으로 우리는 '모든 관련 구성 요소를 포함하는 방식으로' 대상들을 분석하게 된다.

사회적 삶에서 우리는 일반적으로 **부분적 총체성들**partial totalities과 관계하는데, 이것들은 어떤 외부적 관계와 어떤 내부적 관계로 구성된다. 특히 한 종류의 부분적 총체성이 매우 중요한데, 바로 총체성의 부분들 간에 차단이나 틈이 있는 **하위 총체성**sub-totality이다. 이와 관련된 것이 **소외**alienation 개념이다. 소외는 자기 자신이 아닌 다른 무엇이 되거나, 자신의 본성 또는 정체성에 본질적이고 내재적인 것이 아닌 다른 것이 되는 상태를 의미한다. 예를 들어, 우리가 태어난 세계에서 분리되거나 대립되는 상태가 그러할 것이다. 이 중요한 개념은 3장 5절에서 소개했으며 8장 1절에서 더 자세하게 논의한다.

일반적으로 대상들이 내적으로 관련되어 있을 때, 나는 상호 연결과 상호작용보다는 **내적-연결**intra-connection이나 **내적-작용**intra-action이라고 말한다. 사회적 삶에서 내적 작용은 무작용inaction만큼이나 중요하다.

3L에서 매우 중요한 개념은 **성좌성**constellationality의 개념이다. 이는 일반적으로 한 항이 그것과 대립하는 항을 넘어서서 포괄하는 상황을 규정하는 개념이다. 따라서 2장 10절과 4장 3절에서 살펴본 것처럼, 우리는 인식론을 포함하는 존재론에 대해, 즉 실재하는 것으로서의 믿음들에 대해 그러니까 존재론적 주제에 포함되는 것으로서의 믿음들에 대해 말할 수 있다. 이는 믿음들은 그것들에 대해 독립적인 대상을 가진다는 개념인 **실존적 자동성**existential intransitivity 개념을 우리가 강조할 때도 해당된다. 그러한 상황에서 우리는 존재론이 성좌적으로 인식론을 넘어서서 포괄한다고 말할 수 있다. 우리는 또한 지금까지 변증법dialectics이 분석analytics을 어떻게 성좌적으로 포용하는지 살펴보았다.

6.6 | 4D 변형적 실천

변형된 변형적 실천 및 관련 개념

변증법적 비판적 실재론의 변증법은, 그것이 동일성이 아닌 비동일성에서 시작하며, 근본적으로 상이한 부정성의 개념을 포함하며 닫힌 총체성이 아닌 열린 총체성에 관심을 두고 있다는 점에서 헤겔 변증법과 구별된다. 그러나 매우 중요하게도, 그것은 네 번째 요소인 인간 **실천**praxis의 요소도 포함하고 있다. 이것이 중요한 이유는 바로 인간의 (주체적) 행위human agency가 사회적 삶의 모순과 딜레마를, 그 모순과 딜레마가 순전히 이론적인 경우에도, 해결해야 해야 하기 때문이다.

그러므로 인간의 행위 또는 **변형된 변형적 실천**transformed transformative practice[44]

을 중심으로 네 번째 종류의 개념이 전개되었으며, 이는 사회적 삶에서 의도성intentionality, 행위성agency, 자발성spontaneity의 비환원성이라는 개념을 포함한다. 따라서 누군가가 무엇인가를 실행해야 한다면, 즉 어쨌든 어떤 행위를 수행해야 한다면 의도하지 않을 수도 없고, 행위 하지 않을 수도 없고, (행위 하는 순간에 그 행위에 관해 생각하지 않은 채) 기본적으로 또는 자발적으로 행위 하지 않을 수도 없다.[45] 이것이 바로 내가 **가치론적 책무**axiological imperative라고 개념화한 것이다.[46] (주체적) 행위성은 물론 이미 2장과 다른 곳에서 논의한 **4-평면 사회적 존재함**four-planar social being의 개념의 측면에서 고려되어야 한다. 여기서 또한 중요한 것은 3장에서 소개한, 탈구되고 탈각된 **구조와 행위의 이원성** duality of structure and agency 개념이다.

힘$_2$ 관계들과 그 관계들에 대한 메타비판

변증법적 비판적 실재론에서는 **힘$_2$** 또는 힘-지배 — **주인과 노예 유형의 사회**에서 주인이 노예에 대해 행사는 종류의 힘 — 와 **힘$_1$** 또는 변형적 능력 간의 대비가 큰 중요성을 띠게 된다. 힘$_2$는 헤겔의 주인-노예 변증법과 마르크스의 자본주의 하에서 노동력의 착취 분석과 연관된 것인 반면, 변증법적 비판적 실재론은 이를 젠더,[47] 인종, 장애-비장애, 세대 관계와 같은 모든 사회적으로 구조화된 힘 관계들로 일반화한다. 이러한 관계들을 통해 행위자들이나 집단들은 타자

---

44 Bhaskar, *Dialectic*, 9 및 기타 부분.

45 기초적 행위들은 우리가 다른 것을 함으로써 행하는 것이 아닌 그냥 그것 자체로 하는 행위이다. 이러한 행위들은 학습되며 이 행위들을 수행할 능력은 상실될 수도 있다. 이 책의 7장 4절 그리고 Bhaskar, *The Possibility of Naturalism*, 82-3을 볼 것.

46 Bhaskar, *The Possibility of Naturalism*, 87 f.

47 젠더 불평등과 관련한 강력한 비판적 실재론적 심층 비판으로는 Lena Gunnarsson, *The Contradictions of Love: Towards a Feminist-Realist Ontology of Sociosexuality*(London: Routledge, 2014)을 볼 것.

들의 (구체적 특이성에 근거한) 공개적 희망이나 실질적 이해에 반하여 자신의 의지를 관철한다.

그러나 변증법적 비판적 실재론은 또한 역사적 힘$_2$ 관계의 중요성을 서구 철학 전통에 대한 메타비판$_2$을 통해 서구 철학의 형태와 관련시킨다. **메타비판$_1$** metacritique$_1$은 한 이론에 있는in 중요한 부재를 식별하는 것이고, **메타비판$_2$** metacritique$_2$는 이에 덧붙여 그러한 이론을 사람들이 왜 믿는지에 대해 설명하는, 따라서 설명적 비판의 한 형태이다(이에 대해 5장에서 논의했다).[48] 그러므로 분석 철학은 평형상태의 존재론을 은폐하고 있는 것으로 볼 수 있다. 이러한 방식으로 분석 철학은 과거의 변화와 자유를 무의식적으로 정상화하면서normalise 현재와 미래의 변화와 자유를 부인하고 그런 식으로 현재 상태의 유지에 기여한다.[49] 평형상태의 존재론은 존재론적 일가성 등과 같은 서구 철학 전통을 특징짓는 기본적인 오류들과 밀접한 관련이 있기 때문에, 변증법적 비판적 실재론은 힘$_2$ 관계와 지식 사이의 관계에 관한 근본적 문제를 제기한다.

비실재론에 대한 메타비판

비실재론 철학 Irrealist philosophy은 초월적 실재론적이지 않은 철학을 의미하며, 더 특정하게는 인식적 오류(1M), 존재론적 일가성(2E), 존재론적 외연주의(3L), 그리고 환원주의 또는 이원론(4D)의 범주적 오류를 저지르며, 그것에 의해 존재를 탈층화, 탈부정화, 탈총체화, 그리고 탈행위주체화하는 철학을 의미한다. 비실재론에 대한 변증법적 비판적 실재론의 메타비판은[50] 비실재론

48 Bhaskar, *Scientific Realism and Human Emancipation*, 25-6.

49 Bhaskar, *Dialectic*, 177을 볼 것.

50 Bhaskar, *Dialectic*, Chapter 4 그리고 *Plato Etc.*, Chapters 9, 10, 그리고 부록을 볼 것. 또한 특히 Bhaskar, *Scientific Realism and Human Emancipation*, Chapter 3, 'The positivist illusion:

〈그림 6.1〉 **주체-객체 동일성 이론을 동반하는 인류주의실재론적 교환**[51]

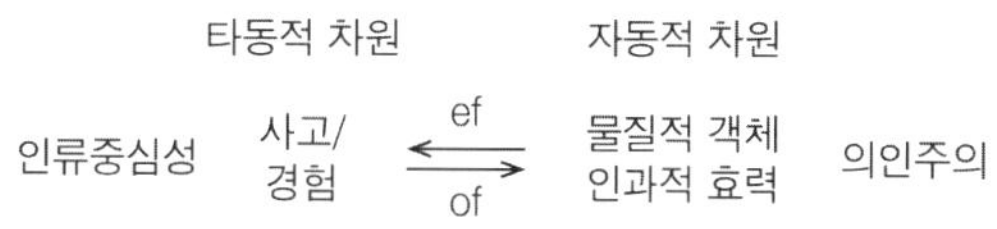

주: ef = 인식적 오류; of = 존재적 오류.

이 (내재적인) **인류주의실재론**anthroporealism과 **초험적 실재론**transcendent realism의 조합에 의존하고 있다는 분석을 중심으로 구조화되어 있다.

인식적 오류(세계를 그것에 대한 우리의 지식으로 환원하는 오류)는 (i) 비실재론에 깊게 뿌리내린 **인류중심적** 편견을 은폐하는데, 이는 내가 **인류중심적 오류** — 인간 존재(와 그것의 일부 속성)에 입각해 존재를 분석하는 오류 — 라고 부르는 것을 정당화한다. 그리고 인식적 오류는 (ii) 내가 **인류주의실재론적 교환**이라고 명명한 것에서 **존재적 오류** — 우리의 지식을 세계로 환원하여 지식을 자연화하고 세계를 **의인화하는**anthropomorphising 오류 — 와 서로 강화하며 공존한다(〈그림 6.1〉을 볼 것).

여기서 인간 존재의 속성에 입각해 존재를 규정하는 범주적 오류의 결과는 **주체-객체(인식적-존재적) 동일성 이론**subject-objectepistemic-ontic identity theory의 이중성으로 나타난다. 인류중심적 동일성 이론은 의인화된 실재론의 반대 측면을 전제하며, 그 결과는 사물의 독립적 존재성을 압도하는 모호성과 사회적으로 생산된 사실에 대한 독단적이고 의인화적인 물상화일 것이다. 〈그림 6.1〉에서 이를 설명하고 있다.

인류주의실재론 또는 주체-객체 동일성 이론의 핵심에는 에고중심성과 추

---

sketch of a philosophical ideology at work,' 224-308을 볼 것.

51 Bhaskar, *Plato Etc.*, 49, Figure 3.2.

상적 보편성이 자리하고 있으며, 이는 반복적 획일성과 내적 공허함, 즉 맥도날드화된McDonaldised 세계를 양산한다.[52] 동일성과 무nothingness의 끊임없는 생산에 대한 이러한 전망은 그러나 항상 규정적인 어떤 것의 흔적, 명확한 발자국을 남기며, 또한 그것은 (메타실재론에서 주장하는바) 인간의 독창성과 팀워크, 상호 간의 연대와 숙련의 정도에 의존한다.

인류주의실재론에 대한, 또는 존재를 피상화하거나 깊이를 상실한 지식으로 환원하는 것에 대한 필연적 보완물은 가상의 초험적 실재론이다. 이것은 존재론적 깊이와 층화 개념을 결여한 인류주의실재론을 보상하기 위해 요청되는 것이다. 이러한 개념이 부재하면 **성취된**achieved 동일성 이론은 불가능한데, 왜냐하면 이론에 관계없이 세계는 독립적으로 존재하며 초사실적으로 작동하기 때문이다. 그러므로 예를 들어, 동일성 이론가에게 초월적 추정 복합체transdictive complex의 난제들은 초험적 실재론을 암묵적으로 또는 함축적으로 (예를 들어 신앙주의적으로, 맹신적으로) 불러내지 않는다면 해소 불가능한 것으로 나타난다. 초험적 실재론의 중심에는 다양한 가상적인 것imaginaries이 놓여 있다. 리얼리티 TV, 복권, 유명인 숭배, 추악한 부자들이 다니는 고급 쇼핑몰에서의 윈도우 쇼핑, '디즈니화Disneyfication'[53]된 판타지 세계와 혼합되어 나타나는 지구 반대편의 다른 문화권 축구팀의 판촉영업, 진짜 고된 그리고/또는 지겨운 일에 대한 상상적 보상이 그러한 가상적인 것들의 예이다. 그러나 인류주의실재론에서의 동일한 것의 반복의 세계가 물질적 실재에 흔적들과 잔해,

---

52 〔옮긴이 주〕 '맥도날드화(McDonaldization)'는 현대 사회의 다양한 측면이 즉석 음식점인 맥도날드의 특징과 유사하게 변모하고 있음을 주목하는 조지 리처(George Ritzer)의 사회학적 개념이다. 맥도날드화는 효율성, 계산 가능성, 예측 가능성, 통제의 네 가지 원칙으로 요약할 수 있다. 리처는 이 네 가지 원칙이 예를 들어, 맥대학(McUniversity), 맥병원(McHospital) 등과 같이 교육, 의료, 여행 등 다양한 사회 영역에 걸쳐 확산되고 있다고 지적한다.

53 〔옮긴이 주〕 디즈니화는 맥도날드화의 보완 개념으로 앨런 브라이먼(Alan Bryman)이 제안했는데, 디즈니 주제 공원의 원칙이 사회의 점점 더 많은 부문을 지배하는 과정을 표현한다. 디즈니화는 주제화, 소비의 탈차별화, 광고선전화, 감정노동 등 4요소의 강화를 특징으로 한다.

〈그림 6.2〉 비실재론의 TINA 타협 구성체 또는 문제틀[54]

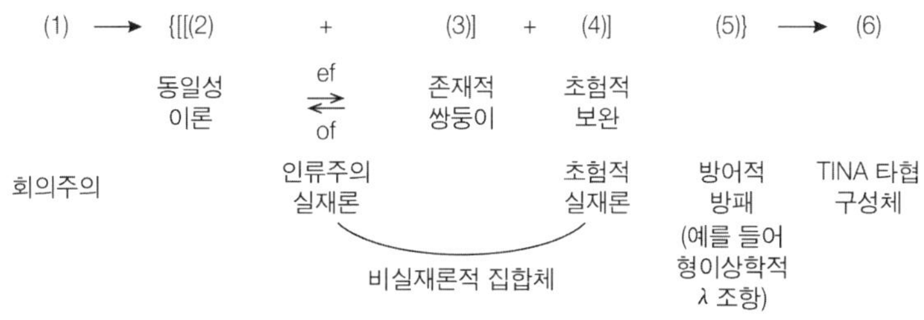

주: ef = 인식적 오류; of = 존재적 오류.

들을 남기듯이, 환상의 대리 세계도 실재하는 인간들의 한정된 심리적 상태와 실질적 변화들을, 그것들이 아무리 (적어도 외부로부터 보기에) 피상적인 것으로 보이더라도, 필요로 하며 그것들에 의존한다.

인류주의실재론과 초험적 실재론은 함께 **비실재론의 집합체**irrealist ensemble를 구성한다. 초험적 강화를 수행하더라도 이 내부적으로 비일관적인 체계는, 그것이 위반하는 가치론적 필연성에 직면하여, 형이상학적 λ(다른 사정이 같다면) 조항 또는 안전망을 통합하는 방어용 방패를 필요로 한다. 이로부터 도출되는 TINA 구성체(이것은 비실재론적 문제-장 해결책 또는 **문제틀**problematic을 구성한다)는 〈그림 6.2〉에서 설명된다. 그 핵심 구조는, 〈그림 6.3〉에서 제시한 것처럼, 모든 TINA 구성체의 그것과 동일하다.

8장 2절에서 살펴볼 것이지만, 인식적 오류는 존재론적 일가성과 매우 밀접하게 관련되어 있다. 존재론적 일가성은 존재가 온전히 긍정적인 것이라는 견해로, 이는 플라톤이 그 권위적 출처다. 플라톤이 차이에 입각해서 변화를 분석할 때, 그는 변화와 부재를 인식론적 영역에 한정하고, (그의 용어로) 세계에서 그것들을 추방해 버렸다. 그러나 인식적 오류는 유사한 효과를 가지는

54 Bhaskar, *Plato Etc.*, 50, Figure 3.3.

〈그림 6.3〉 TINA 타협 구성체의 핵심 구조[55]

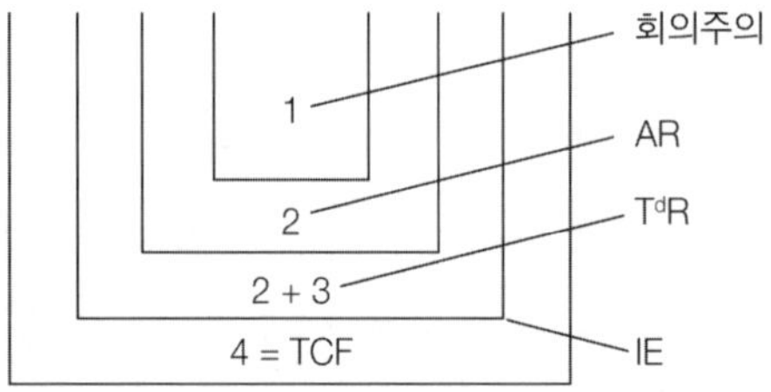

주: AR = 인류주의실재론; T^dR = 초험적 실재론; IE = 비실재론적 집합체; TCF = TINA 타협 구성체.

데, 인식적 오류는 세계에 대해 이야기하는 것을 금지하므로 부재와 변화를 억압한다. 존재론적 일가성은 그러므로 또한 비실재론의 중심에 있다. 인식적 오류와 함께 존재론적 일가성은 비실재론 특유의 실수들을 생산하는 **융합**fusion과 **분열**fission의 변증법을 포함한다. 융합은 존재의 구분되는 층들을 경험적인 것의 수준으로, 부정성을 긍정성으로, 부분을 전체로, 마음을 물질로 붕괴시킨다. 분열은 지식을 세계로부터, 부재를 현존으로부터, 부분을 전체로부터, 마음을 물질로부터 분리한다. 겉으로는 상반된 것처럼 보이지만, 융합과 분열은 암묵적으로 서로를 보완한다. 즉, 이것들은 아리스토텔레스와 플라톤이 아마도 그랬던 것처럼,[56] 인식적-존재적 오류, 존재론적 일가성, 그리고 내가 시원적 압출 또는 현실주의라고 정의하는 공통적인 잘못된 문제틀에 통합되어 있는 **변증법적 적대자**dialectical antagonists 또는 상대자이다(더 자세한 내용은 8장 2절을 볼 것).[57] 또한 이것들은 철학에 국한되지 않는데, 철학은 항상 그것의

55 Bhaskar, *Dialectic*, 365, Figure 4.13.

56 Bhaskar, *Plato Etc.*, 184-5.

57 Bhaskar, *Dialectic*, 88.

사회적 맥락과 공명한다. 따라서 자본주의적 근대성에서 부당한 융합의 한 형태는 (노동력 대신 노동이라는) **비등가물의 교환**the exchange of non-equivalents이다. 이는 임금 노동/자본 계약에 중요하며, 이것 없이는 자본주의 경제는 기능할 수 없었다. 이는 다시 **분파적 이익을 보편적 이익으로 표상하는 것**representation of sectional interest as universal과 연결된다. 이는 자유시장 이데올로기의 특성인데, 예를 들어 영국-미국 등의 분파적 이익을 '국제 공동체'의 이익과 동일시할 때 발생한다. 또한 자본주의에서 작용하는 부당한 분열의 지배적 형태는 **등가물의 비동등성**non-parity of equivalents으로 이는 여성들과 이민자들이 동일한 노동에 대해 현지인 남성들보다 적은 급여를 받을 때 명백히 드러난다. 이는 또한 **보편적 이익을 분파적 이익으로 표상하는**the representation of universal interests as sectional 이데올로기적 기제와 관련이 있다. 예를 늘어, 전 지구적 생태 위기를 온전히 녹색(당)의 관심사라는 분파적 문제로 제시하는 경우가 그러하다. 그러므로 분열과 융합은 모두 정치-윤리적 사용과 (철학에서의) 체계적 진단 둘 모두에 매우 중요하게 사용될 수 있다.[58]

그러나 4D에서의 가장 중요한 발전은 자유의 변증법에 함유되어 있다.

6.7 | 자유의 변증법

우리는 욕구하고 행위 하는 생명체이면서 동시에 판단하고 말하는 존재이지만, 우리의 행위는 담론적 전제를 가지고 있으며 우리의 판단은 실천적인 전제를 갖고 있다. 변증법적 비판적 실재론의 **자유의 변증법**dialectic of freedom[59] (또는 **자유를 향한 욕망의 변증법**dialectic of desire to freedom)은 우리가 우리의 행위나 담론

58 Bhaskar, *Dialectic*, 168, 180-1.

59 특히 Bhaskar, *Dialectic*, Chapter 3.10, 279-98을 볼 것.

만으로도 모두의 자유로운 번영의 조건으로서 각자의 자유로운 번영을 포함하는 좋은 사회에 대한 형식적 기준을 도출할 수 있다고 논증한다. 이는 (1) **행위성의 변증법**dialectic of agency(또는 욕망과 행위성의 변증법) 또는 (2) **담론의 변증법**dialectic of discourse(또는 판단 및 발화 행위 또는 담론의 변증법)을 통해 수행할 수 있다. 실질적으로, 이는 보편적인 자유로운 번영을 향해 나아가는 연구를 포함한, 그리고 그 연구가 함축하고 있는 **총체화하는 심층-실천**totalising depth-praxis을 필요로 한다. 형식적 기준과 실질적 기준의 조합과 그리고 두 기준 각각의 변증법적 교차적 풍부화는 **변증법적 이성**dialectical reason, 또는 **실천에서의 이론과 실천의 정합성**coherence of theory and practice in practice에서의 문제가 된다. 이는 우리가 앞 장에서 논의했던 합리성의 단계들 중 (vii) 단계이며, 이 장에서 논의하려고 미루었던 **지리-역사적 방향적 합리성**의 표현이다. 이는 세계 곳곳의 민중들의 자유의 맥박 또는 진정한 갈망과 투쟁에 의해 구동되며, 자유의 변증법이 보여주듯 자유로운 번영에 대한 제약을 부재화하려는 것이다.

변증법적 비판적 실재론을 가장 간결하게 표현하는 방법은 자유의 변증법의 기본 구조를 통해서다. 이는 다음과 같이 표현될 수 있다.

> 부재 - 근본적 욕망 - 지시 대상적 분리 - 제약 - 제약의 원인에 대한 이해 - 연대의 변증법(내재적 비판 및 변증법적 보편화 가능성) - 총체화하는 심층 -실천 - 해방적 가치론.[60]

행위성의 변증법과 담론의 변증법은 각각 이론과 실천의 정합성의 다른 쪽 극을 표현하며 둘 모두, 첫째, 연대와 총체화하는 심층-실천이 수반하는 행위에 대해, 그리고 둘째, 좋은 사회의 내용이 되는 모두의 자유로운 번영에 대해 **형식으로부터 내용으로의 이중 이행**double transition from form to content을 초래한다. 행

---

60 Bhaskar, *Plato Etc.*, 166-7.

위 하고 말하는 존재들로서 우리는 주인-노예 유형의 사회적 관계와 소외가 특징인 사회적 맥락에서는 진정으로 번영할 수 없으며, 그러한 사회를 향해 노력하지 않는다면 우리 자신에게 충실할 수 없다. 따라서 해방은 또한 우리 자신으로 귀환하는 것, 즉 자기-실현이다. 이것의 논리는 자아에 대한 더 세밀한 분석이 행해질 때까지 완전히 드러날 수 없으며, 이는 메타실재metaReality의 철학에서 우리가 다루게 된다. 여기에서는 변증법적 비판적 실재론에서 전개한 논리에 제한한다.

(1) 욕망과 행위성의 변증법과 (2) 판단 및 발화 행위 또는 담론의 변증법은 우리를 동일한 결론으로 이끈다. 이 두 변증법에서 욕망/행위와 담론 양쪽의 **실천적-이론적 이원성**practico-theoretical duality이 중요한 역할을 한다.

(1) **욕망/행위성의 변증법**은 (a) 욕망과 의도적 행위의 개념적 및 순-명제적 특성과 (b) 욕망(욕구, 필요)이 욕망(욕구, 필요)의 충족에 대한 제약에 대한 제거를 위한 메타-욕망을 논리적으로 수반한다는 사실에 근거한다. 이는 우리를 담론과 사회성/연대의 영역, 특히 타자의 욕구와 행위에 대한 담론과 사회성/연대의 영역으로 인도한다. 왜냐하면 무엇인가를 욕망할 때 우리는 욕망의 충족에 대한, 특히 힘$_2$ 또는 주인-노예 유형의 관계를 포함한 제약을 제거하는 것에 논리적으로 헌신하므로, 모든 변증법적으로 유사한 제약 또한 제거하는 것에 헌신하기 때문이다. 여기서 구체적 보편자는 특정 종류의 모든 구체적으로 단일한 사례 — 여기서는 인류 — 를 포괄한다는 것을 상기하는 것이 중요하다. 만약 나 자신이 제약을 제거하려는 나 자신의 관심에서 어떤 인간 존재를 배제한다면, 나는 그 배제의 관계로 나 자신을 규정하게 되며, 따라서 나 자신의 자유에 제한을 가하는 것이다. 자유는 변증법적으로 분리 불가능하다.[61]

(2) **발화/담론의 변증법**은 (a) 사실적 담론의 평가적 및 실천적 함의와 (b) 어

61 Bhaskar, *Plato Etc.*, 144; *Reflections on MetaReality*, 21, 219.

떤 판단이나 주장은, 'X가 참이다'라고 말하는 것이 '나를 믿어라, 당신은 그것을 근거로 행동할 수 있다'를 수반하는 것과 같이, 그것을 신뢰할 수 있고 그것을 근거로 행위 할 수 있다는 명령적-신뢰적 헌신을 내포한다는 고려에 기반한다. 이것은 우리를 나의 행위들의 문제 그리고 내 발언의 수령인과의 연대의 문제로 되돌아가게 한다. '나를 믿어라, 당신은 그것을 근거로 행동할 수 있다'라고 말하는 것은 당신의 상황에서 우리 자신이 그렇게 할 것이라고 말하는 것이며, 이는 우리가 그러한 모든 수령인과 연대해 행위 할 것을 약속한다.

더 자세히 말하자면, (1) 행위의 변증법은 분석적으로 욕망 개념에, 우리가 욕망을 갖는다는 것은 그 욕망에 대한 (주인-노예 또는 힘$_2$ 유형의 관계들에 의해 부과된 제약을 포함한) 제약, 즉 구체적으로 특이화된 인간 본성에 대한 해악과 거짓인 제약을 제거하는 데 관심을 갖는다는 관념이 포함되어 있다는 조건에 의해 설정된다. 이미 언급했듯, 이것은 인간 실천의 의도성에서, 즉 인간 행위의 개념적인 그리고 암묵적으로 목적론적인 특성에서 비롯된다. 따라서 한 해악을 부재화하려고 노력하면서 우리는 논리적으로, **다른 모든 사정이 같다면**, 변증법적으로 유사한 모든 해악을 제거하는 데 헌신한다. 이는 그 원인들의 부재화, 그러므로 설명적 비판과 총체화하는 심층 실천을 수반한다. 이 과정에서 이론/실천의 정합성은 그러므로 우리의 행위와 이를 이끌어가는 이론이, 초사실적으로(1M), 행위적으로(2E), 구체적으로(3L) 그리고 변형적으로(4D) 근거를 가진, 방향적으로 진보적이고 보편적으로 해명 가능한 것이어야 한다고 요구한다. 어떤 한 제약을 부재화하는 과정에서 나는 변증법적으로 유사한 모든 제약을 제거하는 데, 그러므로 제약으로서의 모든 치유 가능한 제약, 즉 그것들이 제약으로 존재하는 데에서 변증법적으로 유사한 제약을 제거하는 데, 그리고 그러므로 그러한 제약으로부터 자유로운 사회를 만드는 데, 그리고 자율성, 번영, 자유의 **단정적으로 규범적으로 민감화된, 구체적으로 특이화된 평등**assertorically imperatively sensitised concretely singularised equality을 실현하는 데 헌신한다. ('단정적으로 규범적으로 민감화된'이라는 표현으로 **이러한** 과정에서 **이러한** 맥락에서 **이러한** 행위주체들을, 사람들의 구체적 고유성에 단정적으로 — 범주적으로가 아니라 — 규범적 또는 규정적으로 민감하도록 방향 짓는 것을 의미한다.) 이것이 행위성의 변증법의 기초적 형식이다.

요약하자면, 욕망의 변증법 또는 행위성의 변증법은 다음의 과정으로 전개된다.

> 〔제약(해악)을 부재화하려는 욕망 → 변증법적으로 유사한 해악을 부재화하려는 논리적 헌신〕 → (1) 모든 해악 자체의 부재화 → (2) 설명적 비판 이론의 복합체의 내용〔= 설명적 비판 + 구체적 유토피아주의 + 이행 이론〕 ↔ (3) 해방적 가치론의 총체화하는 심층 실천 → (4) 보편적 인간 해방으로서의 자유(도덕적 알레시아alethia[62]).

(2) 판단과 담론의 변증법으로 옮겨가면, 우리는 더 일반적으로, 판단을 내리는 것은 표현적 진실성과 이에 덧붙여 서술적이고 증거적 적합성과 아울러 신뢰성을 함축한다는 것, 그리고 이러한 구성 요소들 각각은 보편화 가능하다는 것에 주목할 수 있을 것이다.

이는 더 일반적으로 어떤 판단이나 발화 행위가 네 가지 내적으로 연관된 구성 요소 또는 차원을 가지고 있으며, 그것들은 수행되는 판단이나 발화 행위의 함축이라는 조건으로부터 도출된다. 특히, 이는 다음과 같아야 한다.

---

62 〔옮긴이 주〕 '알레시아(alethia)'는 그리스어 "ἀλήθεια"에서 유래한 단어로, 단순히 사실이나 진술의 참/거짓 여부를 넘어, 숨겨진 것이 드러나고 본질이 드러나는 상태를 지칭하는 데 사용된다. 이 개념은 고대 그리스 철학자들뿐 아니라, 하이데거(Martin Heidegger) 등 현대 철학자들에 의해 논의되었으며, 이 개념을 통해 진리를 은폐된 무엇이 드러나는 존재론적 과정으로 이해한다. 여기서 말하는 '도덕적 알레시아' 역시 도덕적 옳고 그름의 여부를 넘어 보편적 인간 해방 행위의 존재론적 과정을 표현하기 위해 사용되었다.

(a) 그것에 대해 동의한다는 것을 나타내는 만큼 **표현적으로 진실할 것** expressively veracious

(b) 그것을 신뢰할 수 있으며 적절한 상황에서 그것을 근거로 행동할 수 있다는 것을 함축하는 만큼 (단정적으로) **명령적-신뢰적일 것**imperatival-fiduciary

(c) 그것이 대상들의 상태를 나타낸다고 주장하는 데에서 **서술적일 것**

(d) 그것이 원칙적으로 적정한 근거에 기반한다고 말하는 데에서 **증거적일 것**.

이러한 판단 형식의 네 계기는[63] 각각 다음과 같이 변증법적으로 보편화될 수 있다.

(a) 표현적 진실성: '이러한 상황에서 내가 행위 해야 한다면, 나는 이것을 근거로 행위 할 것이다'
(b) 신뢰성: '정확히 당신이 처한 상황에서, 이것이 최선의 행동이다'
(c) 서술적: '정확히 동일한 상황에서, 동일한 결과가 일어날 것이다'
(d) 증거적: '정확히 동일한 상황에서, 그 이유들은 동일할 것이다'.

규범적 및 서술적-증거적 측면은 함께 실천-이론 이원성이 판단 형식에 본질적임을 함축한다는 점에 주목하자. 단정적으로 규범적으로 민감화된 연대는, 담론 수신자의 번영에 대한 제약을 제거하려는 헌신, 다시 말해 그(녀)의 안녕에 내재한 그 어떤 것으로부터의 그(녀)의 소외를 부재화하려는 헌신을 전제로 하는 자아와 연대의 변증법을 수반한다. 즉, 그것은 구체적으로 특이화된 보편적 해방의 목표가 모든 표현적으로 진실한 발언에 내재되어 있는

---

63 판단 형식의 네 가지 요소는 앞서 설명한 진리 이론의 네 가지 요소에 해당한다. 또한 <표 6.3>을 볼 것.

것이다.

보편화 가능성은 표현적으로 진실한 발언의 신뢰적 특성에 내재되어 있으며, 우리는 단순한 보편화 가능성(단순 평등)의 논리를 통해 단정적으로 민감화된, 구체적으로 특이화된 평등으로, 그리고 거기서 단정적으로 민감화된, 구체적으로 특이화된 자율성으로 점진적으로 나아갈 수 있다. 발화하는 생명체가 '다른 사람이 무엇을 해야 한다' 또는 '그것이 어떠해야 한다'에 관한 어떤 판단을 단언하는 한, 이는 **연대**에 대한 헌신을 함축한다. 즉, '**해야 한다**'가, 행위주체가 총체화하는 심층 실천에 대한 헌신에 참여**할 수 있다**는 것뿐 아니라, 담론 발신자가 총체화하는 심층 실천에 대한 헌신에 참여**할 것이다**라는 것을 함축한다.

요약하자면, 담론 또는 발화 행위의 변증법은 다음과 같이 진행된다.

〔표현적 진실성 → 가치론적 헌신〕 → (1) 신뢰성 → (2) 설명적 비판 이론 복합체의 내용〔= 설명적 비판 + 구체적 유토피아주의 + 이행 이론〕 ↔ (3) 총체화하는 심층 실천 → (4) 보편적 인간 해방으로서의 자유(도덕적 알레시아).

반복하면, 담론의 변증법과 행위성의 변증법은 근본적으로 유사한 포괄적 논리를 가지고 있으며, 각각은 실천 내에서의 이론과 실천의 정합성의 다른 쪽 극을 표현한다. 이들의 네 가지 계기는 내가 **윤리적 4극성**ethical tetrapolity[64]이라고 부르는 것을 구성한다(<그림 6.3> 참조). 이 4극성에서, 진리 4극성(앞의 6장 4절에서 다룸)에서 진리론적 진리의 역할은 인간의 도덕적 알레시아 또는 '객체/객관적'(행복실현)에 그것의 대응물을 갖는다는 것에 주목하자. 행위 하고 발화하는 존재들로서 우리는 그러한 사회를 실천적으로 지향하지 않는다면 우리 자신에게 진실될 수 없으며, 또한 지배와 소외의 주인-노예 유형 관계

64 Bhaskar, *Dialectic*, 262.

를 특징으로 하는 부분-실재적 사회적 맥락에서 번영할 수도 없다. 7장에서 살펴보겠지만, 이러한 변증법의 심층적 내용은 초월적으로 실재하는 또는 알레틱한 자아에 입각해 메타실재의 철학에서 주제화된다. 그러므로 **해방은 우리 자신으로 되돌아오는 것**, 또는 **자기-실현**이다.

자유의 개념들[65]

이러한 변증법에 내포된 자유 개념은 무엇인가? 이러한 변증법을 통해 우리는 어떻게 좋은 사회 또는 행복실현 사회에 도달하게 되는가? 그리고 연대의 역할은 무엇인가? 가장 기본적인 자유 개념에서 시작하자.

1a. **행위주체적 자유**agentive freedom. 이는 다르게 실행할 수 있는 능력으로, 의도적 행위의 개념에 분석적으로 포함되어 있다.

다음으로, 나중의 개념이 이전 개념의 약점이나 불완전함을 교정하는 다음과 같은 변증법적 진전 단계가 있다.

1b. **형식상의 합법적 자유**formal legal freedom. 이것은 1a를 내포하지도 1a에 의해 내포되지도 않는다.

2a. 제약으로부터의 **소극적 자유**negative freedom. 이 제약은, x를 할 수 있는 능력의 부재가 항상 x를 하는 것에 대한 제약으로 간주될 수 있기 때문에, 적극적 자유와 동등한 것이다.

2b. (x를 할 수 있는, y가 될 수 있는 등등의) **적극적 자유**positive freedom

3. 특정 제약들으로부터의 **해방**emancipation. 여기서 해방은 원하지 않는,

65 이 절은 Bhaskar, *Dialectic*, 282-3 그리고 *Plato Etc.*, 145의 논의를 따른다.

의도하지 않은, 그리고/또는 억압적인 구조들이나 일의 상태들로부터 원하는, 필요한, 그리고/또는 해방하는 구조들이나 일의 상태들로의 변형으로 정의된다. 이것의 특수한 (그리고 함축된) 경우는 그러므로 다음과 같다.

3′. **보편적 인간 해방**universal human emancipation.

이제 여기에 다음의 개념을 도입한다면,

4. 자기결정으로서의 **자율성**autonomy. 이로부터 우리는 다음의 파생적 개념들을 형성할 수 있다.
4′. **합리적 자율성**rational autonomy과
4″. 본성상 **보편적인 인간 자율성**universal human autonomy, 이것은, 보편화 가능한 것이 되려면, 구체적으로 특이화되어야 한다. 즉,
4‴. 다른 종과 미래 세대의 권리에 특별히 종속하는, 본성상 **보편적인 구체적으로 특이화된 인간 자율성**universal concretely singularised human autonomy.

이제 이 개념들은 다음과 같은 자유 개념으로 정교화될 수 있다.

5. **안녕**well-being(필요의 충족과 개선 가능한 해악의 부재화를 지향한다). 그리고 그에 따라
5′. **보편적인 구체적으로 특이화된 안녕**universal concretely singularised well-being. 그리고 거기서부터 다음의 자유 개념으로 (정교화된다)
6. **번영**flourishing. 성취 가능한 재화의 현존과, 발전을 위한 가능성을 포함한 가능성의 실현으로 전환한다. 그리고
7. 본성상 **보편적인 구체적으로 특이화된 인간 번영**universal concretely singularised human flourishing 또는 행복실현 사회. 변증법적 보편화 가능성의 논리가

불가피하게 이를 지향하는 것으로 나는 주장한다.[66]

욕망의 변증법에서 자유를 강조한다면, 판단의 변증법에서 강조하는 것은 연대에 있다는 것을 유의하자. 그러나 이러한 자유 각각에 대해 요청되는 연대의 형태가 필연적으로 함축되어 있으며, 요구되는 자유와 확보되어야 할 연대 사이의 연결은 변증법적 보편화 가능성의 논리에 의해 주어진다.

도덕적 실재론과 윤리적 자연주의

변증법적 비판적 실재론은 도덕적 실재론과 윤리적 자연주의의 결합을 추구하는데, 이는 자유의 변증법에 의해 전제된다. 내가 사용하는 용어로, **윤리적 자연주의**는 사실에서 가치로의 이행이 철학과 사회과학에서 가능할 뿐 아니라 필수적이라는 관점이다. 즉, 윤리적 자연주의는 설명적 비판의 이론과 실천이며, 이는 5장의 주제였다. **도덕적 실재론**은 도덕성이 세계의 객관적(자동적) 속성이라고 주장한다. 윤리적 자연주의는 도덕적 실재론 내에서 현실적으로 존재하는 인간 도덕성$_{dma}$의 영역 — 이는 설명적 비판에 민감하다 — 과, 인간 종의 도덕적 실재$_{dmr}$(도덕적 알레시아 또는 객체/객관적) 영역 — 이는 설명적 비판의 철학과 과학이 발견할 수 있는 것이다 — 사이의 구분에 근거한다. 이 관점에서 도덕성은 진리와 마찬가지로 적절하게 존재론적이고 진리론적인 것이며, 지식과 마찬가지로 도덕성은 자동적 '객체/객관적'을 가진다.[67] 인간의 도덕적 알레시아 또는 '객체/객관적'은 본성상 보편적인 자유로운 번영이라고 나는 논증했다.[68] 도덕적 실재론은 인간 사회 또는 4-평면 사회적 존재의 지구-역사

---

66 Bhaskar, *Dialectic*, Chapter 3.10, 279-98을 볼 것.

67 특히 Bhaskar, *Plato Etc.*, 108-9, 151을 볼 것

68 Bhaskar, *Dialectic*, 292 및 *Plato Etc.*, 119n, 151, 165. 〔편집자 주〕 Smith, *To Flourish or Destruct*, 특히 Chapter 6, 'Toward a theory of flourishing,' 201-22 참조. 스미스(Smith)의 이

적 발전 내에 성좌적으로 내장되어 있어, 우리에게 윤리적 체계가 사회적 현실성에 대해 취하는 다양한 양식을 정의할 수 있게 한다. 따라서 도덕적 실재(도덕적 알레시아)가 '실재적인 것'이고, 현실적으로 존재하는 도덕성이 '현실적인 것'일 경우, 우리는 다음과 같은 세 가지 유형을 구분할 수 있다.

현실적인 것 **내의** 실재적인 것
현실적인 것을 **넘어서고 대립하는** 실재적인 것
현실적인 것 **근저에 위치한** 실재적인 것.[69]

9장에서 우리는 이 도식을 사용하여, 부분-실재성이 지배하는 이원성의 세계에 대해 메타실재가 맺는 관계의 다양한 방식을 보여준다.

도덕적 진리의 초사실적 성격은 변증법적 비판적 실재론의 윤리학이 하버마스식의 신칸트주의 이상적-발화 상황에도, 존 롤스식의 신-계약론적 원초적 입장neo-contractarian original position에도 의존하지 않음을 의미한다. 그러나 현실 역사에서 변증법적 보편화 가능성의 논리는 항상 복잡한 사태일 것임을 기억하는 것이 좋다.[70] 더욱이 이 논리는 초사실적이고, 과정적으로 지향된, 구체화된, 변형적으로 정향된 규범으로, 여러 가지 **다른 사정이 같다면** 조항과 **실행 가능성** 또는 실현 가능성, (수단-목적 일관성을 포함한) **예비구상성**, (우리 지식의 오류 가능성과 한계에 대한 인식으로서의) **비승리주의**, (모든 진정한 해방의 자기-준거성으로서의) **비대리주의**를 포함한 여러 가지 부수적 제약의 지배를 받는다. 비대리주의는 사회 변화에서 **자기-준거성의 우선성** 또는 자기-변형을 동

훌륭한 책은 비판적 실재론의 메타이론을 사용하여 논증을 전개하지만, 바스카의 자유로운 번영의 메타이론은 언급하지는 않는다.

69 Alan Norrie의 *Dialectic and Difference*, 149-50 참조. 그러나 노리에(Norrie)는 도덕적 실재를 실재적인 것이 아닌 관념적인 것으로 언급한다.

70 Bhaskar, *Dialectic*, 280 및 Norrie, *Dialectic and Difference*, 148을 볼 것.

반하는데, 이 원리를 나는 영성적 전환에 관한 저작들에서 정교화한다. 사회를 변화시키는 것은 우선적으로 (그리고 또한) 자신을 변화시킴으로써 가능하다.[71] 더욱이 연대에 대한 선험적 제한은 없지만, 그것은 항상 관련된 행위주체의 구체적 특이성에 단정적으로 민감하게 반응해야 하며, 우리의 〔실재적〕 **자아에 대한 사랑**amour de soi과 자기-발전을 위한 필수적 공간을 포함하여 균형 잡힌 삶의 또 다른 우선순위의 것들과 균형을 이루어야 한다.

그러나 실천적으로 유용하려면, 연대와 변증법적 보편화의 과정이 **너무** 복잡하지 않아야 한다는 추가적인 고려가 필요하다. 특히 이 과정은 자발성을 허용할 수 있어야 하고 우연적으로 발생할 수 있는 작은 요소를 허용할 수 있어야 한다. '거칠고 손쉬운 경험 법칙rules of thumb'[72]이나, (전반적인 규제에 종속된) 시장과 같은 기존 제도의 '카탈락시catalaxy'[73]를 이용하고 그것들의 결과를 수정하는 것이 종종 최선일 수도 있을 것이다. 실제로 현실 역사에서 자유의 변증법의 실현과 그것이 수반하는 연대와 자유의 상호의존성은 상황이나 정책이 사회적 존재의 모든 평면과, 행위의 인지적·의지적·정서적·표현적 및 수행적 구성 요소를 겨냥한 교육 또는 의식-향상을 허용하거나 필요로 하는 정도에 의존할 것이다(<그림 3.4> 참조).

6.8 | 변증법적 비판적 실재론의 변증법적 제시

변증법적 비판적 실재론의 주요 논제와 범주는 일곱 단계로 제시될 수 있다

---

71 Bhaskar, *From East to West*, 93; *Reflections on MetaReality*, Chapter 2, 69-117을 볼 것.

72 〔옮긴이 주〕'거칠고 손쉬운 경험 법칙(rules of thumb)'은 경험이나 직관에 기반한 일반적인 지침이나 원칙을 따르는 방법을 의미한다.

73 〔옮긴이 주〕'카탈락시(catalaxy)'는 하이에크(Friedrich Hayek)가 제안한 용어로, 시장을 통한 자발적 교환과 협력의 과정 또는 체계를 의미한다.

〈그림 6.4〉 변증법적 비판적 실재론의 변증법적 설명[74]

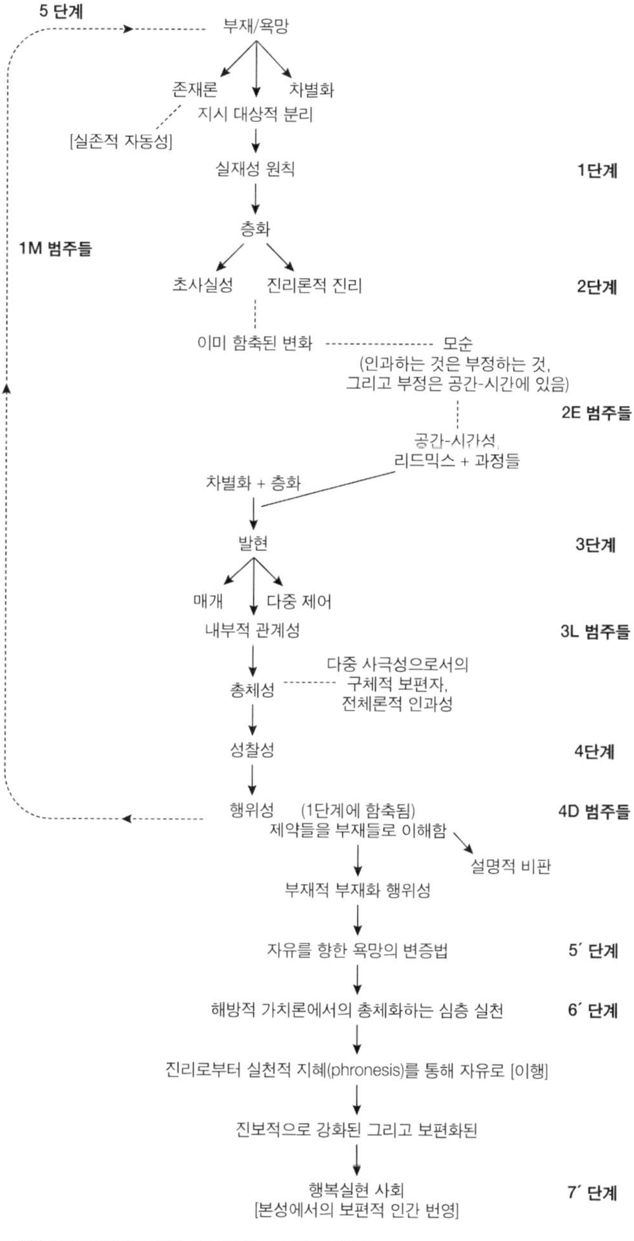

(<그림 6.4> 참조). 그 단계들은 존재론에 대한 논증에서 시작한다. (1) 욕망의 형태를 취하는 부재에서 시작하여, 우리는 한 단계에서 지시 대상적 분리, 실재성 원리를 구성하는 가치론적 필연성들의 지평, 존재론에 대한 주장, 존재적 자동성의 개념, 그리고 과학적 분류와 설명을 위한 조건으로서의 분화의 필연성을 구축한다. (2) 따라서 두 번째 도약은 초사실성과 진리론적 진리를 포함하는 **층화**의 단계이다. 변화는 지시 대상적 분리의 시원적 행위에 또는 심지어 욕망의 시발점에 내포되어 있다. 그러나 변화하는 것은 인과하는 것이고 부정하는 것이며, 그리고 그것이 규정적이라면, 부재화하는 것이라는, 그리고 모순하는 것은 부정하는 것이라는 메타이론을 통해 우리는 이것을 명시적으로 밝히고, 그래서 우리는 여기서 제약으로부터 변증법적 모순과 공개적 갈등을 거쳐 비대립적 논쟁에 이르기까지 2E 범주의 전 범위를 발전시킬 수 있다. 이제 우리는 공간, 시간 및 시제화된 과정의 영역에 있으며, 층화와 모순과 함께 이것은 (3) **발현**의 영역으로, 그리고 그것과 함께 다중 제어, 매개, 내부적 관계성으로, 그리고 거기서 3L 총체성의 영역으로 직접 우리를 이끈다. 이 영역은 구체적 보편자=특이자의 다중적 4극성과 전체론적 인과성의 현상을 포괄한다. (4) **성찰성**은 총체성이 내면화된 형태이며, 이는 거리를 두어 객관화된 공간-시간에 걸쳐 층화된 자아의 행위성에서 스스로를 나타낸다. (5) 한편으로 **행위성**은 우리를 발화 행위나 음식물 조리에서부터 실험적 실천에 이르기까지의 어떤 것에 포함된 부재화라는 출발점으로 되돌려 보낸다. 다른 한편으로, 제약이나 해악으로부터 고통을 겪음으로서 발생하는 결핍은 우리를 (5′) **자유를 향한 욕망의 변증법**에 내재한 부재화하는 부재적 행위성과 억압적 권력$_2$ 관계에 대한 대항-헤게모니 투쟁을 포함하는 (6′) **설명적 가치론의 총체화하는 심층 실천**으로, 그리고 (7′) **보편적 인간 자율성과 번영의 행복**

74 Bhaskar, *Dialectic*, 303, Figure 3.12. 이 그림은 비실재론의 비판을 위한 범주들을 직접적으로 보여주지는 않지만, 이러한 범주들은 변증법적 비판적 실재론의 1M, 2E, 3L, 4D 범주의 부정에서 드러난다.

실현적 사회로 이끈다. 이 과정에서 사실에서 가치로의 이행은 형식에서 내용으로의 이행으로 넘어가며, 궁극적으로 4-평면이 발전하는 사회적 존재-본성의 가능성에 대한 이론에 자연주의적으로 근거한다.[75]

75 Bhaskar, *Dialectic*, 301-2 참조.

Enlightened Commom Sense

The philosophy of critical realism

| Chapter 7 |

비판적 실재론의 전개 II

메타실재의 철학

7.1 | 초월적 변증법적 비판적 실재론과 메타실재의 철학: '영성적 전환'의 두 가지 국면

두 번째 천년기가 끝나갈 무렵, 종교와 영성으로의 '복귀'가 광범위하게 나타났다. 나의 이른바 '영성적 전환'도 이러한 복귀들 중 하나였다. 이러한 복귀의 가장 중요한 이유 중 하나는 인간 종이 직면하고 있는 — 그리고 촉진하고 있는 — 급격히 악화되는 행성적 **위기 체계**crisis system에 대한 증가하는 인식이었음이 분명하다. (우리는 9장 2절에서 이에 대해 논의할 것이다.)

영성적 전환을 시작하게 된 주요 동기 중 하나는[1] 이런 맥락에서 해방 운동의 문화적 자원을 증가시키기 위한 관심에서였다. (아래에 정의된 의미에서의) 영성이 해방을 위한 기획의 전제 조건이라는 것, 그리고 20세기의 해방을 위한 기획이 대체로 실패로 끝났다는 것은 분명하다고 생각했다. 이 실패에서

1 Bhaskar, Hartwig, *The Formation of Critical Realism*, 7장과 8장 참조.

중요한 역할을 한 개념적 부재를 식별하고 해결하여, 나의 철학 체계의 전반적인 합리성을 높이고자 했다. 더 개인적인 수준에서 1994년, 사물의 심층적 내면을 계시하는 영성적 경험을 했고, 이 영역을 체계적으로 탐구하기로 결심했다. 그러나 1장에서 언급했듯, 나의 철학에는 영성의 방향으로 나아가는, 그리고 분화를 위한 풍부한 잠재력을 가진 근본적인 통일성과 동일성의 주제로 나아가는 어떤 내재적 발전 논리가 항상 있었다. 때때로 나의 영성적 전환을 '이른바'라고 수식하는데, 그 이유는 나의 철학이 이론적 영역에서와 마찬가지로 실천의 영역에서도 이원론, 소외 및 분열을 극복하려는 노력에서 줄곧 강한 영성적 성격을 지니고 있었다고 믿기 때문이다.

나의 초기 연구는[2] 서구 철학과 사회이론의 주요 이원론의 문제들을 모두 성공적으로 해결했지만, 인간의 안녕에 가장 중요한 이원론 — 루소가 인간은 본래 자유롭지만 어느 곳에서나 쇠사슬에 묶여 있다고 언급한 노예와 자유의 대립 — 은 그것에서 예외였다. 만약 실재론이 참이라면, 어떻게 비실재론이 어디서나 지배적일 수 있을까? 비실재론은 우리가 살고 있는 주인-노예 유형 사회의 억압적 구조를 반영하기 때문에 지배적이다. 따라서 실재론은 우리 대부분이 충분히 발전시키지 못했거나, 또는 우리가 알아차리지 못하고 반쪽의 세계나 부분-실재에 살기로 체념할 만큼 이질적인 구조에 의해 너무 가려져 있는 더 심층적이고 기본적인 수준을 반영할 때만 참이라고 인정받을 수 있다.[3] 이 더 기본적인 수준은 사람들이 어디서나 접근할 수 있을 뿐만 아니라, 우리의 일상생활에서 이미 널리 퍼져 있어 거의 눈에 띄지 않는다 하더라도, 우리가 실행하는 모든 것을 인지하고 유지하는 사회생활에 필수적인 기층이라고 주장한다. 이것이 내가 **가치론과 해방의 비대칭성**asymmetry of axiology and emancipation이라고

2 〔옮긴이 주〕 여기서 초기 연구는 기본적 비판적 실재론을 말한다.

3 Bhaskar, *From Science to Emancipation: Alienation and the Actuality of Enlightenment* (London: Routledge, 2002/2012), 171.

부르는 것이다. 우리가 해방하기를 원하는 세계가 그것이 의존하고 있는 영성적 하부 구조를 지배하고 은폐하고 있다(자세한 내용은 9장 2절에서 다룬다).

2000년에 출판한 『동에서 서로From East to West』는 초월적 변증법적 비판적 실재론으로 특징지어진 입장을 명확히 하며 영성적 전환의 첫 번째 탐색적 단계를 표현한다. 이는 2002년에 출판한 세 권의 책, 『메타실재에 대한 성찰Reflections on MetaReality』, 『과학에서 해방으로From Science to Emacipation』, 『메타실재의 철학The Philosophy of MetaReality』을 통해 메타실재의 철학을 정교화한 두 번째의 규정적 단계로 이어졌다. 제도화된 종교의 인질이 되지 않을 영성을 명확히 하려고 했지만,[4] 『동에서 서로』는 다음 두 가지 주요 이유로 종교와 신에 관한 주제를 중심으로 다루었다. 첫째, 종교가 영성이라는 주제에 대해 거의 독점적인 지위를 가지고 있었기 때문이다. 둘째, 신에 관한 문제에 비판적 실재론의 성삼위 일체인 존재론적 실재론, 인식론적 상대주의, 판단적 합리성을 간단히 적용함으로써 믿음-상호적, 믿음-내부적, 믿음-외부적 대화의 가능성에 대한 즉각적인 진전을 이룰 수 있고, 그것에 의해 신성한 것과 세속적인 것의 이원론을 종합할 수 있다는 것이 분명했기 때문이다.[5] 신학과 등과 같은 곳을 제외하고는 종교적 진리 주장에 대한 논의는 (비판적 실재론을 포함해) 서구 학계에서 깊이 뿌리박힌 금기 사항이었으며,[6] 나는 종교에 관한 비판적 문해

---

4 Bhaskar, Hartwig, *The Formation of Critical Realism*, 168.

5 Bhaskar, *From East to West*, 'Twelve steps to heaven,' 65 ff.와 'Interlude: critical realism, transcendence and God' in *From Science to Emancipation*, 145-64를 참고할 것. 이 구절들은 Margaret S. Archer, Andrew Collier 및 Douglas V. Porpora, *Transcendence: Critical Realism and God*(London: Routledge 2004)에서 논쟁의 근거가 되었다. 또한 Andrew Wright, *Critical Religious Education: Multiculturalism and the Pursuit of Truth*(Cardiff: University of Wales Press, 2007)와 McGrath, *A Scientific Theology*, 특히 Vol.2, Reality를 참고할 것. 이에 대한 나의 논의는 *The Formation of Critical Realism*, 7장(특히 150-1) 및 8장을 참고할 것. 그리고 로이 바스카가 머빈 하트윅과 함께 쓴 *Critical Realism and Spirituality*, (eds.), Mervyn Hartwig and Jamie Morgan(London: Routledge 2011), 187-202, 'Beyond East and West'와 '(Re-)contextualising metaReality,' 205-17에서 다루고 있다.

6 예를 들어 Douglas V. Porpora, 'Methodological atheism, methodological agnosticism and

력, 이해와 관용을 증진하기 위해 이것에 도전하기로 했다. 오늘날에는 종교적 및 영성적 문제에 대한 건설적인 비판과 토론에 기여하는 비판적 실재론의 연구물이 넘쳐나고 있다.[7]

메타실재의 철학은 신성한 것과 세속적인 것, 자연적인 것과 초자연적인 것, 인간과 신의 이원론을 종합하기보다는 그 이원론들을 초월하고자 한다. 또한, 메타실재의 철학은 영성과 종교를 명확히 구별하는데, 두 개념이 극한에서는 절대자라는 관념에 의해 서로 연결되지만, 전자는 본질적으로 (이원론적 대립의) 초월transcendence과 관련이 있고, 후자는 (인간의 경험이나 이해 또는 존재 너머의) 초험transcendent과 관련이 있다고 나는 주장한다(이는 7장 8절에서 자세히 설명할 것이다).[8] 메타실재는 영성을 어디에서나 존재하며 일상생활의 필수적인 조건인 것으로 본다. 반면, 『동에서 서로』는 메타실재 철학으로의 전환에 필요한 형이상학적 주요 작업을 수행했지만,[9] 1장에서 예비적으로 설명한 헤르메스의 원리를 충족하지는 못했다. 또한, 신성의 내재성의 관념과 계몽의 현실성이라는 관념을 종교로부터 수용하면서도 메타실재의 철학은 많은 세계 종교들이 갖는 신God의 개념을 모든 존재의 **기저 상태들**ground states을 연결하는

religious experience'를 참고할 것. *Journal for the Theory of Social Behavior* 36:1(2006): 57-75.

7 Archer *et al.*(eds.), *Transcendence*; Roy Bhaskar, Sean Estbjörn-Hargens, Nick Hedlund, Mervyn Hartwig(eds.), *Metatheory for the Twenty-First Century: Critical Realism and Integral Theory in Dialogue*(London: Routledge, 2016); Andrew Collier, *On Christian Belief: A Defence of a Cognitive Conception of Religious Belief in a Christian Context*(London: Routledge, 2003); Hartwig and Morgan(eds.), *Critical Realism and Spirituality*(London: Routledge, 2010); MinGyu Seo, *Reality and Self-Realisation: Bhaskar's Metaphilosophical Journey toward Non-dual Emancipation*(London: Routledge, 2014); Matthew L. N. Wilkinson, *A Fresh Look at Islam in a Multi-Faith World: A Philosophy of Success through Education*(London: Routledge, 2015); Andrew Wright, *Christianity and Critical Realism: Ambiguity, Truth and Theological Literacy*(London: Routledge, 2013)을 볼 것.

8 Bhaskar, Hartwig, 'Beyond East and West,' 189.

9 Bhaskar, *From East to West*, 'Theoretical introduction,' 45-94.

우주적 에워쌈cosmic envelop이라는 세속적 개념으로 대체한다. 결국 메타실재가 수행하는 기초작업은 실제 현존하는 많은 종교성과 그 조직적 형태에 대한 날카로운 비판을 제시하는 것이다. 종교는 그 가르침에 거짓인 많은 것을 포함하고 있으며, 사회제도로서 주인-노예 유형의 사회적 관계들의 넓은 맥락 속에 빠져 있는 억압적이고 착취적인 많은 것을 포함하고 있다.[10]

7.2 | 동일성과 통일성의 우위

메타실재의 철학은, 때로는 metaReality로 때로는 PMR로 줄여서 사용하기도 하는데, 변증법적 비판적 실재론의 네 가지 단계에 다음의 세 가지 존재론적 단계를 추가한다.

5A: 존재를 **성찰적이고**, 내면적이며 영성적인 것으로 사고함.
6R: 존재를 **재마법화된** 것으로 사고함. 그리고
7Z/A: 존재를, 차이에 대한 동일성의, 분열에 대한 통일성의 우위를 포함하는 것으로 그리고 비이원적인 것으로 사고함. 또한 이는 존재를 사고함이나 이해함에서 **존재를 존재함**으로 넘어가는 단계이다. 이 장의 대부분은 이 일곱 번째 단계에 집중할 것이다.

추가적으로, 메타실재는 이전 단계에 대해 일반적으로, 그리고 인간의 기저상태의 특성 측면에서, 메타실재 자체의 변형을 제공한다. 이는 <표 7.1>에서 살펴볼 수 있다. 이 표는 발전된 (비판적 실재론-변증법적 비판적 실재론-메타실

10 Bhaskar, Hartwig, 'Beyond East and West,' 189; Bhaskar, *The Philosophy of MetaReality*, 44, 308-9, 321, 349; *Reflections on MetaReality*, 18, 222.

〈표 7.1〉 존재론적-가치론적 연쇄의 단계에 맞춰 도표화한 메타실재의 철학의 주요 개념들[11]

PMR〉CR의 존재론적-가치론적 연쇄/국면의 단계	1M 비동일성/TR	2E 부정성/CN	3L 총체성/EC	4D 변형적 행위/DCR	5A 영성/TDCR	6R(재)마법화/PMR	7A/Z 비이원성/PMR
존재에 대한 사고 존재를 사고함	그것 자체로서 그리고 일반적인 것으로서	과정으로 + 1M을 위한 것으로서	전체로서 + 2E를 위한 것으로서	신천으로서 + 3L을 위한 것으로서	영성으로서 + 4D를 위한 것으로서	마법화된 것으로서 + 5A를 위한 것으로서	비이원적인 것으로서 + 6R을 위한 것으로서
성찰성의 형식-PDM + CR에 대한 내재적 비판	고전적 모더니즘	고도 모더니즘 + 1M	근대화 이론 + 1M, 2E	포스트모더니즘 + 1M, 2E, 3L	승리주의와 종말론/근본주의 + 1M, 2E, 3L, 4D	승리주의와 종말론/근본주의 + 1M, 2E, 3L, 4D, 5A	
PMR의 주요 개념	(암묵적으로 의식적인) 차이 속 기저적 동일성 - 진리 혹은 실재의 근원으로서의 기저 상태와 우주적 에워쌈(절대적인 것, 비이원성, 메타실재); 비이원성과 이원성의 성좌적 동일성 또는 통일성; 일반화된 공-현전	일상적 삶에 편재하는 초월성; 의식에서의 초월적 동일화; 초월적 발현(창의성); 사고가 갖는 창의적 힘의 강조	무조건적 사랑; 초월적 전체론 또는 팀워크; 통일화, 통일성; 호혜성, 공시성, 정신적 및 감정적 고유 실재들을 포함하는 4평면 사회적 존재의 일반화	자발적 옳은 행위(초월적 행위); 실천적 신비주의; 변증법적으로 보편화된 동시성	일상적 삶의 필요조건으로서의 영성; 의도성, 자기-준거성의 우선성; 보편적 자기-실현	마법화 - 본질적으로 의미 있고 가치가 있으며 신성한 것으로서의 존재; 일반화된 해석학과 기호학; 향상된 인간 지각과 해석학적 힘, 직접적 의식 대 의식 인과성	비이원성(에 대한 각성); 존재를 존재함(우주적 의식, 집에 있는 것과 같은 편안함); 제한 없는 인간의 창의적 힘들(한계 없는 자아); 개방적이고 끝없는 진화
PMR〉CR의 존재론적-가치론적 사슬/국면의 단계/과정	1M 비동일성/TR	2E 부정성/CN	3L 총체성/EC	4D 변혁적 행위/DCR	5A 영성/TDCR	6R(재)마법화/PMR	7A/Z 비이원성/PMR

PMR > CR의 존재론적-가치론적 연쇄/국면의 단계	1M 비동일성/TR	2E 부정성/CN	3L 총체성/EC	4D 변형적 행위/DCR	5A 영성/TDCR	6R(재)마법화/PMR	7A/Z 비이원성/PMR
초월의 양식 또는 형태 (행위의 비이원적 구성 요소)	초월적 의식 (초정신적; 기저 상태에서의, 또는 기저 상태의)	초월적 동일화 (의식의 특징; 존재에서 하나가 됨)	초월적 팀워크 또는 전체론 (행위의 특성; 한 사람의 행위의 맥락에서 하나가 됨)	초월적 행위 (행위의 특성; 한 사람의 행위의 맥락에서 하나가 됨)	자기-동일성으로의 초월적 후퇴 (의식의 특성; 존재에서 하나가 됨)	초월적 동일화와 행위	초월적 의식
초월의 방향	1-4의 근원	밖으로, -으로(주관성으로부터 벗어나 객관성으로 - 주체의 상실)	4. -와 함께	3. -에, -에서, -안에(행위에 전념)	2. 안으로, -속으로 (객관성으로부터 벗어나 주관성 속으로 - 객체의 상실)	1-4	1-4의 근원
초월적 의식의 양식	기저 상태에서 또는 기저 상태의 초월적 또는 초정신적 의식	무심함(내용 없는 형식: 내용의 부재; 환희-의식)		마음 챙김(형식 없는 내용: 내용의 충만) → 자발적 옳은 행위 → 무심함			
PMR > CR의 존재론적-가치론적 사슬/국면의 단계/과정	1M 비동일성/TR	2E 부정성/CN	3L 총체성/EC	4D 변혁적 행위/DCR	5A 영성/TDCR	6R(재)마법화/PMR	7A/Z 비이원성/PMR
영성의 원리	자기-준거성 또는 헤르메스주의(의 우선성)	동시성	상호보완성	실천적 신비주의	근본적 헤르메스주의 (자기-준거성의 우선성이 모든 존재의 해방과 번영을 수반함)		

PMR〉CR의 존재론적-가치론적 연쇄/국면의 단계	1M 비동일성/TR	2E 부정성/CN	3L 총체성/EC	4D 변형적 행위/DCR	5A 영성/TDCR	6R(재)마법화/PMR	7A/Z 비이원성/PMR
기저 상태의 특질	초월적 기저	초월적 발현	초월적 동일화 또는 연합	초월적 행위	초월적 성찰	초월적 지각	비이원성의 각성
인간 기저 상태의 (다르마의) 능력	의지; 제한 없는 에너지 또는 잠재력; 자유(다른 것이 아닌 그것을 하는 능력)	창의성; 제약을 부재화함으로서의 자유(부정적 완성)	사랑	옳은 행위	충족된 의도성 또는 자기-실현 또는 계몽(긍정적 완성)	마법화	비이원성의 각성; 보편적 충족 또는 평화
자기-실현을 위한 조건	자신의 기저 상태 또는 다르마에 존재함(원자론적 에고의 부재)	청정한 마음, 한곳으로의 집중; 무심함 또는 순진무구함	순수한 마음	조화로운 육체	이 세계의 냉혹한 물리성에 대한 믿음의 부재	마법화	각성
PMR〉CR의 존재론적-가치론적 사슬/국면의 단계/과정	1M 비동일성/TR	2E 부정성/CN	3L 총체성/EC	4D 변혁적 행위/DCR	5A 영성/TDCR	6R (재)마법화/PMR	7A/Z 비이원성/PMR
인간의 창조 과정(행위)의 요소	의지(최초의 충동 또는 소명)	창의(발현) 사고/무사고	느낌 또는 감정의 형성, 형상화	제작(물리적 행위와 객체화)	충족된 혹은 실현된 의도성(제작자에게 객체화의 반영)	충족된 의도성에 대한 마법화된 공명	충족된 의도성의 비이원적 기저에 대한 각성(자기-실현과 신-실현)
배움의 변증법	접혀 있는 또는 함축된 지식	발견과 회상 또는 상기(접혀 있는 지식의 발현)	형성(지식을 우리 내면적 존재와 되돌려 결합하기 - 자기-형성 - 그리고 그것의 정교화)	실천에서 지식 객체화하기	성찰 또는 충족		

PMR > CR의 존재론적-가치론적 연쇄/국면의 단계	1M 비동일성/TR	2E 부정성/CN	3L 총체성/EC	4D 변형적 행위/DCR	5A 영성/TDCR	6R(재)마법화/PMR	7A/Z 비이원성/PMR
인간 사랑의 순환	1. 자아	2. 다른 인간	3. 모든 인간	4. 모든 존재	5. 절대적인 것		
우주생성론	다중적 근본 충동(부재에 접혀 있는 내재적 잠재력에서 풀려난 에너지)	창의(초월적 발현)	형성, 형상화	제작(객체화)	근본 충동의 충족된 의도성(창조자에게 객체화를 역반영)	충족된 의도성의 마법화된 공명	비이원성의 보편적 각성(자기-실현과 신-실현); 개방, 지속
PMR > CR의 존재론적-가치론적 사슬/국면의 단계/과정	1M 비동일성/TR	2E 부정성/CN	3L 총체성/EC	4D 변혁적 행위/DCR	5A 영성/TDCR	6R(재)마법화/PMR	7A/Z 비이원성/PMR
우주신화학(우주적 창조, 아마도 궁극적으로 반복되는 순환)***	무로부터 창조자의 자기-창조*	이원성, 되어감, 그리고 시간 영역의 발현	부분실재성 영역의 발현	개별적 자기-실현(소외로부터의 되돌림 순환**의 개시)	개별적이고 보편적인 자기-실현 또는 행복실현(신성화 또는 지상천국); 부분실재성의 제거	개별적 신-실현(총체성과의 하나됨)	보편적 산-실현; 개방과 지속; 상대적 실재성의 제거

* 전통적 우주신화학에서 의식의 하강, 그리고 근대 우주론의 빅뱅 이론에 상응하는 개념임.

** 전통적 우주신화학에서 의식의 상승에 상응하는 개념임.

*** 근대 우주론의 빅뱅(Big Bang)과 빅크런치(Big Crunch)〔우주의 과정에서 모든 물질과 에너지가 하나의 점으로 수축함〕 이론의 순환에 상응하는 개념임.

주: 7 > 6R > 5A > 4D > 3L > 2E > 1M, 그러므로 7A/Z가 나머지 단계를 성좌적으로 포섭함.

재의 철학) 존재론적-가치론적 연쇄의 단계 또는 **존재의 자기-구조화**에 맞춰 도형화한 메타실재 철학의 주요 개념을 제공한다.[12]

차이에 대한 동일성의 우위에 대해 생각하도록 우리를 이끄는 일곱 번째 단계는 비판적 실재론의 첫 번째 발전 단계인 1M의 입장 — 그것은 존재를 비동일성을 포함하는 것으로 주제화했다 — 을 어느 정도 반전시킨다. 이제 우리는 차이보다 동일성을 우위에 놓는다. 그러나 1M에서 주제로 삼고 있는 비동일성은 경험주의적 기초주의의 순간주의적이고 원자론적인 개념의 부당한 융합에 대한 비판을 포함한다. 이러한 융합은 6장에서 논의되었다. **순간주의**punctualism와 그 반대 오류인 **구역주의**blockism 또는 구역적 보편주의는 흄의 인과법칙 설명이 수반하는 공간-시간에 대한 비실재론적 이론이다. 이러한 이론은 시제와 과정의 실재를 부정하여 적절한 인과성의 개념 또는 인간의 변형적 실천 개념을 유지할 수 없다. 순간주의는 흄 식의 〔인과〕 설명의 원자주의로부터, 구역주의는 그것의 현실주의에서 비롯된다. 구역주의는 모든 시간과 사건의 동시 공존, 즉 시공간적 폐쇄 — 개방된 우주의 부재 — 를 가정한다. 순간주의는 여기-지금만 존재한다고 주장하는 정반대의 오류이다.[13]

기저의 동일성과 통일성은 1M 단계에서의 기본적 비판적 실재론이 이미 전제하고 있다. 예를 들어, 한 사건은 한 지속적인 사물의 변화 또는 변형이다. 이런 기저적 전제는 변증법적 비판적 실재론에서, 과학의 궁극적 수준에서의 **성좌적 동일성**, **성향적 동일성**, **리듬적 동일성**의 형태로 더욱 자세히 설명된다.[14] 또한, 여기서 관련된 동일성 개념은 경험주의적 전통의 동일성 개념과

---

11 Mervyn Hartwig, 'Introduction' to Roy Bhaskar, *The Philosophy of MetaReality*, ix-xxxix, Table 3, xxx-xxxv(머빈 하트윅이 다소 수정함).

12 Bhaskar, *The Philosophy of MetaReality*, 117.

13 Bhaskar, *Dialectic*, 139 f.

14 Bhaskar, *Dialectic*, 77-8, 399 및 여러 곳에서 언급. 73쪽 주석(p. 78n.)에서 언급한 바와 같이 성향적 동일성의 개념은 이미 저서 *A Realist Theory of Science*에서 소개되었다.

매우 다르다. 우리가 고려해야 할 동일성은 원자주의적이거나 순간주의적인 것이 결코 아니다. 그것은 우리가 아름다운 미술이나 음악 작품과의 심층적 배움의 과정을 통해 성취할 수 있는 종류의, 풍부하고 차별화되며 발전하는 동일성을 포함한다. 그럼에도 불구하고, 존재론적 발전의 이 일곱 번째 수준에서는 우리가 어떤 의미에서는 '실재론'에, 적어도 주체-객체 이원성에서 객체의 독립적 존재라는 관점에서 이해한 것으로서의 실재론에, 등을 돌리고 있다고 말할 수 있다. 왜냐하면 이 수준에서는 주체-객체 구분이 무너지기 때문이다. 그리고 이러한 의미에서 메타실재는 〈표 7.2〉에서 지적한 대로 (실재론이라기보다는) **진리의 철학**이라고 부르는 것이 더 나을 것이다.[15]

동일성, 차이, 통일성, 분열에 대한 우리의 일상적 개념을 고찰함으로써 우리는 우리가 여기서 다루는 문제가 무엇인지 드러낼 수 있다. 만약 내가 X와 Y의 키가 서로 다르다고 말한다면, 그들은 그 비교 이전에 동일하게 있는 어떤 공통점을 가지고 있음을 전제한다. 즉, 두 가지가 다르다고 말하는 것은 그것들이 공통점을 가지고 있을 때만 의미가 있다. 이런 방식으로 차이 개념에 대한 우리의 일상적인 사용은 기저의 동일성을 전제한다. 마찬가지로, 누군가가 외계인 또는 지구 밖 방문자와의 경험에 대해 이야기할 때, 그것이 **그들의** 경험이라는 사실은 그것을 우리 세계의 일부로 만들고, 그리고 그들이 우리와 그 경험을 공유하도록 만든다. 인간이 경험하거나 상상할 수 있는 모든 것은

15 Bhaskar, Hartwig, *The Formation of Critical Realism*, 180-2을 볼 것. 예를 들어 의식에서 초월적 동일화의 경우, 주체-객체 구분이 붕괴되지만, 의식들은 여전히 물질적으로 체화된 사람들의 의식이라는 것 그리고, 물질적으로 체화된 상태로서 그들은, 비록 그들의 의식들이 하나로 융합된다 하더라도, 이원성의 세계에 머물러 있다는 것에 주의할 것.
〔편집자 주〕 다른 곳에서 종종 나는 메타실재 철학을 *meta-Realism*이라고 언급했다. 이는 간결성을 위해 그리고 그것이 철학을 기본적 비판적 실재론 – 변증법적 비판적 실재론 – 메타실재론의 전개 순서에 배치한다는 점의 두 측면에서 논리적인 것으로 보이기 때문이다. 그러나 바스카는 이런 구성을 따르지 않았는데, 위에서 제시한 이유 때문이라고 나는 생각한다. 이는 철학이 진리의 철학이라기보다(또는 적어도 진리의 철학이기 전에) 실재론이라는 것을 함축한다. 앞으로는 바스카의 방식을 따르겠다.

〈표 7.2〉 비판적 실재론의 실재의 영역에 맞춰 도표화 한 메타실재 철학의 계기들와 특징들[16]

실재의 영역	실재적 영역	현실적 영역	경험적/개념적 영역
	경험, 개념, 그리고 기호 *사건* ***기제***	*경험, 개념, 그리고 기호* ***사건*** *〔기제〕*	***경험, 개념, 그리고 기호*** *〔사건〕* *〔기제〕*
실재의 분야	**절대적 실재성** 접혀진 것, 함축된 것(함축적 질서); 함축화된 의식의 가능성의 장들	**상대적 실재성** 펼쳐진 것, 드러난 것(외재적 질서)	**부분적 실재성** 부분-실재적 상대적 실재 잘못 펼쳐진 것
사회적 원리	**사랑**과 **평화**	**투쟁**	**전쟁**, 통제
철학	**메타실재**	**비판적 실재론**	비실재론
존재론적 원리	**진리**	**실재론**	비실재론
메타-철학적 원리(1)	**비이원성**(동일성, 동일화, 통일성) (의식의 한 특성)	**이원성**(비동일성, 소외의 잠재력은 있으나 소외 자체는 없는)	**이원론**(소외)
메타-철학적 원리(2)	**진리**(가장 근본적으로는 동일성의 드러남)	**비동일성**	**거짓동일화, 오류, 거짓**
존재의 지향	**존재를 존재함**	**존재를 사고함**	**존재를 회피함**
주관성-객관성 관계	**다양성 속의 통일성**	**표현적 통일성**	**분열**(소외)
자아의 국면	**초월적** 또는 진리론적 **자아**, 또는 기저 상태(가능성의 장)	체화된 자아	**에고**(실재적 환영)
마법화의 형태	**마법화**	**재마법화**	**비마법화**(발현적 거짓 수준 또는 이데올로기)
실재의 영역	실재적 영역	현실적 영역	경험적/개념적 영역
자유의 형태	**평화**(변증법적으로 = 보편적 충족)	**무엇에 대한 자유**(긍정적 불충분성의 완화 또는 총체적 발전의 부재)	**무엇으로부터의 자유**(부정적 불충분성의 제거 또는 타율적 규정)

실재의 영역	실재적 영역	현실적 영역	경험적/개념적 영역
자유와 비자유의 양상(비소외와 소외의 양상)	**자율성**(동일성 - 그 자체를 위한, 그 자체로의, 그 자체의 진리)	**통일성**	**소외**
이데올로기(부분-실재)의 형태	**기저의 생성적 허위**(진리론적 허위)	**실천적**	**이론적**
소외(부분-실재)의 형태	**자기-소외**	**실천적**	**개념적**
주인-노예(부분-실재)의 논리	**착취**	거래의 **조건성**	(지배적 동기로서의) **욕망**
총체성과 연합으로 가는 길들(삼-통일)	**진리** (즈냐나 요가: 산스크리트어로 지혜의 길)	**실천** (카르마 요가; 산스크리트어로 행동의 길)	**사랑** (박티 요가: 산스크리트어로 헌신의 길)
비판적 실재론의 성삼위일체	**존재론적 실재론**	**인식적 상대성**	**판단적 합리성**
절대적 실재성이 이원성의 세계를 유지하는, 이원성의 세계와 연결되는, 그리고 이원성의 세계에서 절대적 실재성에 접근하는 양상			
실재의 영역	실재적 영역	현실적 영역	경험적/개념적 영역
동일화의 기제(비이원성 접근의 양상)	**공-현전**(**공존?** 모든 존재의 특성)	**호혜성**(살아 있는 생명체의 특성)	**초월적 동일화**(의식의 특성)
동일화 기제의 동역학 또는 진화적 형태(비이원성에 대한 **접속** 양상)	**끌림**〔통합적 리드믹스(rhythmics)〕	(공간-시간적으로 펼쳐진 현상의) **통합**	**경제**(일반화된 동시성 또는 **펼치고** 내부화하는 포섭)

실재의 영역	실재적 영역	현실적 영역	경험적/개념적 영역
초월의 형태	기저 상태의 또는 기저 상태에서의 **초월적 의식**	**초월적 행위** 또는 (개별 또는 집단) 행위에서의 초월적 동일화	의식에서의 **초월적 동일화**
통일성 또는 동일성의 형태(비이원성이 이원성을 **유지하는** 양상)	**기저** 또는 기초(기저 상태, 우주적 **에워쌈**)	**초월을 통한 구성의 양상**(또는 재생산/변혁)	존재의 모든 **측면의 미세 구조** 또는 심층적 내부*
동일화의 기제 (비이원성 접근의 양상)	**공-현전**(**공존?** 모든 존재의 특성)	**호혜성**(살아 있는 생명체의 특성)	**초월적 동일화**(의식의 특성)
동일화 기제의 동역학 또는 진화적 형태(비이원성에 대한 **접속** 양상)	**끌림** (통합적 리드믹스(rhythmics))	(공간-시간적으로 펼쳐진 현상의) **통합**	**경제** (일반화된 동시성 또는 **펼치고** 내부화하는 포섭)
초월의 형태	기저 상태의 또는 기저 상태에서의 **초월적 의식**	**초월적 행위** 또는 (개별 또는 집단) 행위에서의 초월적 동일화	의식에서의 **초월적 동일화**

* 미세 구조는 경험적/개념적 영역에 부속되는데, 왜냐하면 그것은 내재적(기저 상태) 의식이면서 그것 자체로 경험될 수 있기 때문이다. 그것은 동일하게 실재적인 것의 영역에도 부속한다.

주: 이 표의 상응은 때때로 느슨한 것인데, 특히 실재의 영역과 분야의 상응의 경우 더욱 그러하다. 각 분야는 실재적·현실적·경험적/개념적 차원을 가지고 있다. 두 번째 행 이후의 행에 있는 굵은 글씨로 된 항목은 두 번째 행에서와 정확히 같은 방식으로 삼중 구조로 배열될 수 있다(더 많은 예시는 Bhaskar·Hartwig, 2010, Table 17, p.115을 볼 것). 가장 낮은 (기본적) 수준은 상위 (이차적) 수준을 성좌적으로 포괄하는 것으로 볼 수 있으며, 따라서 상위 수준에 대해 존재론적·인식론적·논리적 우선성을 가진다고 할 수 있다. 즉, 펼쳐진 것에 대해 이 접혀진 것이, 현실적인 것에 대해 가능적인 것이 우선성을 가진다고 할 수 있다. 상위 수준 — 그러므로 기본적 수준들을 전제하고 있다 — 이 범주적 오류와 무지를 체화하는 경우 이로 인해 하위 수준을 차단하는 기능을 한다. 대괄호로 묶인 수준은 대괄호가 없는 수준의 개념에 주어지지는 않지만, 그것들에 의해 전제된다.

우리 우주의 일부여야 함이 분명하다.[17] 이 예들은 동일성과 통일성이 각각 차이와 분열보다 우선하며 또한 이것들의 전제가 된다는 것을 직관적으로 드러낸다.

이제 철학의 역사에서 동일성과 통일성의 우선성과 이러한 비대칭성을 — 즉, **차이와 분열에 대한 동일성과 통일성의 우선성** — 초월적으로 피할 수 없는 것으로 간주해야 할 이유를 제시하는 한 구절을 소개하며 이 논의를 전개하고자 한다. 문제의 그 구절은 헤겔의 『정신현상학Phenomenology of Sprit』에 등장하는 '생사를 건 투쟁'에 관한 것이다.[18]

생사를 건 투쟁

헤겔은 두 (남성) 원시인이 한계에 다다를 때까지 서로 싸우는 상황을 상상해 보라고 요청한 후 다음과 같이 질문한다. 싸움의 승자가 상대방을 물리쳤을 때, 그 승자는 왜 상대방을 죽이지 않는가? 헤겔의 대답은 그 승자가 자신의 용기와 용맹함을 증명해 줄 증인으로 상대방을 살아 있게 할 필요가 있기 때문이라는 것이다. 즉, 승자는 상대방이 그를 인정할 수 있도록 살려 두어야 한다는 것이다. 그 후 악셀 호네트Axel Honneth에 이르는 후기 헤겔주의post-Hegelian의 오래된 철학적 전통은 **인정**recognition을 위한 투쟁을 주제로 계승하고 있다.[19] 포이에르바하Feuerbach, 마르크스, 그리고 좌파 헤겔주의자들은 다른 답을

---

16 Mervyn Hartwig, 'Introduction' to Roy Bhaskar, *The Philosophy of MetaReality*, ix-xxxix, Table 4, xxxvi-xxxix(머빈 하트윅이 다소 수정함).

17 외계로부터의 방문자들이 실재하지 않는다 하더라도, 그들이 한 경험은, 환상이든 아니든, 실재한다. 6장에서 논의한 실재적 부정성의 수준에 따르면, 존재하지 않는 외계인에 대한 경험들은 플로지스톤이나 산타클로스에 대한 경험처럼 허구적 담론의 수준에서 실재한다. 왜냐하면 그 경험들은 사람들에게 인과적 영향을 미칠 수 있기 때문이다.

18 G. W. F. Hegel, *Phenomenology of Spirit*, trans. A. V. Miller(Oxford: Oxford University Press, 1807/1977), B, Self-consciousness. 또한 Bhaskar, *Dialectic*, Chapter 4.4-4.5도 참고할 것.

제시했다. 승자는 그가 물리친 상대방을 노예로 만들어 그를 위해 일하도록 위해 상대방을 살려둔다는 것이다. 이렇게 해서 사르트르를 거쳐 오늘날까지 이어지는 후기 헤겔주의 철학에서 **주인-노예 관계**를 주제로 하는 대안적 해석이 시작된다.[21] 그러나 주인-노예 관계는 일반적으로 (헤겔 자신이 그것을 다룰 때부터) 노예가 열심히 일하며 노동의 산물에 자신을 객체화하면서 더 강해져 (그의 변형 능력 또는 힘$_1$을 증가시키면서) 주인을 끌어내리고 나아가 주인-노예 (또는 힘$_2$) 관계 자체를 전복할 수 있는 위치에 이르게 되는, 그리고 이렇게 해서 통일성이 달성되는 **변증법적 반전**dialectical reversal을 포함하는 방식으로 주제화된다. 그리고 이렇게 해서 통일성이 달성된다. 그러나 헤겔의 설명이 그의 초기 신학적 저술들과 비교해서 부족하거나 드러내지 못했던 것은 인정의 변증법이 최소한 동등하고 상호 보완적인 신뢰, 양육 및 돌봄의 변증법, 그러므로 사랑의 변증법을 전제하고 있다는 점이다.[22] 어떤 해석을 채택하든, 바로 이러한 측면이 근본적인 통일성과 동일성을 지적한다.

비이원성, 이원성, 그리고 부분-실재성

메타실재는 다음과 같은 존재의 세 가지 종류 또는 영역을 구분한다.

(i) 비이원성

---

19 Axel Honneth, *The Struggle for Recognition: The Moral Grammar of Social Conflicts*(London: Polity Press, 1993/1995)를 참고할 것.

20 Mervyn Hartwig, 'Introduction' to Roy Bhaskar, *The Philosophy of MetaReality*, ix-xxxix, Table 4, xxxvi-xxxix(머빈 하트윅이 다소 수정함).

21 사르트르의 '응시'의 변증법에서 주인-노예의 주제는 매우 두드러져서 상호적 응시가 불가능하다. 당신이 응시하면 당신은 그 상황이나 관계의 주인이거나 통제자가 되고, 당신이 응시를 당하면 당신은 종속된 희생자나 노예가 된다. Jean-Paul Sartre, *Being and Nothingness: An Essay on Phenomenological Ontology*(London: Routledge, 1943/2003).

22 Bhaskar, *Dialectic*, 327쪽 참고.

(ii) 이원성, 그리고

(iii) 부분-실재성

메타실재는 특히 객체가 주체와 동일하지 않으며 구분되는 우리의 통상적인 **이원성**의 세계와 대비되는 **비이원성**의 세계를 주제로 한다. 이 이원성의 세계는 비이원성의 세계에 의해 파괴되지 않는다. 오히려 그것에 의해 뒷받침된다. 따라서 우리가 예를 들어, 두 의식이 의식 속에서 초월적 동일화에 의해 이원성의 세계를 초월하는 사례가 있을 때 (이것에 대해서는 곧 논의할 것이다), 비록 그 의식들이 하나로 융합된다고 하더라도, 두 의식은 여전히 물질적으로 체화되어 서로에 대해 분리되고 구분되는 이원성의 세계에 살아간다.

그러나 메타실재는 이원성의 세계가 **부분-실재성**의 영역에 의해 지배된다고 주장한다. 이 영역의 분석에 필요한 주요 개념은 〈표 7.2〉의 첫 두 페이지 네 번째 열에 제시되었다. 이것은 환상과 범주적 오류의 세계이지만 그러나 인과적 효력이 있으며, 환상과 오류 둘 모두가 반영하고 강화하는 주인-노예 유형의 사회적 관계와 소외의 형태를 갖는 이원성의 세계를 지배한다. 이는 범주적 오류가 범주적 오류에 복합적으로 작동하는 일련의 TINA 타협 구성체들의 그물망이며, 진리론적 진리와 존재론의 불가피성에 직면하여 이론/실천의 집합체들을 수습하여 보완하려는 시도가 이어지는 그물망이다.[23] 무엇보다, 사람들을 억압하고 착취하는 주인들은 (자신을 포함한) 사람들이 근본적으로 자유롭고, 창의적이며, 사랑하고, 올바르게 행동하며, 영성적이고, 마법화된 비이원적인 존재들이 아니라는 환상에 사로잡히고 또한 그러한 환상을 조장한다. 억압받는 많은 사람과 마찬가지로 그들은 자신이 진정 누구인지를 거의 망각한다. 그래서 주인-노예 유형의 사회가 등장하면서 구조적 죄악

23 이 맥락에서의 '수습·보완' 개념(the concept of patching)에 대해서는 Iskra Nuñez, *Critical Realist Activity Theory: An Engagement with Critical Realism and Cultural-Historical Activity Theory*(London: Routledge, 2014)를 참고할 것.

또는 악으로의 일종의 지리-역사적 '타락'이 있었다. 소외는, 유행처럼 번졌던 라캉-헤겔주의적 메타서사가 이야기하듯 언어와 상징적 질서의 발전이 동반하는 원형적이고 따라서 치유 불가능한 것이 결코 아니라, 지리-역사적이고 가역적인 것이다.[24]

메타실재의 철학은 부분-실재성이 그리고 더 일반적으로는 이원성의 세계가 비이원성의 세계에 의해 뒷받침되는 방식을 밝힌다. 이를 통해 메타실재의 철학은 스스로를 비이원성의 철학으로 간주하며, 기존의 비판적 실재론, 즉 메타실재의 철학이 없는 비판적 실재론을 이원성의 세계, 즉 비동일성, 차이, 구조 및 변화의 세계에 대한 그리고 이런 세계를 위한 진정한 철학이자 최적의 철학으로 규정한다. 반면 비실재론의 철학들, 즉 기존의 비판적 실재론이 비판하는 이론적 이데올로기들은 부분-실재성의 철학들로 이해된다.

이 세계 및 그 철학을 구분하는 또 다른 방식은 메타실재를 **절대적 실재**의 세계를 묘사하는 것으로, 그리고 기존의 비판적 실재론을 우리가 대부분의 시간에 살아가는 **상대적 실재**의 세계를 묘사하는 것으로, 그리고 비실재론을 이원성의 세계에 사로잡혀 있는 환상적 실재 또는 **부분-실재적 상대적 실재**를 묘사하는 것으로 보는 것이다. 〈표 7.2〉는 이러한 세계를 비판적 실재론의 실재의 영역에 맞추어 표시하고 각각에 속하는 주요 개념을 제시하고 있다. 따라서 우리는 (위에서 제시한) 이 세계들의 목록을 다음과 같이 수정해 기술할 수 있다.

(i) 비이원성 또는 절대적 실재

(ii) 이원성 또는 상대적 실재 그리고

(iii) 부분-실재성 또는 부분-실재적 상대적 실재.

---

24 그 예로 Slavoj Žižek, *Less Than Nothing: Hegel and the Shadow of Dialectical Materialism* (London: Verso, 2012). 구조적 죄악의 개념에 대해서는 Bhaskar, *From East to West*, 64 n23, 67, 70, 76, 119, 121-2를 참고할 것.

메타실재는 거의 모든 기존 철학이 커다란 맹점 또는 사각지대를 포함하고 있다고 주장한다. 비이원성의 세계, 즉 진정 내재적인 '지상의 천국'—이원성의 세계와 그것을 지배하는 부분-실재적 구조, 태도 및 습관이 전적으로 이것에 의존하는—을 간과하고 인식하지 못했다는 것이다. 이는 중대한 주장이므로 메타실재가 그것을 어떻게 정당화하는지 살펴보기로 하자.

7.3 | 메타실재에 대한 기본적인 논증

메타실재를 논증하기 위해 기존의 비판적 실재론에 적용했던 동일한 원리의 논증 방법을 사용한다. 그 방법은 초월적 비판(경쟁하는 입장에 대한 내재적 비판과 결합한 조건적이고 상대적인 초월 논증)이다. 그리고 이것을 경험에 대한 그리고 사회적 삶의 구성에 대한 실용적 논증, 그리고 역행추론적 및 현상학적 분석으로 보완한다. 나는 다른 곳에서 주요 논증을 요약된 형태로 다양한 방식으로 제시했다. 독자에게 가장 편리한 방식은 그것들을 (1) 객관적 고려, (2) 주관적 고려, 그리고 (3) 객관적 및 주관적 고려의 통일로 분류해 제시하는 것이다.[25] 그러나 여기서는 그것들을 필연적으로 매우 압축된 형태로 제시한다는 것을 염두에 둘 필요가 있는데, 여러분이 이해하는 데 어려움을 느낀다면 처음 읽어나갈 때는 이 절을 건너뛰는 것을 추천한다.

(1)에서는 초월적 비판의 방법이 비판적 실재론의 철학을 발전시켜, 초월성에 대한 실재론이 실재론의 자기-초월로 이어지게 하며, 이는 비이원성의 절대적 영역이 사회적 삶의 기초 또는 **근원**, **구성 양식**, 그리고 그것의 **심층적 내면**으로서 본질적인 것임을 보여준다.[26] 따라서 7장 1절에서 이미 주장했듯

25 Bhaskar, *Reflections on MetaReality*, 267-9. 다른 방식들에 대해서는 Bhaskar, *From Science to Emancipation*, xiv, 및 *The Philosophy of Meta-Reality*, xi f, 315 f를 참고할 것.

이, 도처에 지배적인 비실재론의 비진리적 맥락에서 볼 때 실재론의 진리는 우리가 완전히 인식하거나 발전시키지 않은 더 기본적인 수준, 즉 비이원적 또는 메타실재의 수준을 전제한다. 메타실재의 관념은 과학적 발견에 또는 실로 모든 배움이나 발견의 과정에 내재한 절대적 초월성 또는 초월적 동일화의 순간 — 즉, 유레카 또는 '아하'의 순간 — 에 대한 성찰에서 시작되었다(7장 6절 참조).[27] 이것이 일으키는 통찰의 번쩍임은 물론 준비 과정에서의 노력이 필수적인 역할을 할 것이지만, 열심히 노력하는 것만으로는 도달할 수 없으며, 또한 연역이나 귀납 또는 어떤 연산(추론)법으로 도출할 수 없는 것이다. 그것은 생각하지 않는 순간, 사고를 중지하는 순간에 (몇몇 창의적인 과학자뿐 아니라 예술가, 시인이 증언하듯이[28]) '불현듯' 발생한다. 이는 플라톤적 상기anamnesis 또는 소환의 순간에 의식에 일어나는 것으로, 발견하는 행위주체에게 이미 접혀 있는 무언가와, 그 주체의 외부에 존재하고 있는 발견될 무언가의 진리론적 자기현시 사이의 결합을 포함한다는, 즉 그것은 두 존재의, 그것들의 기저 상태들의 내포적·초정신적 또는 초월적 의식의 수준에서의 결합을 포함한다는 기초 위에서만 충분히 이해할 수 있다. 명시적으로 의식되지 않은 존재들과 초월적으로 동일화할 수 있는 우리의 능력은 그것들이 암묵적으로 의식적인 것임을 전제로 한다. 그리고 우리 모두가 동일한 우주적 에워쌈에 포함되어 있는 단일 우주의 구성 요소라는 사실에 함축되어 있듯, 원칙적으로 우리가 모든 존재와 동일화할 수 있다면, 모든 것이 암묵적으로 의식적이며 최소한 잠재적으로 우리 자신의 의식 그리고 다른 모든 존재들의 의식 속에 암묵적으로 접혀 있다고 말해야 한다.[29] 이러한 방식으로 우리는 **일반화된 공-현전**generalized

26 이것이 *Reflections on MetaReality*에서 내가 주로 따르는 방식이다. 특히 이 책의 4장, 'MetaReality: In and beyond critical realism,' 165-263을 참고할 것.

27 Bhaskar, *From Science to Emancipation*, xliii-iv.

28 그 예로 1997년 TV 다큐멘터리 *The Proof*에서 앤드류 와일즈(Andrew Wiles)가 했던 페르마(Fermat)의 마지막 정리를 증명하는 과정에 대한 설명이나, 문학의 영역에서 마르셀 프루스트의 비자발적 기억에 대한 설명을 참고할 것.

co-presence 또는 상호 연결성의 이론, 즉 근본적 가능성의 수준에서 모든 것은 다른 모든 것에 암묵적으로 포함되어 있고 내부-관계되어 있다는 이론에 도달한다.[30] 이것이 함축하는 한 가지 의미는 창의적인 과학자들이 (예술가들도 마찬가지로) 암암리에 또는 다른 방식으로 메타실재를 전제하고 있으며, 따라서 사실상 **실천적 신비주의자들**[31]이라는 것이다. 이는 과학이, 굳이 아리스토텔레스까지 거슬러 올라가지 않더라도, 데카르트 이래로 서구 철학의 전형적인 앎의 방식이었음을 감안할 때 발견에 관한 매우 급진적인 메타이론이다.[32]

(2)에서 우리는 **실용적 접근**, 즉 실천에 호소하기 위해 메타실재의 실재성을 전제하는 접근을 채택한다. 본질적으로 이 접근은 당신의 기저 상태, 즉 초월적으로 실재하는 자아와 일치하지 않게 행동한다면 당신은 어떤 식으로든 분열되고 불행하다는 것(충족되지 않거나 실현되지 않는다는 것)을 깨닫게 될 것이라고 주장한다. 실천해 보고 직접 확인해 보기 바란다. 거꾸로 말하자면, 사람들이 개인적으로 또는 집단적으로 최대한 효율적 방식으로 행동할 때 — 예를 들어, 최근 이집트 혁명의 초기 단계에서 카이로의 타흐리르 광장Tahrir Square, Cairo에서와 같이 또는 2010년 두 달 이상 지하에 갇혀 있던 칠레 광부 33명의 경우와 같이 — 그들의 기저 상태의 특성이 전면에 드러나게 된다. 의지, 결단력과 에너지, 창의성과 자유, 무조건적인 사랑과 그것의 모든 형태, 올바른 행동, 진정한 자아로

29 Bhaskar, *The Philosophy of MetaReality*, 360.

30 양자물리학에 대한 일부 해석에 따르면, 비국소화된 **잠재력**(potentiae)의 기본 장이 존재의 발현적 단계에서 유사하게 존재한다. 예를 들어, Ruth E. Kastner, *The Transactional Interpretation of Quantum Mechanics: The Reality of Possibility*(Cambridge: Cambridge University Press, 2013)와 Pete Mason, 'Does quantum theory redefine realism? The neo-Copenhagen view,' Journal of Critical Realism 14:2(2015), 137-63을 참고할 것. 비국소성과 양자 얽힘은 현대 물리학에서 논쟁의 여지가 없는 것으로 간주된다. 근본적인 수준에서 모든 것은 다른 모든 것과 연결되어 있다. 일반화된 공-현전 이론에 대해서는 특히 Bhaskar, *The Philosophy of MetaReality*, 226 ff를 참고할 것.

31 Bhaskar, *Reflections on MetaReality*, 148쪽과 179쪽에서 실천적 신비주의 개념을 소개하고 있다.

32 Bhaskar, *From Science to Emancipation*, xliii-xliv.

귀환하는 감정, 세계가 마법화 된다는 느낌, 통일성과 비이원성 자체에 대한 자각 등이 그 특성이다(<표 7.1> 참조). 이집트의 상황은 여전히 비극적이고 부분-실재적이지만, 그것이 무바라크Mubarak 정권의 몰락 후 타흐리르 광장에서 자유의 맥박이 폭발한 엄청난 실재를 부인하는 것은 아니다. 이러한 논증 방식에서는 삶의 목표를 달성하는 것이 궁극적으로 당신의 진정한 자아와 접촉하고 그와 일치하지 않는 이질적 요소들을 당신의 체화된 인격성으로부터 제거하는 데 달려 있다고 주장한다. 이는 나의 저서 『변증법Dialectic』에서 제시한, 해방과 계몽은 궁극적으로 이론-실천의 일관성으로 이루어지며, 이것은 우리의 초월적 실재 자아와 근본적으로 일치하는 데 있다는 입장의 발전이다(6장 7절 참조).[33]

(3)의 접근은 존재의 심층적 층화에 대한 비판적 실재론의 논증을 바탕으로, **모든 존재의 필연적 조건**으로서의 비이원성의 근본적 수준의 실재성을 주장한다. 이 입장에서 우리는, 예를 들어 무바라크 정권의 몰락 후 타흐리르 광장에서 폭발한 순수한 환희가 **통합된 단일 세계로서의 우주**적인 것의 가능성의 근본 구조에서 비롯되지 않았다면 과연 궁극적으로 어디에서 비롯될 수 있었는지를 물을 수 있다. 그것이 특별히 **인간의** 창의적 힘 또는 인간의 구성물이라고 말하는 것은 이 질문에 철저히 대답하는 것이 아니다. 여기서의 논증은 (2)에 의해 성립된 인간 행위의 기저 상태 속성이 (1)에 의해 성립된 존재 자체의 기저 상태 속성과 공명한다는 것일 것이다. 이는 <표 7.1>의 관련된 주석에서도 제시되고 있다.

메타실재의 논증을 비이원성이 상대적 실재성을 유지하는 세 가지 근본 양식 — 그것의 (i) 구성 양식, (ii) 기초 또는 근원, 그리고 (iii) 심층적 내면 (더 많은 논의는 7장 4절 참조) — 이라는 관념을 정당화하는 방법의 관점에서 접근한다면 우

33 비록 나의 저서 *Dialectic*에서 초월적으로 실재하는 자아를 명시적으로 언급하지는 않았지만, 6장에서 살펴본 것처럼, 그것을 인간의 말과 행동의 심층적 담지자로 암묵적으로 다루었다.

리는, 초월적 논증은 (ii)를 위해 사용하는 주요 방법이라고, (i)은 사회적 삶에서의 어떤 상황이나 복합체의 발생 또는 구성에 대한 초월적 및 역행추론적 및 현상학적 분석의 혼합에 의존한다고, 그리고 (iii)도 이러한 혼합에 의존하지만 경험에 대한 현상학적 분석이 이제 전면에 등장한다고 말할 수 있다. 여기서의 논증은, 우리가 (가장 고전적으로는) 신비적 경험에서처럼 존재나 의식의 어떤 측면을 깊이 파고들면, 환희, 공허, 그러함,[34] 풍부한 동일성 또는 순수한 무한 에너지로 가득 찬 사랑 등등의 속성들이 드러날 것이며, 이것들은 창조의 기저 상태 속성과 연속선상에 있다고 할 수 있는 속성들이며, 그러므로 존재의 나머지 모든 것을 그것의 존재론적으로 궁극적인 내면으로 스며들게 한다는 것이다.[35] 그렇지만 경험에만 근거한 논증으로는 충분하지 않다는 점을 지적해야 한다. 관련된 비이원적 경험을 한 사람들은 이러한 논증을 설득력 있다고 여길 수 있지만, 그런 경험이 없는 사람들에게는 이러한 논증이 전혀 설득력이 없을 것이며, 그러면 결국 여기서 교착 상태에 빠질 것이다. 메타실재는 최대한 포괄적일 것을 목표로 하여 신앙이 없는 사람들과 모든 신앙을 가진 사람들에게 호소력 있을 관점을 발전시키길 희망한다.

이러한 주요 논증 외에도 다양한 명제 사이에 당연히 **상호 함의 또는 내포의 논리**가 있다. 초월적 행위성 또는 행위의 궁극적 자발성은 **다른 사정이 같다면** 주체지시성 또는 자기-준거성의 우선성을 내포하며, 이는 다시 행복실현의 사회 또는 보편적 자기-실현에 대한 헌신을 내포하고 또한 전제한다.[36] 그리고 초월적 동일화에서의 주체-객체 이원성의 붕괴는 실재가 마법화되었음을 내포한다.[37] 또한, 이 장에서 제시한 표에서 도표화한 체계의 계기들의 복잡한

34 〔옮긴이 주〕 이는 바스카가 '무상,' '무아' 등을 의미하는 불교의 진여(真如) 개념에서 차용한 것이다.

35 Bhaskar, *The Philosophy of MetaReality*, xlii.

36 Bhaskar, *Reflections on MetaReality*, 14, 53, 148, 220; *The Philosophy of MetaReality*, 269.

37 Bhaskar, *Reflections on MetaReality*, 226.

상호 정교화가 논증 전체에 타당성을 부여한다. 이것은 철학의 전개 과정에서 반인류주의 논리와 관련하여 서민규가 강조한 바 있다. 서민규는 인간이 자신을 우주적 총체성으로부터 우발적으로 발현한 일부로 — 즉, '인류우주적으로' — 그리고 우주적 총체성으로부터 분리되지 않은 것으로 인식하고 행위 할 때에만 반인류주의가 명확한 결론에 도달한다는 것을 논증한다. 바로 이것이 메타실재의 철학이 제시하는 전망이다.[38]

이러한 논증에 대한 통상적인 반론은 비이원성에 대한 인간의 경험이 환상일 수 있다는 것이다. 즉, 의식과 행위에서의 비이원성 경험이 실재적이고 널리 만연한 것이지만, 그것이 존재의 근원적인 비이원적 수준을 나타내는 것은 아닐 수 있으며, 잘못되었거나 제한적이거나 등등일 수 있으며, 오로지 존재의 특수하게 인간적인 발현 수준에만 해당할 수 있다고 반론할 수 있다. 그러한 경우 우리는 인간의 행위와 이해가 어떻게 가능한지를 질문할 수 있을 것이다.[39] 그런데 그 반론은 인간-세계 이원론을 암묵적으로 승인하면서, 우리가 그것에서 발현한 세계로부터 우리를 분리하거나 단절하고, (위에서 제시한 예를 계속 사용하면) 우리가 환희를 경험할 때 그것이 그 세계의 적절히 주어진 가능성에 어떤 것도 빚지지 않은, 우리 존재의 수준에서 분리된 발현적 현상이라는 것을 전제한다. 마찬가지로, 인식론적 변증법에서 절대적 초월성의 경험이 환상적인 것이라고 반론한다면, 그런 경우 진리 드러남의 그러한 순간들이 어떻게 가능한지 보여주어야 할 책임은 회의론자이자 동시에 과학적 실재론자이기도 한 그들에게 있다. 메타실재의 관점에서 진리는 가장 근본적으로는 기저적 동일성의 드러남이다.[40]

다시 말하자면, 다른 사람과의 직접적인 마음 대 마음(더 정확히는 의식 대 의

38 Seo, 'Bhaskar's philosophy as anti-anthropism.'

39 Bhaskar, Hartwig, *The Formation of Critical Realism*, 179.

40 Bhaskar, *The Philosophy of MetaReality*, xlvii.

식[41]) 상호작용에서, 두 상이한 마음에 동일한 생각(또는 어떤 의미에서 '같은' 생각)이 있다는 것을 알 수 있는 방법이 없다는 것을 근거로, 초월적 동일성 의식에서의 그 상호작용이 환상이라고 반박할 수 있다.[42] 그러나 이러한 반론은 나의 입장을 잘못 이해한 것이다. 동일화는 현실적 생각의 수준에서 발생하는 것이 아니라 우리의 기저 상태의 수준 또는 우리의 일상적 조치와 지각의 심층적 내면의 수준에서 발생한다.[43] 지금 말하는 것을 당신이 이해한다면, 그 이해는 당신의 이해이지 나의 이해가 아니다. 그러나 내 말을 이해하거나 듣거나 또는 따라오는 그 순간에는 에고도, 이원성도, 분리도 없으며, 오직 동일화만 있다. 당신은 당신이 듣는 소리를 먼저 해석하고, 그다음 그 의미를 이해하는 것이 아니다. 듣는 것과 의미 사이에는 분리가 일어나지 않는다. 마찬가지로, 당신이 어떤 그림을 오리나 토끼에 관한 그림으로 보았을 때 당신은 우선 그것을 해석하는 것이 아니며 그냥 보는 것이다. 물론, 일반적으로는 물리적 매개체나 단서 — 목소리의 소리들은 음파를 통해 당신에게 전달된다 — 가 있을 것이다. 그러나 당신이 나를 이해하는 것은 물리적 조건으로 환원될 수 없으며, 이는 공시 발현적 힘의 물질론과 매우 적절히 공존한다.[44] 듣기, 지각하기, 이해하기, 직관하기, 읽기 등의, 더 일반적으로는 요점을 '바로 알아듣기 또는

---

41 담론적 지성에 대한 비판에서 다루겠지만(7장 6절), 이는 '마음'이 에고적인 방식 또는 이원론적인 방식으로 의식을 동결하거나 고정해 버리기 때문이다. 예를 들어 Bhaskar, *The Philosophy of MetaReality*, 9 참고.

42 〔편집자 주〕 마거릿 아처는 바스카의 원고에 대한 조언을 하며 이와 같은 반론을 제기했다. Pierpaolo Donati and Margaret S. Archer, 'On plural subjectivity and the relational subject,' *The Relational Subject*(Cambridge: Cambridge University Press, 2015), Chapter 2, 33-76 참고. 나의 관점에서는 바스카의 의식 대 의식 행위 이론은 관계적 주체에 대한 도나티(Donati)와 아처(Archer)의 사회학적 설명(이것은 바스카의 TMSA와 일치한다)과 모순되지 않지만, 관계적 주체의 가능성의 초월적 조건이라고 할 수 있다. 바스카의 이론은 '우리 사고'에 의존하는 것이 아니라, 초월적으로 실재하는 자아에 의존하는데, 이는 도나티와 아처의 설명에는 부족한, 그러나 쉽세 보완될 수 있는 개념이다.

43 예를 들어 Bhaskar, *The Philosophy of MetaReality*, 9 참고.

44 Bhaskar, Hartwig, *The Formation of Critical Realism*, 183.

알아채기'의 즉각성은 사회적 삶에서 환원이 불가능한 것이다. 이러한 순간들에서는 기호학적 삼각형〔기표-기의-지시 대상의 삼각형〕이 붕괴되며, 이 점을 성찰하면서 우리는 존재가 본래적으로 의미적이며 〔그것 자체로〕 가치 있거나 마법화 되어 있음을 알게 된다.[45]

7.4 | 메타실재의 원리

논의한 바와 같이 동일성 또는 비이원성이 사회적 삶에 본질적이라는 것에는 다음 세 가지 의미가 있다.

(i) **구성 양식**으로서, 즉 사회적 삶이 재생산되거나 변형되는 양식으로서
(ii) 사회적 삶의 **기초**로서 그리고
(iii) 사회적 삶, 그리고 존재하는 모든 것의 **심층적 내부**로서.

이원성 초월의, 즉 초월적 동일성 또는 동일화의, 또는 사회적 삶에서의 비이원적 요소에는 다음의 네 가지 주요 형태가 있다.

(a) 의식에서의 **초월적 동일화**
(b) **초월적 행위성**
(c) **초월적 전체론** 또는 팀워크
(d) **초월적 자아**.

45 Bhaskar, *The Philosophy of MetaReality*, 317 f., 341.

(a) 의식에서의 초월적 동일화

위에서 논의한 내용을 다시 설명하자면, 당신이 내 말을 또는 내가 당신의 말을 집중해서 듣고 있을 때, 분리된 '나'와 '당신'이라는 감각은 사라진다. 우리의 의식은 미세 구조의 수준에서 하나가 된다. 거기에는 단지 내가 (당신이) 말하는 것만 있을 뿐이다. 이와 비슷하게, 당신이 책을 읽거나 연극을 볼 때도 당신과 책 또는 당신과 연극 사이의 분리와 구분은 사라진다. 거기에는 통일성이 있으며, 이것은 생각해 보면 모든 상호작용과 지각에 그것의 세밀한 구조로서 포함되어 있다. 당신은 이것에 대해 의구심이 들 수도 있을 것이다. 당신은 내가 하는 말을 이해하지 못한다고 할 수 있을 것이다. 하지만 당신이 말하는 것은 당신이 듣는 단어, 내가 발화하는 단어(그럼에도 당신이 그것과 하나가 되는)의 의미를 당신이 파악하지 못한다는 것이다. 마찬가지로, 내가 발화하는 말을 당신이 알아듣지 못하더라도 당신은 적어도 내가 내는 소리를 식별할 수 있으며, 그 소리와 하나가 될 수 있다. 의식에서의 이러한 초월적 동일화는 놀랍게도 (사회이론은 말할 것도 없고) 철학에서 여태까지 이론화되지 않았다. 예를 들어, 아름다운 예술 작품이나 자연에 매료되어 말하자면 황홀하고 미학적인 '고조' 상태에 들어가게 되거나, 예수나 마리아와 같은 신성한 인물에 대한 명상이나 기도에 몰입하게 되는 것과 같은 몇 가지 종류의 '절정' 경험의 맥락에서는 예외가 있기는 하지만 말이다. 당신이 명상을 하고 있으며, 이원성의 세계를 초월하는 목표, 즉 당신의 진정한 자아와의 초월적 동일화 또는 비어 있음 상태에 도달하고 있다고 생각한다면, 당신은 비이원성에 있는 것이 아니라는 역설을 명상 지도자들은 오랫동안 알고 있었다! 물론 전형적으로 기도와 명상에서 시도하는 종류의 초월적 동일화를 성취하는 것은 정말 어려운 일임에 틀림없다. 그러나 그와 유사한 종류의 초월적 동일화가 일상의 삶에서 일반적으로 노력 없이, 그리고 우리의 지각과 상호작용에 똑같이 필수적 조건으로 성취된다는 점은 지금까지 주목받지 못했다.

(b) 초월적 행위성

일상에서 매일 발생하는 두 번째 초월의 형태는 초월적 또는 비이원적 행위성이다. 이것은 철학자들이 **기초적 행위**라고 부르는 수준에서 발생한다.[46] 기초적 행위는 다른 무엇인가를 함으로써 이루어지는 것이 아닌, 단지 행해지는 행위를 말한다. 예를 들어, 대부분의 사람에게 신발 끈을 묶는 것은 기초적 행위로, 자연발생적으로, 즉 (그것에 대해 생각하지 않고) 아무 생각 없이 행한다. 물론 신발 끈을 묶는 것은 어린 시절에는 마음을 집중해 배워야 하는 것이고,[47] 질병이나 노화로 인해 상실할 수 있는 기술이나 성취이다. 우리가 무엇을 행하든 결국에는 우리는 그것을 자연발생적으로, 기초적 행위로서 하게 된다. 예를 들어 한 친구를 저녁 식사에 초대한다고 생각해 보자. 식사 메뉴를 결정하고, 장을 보러 가 음식 재료들을 사고 주방으로 가져가 관련된 모든 요리 도구를 꺼낼 수 있지만, 어느 시점에서는 그저 요리를 시작해야 한다. 마찬가지로 대화 도중에 무엇이 여기서 사용할 정확한 단어인지(이 단어일까? 아니면 저 단어일까?)에 관해 생각할 수 있지만, 대화 도중 어느 시점에서는 생각을 멈추고 그저 무언가를 말해야 (또는 아무 말도 하지 않아야) 한다. 심지어 생각이라는 것 자체도 생각에 관해 생각하는 것이 아니라 한 생각에 관한 의식이 당신에게 떠오르는 것이다. 따라서 초월적 행위성은 이 세상에서 우리가 하는 행위에서 환원 불가능한 것으로, 항상 자발적이거나 기초적인 초월적 순간을 전제한다. 결국 종국에 가서 우리는 자발적으로 행위 하거나 아니면 전혀 행위 하지 않는다. 이것이 내가 **자발적인 옳은 행위**, 즉 우리의 기저 상태에서의 그리고 그 기저 상태로부터 비롯되는 행위라고 부르는 것이다.[48]

---

46 A. C. Danto, 'Basic actions,' *American Philosophical Quarterly* 2:2(1965), 141-8.

47 **완전한** 마음 챙김, 즉 자신의 활동에 완전히 몰입하는 것도 초월적 행위성의 한 형태이다. Bhaskar, *The Philosophy of MetaReality*, 4 참고.

48 Bhaskar, *The Philosophy of MetaReality*, 5장, 233-74.

(c) 초월적 전체론

일상에서 발생하는 세 번째 종류의 이원성 초월은 초월적 전체론, 팀워크 또는 전체론적 공시성이다. 파트너와 함께 저녁을 준비하면서 각자의 활동을 특별한 노력 없이 서로 보완할 때 우리는 이러한 경험을 하게 된다. 초월적 전체론은 도시 길거리 인도에서 서로 부딪히는 것을 피하는 방식에서 우리가 매일 목격할 수 있는 것이지만, 이는 예를 들어 축구팀이 서로 공을 패스하고 골을 넣기 위해 '빌드업'하는 과정에서 풍부한 상상력으로 움직이면서 보여주는 팀워크에서 가장 잘 드러난다. 또는 연습이 잘된 연극에서 뛰어난 배우들이 하는 연기, 음악 밴드나 오케스트라의 연주에서도 잘 나타난다. 이 모든 것이 우리가 하나의 팀으로 '통할 때'의 초월적 전체론의 일상적 사례이다.

(d) 초월적 자아

우리가 일상에서 성취하거나 경험하는 네 번째 종류의 초월은 초월적 자아에 대한 깨달음이다. 이에 대한 논의를 진행하면서 이제 동일성이 사회적 삶에 필수적이라는 것의 두 번째 의미, 즉 사회적 삶의 **기초**로서의 동일성으로 완전히 이행해 간다.

메타실재는 우리 모두가 자아에 대해 다음의 세 가지 개념을 가지고 있다고 주장한다.

(i) 에고로서의 자아
(ii) 체화된 인격성으로서의 자아
(iii) 초월적 실재 자아 또는 기저 상태로서의 자아.

에고는 다른 모든 사람과 분리된 것으로서 우리가 갖는 자아의 개념이다. 이것은 하나의 섬처럼 느끼는 자아관이다. 이 자아 개념은 우리의 문명에서 지배적인 것이다. 이 자아 개념은 근대에 대한 철학적 담론과 자본주의적 경제생활의 핵심에 자리하고 있는데, 자본주의적 경제생활은 그것의 소유적 개인주의 이데올로기와 우리의 노동체제에서의 탐욕과 공포 등과 같은 감정의 경험, 그리고 자본주의에 어느 정도 필수적이라고 할 수 있는 광고부터 성과평가에 이르기까지 모든 사회적 실천에 의존한다. 그러나 이러한 자아감각, 즉 에고는 완전히 환상적인 것이다. 다른 사람과 완전히 분리되어 살 수 있는 사람은 없다. 수도원의 수도승조차 최소한 그의 육체적 필요를 충족하기 위해서는, 그의 동료 수도승들 그리고 그 수도원이 맺는 외부 세계와의 관계에 전적으로 의존한다. 물론 그 수도승은 그가 심사숙고하는 종교적 가르침, 반복적으로 세심하게 실천하는 교리, 그가 실천하는 종교의례에 대해서도 이전 세대의 수도승들에 의존한다.

그렇다면 **체화된 인격성**의 개념은 무엇인가? 이 로크적 의미의 자아는 실재적이지만 상대적이고 변화 가능한 실재이다. 우리는 성장하고 발전함에 따라 키가 커지고, 신념이 성숙해지며, 지향하는 가치가 바뀌는 등등의 일이 일어난다. 게다가 이런 의미의 자아는 맥락에 따라 변화한다. 많은 사람에게 어떤 맥락에서는 그들의 직업이나 동료가 그들 자신의 일부이지만, 다른 맥락에서는 그렇지 않다. 많은 남성에게는 그들이 소유한 자동차가 (마초적) 정체성의 중요한 일부이다.

세 번째 의미의 자아, 즉 **초월적 실재 자아**는 우리의 더 높은 자아나 더 나은 자아의 관념을 성찰함으로써 시작할 수 있을 것이다. 이것은 거칠게 말하자면 우리가 아주 기분 좋은 날에 느끼는, 우리가 세상의 꼭대기에 있는 것처럼 느끼고 자발적으로 옳은 일을 하며, 모든 사람에게 관대하고 친절하게 행동할 때 느끼는 자기 자신이다. 이 자아는 그것의 부정에 포함된 것을 성찰함으로써 철학적 정당화를 시작할 수 있을 것이다. 흄이 자아를 찾기 위해 모든 곳을 찾아봐도 찾을 수 없었다고 말하며, 그래서 자아 같은 것은 없다고 선언할 때,[49] 우리는 다음과 같이 질문을 던질 수 있다. '자아가 없다고 말하고 있는 사람은 누구인가?' 마찬가지로, 탈근대주의의 친숙한 주제인 분열된 자아를 생각해 보자. 누군가가 자신은 분열되었다고, 자신의 머릿속에서 열 개의 목소리가 들린다고 불평할 수 있을 것이다. 하지만 열 개의 목소리가 들리더라도 목소리들을 듣는 단일한 청자가 있다는 것, 바로 그 청자가 초월적으로 실재하는 자아라는 것은 여전히 사실이다. 그리고 만약 그들이 분열되었다면, 그들은 적어도 분열된 것은 바로 **그들**이라는 것을 알고 있으며, 이는 또한 그 분열의 치유가 시작될 수 있는 고정점 또는 기반을 제공한다.

이것은 비이원성 또는 동일성이 사회적 삶의 기초 또는 근원으로서 사회적 삶에 본질적이라는 두 번째 의미와 관련되며, 또한 모든 것에 내재된 심층적 내부로서의 세 번째 의미와도 관련된다. 이는 우리가 7장 3절에서 살펴보았듯이 초월적 논증만으로 완전히 입증할 수 있는 것이 아니라, 내가 실천적 신비주의라고 명명한 것에서의 경험에 대한 현상학적 분석으로부터 주로 도출되는 의미이다. 그러므로 신비주의자들은 그들이 어떤 것을, 실로 모든 것을 더 깊이 파고들어 가면 들어갈수록 그들은 궁극적으로 **샷-칫-아난다**sat-chit-ananda,[50] 즉 존재의 중심에 있는 환희 의식, 모든 것에 내재된 불성Buddha nature, 세상에 널리 스며 있는 무조건적 사랑을 발견하게 될 것이라고 보고했다. 이는 메타실재에서도 유효하다. 그것은 내가 **우주적 에워쌈**이라고 부르는 것을 함축하며, 이는 우리의 실재적 자아를 포괄하는 모든 것의 기저 상태를 전체 또는 통일체 속에 연결한다.

---

49 Hume, *A Treatise on Human Nature*, Vol.II, Book 1, Part IV, section 6.

50 〔옮긴이 주〕 이는 힌두교에서 차용한 것으로 '궁극적 실재'이다. 산스크리트어로 'sat'는 실재, 'chit'는 의식, 'ananda'는 순수한 행복을 의미한다.

동일화 그리고/또는 통일의 기제

메타실재 철학에는 동일화 및/또는 통일의 세 가지 기제가 있으며, 그중 첫 번째와 두 번째는 그것들의 궁극적인 존재론적 기초를 세 번째 기제에 두고 있다.[51]

(i) 의식에서의 초월적 동일화
(ii) 호혜성 그리고
(iii) 공-현전.

우리는 이미 의식에서의 초월적 동일화에 대해 논의했다. 호혜성은 내가 당신에게 미소를 짓고 당신도 나에게 미소를 지을 때 발생한다. 이것은 공-현전에 기초를 둔 동일화의 순간을 전제한다. 즉, 다른 사람과 하나가 될 수 있는 능력은 다른 사람의 존재나 특성이 자신 내에 내포되거나 접혀져 있다는 사실에 기초한다. 따라서 공-현전은 가장 근본적이거나 심층적인 동일화의 양식이다. 이는 우리가 파트너나 자녀 또는 다른 사랑하는 사람과 적어도 때때로 경험하는 것으로, 다른 사람을 우리 자신의 일부로 보게 될 때 발생한다. **일반화된 공-현전** 이론은 근본적인 가능성 또는 진리론적 진리의 수준에서는 모든 것이 상호 연결되어 있으며, 내포적으로 다른 모든 것에 포함되고 관련되어 있다고 주장한다. 이것에 의해 인간은 수정의 분자 구조나 중력의 원리와 같은 다른 존재의 진리론적 진리를 발견할 수 있게 된다. 그리고 이것은 왜 우리가 동료 인간들과 쉽게 동일화할 수 있는지 그리고 왜 모든 존재의 충족과 번영에 대한 헌신을, 그리고 그렇게 펼쳐진 것으로 존재를 보고자 하는 갈망을 경험할 수 있는지를 설명한다.

---

51 Bhaskar, *The Philosophy of MetaReality*, xlviii ff 참고.

이제 메타실재의 철학이 갖는 몇 가지 함축을 발전시키고자 한다. 메타실재에 관한 나의 저서들에서 처음으로 만들어낸 근대성의 철학 담론에 대한 비판은 다음 장에서 논의할 것이다.

7.5 | 자유의 논리의 확장

변증법적 비판적 실재론은 각자의 자유로운 번영이 모두의 자유로운 번영을 위한 조건이 되는 행복실현적 사회를 목표로 설정한다. 우리는 이제 메타실재의 철학의 관점에서 사회적 존재의 4-평면 모두에서 이것이 포함하고 있는 것을 자세히 드러낼 수 있다. 우리는 특히, 체화된 인격성의 층화의 평면에서 그것이 **에고의 부재**, 즉 당신의 번영과 발전이 나에게는 나의 번영과 발전만큼 중요하다는 것을 의미한다는 것을 알 수 있다. 더 나은 사회를 만들기 위한 대부분의 기획은 **사회적 구조의 평면**에서의 행위에만 초점이 맞추어져 있었다. 그것들은 마르크스가 **포이에르바하에 관한 테제**Theses on Feuerbach 3번에서 제기한 질문, 즉 "교육자들은 누가 교육할 것인가?"라는 질문을 무시했다. 사회적 구조의 평면에서의 변형, 그리고 특히 주인-노예 유형의 관계들의 폐지는 당연히 필수적이지만, 다른 세 가지의 평면들도 동일한 주의를 기울이는 것으로 보완할 필요가 있다.[52]

마르크스는 사회적 구조라는 한 평면에만 압도적으로 집중했고, 다른 구조와 평면에는 거의 주의를 기울이지 않았다. 그는 관념의 역할을 과소평가했으며, 각자의 자유로운 발전이 모두의 자유로운 발전을 위한 조건이 되는 사회를 위해 필요한 메타실재 또는 영성적 조건을 검토하지 못했다. 특히 체화된

52 이른바 '현실 사회주의' 국가들에서 개인적 관계 및 자연과의 교류는 매우 열악한 경우가 많았다. 물론 체화된 인격성의 층화 평면에서의 체계적인 작업을 계획하거나 장려하는 것은 없었다.

인격성의 층화 평면에서 이것은 에고의 탈피 및 기저 상태와 조화하지 않는 이질적인 요소의 제거를 포함한다.

각자의 자유로운 번영이 모두의 자유로운 번영을 위한 조건이 되는 것은 에고의 폐지뿐만 아니라 체화된 인격성에서 기저 상태와 일치하지 않는 **모든 이질적인 요소의 제거**를 포함한다. 이러한 제거가 없으면, 체화된 인격성은 기저 상태는 이쪽으로 밀고 이질적인 요소는 저쪽으로 밀어내는 내재적인 갈등에 직면할 것이며, 그래서 한 사람의 의도성은 분열되고 허물어질 것이다. 이것은 당연히 삶에서 자신의 목표를 달성할 수 없게 될 것으로 이어진다. 따라서 부처의 말을 빌리자면, 인생에서 당신이 해야 할 일은 깨달음 또는 **자기-실현**을 추구하는 것이라고 말할 수 있다. 왜냐하면 이것이 당신이 성취할 수 있는 능력을 가졌다고 궁극적으로 확신할 수 있는 유일한 것이며, 또한 그것에 도달하는 것이 이 세상에서 당신의 최대로 유효한 행위를 위한 조건이기 때문이다.

자기-실현의 변증법의 기제는 단순하다. 에고 또는 이질적인 요소들이 있는 한, 행위주체의 의도성은 분열되고 실천의 유효성은 약화될 것이다. 체화된 인격성의 관점에서 보면, 자기-실현하는 것이 자신의 이해관계에 부합한다. 동시에 기저 상태, 사랑과 같은 긍정적 감정, 그리고 (지적인 것의 수준에서) 진리에 대한 추구는 모두 자기-실현으로 향하는 내재적 목적론을 강화한다. 따라서 (변증법적 비판적 실재론에서 분석한) 실천의 내재적 목적론과 (메타실재에서의) 자기-실현의 추구는 서로 연결되어 있어, 행복실현적 사회는 이제 보편적 자기-실현을 전제하고 또한 수반한다고 볼 수 있다. 향상된 공감, 공-현전, 즉 모든 존재를 상호 연결하는 우주적 에워쌈에 위치한 기저 상태의 공-현전에 대한 증대된 인식, 그리고 내가 **기저 상태로의 뛰어듦**이라고 명명한 것에 의해 촉발된 일반화된 공시성을 향한 경향은 모두 해방의, 즉 자기-실현의 방향으로 움직이는 행위에 대한, 모든 변증법적으로 유사한 행위주체들 또는 행위주체들의 측면 쪽에서의 반향과 확인하고 강화하는 반응을 유도할 것이다.[53] 이것은 변증법적 보편화 가능성의 논리가 메타실재의 철학에서 어떻게 더 구체적인 형태로 전개되는지를 보여준다.

더욱 일반적이고 우주론적으로, 실천에 잠재된 내재적 목적론과 기저 상태 및 우주적 에워쌈의 내재적 목적론 사이에는 더욱 심층적인 연결이 있으며, 여기서는 모든 것이 마법화 되며, 그것의 기저 상태와 하나가 되어가는 과정에 있다. 이 연결은 위에서 소개한 개념, **일반화된 공-현전**으로, 궁극적으로는 개별적이고 보편적인 신-실현god-realisation의 상황으로 특징지을 수 있는 상황으로 이어진다.[54] 이는 7장 3절에서 언급한 일관된 반인류중심성으로서의 메타실재의 소위 인간우주론을 드러낸다. 동시에 그것은 의도적 행위 개념을 결여한 실증주의적인 자연주의적 설명들의 참담한 부적합성과, 그 설명들에 대한 이러저러한 형태의 칸트주의에 기반한, 자아는 알 수 없는 것으로 남는다는 난제를 담고 있는 낭만주의적 반동을 설명할 수 있게 한다.

7.6 | 창의성, 배움과 교육, 그리고 담론적 지성에 대한 비판

배움과 관련한 역설, 즉 **시험의 역설**이 있다. 이는 다음과 같은 형태를 취한다. 학생으로서 공부할 때 우리는 항상 마지막 순간까지 수정하려고 노력한다. 그러나 부모나 교사가 되면 우리는 항상 아이들이나 학생들에게 마지막

---

53 Bhaskar, *Reflections on MetaReality*, 19-22 참고. 일반화된 동시성은 라이프니츠의 〔영혼과 같은 실체 또는 단자(monads)의 예정된 조화에 대한〕 환원적 관념론 이론에서 가정된 보편적 동시성과 매우 다르다(3장 4절 참조). 라이프니츠의 이론은 (그것의 변증법적 짝인 환원적 물질론처럼) 지리-역사적 심층적 층화 과정의 실재성과 인식 가능성을 실질적으로 부정하며, 초험적인 신을 (현실적) 보편적 동시성의 원인으로 명시적으로 소환한다. 메타실재가 가정하는 일반화된 동시성을 향한 경향은 지리-역사적 과정을 환원하거나 무효화하지 않고 내재적으로 뒷받침하고 안내한다.

54 Bhaskar, *From Science to Emancipation*, 362-3 및 *The Philosophy of MetaReality*, 114.

순간까지 수정하려 하지 말고, 시험을 위해 활기찬 상태를 유지하라고 말한다. 조금 뒤 이 역설로 다시 돌아오겠지만, 먼저 우리가 무엇이든 배우려고 할 때 적용되는 기본적인 배움의 변증법을 설명하려고 한다. 메타실재의 관점에서 학생으로서 당신이 성취하고자 하는 지식은 이미 당신 안에 잠재적인 것으로서 접혀 있으며, 배움 (그리고 가르침)의 과제는 그 잠재력을 펼쳐내는 것이다. 이것이 바로 내가 이 배움의 모델을 **접혀 있는 것의 펼쳐냄**이라고 부르는 이유이다.[55]

역설적으로 보이는 또 다른 사례에서 출발하여 가장 잘 상술할 수 있는데, 그것은 **당신은 다른 사람에게 아무것도 가르칠 수 없다**는 역설이다. 이 장에서 주장한 것은 우리가 결코 다른 사람을 해방시킬 수 없다는 것을 명백히 보여준다. 왜냐하면 해방은 항상 자기-해방이어야 하거나 자기-해방을 포함해야 하기 때문이다. 그러므로 누군가가 감옥의 문을 열 수는 있지만 수감자가 스스로 걸어 나와야 한다. 동일한 원리가 배움에도 적용된다는 사실은 겉보기에는 더욱 놀라운 일이다. 예를 들어, 누군가에게 다음과 같은 논리 규칙을 가르친다고 상상해 보자. 'A이거나 not A일 경우(그러나 동시에 A이며 not A는 아닌 경우), A가 참이라면 not A는 참이 아니다'. 대부분의 사람은 이를 즉각적으로 이해하지만, 만약 당신이 이해하지 못한다면, 칠판에 메타정리를 써가며 not A가 참이 될 수 없음을 설명할 수 있다. 그러나 만일 당신이 그것을 이해하지 못한다면 어떻게 될까? 비트겐슈타인의 표현을 빌리자면, 논리학이 당신의 목덜미를 붙잡고 강제로 이해하게 할 수는 없다. 오직 당신이 그것을 이해해야 한다. 만약 당신이 이해하지 못한다면 다른 접근 방법을 시도할 수는 있지만, 마지막에 가서는 결국 이해해야 것은 당신이다. 이해하게 되는 바로 그때가 유레카의 순간, 즉 자기-지시적 '아하' 또는 '알겠어!'의 순간이다. '알겠어!'의 순간이 없으면 그 지식은 당신의 것이 될 수 없다.

---

55 특히 Bhaskar, *From Science to Emancipation*, Chapter 11, 299-318 참고.

자전거 타는 법을 처음 배웠던 경험을 생각해 보자. 분명 당신은 여러 번 넘어졌을 것이다. 그러다 어느 순간에 5초나 10초 정도 자전거를 타게 된다. 바로 이 순간이 당신에게 유레카eureka 순간이었다. 당신은 드디어 자전거 타는 법을 습득하기 시작했다. 그러나 당연히 이것이 자전거 타기 과정의 끝은 아니었는데, 왜냐하면 10초나 15초 후에 당신이 다시 넘어지게 되었기 때문이다. 또한, 당신은 다양한 조건에서 자전거를 탈 수 있는 최적의 기법을 배워야 했다. 따라서 이는 다양한 지형과 상황에서 자전거를 성공적으로 타는 법을 배우는 비교적 긴 기간으로 이어졌다. 그러던 어느 순간, 당신은 자전거 타는 법을 알게 되었다. 이제는 〔자전거 타는 방법에 대한〕 생각 없이, 자발적으로, 그냥 자전거를 타게 된다. 바로 〔자전거를 타는〕 이 사람이 당신의 진정한 자아에 일치하여 행위 하는 기저 상태에 있는 자연적인 존재로서의 당신이다. 이와 동일한 〔배움의〕 과정이 프랑스어, 미적분학 또는 자동차 운전을 배우는 과정에서도 일어난다.

네 가지 단계가 〔배움의 과정에〕 있다. 첫 번째 단계에서는 당신은 그것을 할 수 없지만, 그것을 할 수 있는 지식이나 능력이 당신 안에 잠재력으로 접혀져 있다. 두 번째 단계에서 당신은 그것을 할 수 있는 방법을 더듬더듬 알게 된다. 세 번째 단계에서 당신은 연습하고, 탐구하고, 익숙해진다. 그러다 네 번째 단계에 이르러 당신은 자발적으로 그것을 할 수 있게 된다. 그러면 그 지식이 당신 존재의 일부가 되어, 마치 모국어를 말할 때처럼, 비교적 아무런 노력 없이 그 활동이나 기술을 수행할 수 있다. 두 번째와 세 번째 단계에서 우리는 관련 방식을 머릿속에 가지고 있어야 한다. 예를 들어, 자동차를 후진할 때 운전대를 어느 쪽으로 돌려야 할지, 빙판 위에서는 어떻게 해야 할지, 미끄러짐을 어떻게 제어할지 궁금해 할 것이다. 또한 세상에 내놓은 당신의 생산물이나 성과에 반영된 당신의 성취를 확인할 수 있는 다섯 번째 수준도 있다.

이 다섯 수준은 **창의성의 다섯 주기**에 해당하며,[56] 이는 많은 고대의 우주 신화에서 발견된다. 이 다섯 주기 또는 국면은 첫째, **소명**의 순간이다. 이는 내면의 비어 있음으로 가장 잘 특징지어지는 상태를 포함하는 준비의 순간이다. 따라서 우리가 무언가를 배우기 시작할 때 우리가 할 수 있는 최악의 것은 아마도 자신을 그것에 대한 많은 지식으로 채우는 것이다. 첫 수업이나 실습에서 우리가 할 수 있는 최악의 것은 머릿속을 그것에 관한 많은 정보로 가득 채우는 것이다. 이와 반대로 배움의 최선의 방법은 내면의 비어 있음 상태에 있는 것이다. 두 번째 수준은 **창의성**의 순간으로 불리는 것이다. 이는 '알겠어!', 즉 유레카의 순간으로, 이 배움의 과정에서 〔머릿속에서〕 전구가 반짝이며 새로운 세계에 대한 첫 번째 섬광을 획득하는 순간이다. 세 번째 주기는 **형성** 또는 조성의 주기로, 그것을 즐기며 익힌다. 즉, 이런 숙련이나 활동을 위한 기법과 방식을 점차 숙달한다. 네 번째 주기는 **제작** 또는 객체화의 주기이다. 이 주기에서는 지식이 당신 존재의 일부가 되어, 상황이 요구할 때 자발적으로 그것을 생산할 수 있다. 다섯 번째 순간은 **성찰**의 순간으로, 성취한 결과에 반영된 당신의 의도성을 인지할 수 있는 순간이다. 앞의 네 가지 수준은 변증법적 비판적 실재론의 1M-4D에 대략적으로 해당하며, 전체 다섯 수준은 메타실재의 1M-5A에 해당한다.

이제 이 도식으로 우리는 시험의 역설을 설명할 수 있다. 부모와 교사는 당신이 이미 네 번째 단계에 있다고 가정하여, 충분히 휴식을 취했을 때 시험을 가장 잘 볼 수 있다고 생각한다. 그러나 학생으로서 당신은 두 번째나 세 번째 어느 단계에 있다고 인지하고 두려워하며, 마지막 순간까지 정보나 지식을 머릿속에 채워 넣으려고 필사적으로 노력한다.

배움의 변증법 5단계는 다음과 같이 요약할 수 있다(또한 〈표 7.1〉 참조).

1M 소명의 순간: 지식이 내재되거나 접혀 있으며, 펼쳐내기 위한 배움의 준비를 시작할 수 있다.

---

56 특히 Bhaskar, *The Philosophy of MetaReality*, 105-17 참고.

2E 창의성의 주기: 플라톤의 상기[57] 또는 '알겠어!'(자기-준거성의 우선성)
의 순간 또는 유레카의 순간

3L 형성의 주기: 새로운 지식과 결합하는 과정, 그래서

4D 제작의 주기: 지식이 자신의 존재의 일부로 내재되는 주기, 객체화 또는 제작이 사고의 과정 없이 자발적으로 일어나는 주기

5A 성찰의 주기: 제작자의 의도성이 제작된 객체나 생산물에 완벽하게 반영되는 주기.

따라서 가르침 또는 교육의 역할은 접혀 있는 것을 펼쳐내는 것이며, 이미 내재되어 있는 것을 끄집어내도록 돕는 것이다. 〔이런 이유로 인해〕 당신은 다른 사람에게 아무것도 가르칠 수 없다.

담론적 지성에 대한 비판과 사고의 한계들[58]

지성은 바로 분별과 선택의 능력이다. 변증법적 사고와 분석적 사고를 포함하는 **담론적 지성**discursive intellect은 형식적이고 계산적이며 담론적인 지적 활동이다. 메타실재의 철학은 이러한 의미에서의 사고(그것이 분석적이든 변증법적이든)를 우리 문명의 명예로운 정점으로 여기지 않는다. 분명 훌륭한 업적이지만 오히려 담론적 지성을 명확한 한계를 가진 것으로 본다. **직관적 지성**intuitive intellect이 적어도 동등하게 중요하며, 직관과 사고는 둘 모두 **무사고**unthought 또

57 이는 플라톤의 주장처럼 지식이 기본적으로 회상함을 의미하는 것이 아니라, 항상 이미 우리 안에 접혀져 있는 것을 볼 수 있는 잠재력이 깨어난다는 것을 의미한다. Bhaskar, *From Science to Emancipation*, 244.

58 특히 Bhaskar, *The Philosophy of MetaReality*, 3장, 121-3, 134-6, 144-52, 그리고 기타 여러 곳 참고.

는 사고하지 않음, 즉 사고의 (의식적인 또는 다른 방식의) 중지에 기초할 때만 가능하다.

데카르트가 '나는 생각한다, 그러므로 존재한다'고 말했을 때, 그는 사고의 현존을 지속적인 불변의 것으로 간주했다. 우리는 비판적 실재론의 관점에서 사고가 **아닌** 중요한 것들, 즉 사고가 아닌 다른 것이지만 우리의 인식에 필수적인 것들을 식별함으로써 이 과정〔데카르트의 나는 생각한다 → 나는 존재한다〕에 대한 뒤집기를 시작할 수 있다. 여기서 강조하고자 하는 다섯 가지는 우리가 이미 다양한 방식으로 되풀이한 것들이다.

(1) 직관

직관은 사고의 과정에 포함될 수 있지만, 그것 자체로 사고는 아니다. 그것은 상징적이고, 상상적이며, 자발적이고 전체론적인 지적 활동으로, 그것에 의해 우리가 그냥 아는 것이다.

(2) 의식

의식(앎의 능력)은 사고와 직관을 성좌적으로 포괄하지만, 또한 사고와 직관의 기초 또는 근원인 **초정신적 의식** 또는 **무사고**도 포괄한다.

(3) 지각

그저 (직접적으로) 아는 것, 또는 지각하거나 이해하고자 하는 것과 비이원적인 하나가 되는 것으로, 이는 사고 과정 없이 일어나며, 우리의 모든 사회적 삶과 배움의 기초이다.

(4) 존재

데카르트적 전통은 사고를 존재에 우선시한다. 이는 엄청난 실수이다. 왜냐하면 명백하게도 사고 없는 존재가 있으며, 사고가 실재하거나 어떤 방식으로든 효력이 있으려면 사고는 존재의 적절한 하위-집합, 즉 존재의 작은 그러나 실재적인 부분이어야 하기 때문이다.

(5) 부재

창의적인 것은 결코 사고 그 자체에서 나오지 않는다. 창의적 행위나 발견, 어떤 새로운 것의 출현은, 사고의 너머나 사고들 사이의 부재(사고를 멈추거나 무사고의 상태에 있을 때의)로부터, 즉 인식적으로 드러나지 않은 것으로부터만 생겨난다. 지금까지 우리가 살펴보았듯, 비어 있는 마음은 무엇인가를 이해하는 데 불가결한 것이다. 마음이 가득 차 있다면 우리는 어떻게 무언가를 배울 수 있을까? 맑은 마음 또는 비어 있는 마음, 즉 무심no mind의 마음은 또한 '알지 못함의 마음don't know mind'이며, 이는 배움에 적극적이고 개방적인 마음, 결코 배움을 멈추지 않는 마음이다. 그리고 당신이 더 많이 실현될수록, 전 세계가 당신의 선생이며 그것으로부터 당신이 배울 것이 없는 것은 없다는 것을 이해함으로써 당신은 더욱 겸손해진다.[59]

이제 이 절을 요약하고자 한다. 담론적 지성과 함께 우리가 간과한 직관적 지성이 있으며, 이 둘을 뒷받침하고 종합하는 것은 초정신적 의식 또는 무사고의 수준이다. 창의성은 항상 사고의 중지, 무사고의 순간을 포함하며, (이상적으로는 비이원적 상태에서) 집중하는 마음 챙김이 자발적 '몰입'의 무심함으로 넘어갈 때, 즉 우리가 '몰입의 구역'에 있을 때 가장 쉽게 발생한다.[60] 이것이 초정신적 또는 초월적 의식의 수준인데, 이것은 모든 존재의 근본적 특성의 원천이자 동시에 그것들을 하나의 총체성으로 결합하고 응집하는 기저 상태와

---

59 Bhaskar, *The Philosophy of MetaReality*, 146-50, 그리고 *From Science to Emancipation*, 330-4 참고.

60 또한 Melanie MacDonald, 'Critical realism, metaReality and making art: traversing a theory-practice gap,' *Journal of Critical Realism* 7:1(2008): 29-56을 참고할 것.

우주적 에워쌈의 암묵적 의식을 의미한다.[61]

7.7 | 사랑의 순환[62]

사랑은 아마도 모든 감정 중 가장 근본적인 감정일 것이다. 왜냐하면 두려움이나 증오와 같은 부정적인 감정은 사랑의 어떤 원형적 형태에 기생하며, 동시에 사랑의 부재 또는 불완전성에 의존한다. 사랑은 전형적으로 무조건적이다. 조건부 사랑은 질투나 두려움과 같은 다른 감정과 섞인 사랑이다. 사랑은 계산하거나 거래하지 않으며, 그 대상을 통제하거나 모양 지으려 하지 않는다. 사랑은 상대를 있는 그대로 존재하게 하고, 그들이 구체적인 '개별성=보편성' 안에서 번영하게 한다. 사랑은 사랑을 이끌어내는 것이고 스스로 증대하는 것이며 더 많은 사랑을 낳는 것이다. 게다가 자동적으로 스스로를 확장하는 것으로서 사랑은, 우주의 근본적 흡인력이며, 사랑, 신뢰, 나눔 그리고 연대의 일관성은 인간의 사회적 삶의 기초, 즉 그것을 가능하게 하는 것이라고 할 것이다.[63] 사랑하는 것과 사랑받는 것은 인간의 근본적 요구이자 능력이다. 우리는 사랑하지 않을 수 없다.[64] 사랑은 기쁨이며, 존재함-되어감에서의 순수한 기쁨이며, 환희-의식이다.

메타실재는 1M-5A에 해당하는 다섯 가지 **사랑의 순환**을 제시한다(<표 7.1> 참조).

61 Bhaskar, *Reflections on MetaReality*, 49.

62 특히 Bhaskar, *From Science to Emancipation*, 13장, 339-63; *The Philosophy of MetaReality*, 167-232 참고.

63 David Graeber, *Debt: The First 5,000 Years*(New York: Melville House, 2011)도 참고할 것.

64 Bhaskar, *The Philosophy of MetaReality*, 179 f.

(1) 자기 자신에 대한 사랑 — 이는 자신의 기저 상태에 대한 것, 그리고 체화된 인격성 내에서 그것과 일치하는 요소에 대한 것이어야 한다.
(2) 다른 인간에 대한 사랑 — 만약 그 사랑이 기저 상태에서 비롯되고 상호적이라면, 우리는 '사랑이 사랑을 사랑하는' 상황을 갖는다.[65]
(3) 모든 인간에 대한 사랑 — 일반화된 공-현전을 통한, 보편적인 자기-실현을 열망하는 것
(4) 모든 존재에 대한 사랑; 그리고
(5) 신, 우주적 에워쌈 또는 총체성에 대한 사랑.

재마법화[66]

지금까지 살펴본 것처럼, 실재의 절대적인 비이원적 또는 초월적 근원은 초월적 동일성 의식과 행위에서의 주체-객체 이원성의 붕괴로부터 기인하는 기호학적 삼각형의 붕괴를 통해 상대적 실재의 마법적 성격을 즉각적으로 구성한다. 창의성은 2E 부재와, 사랑은 3L 총체성과 대응하는 반면, 재마법화는 당연히 6R의 핵심 주제이다. 재마법화는 세계를 다시 한 번, 부분-실재의 안개를 뚫고, 그것을 항상 이미 그러한 것으로, 즉 원래부터 본래적으로 가치 있고 의미 있는 것으로 보고, 우리의 실천에서도 그렇게 관계하는 것으로 보는 것을 의미한다. 재마법화는 신성한 것과 세속적인 것의 대립, 그리고 실로 물질론과 관념론의 대립에 대한 비판과, 도덕성을 세계의 일부로 이해하는, 6장에서 논의했던 도덕적 실재론에 대한 포용을 포함한다. 또한 재마법화는 지각에 대한 우리의 이해의 변형을 포함하는데, 이것은 지각하는 사람을 세계에 맞서 감독하는 것이 아니라 자신이 지각하는 것의 일부로서 세계 안에 속한 것으로

65 Bhaskar, *From Science to Emancipation*, 350, 359.

66 특히 Bhaskar, *The Philosophy of MetaReality*, 6장, 275-313 참고할 것.

변형한다. 세계의 본래적 가치는 사실-가치 이분법의 붕괴를 수반한다.

메타실재의 철학은 마음, 감정 그리고 초정신적 의식의 발현적 수준을 인정함으로써, 4-평면 사회적 존재 개념을 **n-차원적으로 일반화된 사회적 공간**으로 일반화할 필요가 있다고 제시한다. 이제 네 개의 각 평면은 최소한 다음의 세 가지 차원, 즉 그것의 **평가적** 또는 **감정**의 측면, 그것의 **의미적** 또는 **정신적** 계기, 그리고 그것의 **초월적** 또는 **영성적** 차원이 제공하는 차원을 가지고 있는 것으로 이해할 수 있다. 이는, 예를 들어 7장 3절에서 살펴보았듯이, 마음-대-마음 의식 그리고 그 밖의 형태의 비물리적 연결을 인정하며, 존재에 대한 전적인 물질성 관념(환원주의적 물질론)에 대한 비판의 급진화를 포함한다.[67] 예를 들어, 우리가 빅뱅 이론을 수용한다면, 우리가 알고 있는 것으로서 의식이 갖는 잠재력은 공간-시간의 시초에서부터 실재적 가능성으로 존재했어야 한다.

7.8 | 영성

영성과 종교는 절대성의 개념에서 융합하지만, 앞서 7장 1절에서 언급했듯이, 메타실재의 철학은 영성과 종교를 명확히 구분한다.[68] **영성**은 앞서 다룬 바와 같이 총체적 맥락에서의 통일성과 동일성의 성취라는 의미에서의 **초월**과 중심적으로 결합된다. **종교**는 **초험적인 것**, 또는 인간 그리고/또는 우주를 초험하는 존재나 힘이라는 의미에서, 즉 더 높은 존재가 되는 인간, 그리고 어떤 의미에서 현세를 넘어 연장되는 인간의 생명이라는 의미에서 인간 너머에 있

67 Thomas Nagel, *Mind and Cosmos: Why the Materialist Neo-Darwinian Conception of Nature is Almost Certainly False*(Oxford: Oxford University Press, 2012)와 비교할 것.

68 Bhaskar, Hartwig, 'Beyond East and West,' 187-8.

는 것과 본질적으로 관련이 있다. 나의 철학은 이것들 중 어떤 것도 배제하지 않는다. 오히려 그것들의 모든 형태를 승인하지만,[69] 어느 특정 종교의 관점에서 그러한 것은 아니다. 이 영역에서 내가 반대하는 유일한 견해는 신적 존재가 우주에 대해 초험적이라는 신념이다.[70]

메타실재가 종교와 경쟁 관계에 있지 않다는 것을 이해하는 것이 중요하다. 오히려 메타실재는 종교를 위한 기초작업을 추구하고, 일반적으로 종교가 인간의 번영에 기여하는 방식으로 번영하도록 돕고자 한다. 메타실재는 종교와 신학보다 더 높은 추상화 수준에서 작동한다. 이는 나의 우주적 에워쌈 또는 절대성, 그리고 그것을 이해하는 **고차적 진리**higher truth 개념에서 가장 분명하게 드러난다.[71] 고차적 진리 — 모든 주요 종교에는 이를 추구하는 신봉자가 있다 — 에 따르면, 오직 하나의 절대성이 존재하지만 그것에 대한 다수의 인식론적으로 상대적인 설명들이 있다. 신은 다양한 다른 종교에서 그리고 상대적 실재성의 다양한 시대에 상이하게 현현하며 또한 상이하게 접근된다. 이것이 판단적 상대주의를, 그리고 모든 종교가 동등하게 유효하다는 생각(종교적 다원주의)을 지지하는 것은 결코 아니다. 각 종교의 〔교리적〕 주장은 이성적으로 평가해야 하고, 평가할 수 있고, 믿음-상호적, 믿음-내부적, 그리고 믿음-외부적 대화와 평가를 통해 발전되어야 하며, 비판적 실재론의 철학과 사회과학은 여기서 또한 윤리적으로 문제가 있는 교리들과 억압적인 제도적 형태들을 비판하는 데 역할을 할 수 있다.[72] 절대성의 추상적 윤곽에 관한 나의 견해는 오류 가능하며 수정될 수 있고, 그 어떤 종교의 근본 교리와도 양립 불가능

---

69 Bhaskar, Hartwig, 'Beyond East and West,' 188.

70 우주적 에워쌈의 개념, 즉 하나의 우주(a uni-verse)의 개념은 궁극적으로 모든 것이 내재적이며, 우주적 에워쌈의 장, 즉 궁극성에 의해 경계 지어진다는 것을 의미한다. Bhaskar, *The Philosophy of MetaReality*, 2. 우주에 내재적이지만, 우주적 에워쌈은 구체적으로 단일한 존재들의 기저 상태에 관해 초험적이다.

71 Bhaskar, Hartwig, *The Formation of Critical Realism*, 7-10, 148, 151.

72 Bhaskar, Hartwig, 'Beyond East and West,' 189.

하지 않다고 생각한다.[73] 인식론적 관점에서 내가 반대하는 유일한 종교적 입장은 절대주의(근본주의) 또는 내가 **통상적 진리**ordinary truth라고 부르는 것, 즉 '나의 길만이 유일한 길이고 당신의 길은 완전히 틀렸다'는 관점이다. 나는 이를 **독존주의**uniquism라고 정의한다.[74]

메타실재는 영성이 종교적 실천과 해방적 실천의 전제 조건일 뿐 아니라(이것은 조금 뒤에 논의한다) 일상적 삶의 전제 조건이기도 하다고 주장한다. 이에 따르면 우리의 사회적 실존 전체는 인식하기 힘든, 하지만 심층적이고 영성적이거나 메타실재적 하부구조에 의해 뒷받침된다. 그러나 사람들이 그것을 바탕으로 행동하는 것을 관찰하는 것은 그리 어렵지 않다. 예를 들어, 상업 거래, 상품이나 주식과 증권의 매매는 신뢰에 의해 뒷받침된다. 신뢰의 이러한 상호성 없이는 어떠한 거래도 성립할 수 없다. 신문 판매대에서 신문을 사려고 할 때, 판매원에게 신문의 가격을 물어본다고 가정해 보자. 그 판매원이 가격을 알려주었을 때 내가 지갑을 꺼내는 몸짓을 취하지 않는다면 그는 의심스러워하며 아마도 나에게 신문을 주려 하지 않을 것이다. '당신이 대접받고자 하는 대로 남을 대접하라'는 식의 호혜성이 모든 그러한 상업적 거래를 뒷받침한다. 이것은 황금률의 호혜성이며, 신뢰라는 기저 상태의 속성에 기반을 둔다.

마찬가지로 예컨대 전쟁의 수행에 대해 생각해 보면, 전쟁이 실제로 일어나기 위해서는 많은 평화적 활동이 지속되어야 함을 알 수 있다. 여기에 비대칭성이 존재한다. 평화적인 활동은 전쟁 없이도 수행할 수 있는 반면, 전쟁은 평

---

73 원죄에 대한 교리와 관련하여, 이 원죄가 인간 본성의 영원한 타락을 의미한다면 이는 신성한 것의 개입에 의해서만 되돌릴 수 있는 것으로 이해되는 것과 달리, '구조적 죄악'으로서의 지리-역사적인 '타락'은 우리가 되돌릴 수 있는 것이라고 생각한다. 나는 인간 본성이 영구적으로 타락했다고 생각하지 않으며, 오히려 인간 본성은 진화하고 있다고 생각한다. Bhaskar, Hartwig, 'Beyond East and West,' 197 참고.

74 Bhaskar, Hartwig, *The Formation of Critical Realism*, 7-9, 148, 151-3, 그리고 'Beyond East and West,' 193-7 참고.

화적 활동 없이는 불가능한 것이다. 마찬가지로 심리학적 수준에서 우리는 오로지 우리가 사랑할 수 있는, 그리고 아마도 사랑하는 것들만을 미움의 대상으로 선택한다고 말할 수 있다. 만일 돌덩이가 우리 위로 떨어진다고 해서 우리는 돌에 대해 미움이나 분노를 표현하지는 않는다. 사람들이 미워하는 것은, 전형적으로, 그리고 아마도 오로지, 또한 그들이 사랑하는 것들이며, 그 사랑은 그들이 표현하는 미움의 숨겨진 기초가 된다. 같은 방식으로, 수단-목적 합리성의 소위 도구적 합리성의 세계는 우리가 가정에서 경험하고 실천하는 무조건적인 사랑과, 친구들과 직장 동료들에게 보여주는 자발적인 연대에 의해 뒷받침된다. 만일 내가 누군가의 책상 옆을 지나가는데 전화는 울리고 전화 받을 사람들의 기미가 보이지 않는다면, 나는 자발적으로 그 전화를 받을 것이다. 마치 넘어져 무릎을 다친 동료를 돕는 것처럼 말이다. 우리는 생각하지 않고 자발적으로 이러한 행동을 수행한다. 어떤 조직의 노동자들이 '규칙에 따라 일한다면', 즉 업무 규정집에 따라 일을 한다면, 조직의 작동은 곧 중단될 것이라는 점은 널리 잘 알려져 있다. 이 모든 경우에 전체를 지속시키는 것은 우리의 주목받지 못하는 자발적 사랑의 본성이다. 이는 이원성의 세계에서의 다른 더 평범한 제도 및 관계에 대해 그러한 것처럼, 부분-실재 세계의 모든 관계와 제도에 대해서도 참이다.

일상적 삶에 내재한 암묵적 메타실재 수준에 대해 성찰하는 것은 우리가 직면한 위기 체계를 극복하는 데 필요한 중요한 자원이다. 따라서 사회적 존재의 4-평면에서의 위기들을 고려할 때, 경제로부터 화폐의, 사회구조로부터 특히 사회적이고 정치적인 통제로부터 실물 경제의 이탈에 대한 메타실재의 대응은 화폐와 경제를 그러한 수준에 끼워 넣고자 추구하는 것, 하지만 또한 그 사회구조를 메타실재적 기초에 끼워 넣고자 추구하는 것이다. 물론 우리는 이를 가능하게 하는 데 필요한 제도를 발전시켜야 한다. 의식에서의 초월적 동일화에 기초한 논증은 갈등과 차이가 암묵적 동일성에 의해 뒷받침된다는 것을 이미 제시했으며, 다음 절에서 이에 대해 더 자세히 다룰 것이다. 〔사회적 존재의 4-평면 중〕 자연과 인간의 교류 평면과 체화된 인격성의 층화 평면에서의 치유 과정에 대해서는 9장에서 논의한다.

메타실재의 철학은 영성과 구별되는 것으로서의 다양한 종교가 절대성을 이해하고 접근하려는 다양한 시도를 포함한다고 본다. 이 점에 있어서는 그것에 대한 순전히 세속적인 해석도 가능하다. 그러나 비교 종교학의 영역에서 나는 비판적 실재론의 성삼위일체, 즉 존재론적 실재론, 인식론적 상대주의, 그리고 판단적 합리성이 믿음-상호적, 믿음-내부적 그리고 믿음-외부적 이해와 대화를 위한 프로그램의 기초가 될 수 있다고 주장했다. 또한 메타실재의 철학이 더 일반적으로 신학과 종교 철학을 위한 기초작업을 할 수 있으며, 특히 (그 분야만은 아니겠지만) 비교 종교학 분야에서는 더욱 그러하다고 주장한다.[75]

7.9 | 평화와 갈등 해결[76]

메타실재는 비폭력을 위한 강력한 논거를 갖는다. 다른 사람을 해쳐서는 안 되는 이유는, 일반화된 공-현전을 감안할 때, 다른 사람은 실제로 자신의 일부이기 때문이다. 따라서 **다른 사람을 해치는 것은 결국 자신을 해치는 것**이다. 사실상, 다음 생에서의 피해자의 복수가 아닌 공-현전이 간디의 **아힘사**ahimsa[77] (또는 무해: 상처를 주지 말고, 해를 끼치지 말라)를 위한 진정한 기초이다.

메타실재의 철학은 갈등 해결에 매우 유용할 수 있는 두 가지 공리 또는 원칙을 다음과 같이 정식화한다.[78]

---

75 Bhaskar, *The Philosophy of MetaReality*, 332-53.

76 Bhaskar, Hartwig, *The Formation of Critical Realism*, 205-6 참고.

77 〔옮긴이 주〕 산스크리트어로 '비폭력', '무해'를 의미한다.

78 Bhaskar, Hartwig, *The Formation of Critical Realism*, 80-1, 198; Bhaskar, Hartwig, '(Re-)

P1: 보편적 연대의 공리 또는 원칙: 이는 원칙적으로 모든 인간이 다른 인간과 공감하고 이해할 수 있음을 명시한다.

P2: 축 합리성의 공리 또는 원칙: 이는 실천적 질서에 적용할 수 있는 인간 배움의 기본적 논리가 있음을 명시한다. 이 기본적 논리는 문화적 차이들과 상관없이 모든 인간 공동체에 적용된다.

P1은 어떤 사람의 출생의 우연성을 고찰함으로써 이끌어낼 수 있을 것이다. 만약 그들이 상이한 나라에서 같은 날 태어났거나, 또는 같은 장소에서 상이한 시간에 태어났다면, 그 사람들이 각자 채택하게 되는 신념, 태도, 습관은 매우 달랐을 것이다. 이는 그들이 실제로 되어진 사람과 매우 상이한 어떤 사람이 될 수 있었음을, 즉 될 수 있는 능력이 있었음을 보여준다. 또한, 이러한 신념과 관습을 이성적으로 수정한 결과로서 그들이 현재 가지고 있는 것과 매우 동일한 신념과 관습에 도달했더라도, 그들은 매우 다른 경로를 통해 그것에 도달했을 것이다. 따라서 그들이 현재 그들 자신과는 매우 다른 사람이 될 수 있는 능력 — 메타실재는 그 능력을 그들의 기저 상태에 귀속한다 — 을 틀림없이 가지고 있었음을 보여준다. 그리고 그들은 그러므로 또한 자신과 매우 다른 사람들과 하나가 될 수 있는 능력을 가지고 있거나 가지고 있었음에 틀림없다. 다른 어떤 사람과 하나가 될 수 있는 이런 능력은 물론 삶의 과정에서 발휘되지 않을 수 있지만, 메타실재는 다른 사람과 하나가 되는 이런 가능성이, 아무리 어렵더라도, 그리고 우리의 현재 관심과 성향에서 아무리 멀리 벗어나 있더라도, 모든 인간이 갖는 영구적이고 본질적인 가능성이라고 상정한다.

축 합리성의 원칙인 P2는 사람들이 어디서든 자전거를 타고, 자동차를 운전하며, 컴퓨터를 조작하고, 총기를 사용한다는 생각으로부터 이끌어낼 수 있다. 이러한 배움은 실수를 진단하고 식별하며 수정(또는 교정)하는 기초적 변

---

contextualising metaReality,' 207-8, 211, 214, 216; Bhaskar, 'Theorising ontology,' 200-3.

증법으로 진행된다. 따라서 이는 보편적인 배움의 능력을 전제로 하며, 이것은 또한 자신의 배움 절차를 수정하는 메타 과정을 배울 수 있는 가능성을, 따라서 비판의 가능성을 전제한다. 인간은 또한 언어적 존재이기 때문에, 이 능력은 또한 언어로 표현될 수 있어야 하며, 따라서 고유의 문화적 영역 내에도 실수에 대한 진단, 식별 수정을 위한, 그래서 반성적 비판을 포함한 비판을 위한 기제가 있어야 한다. 나아가, 서로와의 그리고 물질적 세계와의 상호작용이라는 우리의 기본적인 물질적 실천에서 작동하는 축 합리성 논리에 대한, 그리고 더 일반적으로 4-평면적 사회적 존재에 대한 성찰은 비판적 성찰의 가능성이 항상 모든 공동체 내에 존재한다는 것을 보여준다.

이 두 원칙은 갈등 해결뿐 아니라 집합적 의사 결정에도 기초가 된다. 왜냐하면 이 원칙들은 사람들이 타인의 관점을 이해하고P1, 합리적으로 논의하게P2 될 수 있는 방법을 표현하기 때문이다. P1과 관련된 기본 과정은 물론 공감으로, 이는 궁극적으로 의식에서의 초월적 동일화이다. 공감의 중요한 전제 조건은 다른 사람을 자신과 마찬가지로 희망, 꿈, 두려움을 가진 인간으로 보는 것이다. 이것이 바로 한 국가나 공동체가 전쟁을 벌일 때, 특히 대중 매체와 전선에서, 예를 들어 적군을 '제리들Jerrys',[79] '제복들uniforms', '돼지들pigs' 등으로 부르며, 그들을 비인간화하고자 하는 이유이다. 반대로, 삶의 이야기를 교환하는 과정을 포함한 기본적인 인간 상호작용 과정이 시작되면, 점차 더 어려운 주제로 넘어가는 움직임을 시작할 수 있다. 그러나 여기에는 놀라운 일이 있을 수 있다. 우리와 싸우고 있는 다른 사람이 원하는 것이 우리가 원하는 것과 매우 유사한 것이라는 사실이 종종 드러날 수 있기 때문이다. 예를 들어, 제1차 세계대전에 참전한 병사들의 압도적인 다수는 '빵, 평화, 그리고 〔살아갈〕 땅'을 원했을 것이다. 공유하는 목표 또는 유사한 목표에 대한 논의는 이러한 목표의 달성에 대한 실재적 제약을 분리하는 방법을 제시할 수 있다. 예를

---

79 〔옮긴이 주〕 '제리들(Jerrys)'은 2차 세계대전 당시 영국군이 독일군을 부르던 속어이다.

들어, 이러한 제약은 사회구조의 수준에 있을 수도 있고, 자연과의 물질적 교류의 평면에서의 공동 작업을 필요로 할 수도 있다. 일반적인으로 인간 갈등을 고려할 때, 메타실재는 우리에게, 종종 우리가 개발하지 않기로 또는 보지 않기로 선택한 우리 자신의 일부를 다른 사람들이 개발하고 있다는 것, 따라서 다른 사람은 단지 우리 자신의 억압되거나 부정되거나 잊힌 일부, 측면 또는 가능성을 우리에게 보여준다는 것을 깨닫게 한다.

Enlightened Commom Sense

The philosophy of critical realism

| Chapter 8 |

근대성의 철학적 담론과 서구 철학적 전통에 대한 비판

8.1 | 근대성의 철학적 담론 비판

서구 근대성의 철학적 담론은 여러 측면에서 데카르트의 **코기토 에르고 숨** cogito ergo sum: '나는 생각한다 고로 존재한다'는 말이 축약하고 있다. '생각한다'는 말은 존재론에 대한 인식론의 거짓된 우위(인식적 오류), 육체, 정서, 그리고 영혼에 대한 사고의 거짓된 우위를 함축하고 있다. '나'는 타자들과 사회 일반, 나아가 자연과 다른 종들에 대한 개인(재산이 있고 암묵적으로 남성으로 젠더화한)의 우위를 함축하고 있다.

이러한 토대로부터 우리는 근대성의 철학적 담론의 문제틀을 개시하고 통합하는 쌍둥이 특징을 도출할 수 있다. **원자론적 에고중심성**과 거짓된 **추상적 보편성**이 그것이다. 주체는 객체의 반대 개념으로 정립된다. 그리고 주체는 오직 욕망 또는 두려움, 애착 또는 반감을 통해서만 이 객체와 관계를 맺는다. 이 담론에 따르면, 다른 주체들도 또한 이러한 '객체 형식'을 갖고 있으며 그리하여 사회만의 특징인 주체(주체-주체) 관계를 대신하여 탈-인간화와 물상화에 기여하는 객체-객체 관계를 갖게 된다. 원자론적 에고와 추상적 보편성이라는 이 짝패는 처음부터 서구의 근대성 담론을 지배해 온 것이다.

근대성의 철학적 담론의 국면들

나는『메타실재에 대한 성찰들』에서 철학적 근대성 담론의 발전에 대한 해명을 시도한 바 있다.[1] 그것이 유일하게 가능한 해명이라고 주장하지는 않지만 풍부하고 시사적인 것이라고 생각한다. 이 담론에 대한 분석과 비판은 〈표 8.1〉과 같이 정리할 수 있다.[2] 담론의 발전과 비판은 다섯 국면을 통해서 진행되며, 각각은 철학의 그것의 사회적 맥락과의, 즉 사회에서의 특징적인 혁명적 계기와의 공명 때문에 서로 관련을 맺는다.

(1) **고전적 근대주의**classical modernism: 영국의 명예혁명(1640~1660), 미국의 독립선언(1776), 그리고 프랑스 혁명(1789)의 혁명적 계기들과 관련된다.

(2) **고도 근대주의**high modernism: 유럽의 1848년과 러시아의 1917년의 혁명적 계기들과 관련된다.

(3) **근대화 이론**theory of modernisation: 1945년(제2차 세계대전 종결과 파시즘의 패배), 1947년(인도의 독립과 분할), 그리고 1949년(중국 혁명)의 계기들과 관련된다.

(4) **탈근대주의**postmodernism: 1968년과 1970년대 초의 사건들 및 '신사회운동'의 등장과 관련된다.

---

1 Bhaskar, *Reflections on MetaReality*, 25-68, 165-74. 또한 Bhaskar, *From Science to Emancipation*, 125-68 그리고 여러 곳; *The Philosophy of MetaReality*, 여러 곳을 볼 것.

2 또한 Mervyn Hartwig, 'Bhaskar's critique of the philosophical discourse of modernity,' *Journal of Critical Realism* 10:4(2011): 485-510도 볼 것.

〈표 8.1〉 근대성의 철학적 담론과 비판적 실재론적·메타실재적 비판[3]

근대성의 철학적 담론(PDM)		비판적 실재론적·메타실재적 비판		
PDM의 계기	규정하는 특징	상응하는 CR/PMR 개념과 비판	CR/PMR의 계기	주요 쟁점과 개념(들): 존재를 이해하는 양상
고전적 근대주의 (CM)	(1) 에고-, 인류-중심성 또는 중심주의 등(원자론) (2) 추상적 보편성(현실주의, 비실재론) (둘 다 인식적 오류에 의해 지탱되는) 내재적 외부	사회적인 그리고 근본적 수준에서 우주적인 것과 상호 관계를 맺는 것으로서의 자아: 변증법적 보편화 가능성	TR	IM 비동일성; 구조화되고 구별되며 변화하는 것으로서의 존재 성 삼위일체: 판단적 합리성, 인식적 상대주의, 존재론적 실재론
고도 근대주의 (HM)	(3) 불완전한 총체성(CM의 비판)((2)로부터 따라 나온다) (4) 성찰성 결여(CM의 비판)((3)으로부터 따라 나온다)	개방적 총체성, 성찰성; HM의 대리주의, 엘리트주의, 환원적 물질론 비판	CN	2E 과정; 부재 또는 부정성 그리고 모순을 포괄하는 것으로의 존재; 발현; 마음의 비환원성
근대화 이론과 실천(M)	(5) 단선성 (5') 판단주의 (5") 탈마법화	다선성, 개방체계들; 대화; (재)마법화	EC	3L 총체성; 내적 관계성, 총체적 인과성, 설명적 비판
탈근대주의 (PM)	(6) 형식주의 그리고 (6') 기능주의(PDM의 비판으로 동일성과 차이를 강조하며 보편성을 거부함) (7) 물질론(PDM의 비판)	차이를 수용하지만 통일성 또는 (변증법적) 보편성을 복권하고 PM의 판단적 비합리주의와 해방 개념의 결여 비판	DCR	4D 변형적 행위성, 성찰성, 해방적 가치론, 다양성 속의 통일성
승리주의	(8) 존재론적 일가성(변화를 부인하는, 실재	존재론적 다가성, 브재의 실재; 물질론에 대한 강조된	TDCR	5A 영성 절대적인 것(신); 보편적 자기-실

근대성의 철학적 담론(PDM)		비판적 실재론적·메타실재적 비판		
PDM의 계기	규정하는 특징	상응하는 CR/PMR 개념과 비판	CR/PMR의 계기	주요 쟁점과 개념(들): 존재를 이해하는 양상
	성에 대한 순전히 긍정적인 해명)	비판(암묵적 의식이 존재에 스며든다); 쥬-객체 이원성에 대한 비판; 시장의 거짓된 절대성 및 그 밖의 근본주의들		현; 공-현전; 초월
			PMR	6R 마법화, 본래적으로 의미 있고, 가치 있으며, 신성한 것으로서의 존재. 7A/Z 비이원성(차이에 대한 통일성과 동일성의 우선성) 또는 절대적인 것(기저 상태와 우주적 에워쌈) - 무한한 또는 끝없는 가능성; 일반화된 공-현전; 초월

주: 열들은 세로로(발달적으로), 그러므로(대체로) T/F > PM > M > HM > CM, 그리고 PMR > TDCR > DCR > EC > CN > TR로 읽어야 한다.

(5) **부르주아 승리주의**bourgeois triumphalism: 1989~1991년 사이의 격동(소비에트 스타일의 공산주의의 붕괴) 및 자본주의적 지구화와 관련된다.

이 마지막 국면(5)은 그 자체로 다시 세 개의 하위 국면으로 구분된다.

(5.1) 지구화의 첫 번째 하위 국면이 2001년 발생한 9·11테러까지 지속된다.
(5.2) '테러와의 전쟁'이라는 두 번째 하위 국면은 2007~2008년 신용 경색과 함께 끝나고, 그 이후로
(5.3) (브·러·인·중 BRIC 국가들의 가속적인 성장과 결합된) 지구적 다극성과, 강화되고 연속된 위기라는 세 번째 하위 국면을 거치게 된다.

담론의 핵심 특징

근대성의 철학적 담론에는 여덟 가지 핵심 특징이 있다.

(1) 원자론적 에고중심성
(2) 추상적 보편성

원자론적 에고중심성은 당연히 자본주의를 그리고 우리 현시대 '문명'의 그 밖의 것들을 규정하는 특징이다. 그것은 인간을 재산이 있으며 암묵적으로 남성으로 젠더화한 것으로 바라보는 일관된 모델에 의해 지탱되고 강화된다. 내가

3 Hartwig, 'Introduction' to Bhaskar *The Philosophy of MetaReality*, Table 2, xxvii-xxix(머빈 하트윅이 조금 수정함).

(외부적 접촉에 의한) 행위의 고전적 패러다임이라고 불러온 것과 뉴턴식 역학에 의해 달성된 우주적 폐쇄celestial closure와 더불어 그것은 경험적 실재론의 세 가지 주요한 원천 중 하나를 형성한다(<그림 3.6>을 볼 것).[4]

어떤 사회를 근대적이라고 특징짓는 전체 요점은 비근대 또는 전근대와의 대조에 의해 결정된다. 그래서 얼핏 보면 이 대조는 추상적 보편성과 화해하기 어려운 것처럼 보일 것이다. 추상적 보편성은 사람들이 (흄이 말한 바와 같이) '언제 어디서나 대개 똑같다'는 것을 시사하기 때문이다.[5] 그러나 근대적 세계의 작동은 대개 이른바 '전근대'와 '비근대'라고 부르는 것과 그것과의 관계에 전적으로 의존했다. 세계의 이러한 부분은 ― 이론상으로는 부재하지만 실제로는 존재하는 ― 일종의 **내재적 외부**, 즉 근대가 실제로 '비근대'를 착취하고 지배하는 것에 의존했다는 점에서 또한 결정적으로 근대적인 것 내부에 있었던 외부를 구성했다. 그러므로 마르크스, 프로이트, 조이스James Joyce, 그리고 프루스트Marcel Proust와 같은 인물들과 관련된 고도 근대주의가 고전적 근대주의를 다음과 같은 이유로 공격했던 것은 당연한 것이었다.

(3) 불완전한 총체성

그리고 분파적 이익을 보편적인 것으로 표상했던(6장 6절에서 보았듯이), 현저한

(4) 성찰성 결여

그러나 고도 근대주의는 **대리주의**(바람직한 사회 변화를 가져오기 위해서는 당신 자

---

4 Bhaskar, *A Realist Theory of Science*, 198.

5 David Hume, *An Enquiry Concerning Human Understanding*, (ed.), Peter Millican(Oxford: Oxford University Press, 1747/2007), Section VIII, 60[80].

신이 아닌 다른 행위자에 의존하도록 하는)와 **엘리트주의**(그람시적 의미에서 유기적 지식인의 결여로부터 유래하는)에 빠지기 쉽다는 점에서 그 자체로 자신이 비판하는 몇 가지 측면들에 대해 취약하다. 엘리트주의는 그 자체로 분파적 이익을 보편적인 것으로 표상한다. 더욱이 그것은 인간 주체의 **자기-준거성** 또는 **주체-준거성**이나 **자기-해방**의 우선성의 원칙에 대한 메타실재의 주장과 양립할 수 없다. 이 원칙은 우리 자신만이 행동할 수 있으며 다른 누구도 우리를 대신해서 그것을 할 수 없다는 것, 모든 사회적 변화는 또한 자기-변화라는 것, 그리고 행위가 번영에 대한 억압을 제거하는 것에서의 연대를 분명히 내포하고 있지만, 연대는 대리주의가 아니라고 진술한다. **변형된** 변형적 실천 개념에서 강조하듯, 교육자는 자기 자신을 교육해야만 한다. 만약 해방 운동 내에서 이것을 시행하지 않는다면 그 운동은 단지 하나의 주인-노예 관계를 다른 주인-노예 관계로 대체하는 것에 지나지 않을 것이다. 해방적 사회 변화는 필연적으로 이런 의미에서의 자기-변화로 시작되며, 우리는 우리 대신 이 일을 해줄 다른 누군가(예를 들어 노동계급 또는 엘리트/전문가)에게 의존할 수 없다. 7장 5절에서 보았듯이, 게다가 마르크스의 해방적 고도 근대주의는 그것이 명시적으로 주제화할 수 없거나 적절히 근거를 제공하기 어려운 영성을 전제하고 있다는 비판에 취약하다.

근대성 담론의 다섯 번째 특징은 1940년대 후반에[6] 진전된 근대화 이론에서 명백히 드러난다. 그것은 다음과 같은 특징이 있다.

(5) 단선성

'발전도상'국가들은 불가피하게 서구 세계와 같은 경제적·정치적 성장의 동일

---

6 그것의 고전적 진술은 10년 후에 나왔다: W. W. Rostow, *The Stages of Economic Growth: A Non-Communist Manifesto*(Cambridge: Cambridge University Press, 1960).

한 단계를 밟아나가게 되며, 전체로서 역사는 서구 국가들이 전위를 이루는 단선적인 진보의 이야기라고 보는 것이다. 비판적 실재론은 이를 엘리트주의와 (포퍼적인 의미에서) 역사주의의 하나의 변이라고 비판하며 그것의 결정론적 형태가 현실주의와 밀접히 관계를 맺고 있다는 것을 보여준다. 의식의 최고 형태를 지리-역사적 과정의 '전위'에 있는 국가들이 보유한다는 것은 사실이 아니다. 의식의 최고 형태는 기저 상태의 수준에 있으며, 누구나 접근할 수 있다. 유일무이한 전개를 가차 없이 결정하는 역사 발전의 법칙이란 없다. 역사는, 가능한 만큼이나 매우 다양할 수 있었다. 단선성에 내재된

(5′) (단선성에 내재된) 판단주의

이는 '선진', '서구', 그리고 '근대'적인 것들이 그것들과 일치하지 않는 어떤 것보다 우월하다고 판단했을 뿐만 아니라(이것은 가치문제에 관한 합리적 판단은 불가능하다는 근대성 자체의 지배적 견해와 수행적으로 모순된다) 타자들이 반드시 따라야 하는 모델을 제시한다. 이는 강화된 다음의 것을 동반했다.

(5″) 탈마법화

처음부터 근대성 담론에 있었던 존재의 탈마법화에 의해 세계는 내재적 의미와 가치를 점차적으로 고갈당하고 그것들은 대신 자기-규정하는 근대적 주체를 출처로 삼았다. 이 시기 동안 탈마법화는 무엇보다도 베버식 '합리화'와 니체식 '신의 죽음'에서 자신의 표현을 찾았으며 이 표현들은 후기구조주의적 '인간의 종언' (푸코), '역사의 종언'(료타르) 그리고 (그것의 열-죽음[7]을 통한) '의미

---

7 〔옮긴이 주〕 열죽음(heat death) 또는 열사(熱死)는 우주의 종말 중 한 가지 가능성으로, 운동이나 생명을 유지할 수 있는 자유 에너지가 없는 상태를 뜻한다. 물리학적으로는 우주 전체의 엔트로피가 최대가 된 상태를 말한다.

의 종언'(데리다)에서 발표한 사상 노선을 동반한다.[8]

탈근대주의는 그 자체로 몇 가지 차별화된 특징을 갖고 있으며 이는 다음 부분에서 분리하여 고찰할 것이다. 그렇지만 그것이 출현한 시점에는 근대주의의

(6) 형식주의

그리고

(6′) 기능주의

그리고

(7) 환원주의적 물질론

도 또한 명확히 드러나 있었다. 형식주의란 근대성 담론을 전체적으로 특징짓는 형식적·분석적·추상적·수량적인 추론 양식과 존재 양식에 대한 찬양을 뜻한다. 그리고 관련된 것으로 사고의 직관적 양식보다 담론적 양식을 우선시하는 것을 뜻하며(7장 6절에서 비판했다), 이는 부분적으로 탈근대주의에 의해 뒤집히기도 했다. 환원주의적 물질론은 그 어떤 외관상 비물리적 현상(예를 들어, 의식)도 다른 어떤 식별된 물리적 실체(예를 들어, 두뇌 상태 또는 신경 과정)로 완전히 환원된다고 주장하면서 세계가 냉혹하게 물리적이라고 강조한다. 그러한 환원주의적 물상화는 인간의 주체적 행위를 탈-행위주체화하고 사고의 거대한 창조적 힘을 경시하는 결과를 낳는다. 이 입장에 대한 나의 비판은 공시

---

8 Bhaskar, *Reflections on MetaReality*, 169-70.

발현적 힘 물질론 이론에 의해 공식화되었고 메타실재에서의 물질론과 관념론의 지양을 통해 완수되었다.

옛 소비에트 제국의 붕괴 및 부르주아 승리주의의 단호한 재천명과 함께 근대주의를 결정적으로 규정하는 특징은 매우 명확해졌다. 이것은

(8) 존재론적 일가성이다.

존재론적 일가성(존재란 순전히 긍정적이라는 관점)은 인식적 오류와 현실주의와 더불어 서구 철학적 전통(<그림 8.3>을 볼 것)의 **불신성한 삼위일체**의[9]세 구성 요소를 이룬다. 일가성은 6장에서 비판했다. 그것은 더 많은 오류의 기초가 되는 범주적 오류로 개념적으로 다음과 같이 서로를 함축한다. **중심주의 → 승리주의 → 종말론**. 이것들은 마르크스의 헤겔 비판에 함의되어 있으며 서구 철학적 전통 일반의 비실재론에 대한 나의 비판의 핵심이다. 헤겔은 '세계 역사는 동으로부터 서로 이동한다. 왜냐하면 아시아가 그 시작[10]이었던 것과 마찬가지로 유럽은 역사의 절대적 끝이기 때문이다'라고 말했을 때 이들 세 가지 오류를 모두 예로 보여주었다. **승리주의**란 알아내고, 통제하는 등 인간의 힘을 주제넘게 과장하는 것이다. 정치적으로 볼 때, 승리주의는 1989년 이후 신제국주의, 반동적 민족주의와 극단적 애국주의의 재기에서 그 표현을 찾았다. **종말론**은 역사란, 일단 실재하는 한, 현재에서 끝이 난다는 견해이다. 20세기 종말론[11]에 따르면 근대성은 1500년경 시작되었고, 이에 비추어 그 과거는 선사先史, prehistory로 나타나고, 이제 그 끝, 즉 끊임없이 지속되는 탈역사posthistory

9 '신성한(Holy)'은 '구멍(holes)', 즉 부재(absences)에 대한 말장난이다. 1장 주 15를 참고할 것.

10 G. W. F. Hegel, *Lectures on the Philosophy of World History. Introduction: Reason in History*, trans. H. B. Nisbet(Cambridge: Cambridge University Press, 1960).

11 특히 Francis Fukuyama, *The End of History and the Last Man*(London: Penguin, 1992) 그리고 Niklas Luhmann, 'The future cannot begin: temporal structures in modern society,' *Social Research* 43:1(1976), 130-52을 볼 것.

에 도달했다는 것이다. 이 견해에 따르면, 물론 미래가 지속되겠지만 더 이상의 질적인 사회적·제도적 변화 또는 변화에 대한 이데올로기들은 존재하지 않게 된다. 이런 의미에서 미래란 성좌적으로 현재 안에 갇히게 된다. 우리의 동시대적 상황에 적용해 보면, 종말론은 자본주의의 대안이란 없다고 선포한다. 지리-역사성의 진행적 본성에 대한 그러한 부인, 즉 **탈-지리-역사화**는 주인-계급의 특징이다. 왜냐하면 지리-역사의 지속이란 조만간 그들 지배의 종말을 말하는 것임에 틀림없기 때문이다. 그리고 그것은 그 지배의 합리화에 봉사해 온 서구 철학 전통의 강력한 동기이다.[12] 종말론은 인간 실천의 환원 불가능하게 변형적인 성질에 의해 거짓임이 드러난다. 왜냐하면 인간 실천은 주어진 것을 재생산하는 때조차도 그것을 부재화하고 창조하기 때문이다.

승리주의는 일종의 부활한 **근본주의**(또는 **기초주의**)를 동반한다. 근본주의는, 시장 형식의 것이거나 종교적 또는 그 밖의 근본주의이거나 인식론의 이론이거나 관계없이, 누군가의 지식이란 틀림없는 원리들에 기반하고 있기 때문에 틀릴 수 없다거나 확실하다고 보는 견해이다. 그것은 불가피하게 실재를 둘로 쪼갠다(즉, 그 기준에 순응하는 실재와 그렇지 않은 실재로).[13] 후기 근대성에서 근본주의는 탈근대주의의 사촌이다(그리고 그 반대도 마찬가지다). 탈근대주의와 마찬가지로, 근본주의는 보편성과 통일성을 거부하고 차이의 본질성을 받아들이지만 탈근대주의의 '옳고 그름은 **없다**'는 주장에 대해 근본주의는 '나는 옳고 너는 틀리다'고 말한다.[14] 근본주의가 간과하는 것은 우리는 항상 이미 존재하는 인식론적 변증법 또는 학습 과정 속으로 '던져져' 있기 때문에 아무것도 없는 것, 즉 의심할 수 없는 시작점으로부터 출발할 수 없으며, 이는 인식론적 상대성과 비판의 가능성을 함축한다는 점이다. 그러므로 그것은 그

---

12 Bhaskar, *Dialectic*, 64.

13 Bhaskar, *Dialectic*, 300.

14 Bhaskar, *Reflections on MetaReality*, 41, 93.

것의 변증법적 적대자 또는 대항항의 결론과는 정반대의 결론에 이른다. 종말론 또는 절대주의가 그것이다. 그것은 우리가 아무것도 할 수 없는 상태에 있거나 남겨질 수 있다는 것을 가정한다. 모든 근본주의는 — 따라서 존재의 소외와 파편화의 아주 많은 징후들은 — 그리하여, 종말론의 경우에서처럼, 변화에 대한 두려움에 의해 마지막 순간에 부추겨진, 거짓된 절대자 또는 '신'('의심할 수 없는' 시작점)의 예비에 의지한다. 오늘날, 부활한 종교적 또는 다른 근본주의는 거짓된 부르주아 신, 즉 힘과 돈의 몰록Moloch[15](하나의 추상적 보편자)에 의해 폭력의 변증법에서의 해명에 소환되어 그것이 창의성, 사랑, 그리고 자유를 억압하는 데 동참한다.[16]

대안적 근대성과 근대성에 대한 대안

비판적 실재론과 메타실재의 철학은 기원전 500년경에 이루어진 축 혁명Axial Revolution의 유산을 받아들인다. 그것은 비판적 과학, 도덕성 그리고 철학의 기반이지만(3장 5절을 볼 것), 다음의 질문들을 제기하기 때문이다.

(1) 대안적 근대성 그리고
(2) 근대성에 대한 대안

그리고 토착적 사회[17]의 특징을 재주제화함으로써, 축 세계에서 발생한 쿤

15 〔옮긴이 주〕 몰록(고대 그리스어: Μόλοχ), 또는 몰렉(히브리어: םל■ך)은 고대 근동의 신으로 가나안과 페니키아에서 숭배했는데, 바빌로니아 지방에서는 명계의 왕으로, 가나안에서는 태양과 천곡의 신으로 알려졌다. 이 신에 대한 제물로 아이가 희생되었기 때문에 일반적으로는 '끔찍한 희생을 요구하는 힘'을 비유적으로 나타낸다.

16 Bhaskar, *Reflections on MetaReality*, 242; *The Philosophy of MetaReality*, 347.

17 특히 Chris Sarra, *Strong and Smart: Towards a Pedagogy for Emancipation. Education for First Peoples*(London: Routledge, 2008) 그리고 Gracelyn Smallwood의 *Indigenist Critical Realism:*

의 손실Kuhn-loss, 즉 축 세계가 대체한 문명들의 성공을 새로운 질서로 이어가지 못한 실패를 탐구하기 시작한다. 왜냐하면 우리가 문명이라고 부르는 것의 등장은 시골에서 도시로 잉여의 생산, 최초의 제국, 관개 구조의 통제, 최초의 체계적인 화폐의 사용, 그리고 현재 상태를 정당화하는 이데올로기를 생산하는 기능을 가진 지식인 및 공직자 계급의 확립과 관련되어 있기 때문이다.

현대의 근대성은 사회적 존재의 네 평면 모두에서 심각한 소외라는 특징을 갖는다. 3장 5절에서 지적한 바와 같이, 이 네 겹의 소외는 — 자신, 자신의 활동, 자신의 생산 수단과 재료, 자신의 생산물로부터 그리고 서로로부터 창조적 생산자의 소외 — 그 자체로 거꾸로 추적한다면 근대성이 동터오는 순간의 생성적 분리로, 그리고 참으로 주인-노예 유형 사회의 초기 형태의 등장에까지 거슬러 올라갈 수도 있을 것이다. 그러나 농업 자본주의를 만들어낸 생성적 분리는 그 자체가 그 당시 다른 계기적 변화에 의해 중층결정된 것이었다. 그 변화들은 르네상스와 종교개혁의 여파 속에서 근대성과 아울러 자본주의와 유럽중심주의를 낳은 공공 영역의 탄생과 원근법의 발견을 포함하는 복잡한 과정의 일부였다.[18]

Human Rights and First Australians' Well-being(London: Routledge, 2015)을 볼 것.

18 Nick Hostettler, *Eurocentrism: A Marxian Critical Realist Critique*(London: Routledge, 2013)를 볼 것.

8.2 | 서구 철학 전통 비판[19]

서구 전통의 대표적 오류와 그 통합

우리는 6장 첫머리에서 비판적 실재론의 발전은 그것의 존재론을, 그렇지만 특히 전제가정의 7 연속적인 수준의 정교화를 통해 크게 확장했으며, 그것들 또한 존재론의 7 수준이라는 것을 보았다. 이제 이들 7 수준을 요약하고 각각에 상응하여 서구 철학 전통에 특징적인, 대표적인 철학적 오류, 약점, 그리고 부재를 확인하여 그것이 가져온 철학 내에서 경향적 효과와 사회적 의미(괄호로 표시한 것)를 함께 확인하고자 한다. '부인'은 '이론에서의 부정, 실천에서의 긍정'을 뜻하며 TINA 타협 구성체를 동반한다는 것을 상기한다.

1M: **인식적 오류**와 현실주의(탈층화: **심층은 없다**. 또는 초사실성이나 진리론적 진리란 없다 → 존재론의 부인)

2E: **존재론적 일가성**〔긍정주의화: **더 이상의 역사는 없으며**(종말론), 현재 상태를 정상화한다 → 부정성의 부인〕

3L: **외연주의** — 내적 관계는 없다. 그리하여 단순한 제거에도 실재적 관계들은 사라진다(탈총체화: 쪼개짐, **또는 기저의 다양성 속의 통일성이란 없다** → 총체성의 부인)

4D: **의도적 인과성 개념의 부재**, 또는 좀 더 자세히 진술한다면 인과적으

---

19 변증법적 비판적 실재론의 비판에 대해서는 특히 Bhaskar의 *Dialectic*의 chapter 4, 308-85 그리고 *Plato Etc.* chapter 9, chapter 10 그리고 부록, 175-245를 볼 것; 메타실재적 비판에 대해서는, 나의 메타실재 책들 여러 곳을 볼 것.

로 유효한(의도적인, 물질적으로 체화된) 변형적 행위 개념이 부재하며 이는 사회 및 사회구조와 대비하여 물상화 및 자원론이라는 쌍둥이 오류들을 동반한다(탈-행위주체화: **의도적 인과성은 없다** 또는 체화된 행위는 없다 → 변형적 실천의 부인)

5A: **외재주의**externalism — 내부란 없다(탈-성찰화: **실재적 자아란 없다** → 진지함의 부인)

6R: **탈마법화**(탈-마법화: 세계에 **내재적 의미 또는 가치란 없다** → 세계의 마법화의 부인)

7Z: **이원론**, 대립성, 분열**의 불가피성** — 이것들은 그러므로 확산할 것이며[20] 이는 그것들의 초월성의 부재와 비이원론 개념의 부재를 반영한다(탈-초월화: **기저의 동일성과 통일성이란 없다** → 비이원론의 부인)

이런 오류는, 내가 **비실재론의 불신성한 삼위일체**라고 이름 붙인 것, 즉 인식적 오류, 존재론적 일가성 그리고 플라톤-아리스토텔레스적 단층선에서의 시원적 압출의 측면에서 통시적으로 그리고 구조적 또는 공시적으로 통합할 수 있으며, 존재론적 층화(와 진리론적 진리)의 붕괴에 기여하고 존재론적 인류주의(또는 인류주의실재론)를 결과한다. **비실재론적 문제틀**의 통시적 통합의 한 형태는 〈그림 8.1〉에 묘사했다.

지금쯤이면 독자들은 인식적 오류와 일가성은 익숙할 것이다. **시원적 압출**은 '인류주의실재론과 현실주의에 기여하는 것'을 의미하며, 더 자세하게 말하면, 서구 철학 내에서 경험적으로 통제된 과학적 이론과 그 이론의 자동적 객

20 Bhaskar, *Plato Etc.*, 부록, 'Explaining philosophies,' 219-45 를 볼 것.

〈그림 8.1〉 비실재론적 문제틀: 통시적 관점[21] [22]

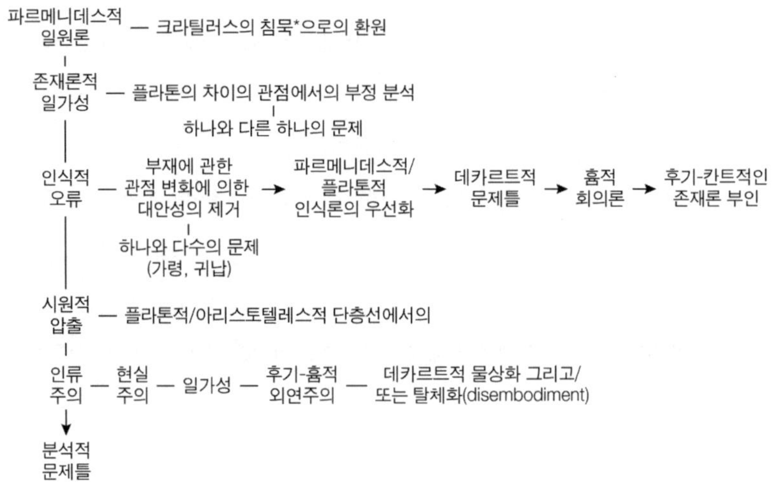

체 및 존재론적 대응물인 자연적 필연성에 대해 한편으로는 형이상학이 그리고 다른 한편으로는 경험주의가 행사하는 압박 또는 제거하는 압력을 의미한다. 경험적으로 통제된 이론은 형이상학적 선험주의(아프리오리즘apriorism)와 합리주의에 의해 쓸모없는 것이 되며, 자연적 필연성은 귀납의 경험주의적 문제 속에서 사라져버린다. 현실주의 가정에 근거하여 합리주의와 경험주의(또는 그것들의 결합체)가 대안들을 모두 고갈하는 것으로 보인다. 역사적으로 이러한 압출은 인식적 오류와 그것이 함축하고 있는 관념, 즉 우리의 지식이란 의

21 Bhaskar, *Plato Etc.*, 173, Figure 8.4(머빈 하트윅이 조금 수정함). 불신성한 삼위일체는 여기서 존재론적 일가성의 우선성의 관점으로 조망된다.

22 〔옮긴이 주〕 크라틸러스(Cratylus)는 8장 3절에서 곧 소개할 소크라테스와 동시대를 산 소피스트로서 강물은 끊임없이 변하기 때문에 같은 강물에 심지어 한 번도 발을 담글 수 없다고 말함으로써 같은 강물에 두 번 발을 담글 수 없다는 헤라클레이토스의 금언을 이겼던 학자이다. '크라틸러스의 침묵(Cratylan silence)'이란 이처럼 모든 것은 복잡하고 역동적으로 변화하므로 '변화'에 대해서는 아예 침묵을 지키는 것이 적합하다고 보았던 그의 태도를 가리킨다.

심할 수 없는 기초 또는 비가설적인 출발점을 가질 수 있다는 관념이 만들어낸, 내가 플라톤-아리스토텔레스적 단층선이라고 부르는 것 위에서 이루어진다. 관련된 보편적인 것 및 그것의 사례 이외의 다른 것과 구별되는 보편적인 것에 대한 근거를 제공할 수 있는 존재론적 깊이에 대한 비동형적 해명을 결여하고 있기 때문에, 아리스토텔레스는 필연적으로 확실했던 경험적 규칙성에 보편성을 부여하기 위해 필연적으로 초험적 실재론을 불러냈지만, 그의 인류주의실재론은 그것을 정당화할 수 없었다(8장 3절과 <그림 8.4>도 볼 것). 그의 절차는 의심할 수 없는 출발점, 즉 철학에서의 선험적인 연역적 추론의 **원리**archai를 형성하기 위해 귀납법을 지적인 직관, 또는 **지성**nous으로 보충하는 것이었다. 지성으로 물질적 사물에 대한 영원한 비물질적 형식을 포착할 때 인간은 신의 스스로 생각하는 사유에 참여하게 된다. 아리스토텔레스에 따르면, 후험적 과학에서 우리는 **귀납적으로** 추론하여 일반 법칙에 이르고, 그러고 나서 그 법칙의 낮은 수준의 결과, 즉 덜 일반적 법칙, 또는 특정한 사실들을 **연역한다**. 이것이 1970년대까지 인정받은 과학에 대한 설명의 핵심이었다![23] 이것이 2장 7절에서 우리가 확인한 난제들로서 지식의 아치 전통의 중심축이다. 서구 철학은 합리주의와 경험주의 사이의 악순환에 사로잡혀 있었고 이는 다층의 깊이를 제거했고 그것을 탐구할 수 있는 경험 기반 과학에 대한 적절한 이해를 불가능하게 했다.

6장 6절에서 살펴보았듯이, 우리가 공시적으로 불신성한 삼위일체를 본다면, 비실재론은 구체적으로 TINA 타협 구성체 또는 문제틀로 드러나게 된다. <그림 6.2>와 주변의 본문을 보기 바란다.

불신성한 삼위일체는 그러므로 서구 철학의 기본적인 전반적 궤도를 규정한다고 주장할 수 있으며 이에 대항하여 변증법적 비판 실재론의 신성한 삼위일체를 제시한다. 인식론적 과정의 내재적 또는 규범적 차원에서의 판단적 합

23 Bhaskar, *Plato Etc.*, 9.

리성, 인식적 상대주의 그리고 존재론적 실재론이 그것이다. 시원적 압출은 인식적 오류가 함축하고 현실주의에 의해 매개되는 것이므로 불신성한 삼위일체는 이 두 가지의 기능으로 볼 수 있다. 그렇게 되면 인식적 오류 또는 존재론적 일가성 중 무엇이 더 근원적이거나 기초적인 오류인가라는 질문이 제기된다. 궁극적으로 둘 다 소외 그리고 현재 상태를 유지하고자 하는 욕망(변화에 대한 두려움)에 그 원천이 있다고 보며, **기존 상태에 대한 야누스적 얼굴의**(계몽적/신비주의적) **난제적이고 일반적으로 무의식적인 정상화**로서 서구 철학이라는 실재적 정의에 도달한다.[24] 역사적으로 보면, 존재론적 일가성은 플라톤의 시대로부터 서구 철학적 전통 전반의 궤적을 규정한다. 플라톤은 차이에 비추어 변화를 그러나 공시적으로 또는 구조적 관점에서 고려해 보면, 인식적 오류 및 그와 관련된 경험주의 실재론의 존재론은 근대성의 사고에서 지배적이다(〈그림 8.2〉와 〈그림 8.3〉을 볼 것). 그럼에도 불구하고 이 두 오류는 궁극적으로 동일한 동전의 양면으로 볼 수 있다. 즉, 인식적 오류에 근거할 때 우리는 세계에 대해서 말할 수 없게 되고 그래서 부재와 변화는 억압되며, 존재론적 일가성에 근거할 때 우리는 세계에 대해 말할 수는 있으나 부재와 변화를 제거하는 방식으로만 가능하다. 그러나 존재론적 일가성은 인식적 오류와 마찬가지로 차이성alterity의 배제를 함축하기 때문에(타당한 관점 전환에 의해 부재의 양상이 되는), 존재론적 일가성을 더 근본적인 오류로 판단해야 한다. 게다가 『변증법』과 『플라톤 등』에서 나는 비실재론 문제틀의 난제들이 일반화된 주인-노예 유형 관계의 사회적 문제들과 공명한다고 주장한다. 이 주장에 근거해 볼 때 궁극적으로 이러한 타협 구성체를 몰아가는 것은 다름 아니라 지배 엘리트들의 편에서의 변화에 대한 두려움이며 존재론적 일가성이다. 대표적 오류의 목록으로부터 부재라는 범주가 서구 철학의 문제들을 통합한다는

---

24 Bhaskar, *Plato Etc.*, 216. 나는 그것의 신비스러운 기능이 특히 현대 철학을 지배하고 있다고 주장한다.

〈그림 8.2〉 비실재론적 문제틀의 역사적 기원과 구조[25]

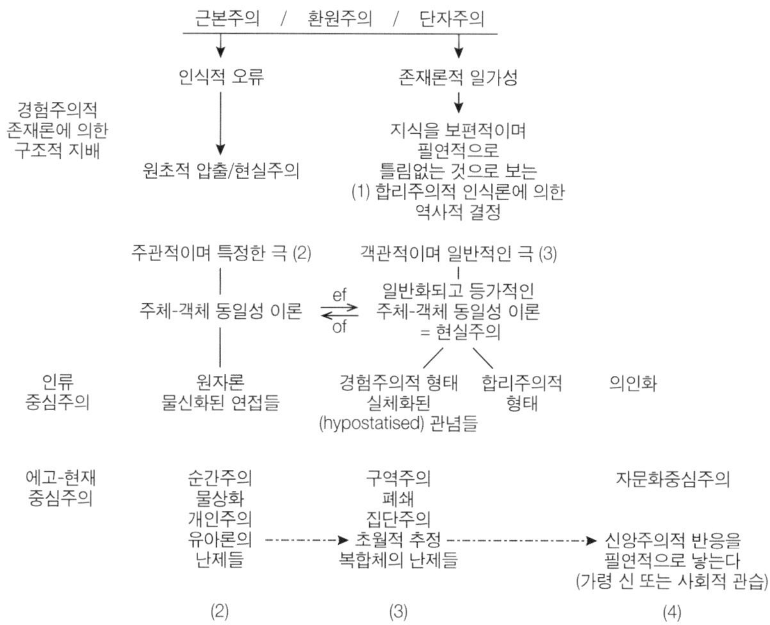

주: 〈그림 6.2〉에서 기술한 바와 같이 (1)=회의주의; (2)=동일성 이론 (3)=그것의 존재적 짝패(its ontic dual) (2)+(3)=인류주의실재론 (4)=초험적 실재론(인류주의실재론의 초험적 보충자).

것을 알게 될 것이며, 그 문제들은 심각한 차이, 즉 가치론적으로 필요한 범주의 부재로부터 따라오는 반대의 결과로 나타난다.

불신성한 삼위일체의 세 가지 오류뿐만 아니라 네 번째 오류도 거의 마찬가지로 중요한데 **외재주의**의 오류, 즉 내부의 부재가 그것이다.[26] 그러나 이는 그 삼위일체로부터 거의 즉각적으로 따라 나오는 것으로 존재론적 깊이의 붕

25 Bhaskar, *Plato Etc.*, 235, Figure A. 13.

26 Bhaskar, 'Critical realism in resonance with Nordic ecophilosophy,' 18.을 볼 것.

〈그림 8.3〉 **불신성한 삼위일체와 하나와 다수 그리고 하나와 다른 하나의 문제들**[27]

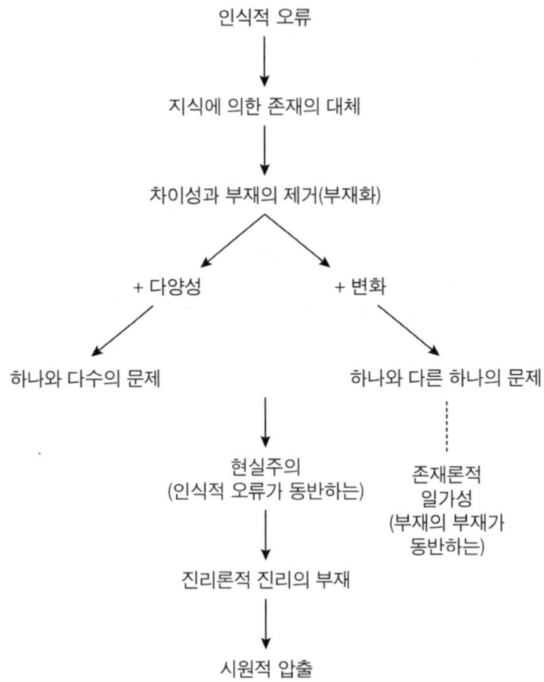

괴를 반영한다. 이것은 서구 전통 내에서 전형적으로 호출되는 원자성, 즉 실체들 내의 모든 공간의 부재 그리고 이에 따른 외부의 '외적' 세계의 물신화에 의존하며, 에고중심성과 존재론적 외연주의ontological extensionalism와 밀접하게 얽혀 있다.[28] 인간에 적용하면, 이것은 의도성 또는 심지어 일관성 있는 자아 개념조차 허용하지 않으며, 전체 메타실재 영역을 보이지 않게 만들고, 극단

27 Bhaskar, *Plato Etc.*, Figure 4.7, 356. 불신성한 삼위일체가 여기서 인식적 오류의 우선성의 관점에서 제시된다. Figure 8.1에서는 존재론적 일가성의 우선성의 표시 아래 나타난다.

28 예를 들면, Bhaskar, *Dialectic*, 9을 볼 것.

적으로는, 행동주의behaviourism를 불러오게 된다.

앞의 장들에서 전개한 비판의 핵심 요소에 대한 재설명

이제 앞선 장들에서 발전시킨 비판들의 핵심 요점 몇 가지를 요약하겠다. 2장에서 우리는 주류 철학이 일상생활의 세계 그리고 그것을 설명하는 인과적 구조들과 발생기제들의 세계, 즉 과학이 탐구하는 세계 양쪽 모두를 적절히 서술할 수 없다는 것을 보았다. 또한 인식적 오류에 의해 생성된 존재론적 현실주의가 필연적으로 양면적인 문제-장 — 극복불가능한 귀납의 문제(문자 그대로 극복불가능한insuperable)에 의해 구성되는 — 을 발전시킨다는 것을, 그리고 더 일반적으로는 현실주의적 가정들로부터 유래하는 전체적인 초월적 추정 복합체transdictive complex 그리고 세계에 대한 결정론적인 연역주의적 설명을 발전시킨다는 것을 지적했다. 이 설명은 성취된다면 불가피하게 지식을 폐쇄체계에 묶어둔다. 이것이 지식의 아치 전통이다.

이러한 접근에는 두 가지 문제가 있다. 첫 번째는 그 접근을 정착시키려는 시도는 귀납의 문제와 같이 그것이 극복할 수 없는(글자 그대로의 의미에서) 난제들을 생산한다는 것이다. 둘째는 그것이 틀렸다는 것인데, 즉 동일성 이론은 거짓이라는 것이다. 세계는 그것을 알고자 하는 우리의 시도, 실수할 수 있고 지리-역사적으로 상대적인 시도들에 대해 독립적으로 존재한다. 그리고 인과법칙들 및 그와 유사한 것들은 초사실적으로, 즉 그것들이 현실화되는 그리고 그것들을 경험적으로 판별할 수 있는 조건들과 무관하게 작동한다. 6장 6절에서 보았듯, 동일성 이론의 이상이나 목표를 고수한다면, 암묵적인 함축된 존재론적 의인주의는 명시적인 인식적 인류중심주의에 필연적이다. 사실들의 물상화와 사실들의 결합의 물신화가 지식과 존재의 동형설의 불가피한 대가이자 조건으로 나타나기 때문이다.[29] 동일성 이론의 인류주의실재론적 교환에서(<그림 6.1>을 볼 것), 지식의 존재론화는 존재의 인식론화와 동전의 양면과 같은 것이다. 그러나 다층적 존재론적 깊이의 세계에서 동일성의 목표는 실질적으로 초험적인 (그러나 초월적이지는 않은) 것에 대한 다소간 독단적인 가정 — 그것이 아리스토텔레스적 **지성**, 선험적 종합, 민주주의적 투표 또는 사회적 집회에 의해 구성되는 것이든 상관없이 — 에 의해서만 '성취될' 수 있다. 이제까지 알게 된 바와 같이 인류주의실재론과 초험적 실재론은 함께 내가 비실재론적 집합체라고 부르는 것을 구성한다.

동일성이라는 인식적 이상 또는 목표가 유지되지만 세계에 투영되지 않는 한, 우리는 **성취되지 않은** 동일성 이론의 변형을 갖게 된다(<그림 8.2>에서 표현된 합리주의 계열의 동일성 이론 내에서). 이 변형에서는 **에피스테메**epistēmē(지식)와 **독사**doxa(단순한 믿음) 사이의 예리한 구분을 보존하기 위해 애쓴다. 왜냐하면, 플라톤에서 알랭 바디우Alain Badiou[30]까지 지식의 아치 전통의 한 날개, 즉 합리주의 계열의 동일성 이론은 지식의 높아진 기준 — 거짓이지만 인식적 오류(인류주의)와 현실주의적-연역주의적 전제가정으로부터 필연적으로 나올 수밖에 없는 기준 — 을 충족하는 무엇인가를 평범한 물질적 세계에서 찾아내는 것에 대해 점점 더 회의하기 때문이다.

3장에서 융합주의의 오류, 사회구조와 행위의 동일화, 또는 한쪽의 다른 쪽의 부수현상화가 그들 사이의 관계에 대한 일관되지 않은(또는 불가능한) 설명을 생성한다는 사실에 주목한 바 있다. 그러나 인간과학의 철학의 풍토병적인 이원론, 그리고 특히 (그자체의 관점에서) 의도적 행위 자체를 불가능하게 만드는, 사고의 행위 사이의 모든 연결의 부재도 똑같이 중요하다. 우리는 3장에서 또한 인간 역사의 대부분에서 사회적인 것이 인성적인 것을 지배하고 있음을 확인했다. 그러나 이원성의 세계에서 부분 실재의 지배와 그리고 사회의

29 Bhaskar, *Scientific Realism and Human Emancipation*, chapter 3을 볼 것.

30 Alain Badiou, *Being and Event*, trans. Oliver Feltham(London: Continuum, 1988/2010) 그리고 *Logics of Worlds; Being and Event 2*, trans. Alberto Toscano(London: Continuum, 2006/2009).

영성적 하부구조(비-이원성의 세계 또는 메타실재)의 외관상의 거세를 **따로 떼어 냄으로써** 7장에서 이것에 대한 좀 더 예리한 정의를 내릴 수 있었다. 그러나 우리는 부분-실재가, 이원성의 세계의 다른 덜 유해한 구조들 및 형태들과 마찬가지로 사실상 비-이원성의 세계, 즉 그것이 부인하는 영성적 또는 메타실재적 하부구조에 완전히 의존하고 있다는 것을 알았다.

4장에서 우리는 어떻게 인식적 오류가 변화를 불가능한 것으로 만드는지(즉, 만약 세계가 그 오류가 가정한 바와 같다면, 그것은 변화의 세계는 아닐 것이다) 그리고 어떻게 현실주의와 그것이 동반하는 연역주의가 개방체계 내에서의 정책에 대한 이해와 합리적 숙고를 마찬가지로 불가능하게 하는지에 주목했다. 왜냐하면 이해와 합리적 숙고는 실재적인 것의 영역과 현실적인 것의 영역을, 그리고 개방체계와 폐쇄체계를 구분할 수 있는 능력에 의존하는데, 이것은 주류 또는 비실재론적 철학은 할 수 없는 구분이기 때문이다. 우리는 또한 존재론적 발현의 개념이 4장에서 확인했던 적층 체계의 다양한 종류를 지속시키고자 할 때 얼마나 중요한지를 알았다.

5장에서 우리는 사실과 가치 사이의 이분법이 어떻게 가치에 대한 합리적 정보 제공을 불가능하게 하고 그리하여 반-자연주의를 생성하는지를 보았다. 이 이분법은 가치란 세계에 대해 주관적으로 부과한 것이라는 견해에 의해, 즉 도덕적 비실재론을 포함한 6R의 수준에서 탈마법화에 의해 지탱된다. 이것은 즉각 우리의 담론이 그리고 설득과 논증의 힘이 정책(가치들의 합리적 선택)에 영향을 미칠 수 없다는 것, 또한 우리의 정책이 (3장에서 확인한) 마음-몸 이원론에 의해 유도된 탈-행위주체화 때문에 세계를 합리적으로 변화시킬 수 없다는 것으로 이어진다. 그리하여 전체 인식적 영역은 과학은 물론 철학을 포함하여 완전히 부수현상적인 것이 된다. 존재론 내에 성좌적으로 자리 잡는 대신, 인식론과 인식적 영역은 일반적으로 세계로부터 총체적으로 탈구되고 현실주의적으로 잘못 묘사된다. 철학의 (독립적 존재로의) 실체화와 탈총체화는 바로 이로부터 따라 나온다. 그것은 현재 상태를 제대로 읽지 못하고 그것을 강화할 뿐만 아니라 세계에 아무런 실재적 영향을 미치지 못한 채 한가롭게 노니는 하나의 담론이 된다.

그래서 변화를 존재론적 문제 설정으로부터 떼어낸 것은 주인계급의 훌륭한 하인으로서의 플라톤의 업적이었다. 그리하여 공공 영역이 근대성에서 찬양받을 때, 철학자와 지식인들은, 한편으로는 변화(진실로 극적인 변화)가 세계에서 일어나고 있다는 것, 다른 한편으로는 철학(또는 진실로 과학적인 지식 또는 합리적으로 주장된 담론)이 그것에 영향을 미칠 수 있는, 즉 적극적인 차이를 만들어낼 수 있는, 가능한 어떤 방식도 신뢰할 수 없다는 것을 알고서, 대체로 헤겔적인 불행한 의식(쪼개진 또는 분열된 의식)을 경험했다. 그래서 그 세계를 더 낫게 만들기 위해 개입할 수 없는 무능력한 지식인들이 그 세계에 관해 수다를 떠는 지식인의 상을 가지게 된 것이다. 아닌 게 아니라 모든 합리적 담론이 그러했다.

어떤 측면에서, 일단 현실주의적 존재론이 확립되면, 이것은 주인-노예-유형의 사회적 맥락에서 불가피한 결과였다. 그리하여 2장 6절에서 우리는 존재론적 현실주의와 지식의 아치 전통의 귀납-연역 문제-장 특징이 어떻게 지식의 응용을, 그리하여 정책을, 그리하여 합리적으로 정보가 제공된 변화를 불가능하게 만드는지를 보았다. 그래서 철학자들은 인간이 차이를 만들어낼 수 없는 세계의 그림을 그려왔다. 이 그림은 인간의 탈인간화를 그리고 행위의 탈-행위주체화를 통렬하게 표현한다. 이 그림에서 우리는 어떻게든 '자연의 경로'에 따라 행동하도록 미리 결정되어 있으며, 이것에는 당연히 '권력에 있는 자' — 사회 세계에서 '자연의 경로'는 이것의 대리물로 매우 자주 등장한다 — 에 대한 우리의 순응도 포함된다. 그러나 사실상, 3장, 6장, 7장의 논증이 밝힌 것처럼, 자연의 경로는 적어도 부분적으로 우리에게 의존하며, 권력에 있는 자들은 전적으로 그들에 대한 우리의 지속적인 용인에 의존한다.

8.3 | 그래서 어쩌다가 이렇게 되었는가?

비실재론 문제의 전개를 좀 더 자세히 들여다본다

다음에서 8장 2절에서 확인한 오류가 주류 철학이라는 만개한 이데올로기적 괴물로 발전하는 과정에 대한 역사적 이야기를 더 자세히 살펴볼 것이다. 고대 그리스의 파르메니데스 진영과 헤라클레이토스 진영 간의 논쟁에서 시작한다면, 처음으로 주목해야 할 것은 헤라클레이토스에 대한 적어도 두 가지 다른 해석이 있다는 것이다. 첫째는 흐름flux의 이론가라는 해석이고 둘째는 설명 가능한 변화의 이론가로서, 다시 말해 구조화된 존재함being과 되어감becoming의 원형적 이론가라는 해석이다.[31]

물론, 첫 번째 해석은 그것의 어색한 크라틸러스식 변이를 갖기도 하는데, 이 변이는 변화에 대한 합리적 보고를 불가능하게 한다(크라틸러스는, 소크라테스와 동시대인인 소피스트로서, 같은 강물에 심지어 한 번도 발을 담글 수 없다고 — 강물은 끊임없이 변하기 때문에 — 말함으로써 같은 강물에 두 번 발을 담글 수 없다는 헤라클레이토스의 금언을 이겼던 학자이다[32]). 그러나 헤라클레이토스 철학을 흐름의 이론 — 그것의 어색하지 않은 형태로서라고 하더라도 — 으로 받아들인다고 하더라도, 이성은 확실하고 변화하지 않아야 하기 때문에 차이로 변화를 분석해 버리는 것이 이성을 보호하는 데 핵심적이라고 본 플라톤의 생각은 파르메니데스적 일원론의 목표에 충분한 위협이 되었다. 플라톤적 작용의 효과는 물론 철학 그리고 심지어 지식을 실체화[33]하는 것이며 그 결과 그것을 세계로부터

---

31 Bhaskar, *Plato Etc.*, 176-7; Norrie, *Dialectic and Difference*, chapter 7.

32 Bhaskar, *Plato Etc.*, 53n을 볼 것. 아리스토텔레스에 따르면, 크라틸러스는 단지 가리키기만 했을 뿐, 결국 발화는 회피했다. 어떻게 그것이 딜레마를 피하는 것이라고 그가 생각했는지 우리는 알 수 있다. 왜냐하면 가리키는 것에서 그가 상대적으로 지속적인 어떤 것을 나타내고 있었던 것과 똑같이 침묵으로 그는 무언가를 말하고 있었기 때문이다.

33 〔옮긴이 주〕 원어는 hypostatize로 이는 추상적인 어떤 것을 구체적인 실재로 표상하는 것을

밀어내거나 탈총체화하는 것이다. 인식적 부정, 부재, 그리고 변화가 허용되지 않는다면, 철학은 무의미해질 것임에 틀림없다. 이것이 플라톤적 작용의 첫 번째 효과, 즉 변화를 우리의 인식으로 한정하는 것이다. 그러나 동시에, 변화에 대한 플라톤의 차이의 관점에서의 분석과 함께, 하나와 다른 하나의 문제 — 여기서는 변화의 환원불가능성이 강조된다 — 에 대한 하나와 다수의 문제 — 여기서는 차이의 환원불가능성이 강조된다 — 지배가 확립되었다(<그림 8.3>과 <그림 8.1>을 볼 것). 그리고 그것과 더불어 (대립항의 본질적 연관 및 변화의 냉혹성을 강조하는) 변증법적 전통에 대한 그리고 (우리가 7장에서 보았던 것처럼) 분석적 사고뿐 아니라 사고 자체(즉, 담론적 지성)에 대한 비판을 포함하는 동양적(도교적)·신비적 및 그 밖의 전통에 대한 분석적 전통의 지배도 또한 확립되었다.

더욱이, 하나와 다수라는 이 문제 장field 내에서 하나에 대한 승리를 확보하는 것은 다수이다. 이것은 서구 철학의 이후의 궤적을 차이에 대한 다양한 이론들을 포함한 것으로 고정한다. 아리스토텔레스의 시대에는, 성취된 현실주의적 동일성 이론이란 단지 개체와 종이라는 생물학적 수준에서만 확립될 수 있다는 것, 그리고 이것이 **지성**nous이라는 신플라톤적 계기에 대한 호소 — 그렇지 않고서는 끝나지 않을 일련의 귀납적 가설들에 확실성을 부여하기 위해 필수적인 — 를 필요로 한다는 것이 분명해진다. 이것이 내가 플라톤/아리스토텔레스적 단층선이라고 부르는 것이다. 비실재론 철학적 사고의 전체 형틀이 이제 굳건히 확립된 셈이었다. 그리하여, 아리스토텔레스적인 **지성**은 존재론적 층화가 확보할 수 있는(<그림 8.4>를 볼 것) 그 일을 할 수 없다는 것이 명백하다.[34] 오히려 그것은 왜 서구 철학이 해결할 수 없는, 분류적이고 설명적인 난제에 취약하게 되는지 그 지점의 특징을 잘 보여준다. 아리스토텔레스적 **지성**

뜻한다. 마치 신을 인간적인 형상을 한 어떤 것으로 표상하는 것이 그 예이다.

34 Norrie, *Dialectic and Difference*, 169-76도 볼 것.

nous, 기독교 신앙, 데카르트적 확실성, 흄의 습관custom, 칸트의 선험적 종합판단, 피히테의 지성적 직관, 헤겔의 자가발생학autogenetics 또는 스트로슨의 해결Strawsonian dissolution이 답을 제시할 수 없는 보편자들과 귀납의 문제가 있다.[35] 일단 변화와 연계된, 실재하는 규정적 부재가 몰수되고 주체-객체 동일성 이론과 현실주의가 왕좌에 앉게 되면, 철학의 인류주의실재론은 모든 존재론적 층화 개념의 부재 속에서, 다시 말해 개방체계에서 상대적으로 지속적인 인과적 구조와 발생기제의 초사실성이라는 개념의 부재 속에서 새로운 초험자transcendent의 양산으로 불가피하게 나아갈 수밖에 없다.

〈그림 8.4〉는 오류들의 불신성한 삼위일체가 고전적 근대성 철학 담론에서 전개되었던 방식을 보여준다.

서구 전통은 근대에 데카르트적 문제-장의 확립과 더불어 주관적 전환을 맞는다. 진지하지 못한 데카르트적 의심은 불가피하게 흄의 회의론에 그리고 내가 다른 곳에서 서구 철학의 흄적 전환점Humean turntable이라고 묘사했던 것에 이르게 된다.[36] 칸트가 드러내놓고 맞서려고 했던 것은 물론 흄의 회의론이다. 그러나 철학에서 칸트적 계기는 2장 10절에서 제시했듯이 우리의 합리적 직관의 관여와 반反코페르니쿠스적 관점의 전개로 나아간다. 초월적 주체, 그리하여 지식을 생산하는 데 요구되는 칸트적 종합을 낳을 수밖에 없는 행위자에 대한 칸트 자신의 전제들의 불가지성과 관련된 수행적 모순은 차치하고라도,[37] 생산된 지식은 여전히 흄의 인과법칙이 서술하는 세계에 대한 것이다. 이것은 도덕적 행위성을 포함하여 행위성에 거대한 문제를 노정한다. 그래서 칸트는 모든 행위주체에 의한, 정당화될 수 없는 시원적 선택이라는 관념, 즉 시간 밖의 선택 그것도 본체계의 영역에서, 현실적으로 지배적인 현상의 세계

---

35 Bhaskar, *Dialectic*, 309-10을 볼 것.

36 Bhaskar, *Plato Etc.*, 193 ff.를 볼 것.

37 Bhaskar, *From Science to Emancipation*, 11; 'Theorising ontology,' 195와 비교할 것.

〈그림 8.4〉 플라톤/아리스토텔레스의 단층선에 막혀버린 근대 서구 철학의 불행한 의식[38]

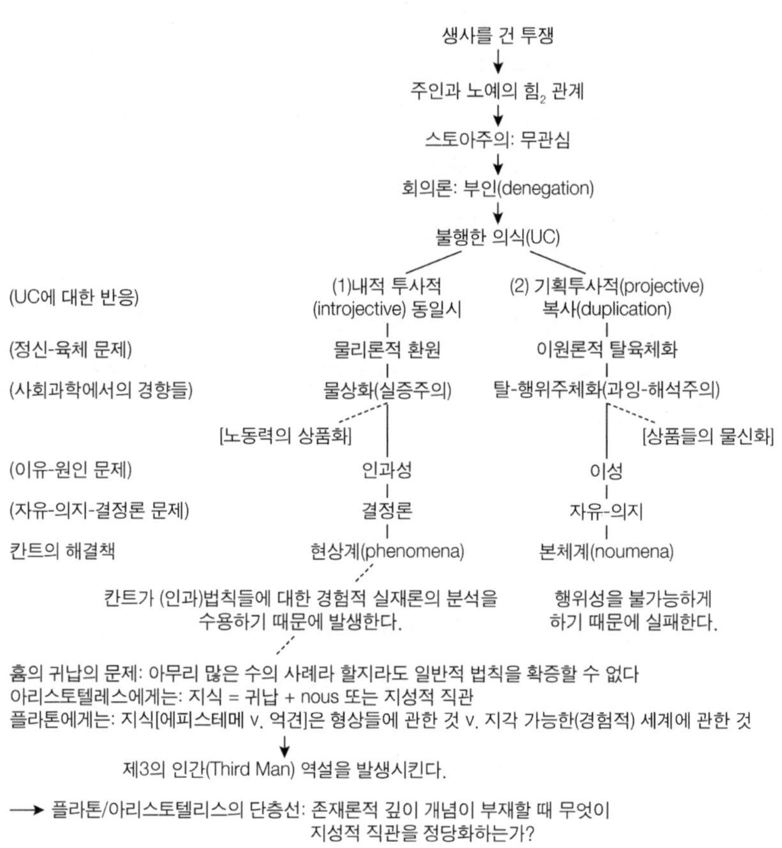

의 전체 역사와 동시화되는 세계의 선택을 구성해야 하는 선택이라는 관념에 의존하게 된다. 이것은 명백히 이런 일련의 사건들이 아니라 저런 일련의 사건들이 일어난 것에 대해 특정한 행위주체에게 어떤 인과적 책임을 돌리는 개념을 포함하는 어떤 도덕성의 붕괴를 포함한다. 그러나 칸트적 기획이 후기

38 Bhaskar, *Plato Etc.*, 6, Figuer 1.1.

칸트 철학에 미친 가장 놀랄 만한 결과는 이분법과 이원론이었다. 그 속에서 주체들은 그들이 묘사하고 설명하게 될 세계로부터 쪼개져 나오게 되었고, 이 분법은 세 번째 『비판』[39]의 시너지 효과 속에서 단지 취약하게만 수정된다.

이러한 이원론은 현상학과 하이데거의 해석학을 포함하여 다양한 형태로 지속되고 있으며 그 속에서 진정한 인간 세계는 자연의 세계에서 분리된다. 또한 가다머적 형태 또는 윈치적 형태의 해석학도 있는데 이를 나는 『자연주의의 가능성』에서 비판한 바 있다. 이런저런 모습의 이분화된 신칸트적 세계는 비판 이론에서 계승하는데 특히 하버마스적 형태에서 그러하다. 또한 우리는 분석적 전통에서도 그것을 발견할 수 있는데, 가장 명시적으로는 후기 비트겐슈타인을 계승한 프리드리히 바이즈만Friedrich Waismann의 두 세계 또는 두 언어 이론과 도널드 데이비슨Donald Davidson 및 현대 분석 철학의 변칙적 일원론에서 나타난다.

니체의 관점주의는, 사실이란 없으며 오직 해석만이 존재한다는 교리에서 이러한 이원론의 주관적 함의를 매우 명백하게 끌어낸다. 그러므로 비실재론 전통에서 절정에 도달한 판단적 상대주의를 매우 명확하게 보여준다. 이러한 판단적 상대주의는 일반적으로 탈근대주의와 탈구조주의에서 훨씬 더 두드러진다. 이제 인식적 오류는 물론 언어적 형태를 띠고 있지만 존재론적 비실재론과 판단적 비합리주의의 측면에서 그 함의들은 동일하다. 이것을 질 들뢰즈Gilles Deleuze와 자크 데리다Jacques Derrida의 작업에서의 이른바 대륙 철학 전통보다 더 잘 보여주는 것은 없다. 이 진영의 최신의 표현 중, 슬라보예 지젝Slavoj Žižk은 재발견한 헤겔을 불러냈지만, 무력하고, 순수하게 반동적인 헤겔주의를 낳는다. 반면 알랭 바디우의 철학은 플라톤주의를 포함하고 있는데, 여기서는 수학적 존재론이 **에피스테메**의 형태를 취하고 있으며 물질세계의 어떤 것도 순수 사건을 제외하고는 인식 가능한 것으로 기술될 수 있는 것이 전혀 없다.

39 〔옮긴이 주〕『판단력 비판』.

여기서 순수 사건이란 순수 특이자the purely singular, 즉 추상화된 사건에 대한 찬양이다. 그 사건은 그것의 형성, 그것의 해석, 그리고 그것의 효과의 개방체계적 맥락으로부터 추상화된다.

서구 철학의 진보적 얼굴

우리는 서구 철학의 야누스적 얼굴의 부정적 측면을 탐구했다. 이제 그것을 핵심적인 부재의 판별을 포함한 연속적인 메타비판$_1$에 비추어 살펴봄으로써 근대 철학의 발전에 대한 좀 더 긍정적인 해석을 할 수 있다. 그래서 칸트는 근대 철학의 출발점인 데카르트의 에고에 대한 메타비판에 참여하는 것으로 이해할 수 있는데, 그는 객관적 다양체가, 우리가 알 수 없는 본질적 세계가 제시하는 경험적 다양성을 종합할 수 있게 허용하는 통각의 초월적 통일의 가능 조건이라고 주장한다. 칸트에 대한 메타비판$_1$에서 헤겔은 자의식의 초월적 통일을 순전히 개인적인 성취가 아니라 사회적 성취로, 궁극적으로 도덕적 질서—그의 이성적 국가의 헌법적 구조에 명문화된—의 공적 세계에 근거한 것으로 본다. 헤겔에 대한 메타비판$_1$에서 마르크스는 다시 노동력의 소외와 착취에 기초한 시민사회(나중에는 생산양식)에서 헤겔식 국가의 실재적 기초를 찾아내고, 자본주의가 '각자의 자유로운 발전이 모두의 자유로운 발전의 조건인' 사회로 향한 길을 개척하도록 정해져 있는 지리-역사적 산물이라고 주장하면서 헤겔의 상호 화해의 변증법을 탈소외의 변증법으로 급진적으로 일반화한다.[40]

변증법적 비판적 실재론은 마르크스의 탈-소외의 변증법을 주인-노예 유형 관계의 총체성으로부터 해방의 변증법으로 더 급진화함으로써만 이 목표를 성취할 수 있다고 주장한다. 그리고 보편적 인간 해방이라는 이러한 도덕적

40 Bhaskar, *Plato Etc.*, 209-10.

목표가 가장 기본적인 욕망의, 즉 부재라는 모습의 부정성에 의해 유도되는 지시 대상의 분리라는 최초의 시작하는 행위의 전제라고 주장한다. 메타실재의 철학은 이러한 주장을 더욱 급진화하여, 이러한 목표는 기저 상태와 불일치하는 에고와 인격성의 모든 요소(가령, 질투, 탐욕, 기타 등등)의 제거를 포함하는, 특히 체화된 인격성의 층화의 평면을 포함하여 사회적 존재의 4평면 모두에서가 아니고서는 성취될 수 없다고 주장한다. 이러한 관점에서 비로소 우리는 보편적 인간 해방이라는 기획의 실행 가능성을 위해 필요한, 행복실현 사회 내에서 번영에 대한 개연성 있는 구체적인 유토피아 모델을 만들어낼 총체화하는 심층 실천을 상상할 수 있다.

이러한 맥락에서 칸트로부터 헤겔, 헤겔로부터 마르크스로의 이행을 다시 살펴보고 그리하여 소비에트 블록Soviet Bloc[41](여기서 이것을 사회적 존재의 단 한 가지 평면, 즉 사회구조의 평면에서만의 행위를 기초로 더 나은 인간 사회를 실현하고자 하는 헛된 시도의 한 사례로서 재검토한다)에서 사회주의를 도입하려다 실패한, 현실적으로 존재한 시도를 다시 살펴볼 가치가 있다.[42] 나는 헤겔 철학의 세 가지 핵심이 다음과 같다고 주장해 왔다.

(a) 초월적 실재론(또는 '인식론적 물질론'이라고 불릴 수 있는 것)과는 반대로,

---

41 〔옮긴이 주〕 제2차 세계 대전 이후부터 1991년까지 동유럽과 중앙유럽에 존재했던 소련의 영향권하에 있던 공산주의 국가들을 가리키는 말로 이러한 국가들은 주로 소련의 정치적·경제적·군사적 지배를 받았으며, 공산당의 지도 아래 중앙집권적 계획 경제와 공산주의 이념을 채택했다. 소련 블록에 속한 국가들은 소련이 주도하는 군사 동맹인 바르샤바 조약 기구(Warsaw Pact)와 경제 기구인 경제 상호 원조 회의(Council for Mutual Economic Assistance, COMECON)의 회원국이었다. 주요 소련 블록 국가들로는 폴란드, 동독(독일 민주 공화국, GDR), 체코슬로바키아, 헝가리, 루마니아, 불가리아, 알바니아(처음에는 포함되었으나 후에 탈퇴), 유고슬라비아(초기에는 소련과 동맹을 맺었으나 이후 독자적인 길을 걷게 됨) 등의 동유럽 국가들이 포함된다.

42 다음은 Bhaskar의 *Dialectic*, 특히 333-6, 그리고 4장 6절에서 4장 8절, 336-53 그리고 *Plato Etc.*, 특히 6장 1절, 2절, 115-23, 그리고 10장 1절 202-9에서의 주장을 요약한 것이다.

인식적 오류와 존재론적 현실주의로 귀결하는 **실현된 관념론**

(b) 사변적 환상(세계를 그것으로부터 자율성을 지닌 철학으로 환원할 수 있다는 환상) 속에서 사고를 특권화하는 것에 기반하는 **성좌적 일원론**, 그것에 반대해 우리는 비판적 자연주의의 공시적 발현적 힘 물질론(또는 '존재론적 물질론')을 제시할 수 있다. 그리고

(c) **종말론**으로, 또는 존재론적 일가성으로, 이는 물론 변형적 사회활동 모델(또는 '실천적 물질론'이라고 불릴 수 있는 것)의 힘을 손상시킨다.

주관적으로 볼 때, 이들은 모두 헤겔의 아래와 같은 것들로부터 동기화된 것이었다.

(a*) 경험에 대한 내재적 형이상학, 즉 성취된 동일성 이론 내에서 철학의 전통적 목표를 실현하고자 하는 욕망

(b*) 다양성 속의 통일성이라는 철학에의 헌신, 그리고

(c*) 아름다운 영혼의 운명에 굴복하지 않고 불행한 의식을 피하고자 하는 시도. (아름다운 영혼은 소외에 대한 헤겔의 원형적 형상이며, 불행한 의식은 존재하는 힘들과의 동일화(내적투사)와 환상의 세계로의 도피(기획투사) 사이에서 분열된 자아의 원형적 형상이다) 아름다운 영혼은 세계로부터 퇴거함으로써 그 문제를 해결하고자 시도하며, 불행한 의식은 자기-분열을 인식하지만 극복하지는 못한다.

마르크스는 헤겔의 실현된 관념론, 그의 성좌적 일원론(논리적 신비주의의 형태의), 그리고 그의 종말론을 비판하지만, 그 자신도 바로 이들 지점에서 비판에 취약하다는 주장이 가능하다. 그 점에서 나는 마르크스와 이후의 마르크스주의 내에 명백한 현실주의적·일차원적 그리고 종말론적 흐름이 있다고 주장해 왔다. 우리가 현실적으로 존재하는 사회주의가 처한 운명의 문제를 다시 살펴

본다면, 헤겔로부터 이어진, 이들 흐름의 의미를 확인할 수 있다.

1960년대에만 해도 소비에트 연방이 서구를 정복할 것이며 그것도 가까운 미래에 그러할 것이라는 믿음이 널리 퍼져 있었다는 사실을 우리는 오늘날 잊는 경향이 있다. 한편으로는 소비에트 연방이 나치즘을 물리치는 데 수행했던 결정적 역할로부터 최초의 우주인, 최초의 위성 등등과 같은 성취에 이르기까지 소비에트 블록의 물질적, 특히 기술적 성취가 있었다. 다른 한편으로는, 소비에트의 군사적·정치적 그리고 이데올로기적 경쟁이 서구에 미친, 특히 1917~1989년 사이에, 케인스주의, 복지국가, 노동조합의 성장, 장기간에 걸친 (노동당 정부를 포함한) 사회민주주의 정부의 존재, 페미니즘, 그리고 신사회운동의 발흥, 시민권의 확대와 탈식민화를 가능하게 했던 소비에트 스타일의 사회주의 블록과 서구 스타일의 자본주의적 민주주의들 사이의 힘의 균형이 서구에 미친 명백하고 가시적인 효과들이 있었다. 그런데 1989~1991년 사이 소비에트 스타일의 체제는 완전히 붕괴했다. 이를 어떻게 설명할 수 있을까?

그들의 초기 성공의 한 가지 요인은 중앙 계획의 비호 아래 매우 빠른 속도로 서구 기술을 수입하고 그들의 경제를 근대화하는 능력이었다. 그들은 실제로 1960년대까지 그러한 수입으로 대체할 수 있는 한계에 이르렀다. 그 후에, 일반적으로 서구에서는 금융 인센티브와 이윤 동기 등과 같은 것이 제공했던, 경제 자체 내의 창조적이고 혁신적인 역동을 가능하게 한 원천이 부재했기 때문에 그들의 경제가 침체했다고 볼 수 있다. 왜냐하면 그들이 하고자 노력했던 것은 사회적 존재의 하나의 평면, 즉 사회구조, 더욱이 하나의 특정한 국가인 소비에트 연방국에서, 하나의 특정한 사회적 구조, 경제적 생산관계에만 정향된 전략에 기반하여 사회주의를 실현하는 것이었기 때문이다. 아닌 게 아니라 그들은 생산관계를 성공적으로 통제했다. 그러나 노동과정에 대한 통제를, 마르크스가 요구했던 것처럼, 노동과정 속에 있는 직접 생산자들에게 넘겨주지 않았다. 그 대신 당 관료들의 손에 통제권을 쥐어주었다. 그리하여 사회주의가 아니라 명령주의 당 국가commandist party state가 자본주의를 대체했다.

게다가 헤겔의 성좌적 일원론과 사변적 환상에 대한 마르크스 자신의 비판은 그로 하여금 사고와 관념의 역할에 대한 심각한 오판을 하게 했다. 이는 그 자신의 저작에서 세계를 변화하는 데에서 '계급의식'과 사회과학 이론에 부여했던 역할을 생각하면 매우 놀랍다. 동시에 그는 윤리학에 대한 헤겔의 사회학적 환원주의를 수용하여 도덕성과 헌법적 절차constitutional procedures를 무시하기에 이른다. 그리하여 소비에트 연방에는 새롭고 근본적으로 더 나은 사회를 위한 기획의 윤리적 함의와 전제를 논의하는 문화가 없었다. 그 대신, 그 체제가 하나의 다른 종류의 사회를 어떤 방식으로 도입하고 있다는 허세가, 처음에는 '사회주의적 인간주의'라는 약한 수사에, 다음에는 이들 사회들에서 세탁기, 자동차, 그리고 흑해에서의 휴가 등과 같은 더 많고 좋은 물질적 재화들을 생산하는 방식으로 볼 수 있는 것이 발전하고 있다는 정도까지 더 약화된 수사에 자리를 내어주었다! '현실적으로 존재하는 사회주의'가 실패하고 있다는 것이 이런 측면에서 1980년대 후반에는 너무나 명백했다.

탈근대주의의 야누스적 얼굴

근대성 담론이라는 주제로 돌아감으로써 이 궤적에 대한 성찰을 해보겠다. 앞서 이 담론의 여덟 가지 핵심적 특징을 다음과 같이 구분했다.

(1) 원자적론 에고중심성
(2) 추상적 보편성
(3) 불완전한 총체성
(4) 성찰성의 결여
(5) 단선성과 판단주의
(6) 형식주의

(7) 물질론

(8) 존재론적 일가성

이제 그 담론의 한 가지 특정한, 급진적 형식 또는 국면, 다시 말해 탈근대주의 담론의 특징에 주목해 보겠다. 그것의 원리적 특징은 아래와 같다.[43]

(1*) 상대성

(2*) 언어주의(종종 그것의 두 가지 형식 중 하나에서의 언어적 오류)

(3*) 존재론적 비실재론

(4*) 판단적 비합리주의

(5*) 성찰성에 대한 고조된(그러나 지속 가능하지 않은) 감각

(6*) 동일성과 차이의 정치학에 대한 근접성

(7*) 보편성의 결여

(8*) 총체성의 결여

(9*) 해방 개념의 결여

(10*) 억압된 담론의 흔적(가령, 정서).

인식적 상대주의는 이제 완전히 전면에 등장했지만, 믿음의 상대성은, 그 믿음의 대상인 실존적으로 자동적이며 존재론적으로 실재하는 세계에 성좌적으로 포섭되지 않는다. 결과적으로 우리는 판단적 비합리주의를 갖게 되고 그것은 보통 언어학적 핵심에서 그러하다. 자동적 차원을 배제하는 타동적 차원의 강조는 성찰성에 대한 고조된 민감성을 끌어내는 데 기여하지만, 그러나 그것의 일시성은 모든 성찰적 양식 또는 실천이 그것의 중심 과제, 즉 주체들이 그들 자신의 관심사를 실현할 것이라고 믿는 행위의 과정을 의도적으로 설계할

43 Bhaskar, *Reflections on MetaReality*, 33 ff.

수 있게 하는 과제를 실행하지 못하게 한다. 이는 바로 그것이 지속성을 결여하고 있기 때문이다.[44] 궁극적으로 이러한 성찰성은 우리가 그 속에서 행위 해야만 하는 세계에 일관되게 영향을 미칠 수 없게 된다.

동시에 개인적 그리고 집단적 차이를 강조하는 측면에서, 추상적 보편성에 대한 반가운 비판도 있다. 그러나 인간 존재의, 우리가 공유하고 있는 것들의 보편성이라는 의미는 그리고 더 일반적으로 적절한 인지적 주장에 함축된 보편성이라는 의미는 필연적으로 사라지게 된다. 초사실적이든 구체적이든 보편적인 것에 대한 감각, 경험 또는 현실성을 초월하는 것으로서의 보편적인 것에 대한 감각, 그리고 특정한 매개, 특수한 궤적, 그리고 구체적 보편 속에서 환원할 수 없는 고유성에 의해 균형 잡힌 것으로서의 보편적인 것에 대한 감각이 탈근대주의에는 없다. 그리하여 총체성과 해방의 개념 또한 중도에 포기된다. 더 일반적으로 말하여, 탈근대주의의 존재론은 니체를 경유하는 헤라클레이토스적 흐름의 교리에 의존하기 때문에, 차이에 대한 강조는 구조와 변화에 대한 이해 결여를 대가로 한다. 하나와 다수의 문제는 하나와 다른 하나의 문제를 대가로 강조된다. 그런 의미에서, 탈근대주의는 그 본질에 있어서는 플라톤적 지형 위에서의 반-플라톤적 움직임이다.[45]

근대성 철학의 퇴행적 얼굴

탈근대주의 담론을 포함하여, 근대성의 담론에 공통적인 것은 우리 세계에 대한 존재론을 오직 **몸과 언어**로 구성된 것으로서 바라보는 것이다. 이것은, 궁극적으로, 비트겐슈타인, 하이데거, 로티의 입장이며, 바디우가 ‘민주적 물질

44 Margaret S. Archer, *The Reflexive Inperative in the Late Modernity*(Cambridge: Cambridge University Press, 2012), chapter 7.

45 Norrie, *Dialectic and Difference*, chapter 7을 볼 것.

론자'라고 부르는 철학자와 사상가 집단의 입장이다.[46] 이 집단의 구성원들은 종종 몸과 언어에 **우연**을 추가한다.[47] 이것은 다원주의를 지지하는 표현이다. 물론, 바디우는 직접 이 확장된 목록에 진리와 주관성의 자원으로서 **사건**을 덧붙일 것이다. 추상화된 사건은, 전제 또는 (명백한) 원인 또는 물질적 연속성이 없는 마술적인 어떤 것으로서, 우리가 동일화하거나 하지 않기를 선택할 수 있는 어떤 것으로서, 불현듯 나타난다. 파스칼과 키에르케고르Kierkegaard의 말을 따라 우리는 **이것인가 저것인가** 내기를 해야 한다. 그러나 어떤 방식이든 간에 바디우의 가정에서는 아무런 차이도 가져올 수 없다. 이는 우리가 그 안에서 행위 하는 세계를, 성취된 동일성 이론에서처럼 그것이 알 수 있고 알려진 것이거나 아니거나 간에, 이미 실질적으로 현실주의적으로 결정된 것으로 간주하기 때문이다. 그래서 사건과의 주관적 조정은 일어나는 일에 아무런 차이도 가져올 수 없다. 존재론적 발현과 변형적 변화의 가능성을 무너뜨리면서, 존재론적 현실주의는 세계의 기제와 구조에 대한 향상된 설명적 지식에 기반한, 우리의 합리적 행위성에 힘입어 더 나은 세계를 만들고자 하는 우리의 희망과 열망을 무너뜨린다. 현실주의, 다시 말해 귀납-연역 또는 지식의 아치 문제-장의 유산은 그대로 남는다. 메시지는 분명하다.

인간들은 합리적으로 세계를 바꿀 수 없다.

인간은 세계를 합리적으로 바꿀 수 있다는 것이, 이 책의 마지막 장의 주제이며, 이 책 전체의 주제이다.

---

46 Badiou, *Logics of Worlds*, 1 ff.

47 예를 들면, Richard Rorty이다. Bhaskar, *Philosophy and the Idea of Freedom*, 'Section One: Anti-Rorty,' 1-136을 볼 것.

Enlightened Commom Sense

The philosophy of critical realism

| Chapter 9 |

비판적 실재론과 좋은 사회의 존재론

9.1 | 비판적 실재론의 변증법적 발전과 지식의 아치 전통의 붕괴

비판적 실재론 철학은 이중적 메타비판1을 통해 전형적으로 발전해 왔다. 그 비판에서 주류 철학 내의 또는 더 특별하게 철학적 근대성 담론 내의 몇 가지 중요한 부재가 지적되었다. 그 부재는 **또한** 그 당시까지의 비판적 실재론의 발전에서의 불완전성을 반영하며 따라서 새로운 발전들은 그것의 이전 국면을 메타비판하는 기능을 수행한다. 그래서 비판적 실재론 초기(1M)에 확인된 큰 부재는 존재론의 부재였고 그다음은 존재론의 층화(또는 층화된 존재론)의 부재였다. 변증법적 비판적 실재론2E의 발달과 더불어 부재 그 자체의 거대한 부재가 결정적 암점暗点 또는 맹점으로 확인되었다. MELDARZ/A 도식의 연속적 수준들은 내부적 관계성(3L), 의도적 인과성과 변형적 실천(4D), 영성, 그리고 일반적으로 내향성, 마법화(6R), 그리고 비이원성(7Z/A)의 부재들을 끌어내었다. 비판적 실재론은 그렇게, 즉 철학적 정통에서의 그리고 그 자신의 이전 국면들에서의 부재들을 확인하고 보정함으로써, 그 자체로 변증법적으로 발전해 왔다. 이 장의 후반에서 일반적으로 그 발전의 주요 부분 중 몇몇을 간략히 정리할 것이다. 그러나 먼저 어떻게 비판적 실재론이 모두의 번영의 조건으로서의 각자의 번영을 지향하는 좋은 사회 또는 행복실현 사회의 존재론을 이해하는 데 기여할 수 있는지를 자세히 살펴보고 싶다.

이전의 장들에서 우리는 지식의 아치 전통이 어떻게 그것이 시도한 귀납과 연역, 경험주의와 합리주의의 불가능한 조합들과 더불어 붕괴했는지를 보았다. 그리고 어떻게 인류중심주의와 의인주의의, 그리고 인식적 오류와 존재적 오류의 이중 조합들이 — 여기서는 현실주의의 성취된 동일성 이론에 필수적인 물상화된 사실과 물신화된 결합을 대가로 확실한 지식이 성취된다. 암묵적으로 이 세계를 뒷받침하거나 명시적으로 이 세계와 대조되는 것으로서 보완적인 초험적인 실재론 또는 다른 세계 실재론을 소환함으로써만 유지될 수 있는지를 보았다. 그러나 존재론적 탈-층화와 현실주의를 낳는 플라톤-아리스토텔레스 단층선에서의 시원적 압출은 지속적으로 더 많은 대가를 요구한다. 왜냐하면 현실주의 세계에서는 우리의 변형적 행위성이 지속 불가능한 것이 되고 그래서, 철학적이든 과학적이든 또는 전문적이든 상식적이든, 새롭고 더 적절한 관념들의 세계에서의 어떤 가능한 효능도 지속 불가능한 것이 되기 때문이다. 이것이 바로 지불해야 할 엄청난 대가이다. 의도적 인과성과 변형된 변형적 실천 또는 합리적 행위성은 현실주의가 한편으로는 성향적 실재론으로 대체될 때 다시 가능해지며 그러므로 그 가능성들은 실재적인 것이며 대안적이고 더 나은 방식들로 현실화될 수도 있다. 다른 한편, 존재론적 층화(그리고 진리론적 진리)로 대체될 때 다시 가능해지는데, 그러므로 초사실적으로 유효한 구조와 기제의 실재성을 그것들이 우연적으로 생성하는 사건과 규칙성의 실재성으로부터 구별할 수 있게 된다. 이렇게 되어야 설명적 지식이 개인적 및 집합적 실천을 이성적으로 안내할 가능성이 생기고 그래서 세계는 잠재적으로, 적절한 조건하에서, 더 나은 세계로 변형될 수 있게 된다(비록 여전히 역목적성과 의도하지 않은 결과들이 또한 있을 수 있지만).

그러나 현실주의는 그것의 쓸모없는 결과(행위성의 소멸)조차 만족스럽게 확립할 수 없는데, 이는 일반적 지식의 극에서는 초월적 추정 복합체의 난제들 때문이고, 개별적 지식의 극에서는(또는 어떤 지식이든지 간에) (<그림 8.2>를 볼 것) 오랫동안 소위 '철학의 추문' 때문이다. 이는 하이데거가 정교하게 표현했는데 그는 그 추문이란 (외부) 세계의 실재성에 대한 증거가 아직 주어지지 않았다는 것이 아니라, **그러한 증거들이 계속하여 다시 기대되고 시도된다**는 것이었다고 말했다.[1] 그러나 우리는 당연히 우리의 세계가 인간보다 오래전에 생겨났다는 것, 또한 세계가 그리고 우주가, 그것도 결국 존재인데, 우리 종인, 인간보다 더 오래 존재하게 될 것이라는 것을 안다. 게다가, 우리는 우리를 지배하는 자연법칙이 존재하며 우리의 활동과 완전히 독립적으로 작동한다 — 이것은 과학의 조건이다 — 는 것을 알고 있다. 적어도 이것의 일부를 부인하거나 의심하는 것의 터무니없음은 최근 사변적 실재론으로 알려진 운동 내에서 정교하게 표현되었다. 예를 들어 퀑탱 메이야수Quentin Meillassoux는 **원초 화석**arche-fossil — 인간이 출현하기 훨씬 이전에 생성된 화석 — 에 남아 있는 무엇인가가 선사시대에 존재했다는 진실을, 그 당시에 그것을 목격하고 측정할 인간이 없었다는 사실에 의해 어느 정도 부정할 수 있다는 생각의 터무니없음을 지적했다.[2] 무엇인가가 인간보다 선先존재했다는 것을 긍정하는 것과 같은 시기에, 그의 사변적 실재론자 동료인 레이 브라시에Ray Brassier는 인간의 우연성과 유한성을 긍정하며, 인간이란, 모든 의식 있는 생명과 마찬가지로, 결국 소멸하게 되어 있다는 사실을 받아들이고 있다.[3] 존재론과 인식론을, 즉 과학이 연구하는 객체들의 자동적 차원과 객체들을 연구하는 타동적인 사회적 과정

1 Martin Heideggar, *Being and Time*, trans. John Macquarrie and Edward Robinson(Oxford: Blackwell, 1927/1962), 249(205), 강조는 원저.

2 Quentin Meillassoux, *After Finitude: An Essay on the Necessity of Contingency*, trans. Ray Brassier(London; Continuum, 2008).

3 Ray Brassier, *Nihil Unbound: Enlightenment and Extinction*(London: Palgrave 2010).

을 명확히 구별하는 그리고 뒤의 것이 앞의 것 안에 성좌적으로 자리 잡고 있는 것으로 이해하는 (더하여 인식적 오류를 서구 철학의 주요 단층선으로 평가하는) 비판적 실재론의 입장에서는, 그러한 결과들은 전혀 놀랍지 않다.

사변적 실재론자들이 존재와 진리에 대한 주류의 이론들에 대한 도전을 해나가는 그 시기에, 분석적 과학철학과 형이상학 내의 새로운 실재론자들은, 당연히 흄의 인과법칙 이론 주변을 맴돌고 있는 인과성에 대한 주류 이론에 도전해 왔다. 사변적 실재론자들은 인과적 실재론에 별다른 관심을 갖지 않았던 반면 인과적 실재론자들은 존재와 진리의 문제들 자체와 씨름하기를 그만두었다. 게다가, 위에서 언급한 사변적 실재론자들의 통찰을 비판적 실재론자들의 자동적 차원과 타동적 차원의 구분을 참조함으로써 적절히 평가할 수 있는 것과 마찬가지로 분석적 실재론자들의 통찰도 비판적 실재론의 실재적 영역과 현실적 영역 사이의, 즉 한편으로는 힘과 경향의 그리고 보유와 초사실적으로 유효한 행사와 다른 한편으로는 특정한 사건의 연쇄와 규칙성으로서의 그것들의 현실화 또는 표출 사이의 구분에 비추어 평가할 수 있다. 비록 기본적 비판적 실재론이 이러한 적절한 구분에 도달한 것이 벌써 30년 또는 그 이전이었으며[4] 이들 두 가지 새로운 형식의 실재론의 통찰은 그것들을 묶어서 다루지 않는다면 심각하게 불완전하고 절충적인 것으로 남아 있게 된다고 말하는 게 맞지만, 지금 그것들의 조각난 등장은 분명 환영할 만한 일이며, 아마도 지배적 물결이 막 부서지려는 징조일 것이다.

철학에서 비판적 실재론을 제쳐두고 실재론의 부활을 어떻게 설명해야 할까? 아마도 부분적으로는 인류가 처한 문제들의 거대함과 겉보기에 그 문제들을 다룰 수 없을 뿐 아니라 심지어 기록조차 하지 못하는 무능력한 학문분과들의 양식 있는 사람들이 느끼는 경악에 비추어 설명 가능할 것이다. 이제 비

4 Groff, 'Introduction to the special issue on causal powers' 그리고 Assiter, 'Speculative and critical realism'을 볼 것.

판적 실재론은 매우 강력한 근거 위에 있다. 의도적 인과성 이론은 어떻게 사고가 세상에서 효과가 있을 수 있는지를 보여줄 뿐만 아니라 설명적 비판 이론은 어떻게 우리가 사실로부터 가치로 움직일 수 있고 그래야 하는지를 보여주기 때문이다. 변증법적 비판적 실재론에서 설명적 비판의 이론이 행위와 담론의 변증법을 경유하여 욕망에서 자유로의 변증법으로 급진화하는 것은 변증법적 비판적 실재론의 윤리적 중대 요점을 나타내며, 좋은 삶에 대한 좀 더 관례적인 설명에 심각한 도전을 제기한다. 우리의 위기는 즉각적이며 아주 가까운 미래에 있지만 변증법적 비판적 실재론에 의해 확립된 합리적 지리-역사적 방향성은 그러나 매우 장기적인 방향성이다. 바로 여기서 메타실재의 철학이 등장한다. 이것은 메타실재의 철학이 행복실현 사회의 비전을 공유하고 더 나아가 그것을 발전시키고 급진화하는 한편, 그러한 사회의 핵심 요소들이 이미 지금 여기의 일상생활에 내재적으로 존재하고 있다고 주장하기 때문이다. 그 요소들을 인식하는 것이 일어나야 할 일의 **전부**라고 그것이 말하지는 않지만(그러한 요소들과 일치하지 않는 모든 것을 없애기 위해서는 수행해야 할 많은 작업이 있기 때문이다), 그것은 논쟁의 조건을 재설정하는 것을 허용하면서 동시에 변증법적 보편화 가능성과 자유의 변증법이 스스로를 전개해 나갈 수 있는 몇 가지 방식을 보여준다. 예를 들면, 향상된 공감으로부터 생기는 의식에서의 초월적 동일화를 통해서나 또는 공-현전에 의해 가능하게 된 발달하는 인식의 확장하는 통일성을 통해서 그렇게 할 수 있다. 반복해 말하자면, 공-현전은 존재함의 절대적 수준에서 모든 것의 상호관계성이다 — 그 절대적 수준이란 그것을 지나치게 구성하거나 포화시키는 것 없이 우리가 하는 모든 것을 유지하고 그 성분이 되는 수준, 그리고 우리가 존재의 가장 심층적인 수준에서는 모든 것이 모든 것 속에 있다는 것을 이해하게 될 때 우리가 깨닫는 수준이다. 별이 빛나는 하늘은 우리 안에 있으며 그리고 우리는 그 하늘 안에 있다.[5]

---

5 Bhaskar, *The Philosophy of MetaReality*, 71, 351.

그래서 기저 상태로 뛰어듦이라고 내가 부르는 것은, 비록 지금은 우리가 그것을, '이런 측면, 상황, 또는 관계에서 나와 같은'[6] 모든 다른 사람과 더불어, 즉 변증법적으로 유사한 상황에 놓인 모든 타자와 더불어 인식하지 못한다고 하더라도, 공-현전의 기제를 통해, 하나의 메아리를 깨우거나 불러올 것이다. 당신은, 예를 들어, 해수면 상승으로 섬나라 조국이 위협받고 있는 태평양 전역의 사람들의 의식에서 이것이 매우 명확하게 작동한다는 것을 볼 수 있다. 이 사람들은 애써 나의 철학 책을 읽지 않고서도 나의 철학을 깊이 있게 이해하고 있다. 지구적 위기 체계와 관련하여 인간은 아닌 게 아니라 '모두 함께 그 안에' 놓여 있으며, 우리의 기저 상태로 뛰어듦에서 오는 연대만이 해결책을 가져올 것이다. 그러한 뛰어듦은 — 외향적으로 그리고 내향적으로 모두 작동하여 — **일반화된 공시성**의 상황을 향해 최대로 보편적인 효과를 가질 것이다. 이것이 내가 **보편적인 조용한 혁명**the universal silent revolution이라고 부르는 것이다.[7]

게다가, 메타실재는 도처에서 심각한 위기에 응답하려는 인간들의 탁월한 능력에 호소할 수 있다. 여전히 많은 이에게는 위기로 가시화하지 않고 있지만 현재의 위기는 분명히 심각하다. 인류가 여기서 해답을 찾기 위해 필요한 조건들의 총체에서, 비판적 실재론은 교육과 의식 고양에서 중요한 **이중적** 역할을 담당할 수 있다. 먼저, 그리고 초월적 기초작업자(형이상학$_\alpha$[8])로서의 역할에 일치하는 것으로, 직면한 문제들의 존재론을 분명히 표현하고 그 문제들의 해결책을 찾는 데 요구되는 개념적 수단들을 해명하는 것을 통해, 가령 경험적 규칙성을 찾는 활동과 현실성의 어떤 병리적 기간에 작동하는 기제들을 찾

---

6 Bhaskar, *Reflections on MetaReality,* 19.

7 Bhaskar, *Reflections on MetaReality,* 22.

8 Bhaskar, *Scientific Realism and Human Emancipation,* 1장 3절을 볼 것. 형이상학$_\alpha$는 인간 실천(위의 1장 1절과 2장 8절에서 주제화된)의 전체 가정들에 대한 형식적 초월적 탐구인 데 반하여, 형이상학$_\beta$는 과학 연구와 실천 프로그램에 활용된 일반적 개념적 틀을 비판적으로 정밀하게 검토하는 것(위의 4장에서 예시된)이다.

는 활동을 명확히 구별하는 것을 통해 역할을 할 수 있다. 둘째, 그리고 개념적 분석가(형이상학β)로서 그것의 역할에 일치하는 것으로, 4-평면의 사회적 존재함으로 나아가는 방식의 묘사, 구체적 유토피아의 설명서prospectuses로 발전될 필요가 있는 묘사를 정교화하면서 추상적 철학과 해방적 실천 사이를 매개하는 중요한 역할을 할 수 있다.

9.2 | 비판적 실재론과 좋은 사회의 존재론

좋은 사회의 요소

좋은 사회의 존재론의 구축을 위해 필요한 요소 중 몇몇은 이전 장들에서 정리했다. 3장에서 우리는 사회로부터 사람들을, 사람들로부터 행위주체를, 구분했고, 7장에서는 인간의 체화된 인격성이라는 의미에서 사람에 대한 우리의 관념으로부터 자아의 개념을 분석했다. 우리의 자아 감각은, 보통 초기 유아기로부터 지속하는데, 인격적 정체성의 발달에 선행한다. 그리고 인격적 정체성은, **행위주체**[9]로서의 사람으로부터 사회적 **행위자**로서의 사람을 구분하는 것과 상응하여, 사회적 정체성의 발달보다 선행한다. 게다가, 7장에서 우리는 자아의 세 가지 개념을 구분했는데 기저 상태로서의 자아, 체화된 인격성(또는 이원성의 세계에서의 사람)으로서의 자아, 그리고 환상적인 것이라고 주장되었던 에고로서의 자아가 그것이다.

6장에서 우리는 욕망 또는 행위의 변증법 그리고 담론 또는 판단의 변증법 양자가 어떻게 모두의 자유로운 발전 또는 번영을 위한 조건이 각자의 자유로운 발전이 되는 사회로서의 행복실현 사회라는 관념으로 수렴하는지를 살펴

---

9 Archer, *Being Human*, chapter 3, chapter 7. 8 and chapter 9을 볼 것.

보았다. 이것은 변증법적 비판적 실재론의 윤리적으로 중요한 핵심인데, 이는 그러한 행복실현 사회의 실현을 위해 필요한, 그것의 기저 상태에 일치하지 않는 에고의 그리고 타율적인 요소들의 제거를 포함하는 체화된 인격성의 더 나은 발전을 고려함으로써 메타실재의 철학(7장)에서 급진화되었다. 우리는 또한 단순 행위주체적 자유로부터 소극적 및 적극적 자유로, 해방과 자율성을 거쳐 안녕, 번영, 그리고 보편적 인간 번영으로까지 자유 개념의 발전을 자세히 언급했다. 자유의 발전에서 제안된 각각의 것들은 연대의 공-평등한 발전, 즉 우리의 타인에 대한 의존 그리고 모두에 대한 모두의 상호의존에 의해 주어지게 되는 욕망과 연대 사이의 연결을 수반한다. 이러한 이행을 낳는 기제는 변증법적 보편화 가능성의 논리였으며, 거기서, 말하자면 욕망을 충족하고자 하는 또는 억압을 제거하고자 하는 시도는 모든 변증법적으로 유사한 욕망의 충족과 모든 변증법적으로 유사한 억압의 제거와 더불어 연대에 헌신하는 것을 함축한다. 메타실재의 철학에서, 보편화 가능성의 논리는 공-현전의 관념에 의해 한 차례 반전이 더 이루어지고 그리하여 보편적 인간 번영을 지향하는 행복실현 사회라는 목표는 보편적 자기-실현의 관념을 포함하는 것으로 볼 수 있다. 변증법적 보편화 가능성은 향상된 공감과 확장된 공-현전을 가능하게 하는 실천에 의해 지지받고 힘을 부여받을 수 있다. 그러나 만약 판단 형식으로 명시된 그리고, 내가 주장했듯, 담론뿐만 아니라 모든 인간의 행위에 함축된 연대감을 결속시키려면, 여전히 해야 할 것이 많다.

위기 체계

현시대의 세계에서 우리가 지구적 위기, 또는 실지로 연결된 지구적 위기들의 상황에 직면하고 있다는 것은 분명하다. 이 다중 위기를 **위기 체계**[10]라고 말할

---

10 Næss et al. , eds, *Crisis System*을 볼 것.

수 있을 정도로. 이 위기의 윤곽들을 사회적 존재의 4-평면에서 각각 확인할 수 있다. 가장 충격적인 것은 아마도 **네 개의 e에서의 위기**일 것이다. 그래서 자연과의 물질적 교류들의 평면에서는 **생태적**ecological 위기의 형식에서 가장 명백하고, 사람들 사이의 사회적 상호작용의 평면에서는, 할당적 방식의 자원 분배든 권위적 방식의 자원 분배든, 더 일반적으로 말하면 삶의 가능성과 기회의 이미 편향된 분배에서 가장 명백하게 증가하는 불평등성과 불균형으로부터 유래하는 **윤리적**ethical 또는 도덕적 위기의 형식을 취한다. 사회구조의 평면에서의 가장 명백한 위기는 **경제적인**economical 것이며, 체화된 인격의 층화의 평면에서는 다양한 심각한 **실존적**existential **위기**가 있다.

사회적 상호작용의 평면에서, 권위적 자원에 대한 위기는 정당성의 위기의 형식을 취하고, 이는 전체 정치적 영역으로 확대될 수 있으며, 민주주의의 현시대적 약화에 의해 악화된다. 이 위기는 할당적 자원과 부, 더 일반적으로 말해 삶의 기회와 안녕(건강과 기회 또는 역량을 포함하여)의 배분에 있어서 불평등성이 증대되면서 더 악화된다. 사회적 상호작용의 평면에서의 이러한 규범적 위기에 더하여, 폭력과 전쟁, 테러와 테러 위협에 의해 유도된 실존적 위기들이 있다. 사회구조의 평면 위에서, 가장 명백한 위기는 경제적 위기인데, 돈이 실물 경제로부터 사실상 분리되고, 경제가 사회구조(일반적으로 사회적 규제와 통제)로부터 분리되며, 사회구조가 다시 그것의 영성적 또는 메타실재적 하부구조로부터 분리되는 것이다. 체화된 인격성의 층화의 평면에서, 존재론적 불안전에 의해 유도된 위기들로부터 자아 감각의 탈근대적 분열에 의해 유도된 위기, 그리고 나르시시즘과 신체적 중독(알코올, 마약 중독 등등) 그리고 정신병적 그리고 또는 신경증적 상태와 같은 다양한 형태의 위기에 이르기까지 다양한 실존적 위기가 있다.

좋은 사회 실현의 방해물

게다가, 우리는 현시대의 사회적 실재에서 자유의 변증법을 가로막는 수많은 방해물 또는 반대하는 힘에 직면하고 있다.

(1) 인성적인 것에 대한 사회적인 것의 지배, 활성화하는 것에 대한 제약하는 것의 지배, 힘$_2$에 의한 힘$_1$의 지배
(2) 자유와 연대의 현재적 불균형 그리고 연대와 연대감의 수반적 약화 — 그리고 결핍
(3) 공적 영역의 위축,[11] 그리고
(4) 인류의 기술적 진화에 비해 인류의 도덕적 진화가 점점 더 뒤처지는 것

자유를 향한 충동은 그것의 약하지만 명확한 지리-역사적 방향성과 더불어, 예를 들면, 2010년 아랍의 봄의 시작과 더불어 그 밖의 다른 곳에서도 활성화된 자기-결정으로의 충동에서와 같이 오늘날의 세계 곳곳에서 명백히 확인 가능하다. 현실 세계가 매우 비극적이고 부분-실재라는 사실이 그 현실 세계 아래 가차 없이 뛰고 있거나 또는 2011년 이집트 혁명 초기에서처럼, 현실의 영역으로 분출되어 나온 자유의 맥박의 실재를 부정하지는 않는다. 그러나 이러한 자유로의 충동이 위의 (1)-(4)에서 지적된 것과 같은 강력한 대항하는 힘들에 직면하고 있다는 것 역시 의심할 여지가 없다. 더 문제가 되는 것은 이러한 다양한 위기가 서로를 더 부추기고 있다는 점이다. 생태 위기는 경제 위기를 가속화하고, 경제 위기는 윤리적이고 정치적인 긴장을 낳고, 그 긴장은 국제적 정치 구조 또는 체제를 위협한다. 그래서 사실상 그것들이 상호적으로 서

11 이것은 단순히 복지국가 및 공적으로 통제되는 생산의 형태에서만이 아니라 서로 만나서 사회 정책과 공동생활의 문제들을 집합적으로 논의하는 공간의 위축이라는 의미에서 그렇다.

로를 강화하는 방식의 위기들의 연쇄가 일어난다.

윤리적 4극성의 일부로서(6장 7절을 볼 것) 변증법적 비판적 실재론은 (i) 설명적 비판, (ii) 구체적 유토피아주의, (iii) 이행의 이론(설명적 비판 이론 복합체를 함께 구성하는)과 이들을 포함하는 (iv) 총체화하는 심층 실천totalising depth praxis[12]과 같은 모든 진보적 변화를 위한 요구조건을 상세히 설명한다.

메타실재의 자원들

구체적 유토피아주의에서의 더 풍부하고 더 구체적인 실행의 선구자로서 우리는 메타실재의 철학이 향상된 자유를 향한 충동에 대한 이들 반대 세력에 대항하는 데 끌어들이는 자원들의 일부를 개관하는 것으로 시작할 수도 있을 것이다.

이 시점에서 메타실재에 대한 간략한 개요를 제시하는 것이 적절할 것이다. 메타실재는 초험적 또는 다른 세계의 철학[13]이 아니며, 그것이 식별해 내는 영성은 내재적이며 현실적(단지 가능한 것만이 아니라)이다. 그러나 그것이 함께 작업하는 동일성과 통일성의 개념은 주류 철학에서 지배적인 것들과는 매우 다르다. 관련된 동일성은 풍부하여, 차이-속-근원적 동일성으로부터 분화되고 총체적으로 발전한 것이다.

이제까지 보아온 것처럼, 사회적 삶은 세 가지 의미에서 동일성의 우선성을 가정한다. 이들은, 각각, 비-이원성으로서, 기반 또는 기저로서, 그리고 심층 내부로서의 동일성을 포함한다. 결과적으로, 동일성의 네 가지 형식이 있다.

---

12 Bhaskar, *Dialectic*, 259-70, 286.

13 내가 판별한 초월성의 다양한 형태들은, Jolyon Agar의 흥미로운 저서 Post-Secularism, *Realism and Utopia: Transcendence and Immanence from Hegel to Bloch*(London: Routledge, 2014)의 주장과는 다르게, 초월성 안에서의 내재성(immanence-within-transcendence)이 아니라 내재성 안에서의 초월성(transcendence-within-immanence)이다.

의식에서의 초월적 동일화, 초월적 행위성, 초월적 총체론 또는 팀워크, 그리고 초월적 자아가 그것이다. 각 부분을 위한 자아는 절대적 기저 상태, 상대적이며 변화하는 체화된 인격성, 그리고 항상 환상적인 에고를 구성하는 것으로서 세 갈래로 나누어진 방식으로 분석되어야 한다. 이는 인간에 대해 먼저 체화된 인격성과 기저 상태 사이의 일치, 둘째, 환상적 에고의 제거를 성취하는 (또는 회복하는) 한 쌍의 목적들을 설정한다.

자아의 체화된 인격이 그것의 기저 상태와 불일치할 때 행위주체의 의도성은 분열될 것이다. 자기-실현은 체화된 인격성과 기저 상태 사이의 통일 또는 회복에 달려 있다. 자기-실현된 인간은 소극적 의미에서 완전하다고 말할 수 있을지 모른다. 그러나 적극적 완전성은 추가적으로 모든 억압적인 관계나 주인-노예 유형 관계를 폐지하고 그들의 물질적 잔여물을 깨끗이 정리함과 함께 사회적 존재함의 모든 네 평면 위에서 모든 이질적인 상태를 제거할 수 있느냐에 달려 있다. 더불어, 소극적이고 적극적인 완전성의 기준은 인간의 안녕과 번영을 위해 필요한 추가적 조건들을 명료히 함으로써 행복실현 사회의 충족 기준을 심화한다. 이렇게 함으로써 결과적으로 우리는 보편적 자기-실현의 기획이 확대하고, 변증법적 비판적 실재론 내의 자유의 가치론이 요구하는 방식, 즉, 해악의 부재화에 대한 제약을 부재화하는 과정을 판별할 수 있다.

그러므로 지금까지 말한 것은 영성적인 것 또는 메타실재의 영역을 일상적 삶의 실천에서 편재적으로 전제하고 있는 것으로 본다는 주장으로 발전한다. 이 실천들은 대개는 이원성의 세계의 범주에 입각해, 그리고 그 세계의 그러한 착취적이고 억압적이며 범주적으로 거짓된 부분—내가 부분-실재라고 부르는—의 영향 아래 수행된다. 영성적인 것이 실천에 이렇게 전제되어 있다는 것은 신뢰가 상업적 거래들을 뒷받침하는 방식 또는 전쟁이 어떤 평화로운 활동, 어느 정도의 평화를 가정하고 있는 방식에서 그 예시를 찾을 수 있지만 그 반대는 아니다. 그 반대는 우리가 우리의 창조적인 독창성을 사용하여 고착적이거나 중독적인 상태에 머무르거나 사랑의 관심을 사용하여 질투에서 증오에 이르기까지 수많은 부정적인 감정을 부추기는 방식에서 볼 수 있다. 이 모든 형태는 **가치론의 비대칭성**(또는 **가치론과 해방의 비대칭성**)을 예시한다.[14] 우리는 그것이 의존하고 있는 심층적 실재를 지배하고 차단하는 것으로부터 해방되기를 원한다. 그럼으로써 우리는 눈길을 사로잡으며 지배적인 나쁜 또는 '지옥 같은' 상태가 아닌, 일반적으로 과소 인식되는 좋은 또는 '천국의' 상태를 가질 수 있다. 그러나 그 반대는 성립하지 않는다.

이것은 소외, 억압, 그리고 증가하는 불평등과 부정의의 부분-실재 세계에 대한 우리의 이해, 비판, 그리고 대체에 대해 심오한 함의를 갖는다. 왜냐하면 **인간의 행위 없는 사회는 없으며, 비-이원성과 기저 상태가 없는 인간의 행위도 없기** 때문이다.

만약 메타실재가 인지되지 않지만, 실재하는 사회적 삶의 하부 구조이고, 대체로 이원성의 세계의 수준에서 그리고 그 세계의 관용어로, 그렇지만 부분 실재의 지배 아래에서 수행되고 전달된다면, 우리는 다음 세 가지를 말할 수 있다. 우리는 **메타실재**를, **현실적인 것의 (a) 안에**, **(b) 아래에** 그리고 **(b) 대항하여** 갖고 있다.[15] 메타실재는 비록 대개는 인식되지 않기는 하지만 틀림없이 현실 안에 그리고 그 일부로 있다. 그것은 이원성의 세계와 그 세계 내의 부분-실재에 의해 지배되고 있을 뿐이다. 그러나 특히 구체적 유토피아적 상상력에 의해 발전된다면, 그것은 오직 소우주에서 구현되기만 하는 것이라고 할지라도 무엇인가를 수행하기 위한 더 나은 방법에 대한 비전 그리고 인간과 사회적 삶의 대안적 질서를 묘사하고 제시한다. 이런 점에서 메타실재는 현실적인 것에 대해, 그것의 내재적 비판가 또는 항구적인 고발자로서 그것에 '반

14 Bhaskar, *Reflections on MetaReality,* 115-6, 192, 228, 240; *The Philosophy of MetaReality,* 152f.

15 다시 한 번 Alan Norrie, *Dialectics and Difference,* 149-150의 훌륭한 정식화를 빌린 것이다.

대'한다.

오늘날 우리의 연쇄적 위기에 대해 중요한 계기가 되는 또 다른 결과가 있다. 메타실재는 의도성에서의 분열 그리고 궁극적으로 뒤따라오게 되는 실패와 불행을 피하는 유일한 방법은, 누구든 잃을 수 없는, 기저 상태와 자신의 나머지 인격 사이의 불일치를 제거하는 것이라고 강조한다. 이것은 에고의 두 가지, 즉 분리된 '나'와, 체화된 인격성 내의 이질적인 특징, 다시 말해 그것의 기저 상태와 불일치하는 그런 특징들 양쪽 모두를 **제거하는 것**을 포함할 것이다. 이것은 불가피하게 **더 간결하지만 내면적으로 더 풍부하고 심층적인 실존**을 포함할 것이다.

결과적으로 이것은 명백히 다음을 포함할 것이다.[16]

(1) 전반적인 탈-설장, 그리고
(2) 정보통신 기술과 같은 것에 도움을 받아 미개발된 인간 잠재력의 증대된 사용

따라서 생태적 지속 가능성과 추가적인 순성장이 함께 가는 것은 불가능하다는 것이 의심의 여지없이 입증되었다고 생각한다. 물론 이것은 일부 부문들, 일부 나라들의 성장은 인정하며, 자원과 부의 급진적 재분배와 일관성을 갖는다. 그러나 전반적으로 순 탈-성장임에는 틀림없다. 물론, 자본주의와 탈-성장이 양립 가능한지 여부는 논쟁의 주제이다.[17]

---

16 이 부분의 나머지는 주로 Bhaskar, 'Critical realism in resonance with Nordic ecophilosophy'에 근거하고 있다.

17 Næss et al., eds, *Crisis System*을 볼 것. 더 일반적으로 말하여 이것은 (a) 자본주의에 대한 대안의 문제를 제기한다(Hans Despain, '"It's the system, stupid": structural crises and the need for alternatives to capitalism,' *Monthly Review* 65:6 (2013), 39-44을 참고할 것). 그리고 (b) 예를 들어, 노동자 소유 또는 협동조합 기업들(경제 민주주의의 원리에 기반한)과 같은 자본

성장의 종말이란 그러나 두 가지 의미에서 발전의 종말과 같지 않다. 첫째, 경제의 영역에서, 증가하는 불평등의 세계의 맥락에서, 빈곤하고 질병에 시달리고 장애가 있는 사람들, 젊은이들과 노인들, 억압받는 자들과 궁핍한 자들을 위한 급진적인 재분배가 있을 필요가 있다. 이러한 재분배와 더불어, 우리는 에너지 사용의 그 어떤 전반적인 증가 없이 발견하거나 고안하고 생산하고 기능하는, 새롭게 이행적이며, 생태학적으로 친화적인 기술의 개화를 격려해야 한다. 이렇게 되기 위해서는 우리가 단순히 정보만이 아니라 지식, 관념 그리고 지혜를 향유하고 공유하기를 배우고 상상력의 기술들과 공감의 활용에서 능숙해질 수 있도록 우리의 평생 학습을 진지하게 재조직화해야 한다. 그리하여, 우리가 아닌(또는 아니라고 생각하는) 다른 사람들과 하나가 되기를 배우면서, 우리는 우리 자신의 일부를 억압하고 배제하는 고통을 더 이상 참을 필요가 없음을 알게 된다. 둘째, 다른 종과 아직 태어나지 않은 세대에 대한 우리의 책임과 일치하도록, 다시 말해, 보편적 인간 번영의 목표 또는 모든 이들의 자유로운 번영의 조건으로서 각자의 자유로운 번영이라는 목표를 향하여 우리의 개인적이고 집합적인 인간 본성의 더 위대한 완성의 수준에서의 발전이 전개될 것이다.

우리의 미개발된 힘의 향상된 활용은 과잉 이동성, 즉 연료를 삼켜대는 차와 비행기를 이용한 끊임없는 이동 현상을 고려할 때 쉽게 설명할 수 있다. 가령, 북유럽 또는 미국으로부터 호주 대륙으로의 비행기 운항의 대부분, 아마도 95% 정도는 진정 필요가 있는가? 호주, 아마도 시드니 오페라 하우스Sydney Opera House나 골드 코스트Gold Coast 또는 울루루Uluru에 방문하기를 원하는 것이라면, 그것들에 대한 영화나 비디오를 보거나 인터넷으로 가거나 그곳에 사는

주의 내에서의 대안, 또는 교환가치가 아니라 사용가치에 정향된 또는 적어도 가치 추출이 아니라 가치 창출을 지향하는 공공 부문을 가진(강화된 정치적 민주주의와 결합한) 고도로 규제된 혼합경제의 문제를 제기한다〔예를 들어, Will Hutton, 'So the West is a write-off? Beware those economic forecasts,' *The Observer*(London), 29 December 2013을 볼 것〕.

친구에게 전화를 걸거나 책을 읽거나 그곳에 가본 적이 있는 사람과 대화를 하거나 공감을 나누는 것은 어떨까? 물론, 그러기 위해서는 우리 안에서 노력과 탐구를 해야 하고 우리의 상상력을 활용해야 할 것이다. 그러나 이것은 20시간의 비행보다 얼마나 더 많은 보상을 주며 우리 자신과 지구 행성(물론 호주를 포함해)을 위해 더 좋은 일인가! 다시 말하지만 누가 정말 그랜드 캐니언Grand Canyon에 갈 필요가 있을까? 적어도 영화에서 그것을 경험할 수 있을 때에도 단지 그것을 **보기** 위해서라면? 웹을 사용한 회의나 화상회의가 가능한데 누가 빈번한 대면 회의를 요구하는가? 도구의 도움을 받은 우리의 상상력과 의식은 현재의 엄청난 양의 물리적 이동을 일반적으로 대체할 수 있을 것이다.

이제 마지막 질문이 남아 있다. 어떻게 메타실재는 사슬처럼 이어진 위기 체계에 도움이 될 수 있는가? 이것은 다음 질문과 같은 것이다. 4-평면 사회적 존재에서의 소외에 본질적 한계가 있는가? 메타실재는 그 평면들 각각에서 우리가 경험하는 소외와 위기에 대한 한계를 확인한다. 사람들 사이의 사회적 상호작용의 평면에서는 이것이, 상호작용하고 있는 의식에서의 초월적 동일화 — 이것은 우리가 서로 동의하지 않는 경우에도 서로를 (우리의 부동의를 표시하기 위해서라도) 여전히 어느 정도는 이해해야 한다는 생각에서 나타난다 — 의 환원 불가능성으로부터 온다. 마찬가지로, 서로 다른 열 가지 방식으로 분열되어 있고, 열 가지 서로 다른 목소리를 듣는 사람이라도, 적어도 그는 그 다른 목소리들을 듣는다 — 열 가지 다른 목소리가 있을 수 있지만 오직 한 명의 청자만이 있으며, 분열되어 있는 사람이지만, 처음에 복잡한 체제를 구축한 하나의 실재 자아가 있다. 이것이 체화된 인격성의 층화의 평면에서의 한계이다. 자연과의 물질적 교류에서의 한계는 인간이 자연적 존재라는 사실로부터 온다. 자연은 우리와 동떨어져 있지 않으며, 우리는 그것의 일부이다. 자연의 해체는 단순히 살해가 아니라 자살이며 그리고 또한 자살로 다루어져야 한다. 사회구조의 평면에서의 한계는 더욱 복잡한 것인데, 이는 2007~2008년의 신용 경색과 같은 예를 들어 논의하는 것이 가장 적절하다. 여기서 해결책은 돈을 실물 경제에 재삽입re-embedding 하고, 실물 경제를 그것이 의존하고 있는 사회적 정치적 하부구조에 재삽입하며, 사회적 하부구조를 그것의 메타실재 영성적 하위구조 내에 재삽입하는 것이다. 사회구조의 경우와 자연과의 교류에서의 경우 개인적 의도성과 행위성 이상의 것이 요구된다. 우리는 집합적 의사-결정과 행위가 필요하며, 여기서 메타실재는, 추정된 통약 불가능성과 상반된 이해를 연결하는 데 도움이 되는, 보편적 연대와 축 합리성의 공리들을 불러낸다.

변증법적 비판적 실재론의 자유를 향한 충동에 대한 신자유주의적 반대 세력에 대해 말하자면, 개인적인 것에 대한 사회적인 것의 지배는 우리가 추론된 가치론의 구조적 비대칭성과 메타실재가 부여하는 지리-역사적 반전의 가능성을 파악하면 덜 결정적인 것으로 보이기 시작한다. 이것은 사회구조와 힘$_2$의 사회의 영성적 하부구조에 대한 의존과, 그리고 어떤 상업적 거래 또는 주인-노예 유형 관계를 유지하기 위해서는 인간-상호적 신뢰가 필요하다는 감각, 일과 도구적 합리성의 공공연한 세계가 무조건적 사랑을 (적어도 부분적으로) 중심으로 선회하고 비-계약적 관계들을 포함하는 '가정domestic' 체제를 전제하고 있다는 감각을 포함한다.

또는 연대의 명백한 붕괴를 생각해 보자. 그러한 연대가 억압되었을 수는 있지만 완전히 사라진 적이 있는가? 나는 그렇지 않다고 주장한다. 위기 상황에서, 인간은 매우 자주 자신의 기저 상태와 그것이 제공하는 힘으로 뛰어든다. 지하에 갇힌 칠레 광부들의 행동으로부터 일본 쓰나미의 강력한 힘을 느꼈던 사람들의 완벽한 행동에 이르기까지, 우리는 자주 이것을 목격할 수 있다. 물론, 우리가 해야 하는 것은 우리의 공감 능력과 공-현전 감각을 확대하기 위해 모든 기회를 활용하는 것이다. 이것들은 그것이 우리를 어디로 데려가든 변증법적 보편화 가능성의 논리를 사용하고 따르는 우리의 능력을 확대할 것이다(그래서 예를 들면, 보스턴에서 누군가의 죽음은 아프가니스탄에서 어떤 사람의 죽음과 비교될 수 있다).

우리의 도덕적 진화에서의 불균형에 대해 말하자면, 이것은 우리의 기술적 진화의 몇 가지를 이용함으로써, 예를 들면, 디지털 시대에 가상의 연대, 이미 많은 경우 사무실이나 거실에 남아 있지 않고 거리로 진출한 연대의 네트워크를 수립함으로써, 부분적으로 상쇄될 수 있다.

마지막으로, 이러한 위기들의 연쇄적 성격은, 예를 들어 탈-성장과 급진적인 재분배를 위한 우리의 주장이 경제나 일의 조직화 및 일상생활의 구조를 재조직하기 위한 우리의 새로운 전략에 영향을 미치듯이, 거꾸로 뒤집힐 수도 있다.

9.3 | 비판적 실재론의 장점

비판적 실재론은 비실재론적 경쟁 이론과 비교해 다음과 같은 몇 가지 장점을 가지고 있다. 첫째, 비판적 실재론은 존재론적으로, 인식론적으로, 방법론적으로 최대한 포괄적이다.[18] 둘째, 우리는 비-비판적 실재론/비실재론적 입장이, 그 입장에 찬성하는 사람들이 가장 강점이라고 여기는 지점에서 약점이나 맹점을 드러내는 아킬레스건 비판을 포함한 파괴적인 비판에 취약하다는 것을 보았다. 비실재론적 입장은 과학 이론 중에서 경험주의, 신칸트학파 그리고 사회구성주의 또는 후기구조주의류의 초고도 관념론을 포함하며, 사회과학 이론 중에서는 실증주의, 신칸트학파, 해석학, 비판 이론, 사회구성주의와 후기구조주의를 포함한다.

그러나 실천에 있어서 이들 다른 입장은 (가치론적 필요에 따라) 적어도 비판적 실재론의 몇 가지 요소를 전제해야 한다. 그 자체로 그들은 TINA 타협 구

18 Bhaskar and Danermark, 'Metatheory, interdisciplinarity and disability research,' Part IV을 볼 것.

성체를 구성한다. 이제는 오늘날의 고도화된 방법론적 성찰성 때문에, 적어도 사회과학 분야에서는 비판적 실재론을, **사전에**ex ante, 명시적으로 그리고 방법론적으로 자-의식적으로 채택해야 한다는 것을 의미한다.

그럼에도 불구하고, 비판적 실재론은, 다른 입장의 옹호자들을[19] 그들이 비판적 실재론자들이나 그 밖의 사람들에게 자신들의 부정적인 방법론적 명령을 강요하려 하지 않는 한에서 얼마든지 포용할 수 있다.[20] 실제로, 비판적 실재론의 더 큰 포용성의 가치를 인식하기만 한다면 많은 이들이 비판적 실재론을 수용하게 될 것이라고 나는 확신한다.

비판적 실재론의 약점

비판적 실재론이 갖는 약점에는 존재론에 비해 인식론이 상대적으로 덜 발전되었다는 것이다. 즉, 4-평면 사회적 존재의 일부 부분들에 대한, 예를 들어 발달심리학에 대한, 그리고 신념과 행위의 형성에서 세계관 및 유사한 **게슈탈트**Gestalts의 역할에 대한 그것의 상대적 소홀함을 포함한다. 가령, 켄 윌버Ken Wilber의 통합 이론Integral theory 학파가 제시한 것과 같은 분류법이 여기서 도움이 될 것이다.[21]

다양한 과학 그리고 해방의 실천에 구체적으로 참여하는 것 역시 아직 부족하다. 대부분의 자연과학과 많은 사회과학과 관련한 상대적으로 세부적인 '중-수준'의 작업이 부족하다. 여기서는, 바슐라르Bachelard 또는 심지어 파이어아벤트Feyerabend와 같은 초기 세대의 과학철학자에 대한 연구에서뿐 아니라

---

19 Bhaskar with Hartwig, *The Formation of Critical Realism*의 chapter 4, 'The critical realist embrace: critical naturalism'을 볼 것.

20 Bhaskar with Hartwig, *The Formation of Critical Realism*, 77-8.

21 Bhaskar et al., eds, *Metatheory for the Twenty-First Century: Critical Realism and Integral Theory in Dialogue*을 볼 것.

에드가 모렝Edgar Morin[22]의 복잡성 사고에서도 유용한 교훈을 배울 수 있을 것이다. 해방의 실천에 대한 또는 그것들과 더불어 정교한 참여에 대해 말하자면, 비판적 실재론은 그다지 더 낫다고 할 수 없다. 만약 비판적 실재론이, 그렇게 되기를 열망하듯이, 인간 해방을 위한 성공적인 기초작업자가 되려고 한다면 많은 매개 작업(그리고 구체적 유토피아주의)이 이루어져야 할 것이다.

22 예를 들면, Edgar Morin, *Seven Complex Lessons in Education for the Future*, trans. Nidre Poller(Paris: UNESCO, 1999)와 Paul Marshall, 'Towards a complex integral realism', in *Metatheory for the Twenty-First Century*, eds Bhaskar et al. , 140-82 을 볼 것.

참고문헌

Ackroyd, Stephen and Karlsson, Jan Ch. 2014. 'Critical realism, research techniques, and research designs.' in *Studying Organisations Using Critical Realism: A Practical Guide*. eds. Paul K. Edwards, Joe O'Mahoney and Steve Vincent(Oxford: Oxford University Press), Chapter 2, 21-45.

Agar, Jolyon. 2014. *Post-Secularism, Realism and Utopia: Transcendence and Immanence from Hegel to Bloch*. London : Routledge.

Archer, Margaret S. 1988. *Culture and Agency: The Place of Culture in Social Theory*. Cambridge: Cambridge University Press.

Archer, Margaret S. 1995. 'Realism and morphogenesis.' in her *Realist Social Theory*, Chapter 5, reprinted in *Critical Realism: Essential Readings*. eds. M. S. Archer et al.(London: Routledge, 1998), Chapter 14, 356-82.

Archer, Margaret S. 1995. *Realist Social Theory: The Morphogenetic Approach*. Cambridge: Cambridge University Press.

Archer, Margaret S. 2000. *Being Human: The Problem of Agency*. Cambridge: Cambridge University Press.

Archer, Margaret S. 2003. *Structure, Agency and the Internal Conversation*. Cambridge: Cambridge University Press.

Archer, Margaret S. 2012. *The Reflexive Imperative in Late Modernity*. Cambridge: Cambridge University Press.

Archer, Margaret S. ed. 2013. *Social Morphogenesis*. Dordrecht: Springer.

Archer, Margaret S. 2015. 'How agency is transformed in the course of social transformation: Don't forget the double morphogenesis,' in *Generative Mechanisms Transforming the Social Order*. ed. M. S. Archer(Dordrecht: Springer, 2015), 135-58.

Archer, Margaret S. 2015. 'Introduction: other conceptions of generative mechanisms and ours.' in *Generative Mechanisms Transforming the Social Order*. ed. M. S. Archer(Dordrecht : Springer), 1-26.

Archer, Margaret S., Collier, Andrew and Porpora, Douglas V. 2004. *Transcendence: Critical Realism and God*. London: Routledge.

Archer, Margaret S., Bhaskar, Roy, Collier, Andrew, Lawson, Tony and Norrie, Alan. eds. 1998. *Critical Realism: Essential Readings*. London: Routledge.

Assiter, Alison. 2013. 'Speculative and critical realism.' *Journal of Critical Realism* 12:3, 283-300.

Badiou, Alain. 1988/2010. *Being and Event*, trans. Oliver Feltham. London : Continuum.

Badiou, Alain. 2006/2009. *Logics of Worlds: Being and Event, 2*. trans. Alberto Toscano. London: Continuum.

Bellah, Robert N. 2011. *Religion in Human Evolution: From the Paleolithic to the Axial Age*. Cambridge, MA: Belknap Press.

Berger, Peter L. and Luckmann, Thomas. 1966/1991. *The Social Construction of Reality: A Treatise in the Sociology of Knowledge*. Harmondsworth: Penguin.

Bhaskar, Roy. 1975. 'Feyerabend and Bachelard: two philosophies of science.' *New Left Review* 94, 31-55; reprinted in his *Reclaiming Reality: A Critical Introduction to Contemporary Philosophy*(London: Routledge, 1989/2011), Chapter 3, 26-48.

Bhaskar, Roy. 1975/2008. *A Realist Theory of Science*. London: Routledge.

Bhaskar, Roy. 1979/2015. *The Possibility of Naturalism: A Philosophical Critique of the Contemporary Human Sciences*. London: Routledge.

Bhaskar, Roy. 1986/2009. *Scientific Realism and Human Emancipation*. London: Routledge.

Bhaskar, Roy. 1989/2011. *Reclaiming Reality: A Critical Introduction to Contemporary Philosophy*. London: Routledge.

Bhaskar, Roy. 1991. *Philosophy and the Idea of Freedom*. Oxford: Blackwell.

Bhaskar, Roy. 1993/2008. *Dialectic: The Pulse of Freedom*. London: Routledge.

Bhaskar, Roy. 1994/2010. P*lato Etc.: The Problems of Philosophy and their Resolution*. London: Routledge.

Bhaskar, Roy. 1997. 'On the ontological status of ideas.' *Journal for the Theory of Social Behaviour* 27:2/3, 139-47.

Bhaskar, Roy. 2000/2015. *From East to West: Odyssey of a Soul*. London: Routledge.

Bhaskar, Roy. 2002/2012. *From Science to Emancipation: Alienation and the Actuality of Enlightenment*. London: Routledge.

Bhaskar, Roy. 2002/2012. T*he Philosophy of MetaReality: Creativity, Love and Freedom*. London: Routledge.

Bhaskar, Roy. 2002/2012. *Reflections on MetaReality: Transcendence, Emancipation and Everyday Life*. London: Routledge.

Bhaskar, Roy. 2007. 'Theorising ontology.' in *Contributions to Social Ontology*. eds. Clive Lawson, John Latsis and Nuno Martins(London: Routledge), 192-204.

Bhaskar, Roy. 2010. 'Contexts of interdisciplinarity: interdisciplinarity and climate change.' in *Interdisciplinarity and Climate Change*. eds. Roy Bhaskar, Cheryl Frank, Karl Georg Høyer, Petter Næss and Jenneth Parker(London: Routledge), 1-34.

Bhaskar, Roy. 2012. 'Critical realism in resonance with Nordic ecophilosophy.' in *Ecophilosophy in a World of Crisis: Critical Realism and the Nordic Contributions*. eds. Roy Bhaskar, Karl Georg Høyer and Petter Næss(London: Routledge), 9-24.

Bhaskar, Roy and Danermark, Berth. 2006. 'Metatheory, interdisciplinarity and disability research: a critical realist perspective.' *Scandinavian Journal of Disability Research* 8:4, 278-97.

Bhaskar, Roy, Danermark, Berth and Price, Leigh. eds. In press. Interdisciplinarity and Wellbeing. London: Routledge.

Bhaskar, Roy, Estbjorn-Hargens, Sean, Hedlund, Nick, and Hartwig, Mervyn. eds. 2016. *Metatheory for the Twenty-First Century: Critical Realism and Integral Theory in Dialogue*. London: Routledge.

Bhaskar, Roy with Hartwig, Mervyn. 2010. *The Formation of Critical Realism: A Personal Perspective*. London: Routledge.

Bhaskar, Roy with Hartwig, Mervyn. 2011. 'Beyond East and West.' in *Critical Realism and Spirituality*. eds. Mervyn Hartwig and Jamie Morgan(London: Routledge), 187-202.

Bhaskar, Roy with Hartwig, Mervyn. 2011. '(Re-)contextualising metaReality.' in *Critical Realism and Spirituality*. eds. Mervyn Hartwig and Jamie Morgan(London: Routledge), 205-17.

Brassier, Ray. 2010. *Nihil Unbound: Enlightenment and Extinction*. London: Palgrave.

Brown, Gordon. 2009. 'The ontological turn in education.' *Journal of Critical Realism* 8:1, 5-34.

Campbell, N. R. 1919. *Foundations of Science: The Philosophy of Theory and Experiment*. New York: Dover.

Collier, Andrew. 1989. *Scientific Realism and Socialist Thought*. Hemel Hempstead: Harvester Wheatsheaf.

Collier, Andrew. 1994. *Critical Realism: An Introduction to Roy Bhaskar's Philosophy*. London: Verso.

Collier, Andrew. 1999. *Being and Worth*. London: Routledge.

Collier, Andrew. 2003. *On Christian Belief: A Defence of a Cognitive Conception of Religious Belief in a Christian Context*. London: Routledge.

Danermark, Berth, Ekstrom, Mats, Jakobsen, Liselotte and Karlsson, Jan Ch. 2002. *Explaining Society: Critical Realism in the Social Sciences*. London: Routledge.

Danto, A. C. 1965. 'Basic actions.' *American Philosophical Quarterly* 2:2, 141-8.

Despain, Hans. 2011. 'Karl Polanyi's metacritique of the liberal creed: reading Polanyi's social theory in terms of dialectical critical realism.' *Journal of Critical Realism* 10:3, 277-302.

Despain, Hans. 2013. '"It's the system, stupid": structural crises and the need for alternatives to capitalism.' *Monthly Review* 65: 6, 39-44.

Donati, Pierpaolo and Archer, Margaret S. 2015. 'On plural subjectivity and the relational subject.' in *The Relational Subject*. eds. Pierpaolo Donati and Margaret S. Archer (Cambridge: Cambridge University Press), Chapter 2, 33-76.

Evenden, Martin. 2012. 'Critical realism in the personal domain: Spinoza and the explanatory critique of the emotions.' *Journal of Critical Realism* 11:2, 163-87.

Fairclough, Norman. 1995/2010. *Critical Discourse Analysis: The Critical Study of Language*. Harlow: Pearson.

Fairclough, Norman. 2003. *Analysing Discourse: Textual Analysis for Social Research*. London: Routledge.

Fairclough, Norman. 2007. 'Critical discourse analysis.' in *Dictionary of Critical Realism*. ed. M. Hartwig(London: Routledge), 89-91.

Fukuyama, Francis. 1992. *The End of History and the Last Man*. London: Penguin.

Giddens, Anthony. 1979. *Central Problems of Social Theory*. London: Macmillan.

Giddens, Anthony. 1984. *The Constitution of Society: Outline of a Theory of Structuration*. Cambridge: Polity.

Goodman, Nelson. 1955. *Fact, Fiction, and Forecast*. Harvard: Harvard University Press.

Graeber, David. 2011. *Debt: The First 5,000 Years*. New York: Melville House.

Groff, Ruth. 2009. 'Introduction to the special issue on causal powers.' *Journal of Critical Realism* 8:3, 267-76.

Gunnarsson, Lena. 2014. *The Contradictions of Love: Towards a Feminist-Realist Ontology of Sociosexuality*. London: Routledge.

Habermas, Jurgen, 1976/1979. *Communication and the Evolution of Society*. Boston: Beacon Press.

Hare, R. M. 1970. 'Meaning and speech acts.' *Philosophical Review* 79:1, 3-24.

Harre, Rom. 1972. *The Principles of Scientific Thinking*. London: Macmillan.

Hartwig, Mervyn. 2007. 'Critical realism.' in *Dictionary of Critical Realism*. ed. M. Hartwig (London: Routledge), 97-8.

Hartwig, Mervyn. 2007. 'MELD.' in *Dictionary of Critical Realism*. ed. M. Hartwig (London: Routledge), 97-8.

Hartwig, Mervyn. 2009. 'Introduction' to *Scientific Realism and Human Emancipation*. by Roy Bhaskar, xi-xli, xv.

Hartwig, Mervyn. 2009. 'Introduction' to Dialectic: *The Pulse of Freedom*, by Roy Bhaskar, xiii-xxix.

Hartwig, Mervyn. 2011. 'Bhaskar's critique of the philosophical discourse of modernity.' *Journal of Critical Realism* 10:4, 485-510.

Hartwig, Mervyn. 2012. 'Introduction' to Roy Bhaskar. *The Philosophy of MetaReality*, ix-xxxix.

Hartwig, Mervyn and Morgan, Jamie. eds. 2012. *Critical Realism and Spirituality*. London: Routledge.

Hegel, G. W. F. 1837/1975. *Lectures on the Philosophy of World History. Introduction: Reason in History*. trans. H. B. Nisbet. Cambridge: Cambridge University Press.

Hegel, G. W. F. 1807/1977. *Phenomenology of Spirit*. trans. A. V. Miller. Oxford: Oxford University Press.

Heidegger, Martin. 1927/1962. *Being and Time*. trans. John Macquarrie and Edward Robinson. Oxford: Blackwell.

Hempel, Carl G. 1965. *Aspects of Scientific Explanation and Other Philosophical Essays*. The Free Press: New York.

Honneth, Axel. 1993/1995. *The Struggle for Recognition: The Moral Grammar of Social Conflicts*. London: Polity Press.

Hostettler, Nick. 2013. *Eurocentrism: A Marxian Critical Realist Critique*. London: Routledge.

Hume, David. 1740/1934. *A Treatise of Human Nature, Vol. II*. London: J. M. Dent.

Hume, David. 1747/2007. *An Enquiry Concerning Human Understanding*. ed. Peter Millican. Oxford: Oxford University Press.

Hume, David. 1779/2008. *Dialogues Concerning Natural Religion*. Oxford: Oxford University Press.

Hutton, Will. 2013. 'In language and action, there's a new brutalism in Westminster.' *The Observer*(London), 29 June.

Hutton, Will. 2013. 'So the West is a write-off? Beware those economic forecasts.' *The Observer*(London), 29 December.

Kastner, Ruth E. 2013. *The Transactional Interpretation of Quantum Mechanics: The Reality of Possibility*. Cambridge: Cambridge University Press.

Kuhn, Thomas. 1962/1970. *The Structure of Scientific Revolutions*. Chicago: University of Chicago Press.

Locke, John. 1690/1975. *An Essay Concerning Human Understanding*. Oxford: Oxford University Press.

Luhmann, Niklas. 1976. 'The future cannot begin: temporal structures in modern society.' *Social Research* 43:1, 130-52.

MacDonald, Melanie. 2008. 'Critical realism, metaReality and making art: traversing a theory-practice gap.' *Journal of Critical Realism* 7:1, 29-56.

Marshall, Paul. 2016. 'Towards a complex integral realism.' in *Metatheory for the Twenty-First Century: Critical Realism and Integral Theory in Dialogue*. eds. Roy Bhaskar, Sean Esbjorn-Hargens, Nicholas Hedlund and Mervyn Hartwig(London: Routledge), 140-82.

Marx, Karl. 1973. *Grundrisse*. Harmondsworth: Penguin.

Marx, Karl. 1958. Letter to Friedrich Engels, 14 January, in Karl Marx and Friedrich Engels, *Collected Works Vol. 40, Letters 1856-1859*(New York: International Publishers), 248-50.

Mason, Pete. 2015. 'Does quantum theory redefine realism? The neo-Copenhagen view.' *Journal of Critical Realism* 14:2, 137-63.

McGrath, Alistair. 2001. *A Scientific Theology: Volume 1 Nature*. London and New York: T&T Clark.

McGrath, Alistair. 2002. *A Scientific Theology: Volume 2, Reality*. London and New York: T&T Clark.

McGrath, Alistair. 2003. *A Scientific Theology: Volume 3, Theory*. London and New York: T&T Clark.

McWherter, Dustin. 2013. *The Problem of Critical Ontology: Bhaskar Contra Kant*. London: Palgrave Macmillan.

McWherter, Dustin. 2015. 'Roy Bhaskar and post-Kantian philosophy.' in Ruth Porter Groff, Lena Gunnarsson, Dustin McWherter, Paul Marshall, Lee Martin, Leigh Price, Matthew L. N. Wilkinson and Nick Wilson, 'In memoriam Roy Bhaskar.' *Journal of Critical Realism* 14:2, 119-36, 124-7.

Meillassoux, Quentin. 2008. *After Finitude: An Essay on the Necessity of Contingency*. trans. Ray Brassier. London: Continuum.

Morin, Edgar. 1999. *Seven Complex Lessons in Education for the Future*. trans. Nidre

Poller. Paris: UNESCO.

Moth, Rich. Unpublished discussion paper. 'How do practitioners in community health teams conceptualise mental distress? — the pentimento model as a laminated system.'

Naess, Petter. 2004. 'Predictions, regressions and critical realism.' *Journal of Critical Realism* 3:1, 133-64.

Næss, Petter and Price, Leigh. eds. In press. *Crisis System: A Critical Realist and Environmental Critique of Economics and the Economy*. London: Routledge.

Nagel, Ernest. 1961. *The Structure of Science: Problems in the Logic of Scientific Explanation*. London: Harcourt, Brace and World.

Nagel, Thomas. 2012. *Mind and Cosmos: Why the Materialist Neo-Darwinian Conception of Nature is Almost Certainly False*. Oxford: Oxford University Press.

Nellhaus, Tobin. 1998. 'Signs, social ontology, and critical realism.' *Journal for the Theory of Social Behaviour* 28:1, 1-24.

Norrie, Alan. 2010. *Dialectic and Difference*. London: Routledge.

Nunez, Iskra. 2014. *Critical Realist Activity Theory: An Engagement with Critical Realism and Cultural-Historical Activity Theory*. London: Routledge.

Nussbaum, Martha. 2011. *Creating Capabilities*. Harvard: Harvard University Press.

Oldroyd, David. 1986. *The Arch of Knowledge: An Introductory Study of the History of the Philosophy and Methodology of Science*. London: Methuen.

Outhwaite, William. 1987. *New Philosophies of Social Science: Realism, Hermeneutics and Critical Theory*. London: Palgrave Macmillan.

Pigden, Charles R. ed. 2010. *Hume on Is and Ought*. Basingstoke: Macmillan.

Porpora, Douglas V. 2006. 'Methodological atheism, methodological agnosticism and religious experience.' *Journal for the Theory of Social Behavior* 36:1, 57-75.

Porpora, Douglas V. 2016. *Reconstructing Sociology: A Critical Realist Approach*. Cambridge: Cambridge University Press.

Price, Leigh. 2014. 'Critical realism versus mainstream interdisciplinarity.' *Journal of Critical Realism* 13:1, 52-76.

Psillos, Stathis. 2007. 'Inference.' in *Dictionary of Critical Realism*. ed. M. Hartwig, 256-7. London: Routledge.

Reeves, Craig. In press. *The Idea of Critique*. London: Routledge.

Rogers, Tim. 2004. 'The doing of a depth investigation: implications for the emancipatory aims of critical naturalism.' *Journal of Critical Realism* 3:2, 238-69.

Rostow, W. W. 1960. *The Stages of Economic Growth: A Non-Communist Manifesto*.

Cambridge: Cambridge University Press.

Sarra, Chris. 2008. *Strong and Smart: Towards a Pedagogy for Emancipation. Education for First Peoples.* London: Routledge.

Sartre, Jean-Paul. 1943/2003. *Being and Nothingness: An Essay on Phenomenological Ontology.* London: Routledge.

Scriven, Michael. 1959. 'Truisms as the grounds for historical explanation.' in *Theories of History: Readings from Classical and Contemporary Sources.* ed. Patrick Gardiner (New York: Free Press), 443-75.

Scriven, Michael. 1962. 'Explanations, predictions and laws.' *Minnesota Studies in the Philosophy of Science* 2, 170-230.

Seo, MinGyu. 2008. 'Bhaskar's philosophy as anti-anthropism: a comparative study of Eastern and Western thought.' *Journal of Critical Realism* 7:1, 5-28.

Seo, MinGyu. 2014. *Reality and Self-Realisation: Bhaskar's Metaphilosophical Journey toward Non-dual Emancipation.* London: Routledge.

Shipway, Brad. 2011. *A Critical Realist Perspective of Education.* Routledge: London.

Smallwood, Gracelyn. 2015. *Indigenist Critical Realism: Human Rights and First Australians' Well-being.* London: Routledge.

Smith, Christian. 2010. *What Is a Person? Rethinking Humanity, Social Life, and the Moral Good from the Person Up.* Chicago: University of Chicago Press.

Smith, Christian. 2015. *To Flourish or Destruct: A Personalist Theory of Human Goods, Motivations, Failure, and Evil.* Chicago: University of Chicago Press.

Steinmetz, George. 1998. 'Critical realism and historical sociology.' *Comparative Studies in Society and History* 40:1, 170-86.

Stirling, James Hutchison. 1865. *The Secret of Hegel.* London: Longman.

Stoljar, Daniel. 'Physicalism.' in *The Stanford Encyclopedia of Philosophy*(Spring 2015 Edition). ed. Edward N. Zalta, retrieved on 24 February 2016 from http://plato.stanford.edu/archives/spr2015/entries/physicalism/.

Whewell, William. 1989. *Of Induction, With Especial Reference to Mr. J. Stuart Mill's* System of Logic. London: John W. Parker.

Wikipedia contributors. 2015. 'Climatic Research Unit email controversy.' 30 September.

Wikipedia, The Free Encyclopedia, retrieved on 25 February 2016 from https://en.wikipedia.org/w/index.php?title=Climatic_Research_Unit_email_controversy&oldid=683477293.

Wilkinson, Matthew L. N. 2015. *A Fresh Look at Islam in a Multi-Faith World: A Philosophy of Success through Education.* London: Routledge.

Wilkinson, Matthew L. N. 2015. 'Towards an ontology of educational success: Muslim young people in humanities education.' in his *A Fresh Look at Islam in a Multi-Faith World: A Philosophy of Success through Education*(London: Routledge), Chapter 6, 117-50.

Winch, Peter. 1958. *The Idea of a Social Science and its Relation to Philosophy*. London: Routledge and Kegan Paul.

Wittgenstein, Ludwig. 1921/1922. *Tractatus Logico-Philosophicus*. trans. Frank Ramsey and C. K. Ogden. London: Kegan Paul.

Wright, Andrew. 2007. *Critical Religious Education, Multiculturalism and the Pursuit of Truth*. Cardiff: University of Wales Press.

Wright, Andrew. 2013. *Christianity and Critical Realism: Ambiguity, Truth and Theological Literacy*. London: Routledge.

Žžk, Slavoj. 2012. *Less Than Nothing: Hegel and the Shadow of Dialectical Materialism*. London: Verso.

찾아보기(인명)

찾아보기(용어)

〈숫자·영문〉

옮긴이의 말

비판적 실재론은 이제 철학, 인문학, 사회과학을 혁신하는 다학문적이고 국제적인 흐름으로 자리 잡았지만, 한국의 학계에서는 여전히 낯설 뿐만 아니라 부재하는 철학적 기획입니다. 이것은 무엇보다도 철학적 논의를, 형이상학적인 것, 사변적인 것으로 외면하거나 무시하고 심지어 적대하는 한국 학계의 지배적 풍토의 한 단면이자 귀결이라고 할 것입니다. 하지만 이런 풍토 자체가 특정 철학, 즉 '경험(가능한 것)'만이 논의할 가치가 있으며 그것을 넘어서는 것은 의미 없는 것이라고 상정하는 경험주의 또는 실증주의 철학의 표현입니다. 경험주의는 오래전에 몰락했음에도 우리 학계는 여전히 경험주의의 유령에 사로잡혀 있는 것입니다. 그리고 이 유령은 경험을 넘어서는 것에 대한 탐구와 논의를 금지함으로써 경험주의의 비판과 지양을 봉쇄하는 효과를 동반하고 있습니다. 그래서 한국의 학계는 철학을 배제하거나 경멸함으로써 철학에서 해방될 수 있다고 믿지만, 실제로는 철학에서 해방된 것이 아니라 가장 나쁜 철학에 예속되어 있는 것입니다.

세계 자체(존재의 영역)를 인간의 경험(인식의 영역)으로 대체하거나 환원할 수 없다는 단순한 또는 '계몽된' 진실에서 출발하는 비판적 실재론은 그것에 의해 논의의 중심을 인간으로부터 세계로, 즉 인식론으로부터 존재론으로 전환한 '코페르니쿠스적 혁명'으로 볼 수 있습니다. 물론 철학에서 코페르니쿠스적 혁명은 이미 칸트가, 인간의 정신이 단순히 외부 세계를 수용하는 것이 아니라, 인식 주체로서 인간이 인식의 틀을 능동적으로 구성하여 적용함으로써 무질서한 감각 자료를 이해 가능한 경험으로 조직한다고 파악함으로써 수행했습니다. 하지만 그 이후 철학은 인식론으로 존재론을 대체함으로써 사실상 인류를 세계의 중심에 놓는 인류중심주의의 오류에 빠졌습니다. 이것을 지적하면서 바스카는 비판적 실재론의 전개를 '반反코페르니쿠스 혁명'으로 부르고 있습니다. 이 혁명을 통해 한국 학계가 '나쁜' 철학에서 벗어나 '좋은' 철학을 탐구하고 수용하기를 기대하면서 저희는 이 책을 번역하기로 뜻을 모았습니다.

바스카가 선도한 비판적 실재론 철학의 기획은 이론적/실천적 통찰의 과정을 거치며 대체로 다음의 다섯 국면으로 발전했습니다. 자연과학의 존재론과 인식론을 다루는 초월적 실재론Transcendental Realism, 사회과학의 존재론과 방법론을 탐구하는 비판적 자연주의Critical Naturalism, 헤겔과 마르크스의 변증법을 재평가하며 '실재하는 부재'를 포착하고 '부재화'의 개념을 매개로 과학이 해방의 실천윤리와 어떻게 관련되는지를 고찰하는 변증법Dialectic, 비이원성의 관점에서 경험적인 세계 너머에 있는 실재를 탐구하며, 궁극적으로 인간과 세계의 초월적이고 영성적인 측면을 통합하려는 메타실재MetaReality의 국면들, 그리고 이 국면들의 통찰을 기초로 복잡하고 층화된 실재를 이해하기 위해 필요한 학제성Interdisciplinarity의 추구가 그것들입니다. 국면들 사이에 '변증법적 전환dialectic turn'과 '영성적 전환spiritual turn'이 있다고 분석되지만, 그리고 학제성의 추구에 대해서는 바스카 자신이 '구체적 전환concrete turn'이라고 부르지만, 국면들은 단절되는 것이 아니라 앞의 국면이 뒤따르는 국면의 기반이 되며 인간 해방의 주제가 전체를 일관하고 있습니다.

그리고 이 책 『계몽된 상식』은 이 다섯 국면들을 포괄적으로 정리하고 있어서 바스카의 철학 체계 전반을 이해하는 데 그 어느 책보다도 적합할 것입니다. 2014년에 작고한 바스카의 유고를 정리한 이 책은 비판적 실재론에 대해, 편집자인 하트윅이 해설하듯, '이해하기 쉽고 명료하며 일관성 있는 설명을 제공함으로써 심오함을 희생하지 않으면서도 높은 수준의 명료성과 통찰성을 성취하고 있습니다'. 그동안 바스카가 전개한 논의들은 방대할 뿐 아니라 난해하다는 평판이 있을 만큼 복잡하고 접근하기가 쉽지는 않았습니다. 그러나 비판적 실재론의 철학적 관점에 동의하고, 비판적 실재론이 제시하는 이론적·실천적 대안들을 탐구해 온 저희는 1년 6개월 동안 번역 작업을 진행하면서 이 책은 그런 비난에서 자유로울 것이라는 확신을 하게 되었습니다.

바스카 작고 10주기를 맞아, 보편적 연대와 축 합리성의 원칙에 기반한 사회 변혁과 인간 해방 및 번영의 기획에 기초작업자로 헌신하고자 한 그의 평생의 '야망'이 확산하기를 기대하면서 그를 기리는 뜻으로 이 책을 한글로 옮겼습니다.

2024. 12.

옮긴이들

지 은 이

로 이 바 스 카 Roy Bhaskar

로이 바스카(1944~2014)는 비판적 실재론 철학의 창시자이며 호평 받고 영향력 있는 다수 저서를 펴낸 대표자이다. 그의 저작은 『실재론적 과학론(A Realist Theory of Science)』, 『자연주의의 가능성(The Possibility of Naturalism)』, 『과학적 실재론과 인간 해방(Scientific Realism and Human Emancipation)』, 『변증법: 자유의 맥박(Dialectic: The Pulse of Freedom)』, 『플라톤 등(Plato Etc.)』, 『메타실재에 대한 고찰(Reflections on MetaReality)』, 『과학에서 해방으로(From Science to Emancipation)』 그리고 (머빈 하트윅과 함께 저술한) 『비판적 실재론의 형성(The Formation of Critical Realism)』 등이 있다. 그는 『비판적 실재론: 핵심적 읽을거리(Critical Realism: Essential Readings)』, 『학제성과 기후변화(Interdisciplinarity and Climate Change)』, 『위기의 세계에서 생태철학(Ecophilosophy in a World of Crisis)』의 편집자이자 주요 필자이다. 그는 비판적 실재론 연구중심(Center for Critical Realism)의 창립 의장이었다. 그는 또한 런던대학교 교육연구소의 비판적 실재론 국제 연구중심(International Centre of Critical Realism at the University of London Institute of Education)의 소장이자 세계 학자(World Scholar)였다.

편 집 자

머 빈 하 트 윅 Mervyn Hartwig

≪비판적 실재론 학술지(Journal of Critical Realism)≫의 창립 편집자이며, 『비판적 실재론 사전(Dictionary of Critical Realism)』의 편집자이자 주요 저자이다.

옮긴이

김 명 희

경상국립대학교 사회학과 교수. 『통합적 인간과학의 가능성: 맑스와 뒤르케임의 실재론적 귀환』, 『세월호 이후의 사회과학』(공저) 등의 저서와 「뒤르케임의 사회과학철학: 반환원주의적 통섭의 가능성」, 「과학의 유기적 연대는 어떻게 가능한가: 과학과 도덕의 재통합」 등의 논문을 발표했다.

서 덕 희

조선대학교 교육학과 교수. 『홈스쿨링을 만나다』, 『다문화사회와 교육』, 『내 안의 디아스포라』 등의 저서와 「교육인류학의 미래를 위한 철학적 토대로서 바스카의 비판적 실재론」, 「"이게 학교야?": 코로나 팬데믹 상황, 온라인학교 체험을 통해 본 학교의 의미」 등의 논문을 발표했다.

서 민 규

건양대학교 인문융합학부 교수. 『마우리치오 페라리스』, *Reality and Self-Realisation, Critical Realism and Spirituality* 등의 저서와 「'인간다움'에 대한 반인간주의적 접근 - 포스트휴먼 시대의 실재론」, 「반인간주의 실재론의 가능성: 로이 바스카의 메타실재」 등의 논문을 발표했다.

이 기 홍

강원대학교 사회학과 명예교수. 『로이 바스카』, 『사회과학의 철학적 기초』 등의 저서와 『비판적 실재론과 해방의 사회과학』, 『숫자를 믿는다』 등의 번역서를 발표했다.

한울아카데미 2556

계몽된 상식

비판적 실재론의 철학

지은이 **로이 바스카** | 편집자 **머빈 하트윅** | 옮긴이 **김명희·서덕희·서민규·이기홍**
펴낸이 **김종수** | 펴낸곳 **한울엠플러스(주)** | 편집 **조인순**

초판 1쇄 인쇄 **2024년 12월 20일** | 초판 1쇄 발행 **2024년 12월 31일**

주소 **10881 경기도 파주시 광인사길 153 한울시소빌딩 3층**
전화 **031-955-0655** | 팩스 **031-955-0656**
홈페이지 **www.hanulmplus.kr** | 등록번호 **제406-2015-000143호**

Printed in Korea.
ISBN 978-89-460-7556-6 93100 (양장)
978-89-460-8352-3 93100 (무선)

※ 책값은 겉표지에 표시되어 있습니다.
※ 무선제본 책을 교재로 사용하시려면 본사로 연락해 주시기 바랍니다.
※ 이 책에는 KoPubWorld체(한국출판인회의, 무료 글꼴), 나눔체(네이버, 무료 글꼴), KBIZ한마음명조(무료 글꼴, 중소기업중앙회)가 사용되었습니다.

로이 바스카,
비판적 실재론과 교육을 말하다

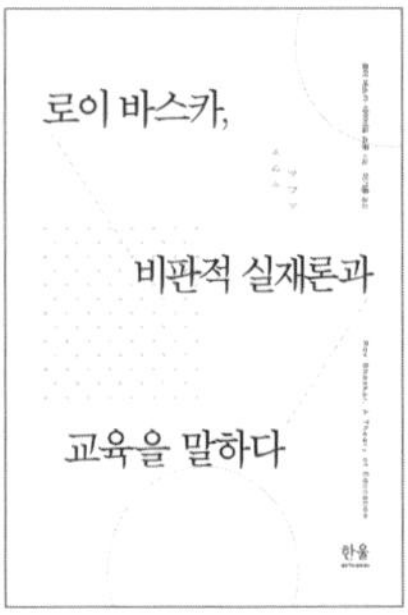

과학철학자 로이 바스카,
그가 꿈꾸었던 인간 해방의 본질과 전망

이 책은 영국의 저명한 과학철학자 로이 바스카의 유고집이다. 바스카는 20세기 사회과학 연구의 주류인 실증주의적 실재론을 비판하며 '비판적 실재론'을 제창한 학자다. 여기서 실증주의적 실재론이란 경험적 자료를 객관적으로 수집해 일반화하고 체계적으로 구성하는 방법론이다. 아직도 수많은 과학자들이 쓰는 방법론이며 이른바 과학 연구라고 했을 때 일반 대중이 인식하는 방법론이기도 하다.

하지만 바스카는 사회과학 연구란 단순히 자료의 수집, 요약, 일반화에 그치는 활동이 아니며 연구자 자신이 수행하는 연구에 대해 끊임없이 개진하는 철학 활동으로 보았다. 사회과학은 인간과 사회의 문제를 다루기에 가치나 당위 등의 주제와 관계를 맺을 수밖에 없다. 연구자가 자신의 주관과 관점을 개입해 연구자 스스로 어떤 가치를 따르고 어떤 방향의 사회를 지향하는지 드러내도록 하자는 주장이 비판적 실재론이다.

이 책은 비판적 실재론과 함께 바스카의 교육·학습 이론을 소개한다. 바스카는 교육을 억압, 노예 상태, 부자유에 도전하는 실천 활동으로 보았다. 학자이자 교육자로서 그는 '인간의 자기해방의 기획'에 기여하는 것을 자신의 평생 소명(다르마)으로 삼았다. 이 책은 바스카와 그의 비판적 실재론에 대한 관심을 환기하고 사회과학 연구와 교육의 사명에 대해 반성하는 계기가 될 것이다.

지은이
로이 바스카·데이비드 스콧

옮긴이
이기홍

2020년 12월 31일 발행
국판
224면